21世纪应用型本科理工科学生经济管理实用教材

管理与营销

GUANLI YU YINGXIAO

主　编　魏强劲
副主编　胡定平　程燕　张玉蓉

图书在版编目(CIP)数据

管理与营销/魏强劲主编．—成都:西南财经大学出版社,2012.8
ISBN 978-7-5504-0786-2

Ⅰ.①管… Ⅱ.①魏… Ⅲ.①企业管理—市场营销学 Ⅳ.①F274

中国版本图书馆 CIP 数据核字(2012)第 187049 号

管理与营销

主　编:魏强劲

副主编:胡定平　程　燕　张玉蓉

责任编辑:李特军

助理编辑:林　伶

封面设计:穆志坚

责任印制:封俊川

出版发行	西南财经大学出版社(四川省成都市光华村街 55 号)
网　　址	http://www.bookcj.com
电子邮件	bookcj@foxmail.com
邮政编码	610074
电　　话	028-87353785　87352368
照　　排	四川胜翔数码印务设计有限公司
印　　刷	郫县犀浦印刷厂
成品尺寸	185mm×260mm
印　　张	19.25
字　　数	470 千字
版　　次	2012 年 8 月第 1 版
印　　次	2012 年 8 月第 1 次印刷
印　　数	1—3000 册
书　　号	ISBN 978-7-5504-0786-2
定　　价	35.00 元

前 言

进入21世纪以来，社会经济和科学技术的发展使得企业的生产方式、经营模式发生了根本性的变化。现代企业的任何一项生产技术活动都不单纯是技术问题；任何一个行业的竞争也都不单纯是生产技术竞争，而是技术水平、管理水平、市场营销能力、能源节约、环境保护等多方面的综合竞争。工程技术人员在进行研究、开发、设计、测试和生产时，不仅要有更高的技术水平，还要具备一定的生产管理、营销管理、财务管理等相关领域的知识。因此，现代高等工程教育一方面要加强理工科学生技术素质、创新能力的培养；另一方面还要加强其经济管理素质和能力的培养。只有这样才能使其成为适应社会发展需要的人才。

目前理工科专业经济管理课程的教学仍然停留在较低的水平上，没有规范的课程体系设置和教学内容安排，主要原因是人们对理工科学生应具备哪些经济管理素质认识模糊，没有明确的培养目标。一般情况是学校根据各自的教学资源、教师凭借各自的专业知识结构和水平来设置课程、安排教学内容。因此，不同的学校所开设的课程在内容的广度和深度上差异很大。我们编写的《管理与营销》教材，从理工科专业人才经济管理素质的培养目标应与经济管理类专业培养目标不同出发，不过分强调经济管理基础理论的基础性、系统性和连贯性，而是从当代工程师和生产现场管理者应具有的基本经济学、管理学知识和市场营销技能为主要培养目标来安排内容。这本针对理工科学生编写的《管理与营销》可以纳入高等院校理工科等专业本科和专科学生的教材体系，从知识结构上来弥补理工科学生对经济管理素质的不足。

本书吸收了国内外较新的企业管理、财务管理、市场营销学成果和编写人员多年的教学经验，力求在加强理工科学生经济管理素质和能力的培养上，做到基础性、实践性、前瞻性的统一，充分体现新时期高等院校人才培养的新特点与新要求。本书以管理原理为基础，财务管理、市场营销策略为重点，将理工科学生应具备的经济管理素质和能力融于一书。本书为努力扩大信息量、强化可读性、加深读者的理解，将案例溶入到章节中，并在结构安排上，各章均采取了教学目标、教学重难点、关键概念、本章小结、思考与练习、并列的方式，内容完整，结构合理，有利于培养学生的实践能力。

本书内容共分12章，由重庆三峡学院魏强劲担任主编，重庆三峡学院胡定平、程燕担任副主编。全书参编人员的写作分工为：重庆三峡学院程燕讲师撰写第1章、第2章、第3章；重庆三峡学院魏强劲副教授撰写第4章、第5章、第6章、第7章、第8章；胡定平副教授撰写第9章、10章，张玉蓉副教授撰写第11章、第12章；初稿完成后由胡定平副教授进行审阅并提出修改意见，最后由魏强劲副教授对全书进行修改、补充和定稿。由于客观条件和水平有限，本书难免有不足和疏漏，恳请各位读者批评指正！

编者

2012年3月

目 录

第一章　管理学基础

学习目的：

通常本章学习，理解管理的定义及特征；了解管理的层次；掌握目标管理的内容；掌握重要的激励理论。

重点与难点：

正确把握目标管理和激励方法运用的条件。

关键概念：

管理　目标管理　SWOT分析法　需要层次理论　公平理论　期望理论

第一节　管理与管理者

一、管理

（一）管理的定义

管理活动自古即有，但什么是管理，从不同的角度出发，可以有不同的理解。从字面上看，管理有管辖、处理、管人、理事等意，即对一定范围的人员及事务进行安排和处理。但是这种字面的解释是不可能严格地表达出管理本身所具有的完整含义的。

管理是指一定组织中的管理者，通过实施计划、组织、人员配备、领导、控制等职能来协调他人的活动，使别人同自己一起实现既定目标的活动过程。

1. 管理的特征

为了更全面地理解管理的概念，理解管理学研究的特点、范围和内容，我们还可以从以下几方面来进一步把握管理的一些基本特征。

第一，管理是一种社会现象或文化现象。只要有人类社会存在，就会有管理存在，因此，管理是一种社会现象或文化现象。从科学的定义上讲，存在管理必须具备两个必要条件，缺一不可。

（1）必须是两个人以上的集体活动，包括生产、行政等活动。

（2）有一致认可的、自觉的目标。

第二，管理的载体就是组织。前面讲过，管理活动在人类现实的社会生活中广泛存在，而且从前面的论述中也可以看出，管理总存在于一定的组织之中。正因为我们这个现实世界中普遍存在着组织，管理也才存在和有必要。两个或两个以上的人组成的，为一定目标而进行协作活动的集体就形成了组织：“许多人在同一生产过程中，或在不同的但互相联系的生产过程中，有计划地一起协同劳动，这种劳动形式叫做协作。”有效的协作需要有组织，需要在组织中实施管理。社会生活中各种组织的具体形式虽因其社会功能的不同而会有差异，但构成组织的基本要素是相同的。

在组织内部，一般包括五个要素，即人——包括管理的主体和客体；物和技术——管理的客体、手段和条件；机构——实质反映管理的分工关系和管理方式；信息——管理的媒介、依据，同时也是管理的客体；目的——宗旨，表明为什么要有这个组织，它的含义比目标更广泛。

组织作为社会系统中的一个子系统，其活动必然要受周围环境的影响，因此组织还包括九个外部要素：

（1）行业，包括同行业的竞争对手和相关行业的状况。

（2）原材料供应基地。

（3）人力资源。

（4）资金资源。

（5）市场。

（6）技术。

（7）政治经济形势。

（8）政府。

（9）社会文化。

因此，一个组织的建立和发展，既要具备五个基本的内部要素，又要受到一系列外部环境因素的影响和制约。管理就是在这样的组织中，由一个或者若干人通过行使各种管理职能，使组织中以人为主体的各种要素合理配置，从而达到实现组织目标而进行的活动，这一点对于任何性质、任何类型的组织都是具有普遍意义的。

第三，管理的核心是处理各种人际关系。管理不是个人的活动，它是在一定的组织中实施的。对主管人员来讲，管理是要在其职责范围内协调下属人员的行为，是要让别人同自己一道去完成组织目标的活动。组织中的任何事都是由人来传达和处理的，所以主管人员既管人又管事，而管事实际上也是管人，管理活动自始至终，在每一个环节上都是与人打交道的，因此说管理的核心是处理组织中的各种人际关系，包括主管人员与下属之间的关系，这是各种人际关系的主导与核心。组织内的一般成员之间的关系，即不存在管理与被管理关系的人与人之间的关系，这种关系在组织中大量存在，它直接表现为组织的社会气氛；群体之间的关系，群体是组织内部的团体，有正式与非正式之分，正式团体是指组织内按专业分工所划分的各个部门，而非正式团体则是指正式团体的一些成员为某种共同的感情或需要而形成的一种无形的团体，要重视非正式团体的作用，处理好它们之间与正式团体之间的关系。

需要注意的是，人际关系的内涵是随着社会制度的不同而不同的。在我们这样的社会主义国家里，任何一个组织中的层次，无论它是主管人员，还是普通成员都是国家主人，人与人之间是平等的，至于主管和下属，仅仅是由于处在不同的岗位，各司其职而已。

2. 管理的二重性

管理一方面是由于有许多人进行协作劳动而产生的，是由生产社会化引起的，是有效地组织共同劳动所必需的，因此它具有同生产力、社会化大生产相联系的自然属性；另一方面，管理又是在一定的生产关系条件下进行的，必然体现出生产资料占有者安排劳动、监督劳动的意志，因此，它具有同生产关系、社会制度相联系的社会属性。这两方面的属性就是管理的二重性。学习和掌握管理的二重性对我们学习和理解管理学、认识我国的管理问题、探索管理活动的规律以及运用管理原理来指导实践都具有非常重大的现实意义。

管理的二重性体现着生产力和生产关系的辩证统一关系。把管理仅仅看作生产力或仅仅看作生产关系，都不利于我国管理理论和实践的发展。我国的管理科学由于种种原因虽然还很不成熟，但也经历了漫长的探索和积累的过程。因此，认真总结我国历史上以及新中国建立六十多年来管理的经验教训，遵循管理的自然属性的要求，并在充分体现社会主义生产关系的基础上，分析和研究我国的管理问题，是建立具有我国特色的管理科学体系的基础。

(二) 管理者

管理者是管理行为过程的主体，管理者一般由拥有相应的权力和责任，具有一定管理能力，从事现实管理活动的人或人群组成。管理者及其管理技能在组织管理活动中起决定性作用。

1. 管理者的角色

按照管理职能（或过程）论，管理者的管理活动是有序的、连续的。20 世纪 60 年代末，加拿大学者亨利·明茨伯格（Henry Mintzberg）对总经理的工作进行了一项仔细的观察和研究。在大量观察的基础上，他提出了一个管理者究竟在做什么的分类纲要（1973）。他的结论是管理者扮演着 10 种不同的、但却高度相关的角色。这 10 种角色可以从总体上分为三大类型：

（1）人际关系角色（Interpersonal Roles）。指作为正式负责或管辖一个具体的组织单位并具有特别的职务地位的人，所有管理者都要履行礼仪性和象征性的义务。

（2）信息角色（Informational Roles）。管理者的人际关系角色使他具有获得信息的独特地位。他同外部的接触带来了外部信息，而他的领导工作则使他成为组织内部信息的集中点。其结果是，管理者成为组织信息的重要神经中枢。

（3）决策制定角色（Decisional Roles）。管理者掌握信息的独特地位和特别的权力使他在重大决策（战略性决策）方面处于中心地位。

2. 管理层次和管理技能

（1）管理层次

一些人可能认为，管理职能仅由组织等级的最高层行使。实际上，管理工作必须在组织的各个层次展开，也就是说，其涉及的层次是从执行总裁到一线管理人员。尽管组织中的层次结构可以被划分为若干垂直结构层次，但通常只引用三个层次：高层管理、中层管理和基层管理（或一线管理）。

这三个层次管理的任务和职责随组织不同而各异，这取决于组织的规模、技术和其他因素。

管理职位的多少通常随管理层次的不同而变化。在大多数组织中，基层管理职位最多，中层管理职位较少，高层管理职位最少。这样，管理层次就构成了一种金字塔式结构。

首席执行官（CEO，Chief Executive Officer）这个职位是西方发达国家，主要是美国对企业第一经理人的称呼，与我国的总经理/总裁（General Manager/President）在本质上是一致的。在中英文中可以互译，都是企业的第一雇员，是为董事会和股东服务的。任何首席执行官都不能凌驾于董事会之上。

(2) 管理技能

就职能而言，随着管理者在组织中的晋升，他们从事更多的计划工作和更少的直接监督工作。所有管理者，无论他处于哪个层次上，都要制定决策，履行计划、组织、领导和控制职能，只是他们花在每项职能上的时间不同（史蒂芬·罗宾）。

高层管理：制定和评价长期计划与战略；评价不同部门的总体运作业绩，保证合作；重要人员的选择；就全局的项目或问题与下级管理人员磋商。

中层管理：制定中期计划和长期计划，供高层管理人员审查；分析管理工作的业绩，考察和确定提升人员的个人能力和合格情况；建立部门政策；审查日常和每周的生产和销售情况；与下级管理人员磋商生产、人事和其他情况；选择和招募员工。

基层管理：确定详细的短期经营计划；考察下级的工作业绩；管理和监督日常经营运作；制定详细的任务分配计划；与操作员工保持密切联系和接触（约瑟芬·普丁，汉兹·威瑞弛，哈诺德·库茨）。

因此，所有管理者都需要拥有一定的管理技能。罗伯特·卡茨（Robert L. Katy）认为管理者必须具备如下三种类型的技能：

技术技能（Technical Skills）。即与特定专业领域有关的知识和能力。一般而言，所处的管理层次越低，对技术技能的要求越高；所处的管理层次越高，对技术技能的要求越低。管理人员没有必要使自己成为某一技术领域的专家，因为他们可以借助于有关专业人员来解决技术性问题。但他们需要了解或初步掌握与其专业领域相关的基本技术知识，否则他们将很难与其所主管的组织内的专业技术人员进行有效的沟通和交流，从而无法对其所管辖的业务范围内的各项管理工作进行具体的指导。这也会严重影响决策的及时性、有效性。

人事技能（Human Skills）。即处理与他人包括个人和团体关系的能力。管理最主要的任务是管理人，这就要求管理人员必须具有识别人、任用人、团结人、组织人和调动人的积极性以实现组织目标的能力。对于各个层次的管理人员来说，人事技能都同样重要。管理人员不仅要处理好与下级的关系，学会影响和激励下级的工作；还要处理好与上级、同级之间的关系，学会如何说服领导，如何与其他部门有效合作。

概念化技能（Conceptual Skills）。概念化意味着对模糊的、不明确的复杂问题进行分析，明确问题的本质和问题的根源，确定问题的关键变量，理解变量与问题之间的关系，从而使问题清晰化。概念化技能是对问题进行思考和推理的能力。

在这里，我们将概念化技能理解为一种将组织视为一个整体，对组织所面临的复杂问题建立适当的分析框架，设想组织如何适应外部环境变化的能力，即分析、判断和决策能力。因而，概念化技能也称为“决策技能”。这种能力具体包括：

①把握全局的能力。

②理解事物的相互关联性，从而识别关键因素的能力。

③权衡方案优劣及其内在风险的能力。

管理者所处的层次越高，其面临的环境和问题越复杂，越无先例可援，从而越需要高超的决策技能。

第二节　管理的职能

管理是人们进行的一项实践活动，是人们的一项实际工作，一种行动。人们发现在不同的管理者的管理工作中，管理者往往采用程序具有某些类似、内容具有某些共性的管理行为，比如计划、组织、控制等，人们对这些管理行为加以系统性归纳，逐渐形成了“管理职能”这一被普遍认同的概念。所谓管理职能（Management Functions），是管理过程中各项行为的内容的概括，是人们对管理工作应有的一般过程和基本内容所作的理论概括。

哈罗德·孔茨和西里尔·奥唐奈里奇把管理的职能划分为：计划、组织、人事、领导和控制。包含人事职能意味着管理者应当重视利用人才，注重人才的发展以及协调员工活动，这说明当时管理学家已经注意到了人的管理在管理行为中的重要性：

（1）计划：对未来行动做出安排和筹划。

（2）组织：把各种要素（包括人、财、物）组织起来，形成一个有机整体。

（3）人事：配备和保持组织所需要的人力资源的过程。

（4）领导：率领、带领、引导和指导。就是通过影响力影响下属行为的工作。

（5）控制：检查、监督、纠偏的工作。

计划、组织、人事、领导、控制等管理职能，分别回答了一个组织做什么，怎么做，由谁做，怎么做得更好和做得怎么样的问题。它们不是截然分开的独立活动，它们相互作用，融为一体。在时间上，它们通常按一定的先后顺序发生，然而这种前后工作逻辑也不是绝对的，这些职能往往相互融合，同时进行；没有计划，也就没有控制；没有控制也就无法积累制订计划的经验；人们往往在进行控制工作的同时，又需要编订新的计划或对原计划进行修补。同时没有组织构架，工作无法实施领导，而在领导过程中，又可能反过来对组织进行调整；管理过程是一个各职能活动周而复始的循环过程，而且在大循环中又有小循环。这里我们将重点讲授计划与领导相关方面的知识及主要运用方法。

一、计划和目标管理法

计划是管理的首要职能，是为了实现既定的目标，对未来行动进行规划、安排以及组织实施的一系列管理活动的总称。它既是决策所确定的组织在未来一定时期内的行动目标和方式在时间和空间的进一步展开，又是组织、领导、人事和控制等管理活动的基础。计划工作是对有关将来活动做出决策所进行的周密思考和准备工作。它包括：拟定组织的目标，为实现这些目标制定总体战略，并提出一系列派生计划，以综合和协调各项活动。

作为首要职能，计划具有以下特征：

（1）计划的目的性

任何组织或个人制订计划都是为了有效地达到某种目标。在计划工作过程的最初阶段，制定具体的、明确的目标是其首要任务，其后的所有工作都是围绕目标进行的。例如，某家品牌产品的经理希望明年市场占有额有较大幅度的增长，这就是一种不明确的目标，为此就要制定计划，根据过去的情况和现在的条件确定一个可行的目标，比如市场占有额增长20%，利润增长30%。这种具体的、明确的目标不是单凭主观愿望就能确定的，它要符合实际情况，要以许多预测和分析工作作为其基础。计划工作要使今后的行动集中于目标，要预测并确定哪些行动有利于达到目标，哪些行动不利于达到目标或与目标无关，从而指导今后的行动朝着目标的方向迈进。

（2）计划的首要性

计划在管理职能中处于首要地位，这主要是由于管理过程当中的其他职能都是为了支持、保证目标的实现。因此这些职能只有在计划确定了目标之后才能进行。因为只有在明确目标之后才能确定合适的组织结构，下级的任务和权力，伴随权力的责任，以及怎样控制组织和个人的行为不偏离计划等等。所有这些组织、领导、控制职能都是依计划而转移的。没有计划，其他工作就无从谈起。计划首要性的另一个原因是，在有些情况下，计划是唯一需要完成的管理工作。计划的最终结果可能导致一种结论，即没有必要采取进一步的行动。计划首先要做的工作是进行可行性分析，如果分析的结果表明该计划是不合适的，那么，所有工作也就告一段落，无须再实行其他的管理职能。

（3）计划的普遍性

任何层次的管理者或多或少都有某些制订计划的权力和责任。一般来说，高层管理人员仅对组织活动制订结构性的计划。换句话说，高层管理人员负责制定战略性的计划，而那些具体的计划由下级完成。这种情况的出现主要是由于人的能力是有限的，现代组织的工作是如此繁杂，即使是最聪明最能干的领导人，也不可能包揽全部计划工作。此外，授予下级某些制订计划的权力，有助于调动下级的积极性，挖掘下级的潜在能力。这无疑对贯彻执行计划，高效地完成组织目标大有好处。

（4）计划的经济性

计划的经济性可用计划的效率来衡量。计划效率是指制订计划与执行计划时所有的产出与所有的投入之比。如果一个计划能够达到目标，但它需要的代价太大，这个计划的效率就很低，它就不是一份好的计划。在制订计划时，要好好考虑计划的效率，不但要考虑经济方面的利益和耗损，还要考虑非经济方面的利益和耗损。

1. 计划的类型

由于人类活动的复杂性与多元性，计划的种类也变得十分复杂和多样。计划按不同的标准可分为很多种类型，常见的主要有：

（1）按计划的期限分类

按计划的期限划分，可把计划分为长期计划、中期计划和短期计划。一般说来，人们习惯于把1年或1年以下的计划称为短期计划；1年以上到5年的计划称为中期计划；而5年以上的计划称为长期计划。这种划分不是绝对的。比如，一项航天发展项目的短期实施计划可能需要5年；而一家小的制鞋厂，由于市场变化较快，它的短期计划仅能适用两个月。所以尽管我们按上述时间界限划分出长期计划、中期计划和短期计划，在讨论各期计划时还是应从它们本身的性质来说明。

（2）按计划的层次分类

按计划的层次划分，可把计划分为战略计划、战术计划和作业计划。

战略计划是由高层管理者制定的，涉及企业长远发展目标的计划。它的特点是长期性，一次计划可以决定在相当长的时期内大量资源的运动方向；它的涉及面很广，相关因素较多，这些因素的关系既复杂又不明确，因此战略计划要有较大的弹性；战略计划还应考虑许多无法定量化的因素，必须借助于非确定性分析和推理判断才能对它们有所认识。战略计划的这些特点决定了它对战术计划和作业计划的指导作用。

战术计划是由中层管理者制定的，涉及企业生产经营、资源分配和利用的计划。它将战略计划中具有广泛性的目标和政策，转变为确定的目标和政策，并且规定了达到各种目标的确切时间。战术计划中的目标和政策比战略计划具体、详细，并具有相互协调的作用。此外，战略计划是以问题为中心的，而战术计划是以时间为中心的。一般情况下，战术计划是按年度分别拟定的。

作业计划是由基层管理者制定的。战术计划虽然已经相当详细，但在时间、预算和工作程序方面还不能满足实际实施的需要，还必须制定作业计划。作业计划根据管理计划确定计划期间的预算、利润、销售量、产量以及其他更为具体的目标，确定工作流程，划分合理的工作单位，分派任务和资源，以及确定权力和责任。

（3）按计划对象分类

按计划对象划分，可把计划分为综合计划、局部计划和项目计划三种。顾名思义，综合计划所包括的内容是多方面的，局部计划只包括单个部门的业务，而项目计划则是为某种特定任务而制定的。

综合计划一般指具有多个目标和多方面内容的计划。就其涉及对象来说，它关联到整个组织或组织中的许多方面。习惯上人们把预算年度的计划称为综合计划。企业中是指年度的生产经营计划。它主要应该包括：销售计划、生产计划、劳动工资计划、物资供应计划、成本计划、财务计划、技术组织措施计划等。这些计划都有各自的内容，但它们又互相联系、互相影响、互相制约，形成一个有机的整体。由于目前的企业已经形成了一种开放的系统，外界环境对这个系统有直接的影响。为此，就要使资源在各个部门合理分配，用有限的投入获得更大的产出，产生更大的组织效应。所以应把制定综合计划放在首要的位置上，要自上而下地编制计划。

局部计划限于指定范围的计划。它包括各种职能部门制定的职能计划，如技术改造计划、设备维修计划等；还包括执行计划的部门划分的部门计划。局部计划是在综合计划的基础上制定的，它的内容专一性强，是综合计划的一个子计划。是为达到整个组织的分目标而确立的。例如，企业年度销售计划是在国家计划、市场预测和订货合同的基础上，规定年度销售的产品品种、质量、数量和交货期，以及销售收入、销售利润和销售渠道。应该注意，各种局部计划相互制约的关系，如销售计划直接影响生产计划和财务计划等其他局部计划。

项目计划是针对组织的特定课题做出决策的计划。例如某种产品开发计划、企业的扩建计划、与其他企业联合计划、职工俱乐部建设计划等都是项目计划。项目计划在某些方面类似于综合计划，它的特殊性在于其目的是为了企业结构的变革。即针对企业的结构问题选择解决问题的目标和方法。它的计划期很可能为 1 年，这时它就要包括在年度计划之内。也许它的计划需要几年才能完成。比如企业扩建计划，这时年度计划仅包括它的一部分。项目计划是与组织结构的变革相关的。结构的组成要素有许多，比如企业中的市场、设备、产品、财务和组织等，几乎包括企业的一切领域。项目计划就是使这些因素具体地朝着将来的方向发展下去。我们必须注意把项目计划同在原有结构上的实现有效经营的管理计划相区别。

2. 制订计划的程序

计划编制本身也是一个过程。其主要程序为：①环境分析，②确定目标，③拟定各种可行性计划方案，④评估选择方案，⑤拟定主要计划，⑥制定派生计划，⑦制定预算，用预算使计划数字化。

3. 目标管理（Management By Objectives，MBO）

目标管理是 1954 年由彼得·德鲁克提出，是指一个组织的上下级管理人员和组织内的所有成员共同制定目标、实施目标的一种管理方法。它是按照一定的程序进行的，如图1－1所示。

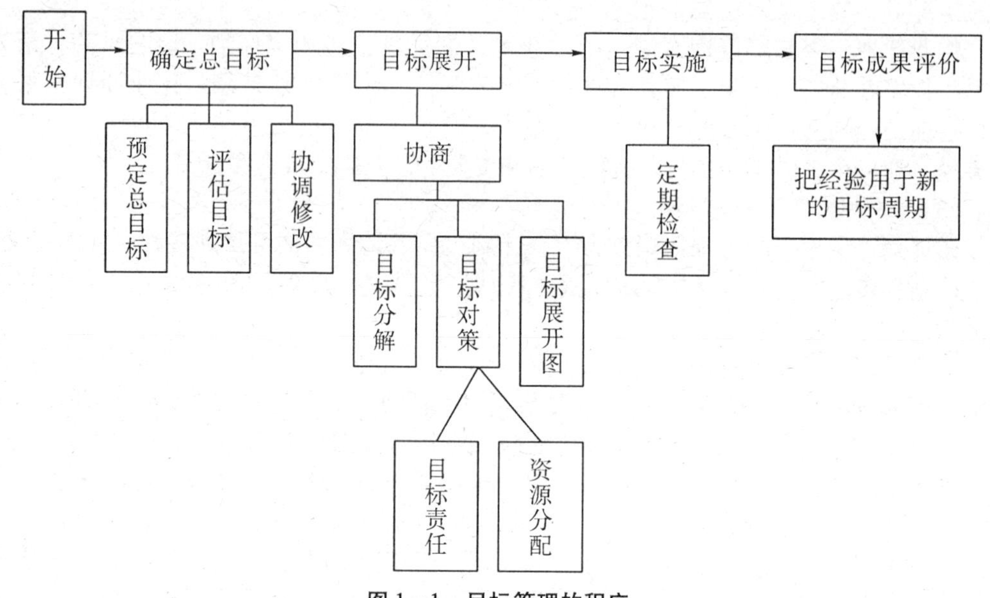

图1－1　目标管理的程序

（1）目标管理的开始　　目标管理要取得成功，领导首先必须向组织内的人说明要实行目标管理的原因、做法，要让大家了解目标管理的性质、内容以及各自在目标管理中的作用。

（2）确定总目标

①预定总目标　　最高管理层根据本组织的实际和MBO的理论以及掌握的情报信息，制定基本的战略目标和策略目标。这些目标是试探性的，也是试验性的。

②评估目标　　对试探性的目标进行分析论证，选出最优方案。

③协调修改　　管理人员要向下属说明试探性目标的内容，征求大家的意见，经反复的讨论，修改、审查，最终形成组织总目标。

（3）目标展开　　将总目标从上到下、层层分解落实的过程，称为目标展开。在目标展开时，必须要与自己下级组织的管理人员或个人进行面对面的协商，帮助各级组织和个人制定各自相应的目标和任务，以及目标完成的时间幅度，并要形成文字，固定下来。

①目标分解　　将总目标自上而下按其内部机构设置和组织层次依次分解，从经理层分解到各个职能科室，再分解到各个部门（车间、教研室），一直分解到每一个班组、岗位和个人，直分解到能具体地采取措施为止，即要形成一层接一层，一环套一环的目标体系。

②目标对策　　即对能具体采取措施的子目标，直接采取措施，即采取对策，以实现目标从而实现分目标直到保证总目标。

制定对策的基本方法是：首先找出各部门的实际情况与分目标之间的差距；对这些差距进行归纳、整理、分类，就可以找出实现分目标所必须解决的重要问题，即问题点；针对各问题点，研究、制定相应的对策，来缩短差距，或保证目标最大限度的实现。

制定对策时，有两个问题必须同时展开：

一是确定目标责任，即将各层次目标与各层次上的具体人员结合起来。即在每一层次上，都应该在明确集体目标责任的基础上，明确个人目标责任，即要明确目标责任在范围、内容、数量、质量、时间、程度等多方面的要求。

二是资源分配，即在协商会议中应根据完成目标任务的需要合理地分配各种资源。例如，一个销售部门为了完成增加销售量的目标，要求增加一定的销售人员和费用，这种合理的要求上级就应在他接受任务时尽量满足。

③目标展开图　在分解了目标，又确定了目标对策后，包括目标责任和资源调配好以后，需要将总目标、层次目标和目标对策、各方责任等以方框图的形式表示出来，固定下来，公布于众。使职工能更直观地明确各自的目标和目标责任，从而可以自觉地执行。

（4）目标实施　实施时，上下都要按照目标体系的要求，分工协作，各施其责，努力工作。目标的实施，一般来说，主要靠职工自己管理或自我控制。但是，也必须定期地检查各项任务的进展情况。例如，如果一个目标要在一年内完成，那么，管理人员和有关的下属人员最好每季度检查讨论一次这项任务的进展情况，以便及时发现问题，采取相应的措施。

（5）目标成果评价　当目标管理一周期结束时，领导必须与有关的下级或个人逐个地检查目标任务完成的情况，并与原定的目标进行比较，对完成好的，充分肯定成绩，并根据各人完成任务的情况给予相应的报酬和奖励；对未能完成任务的，要分析和找出原因，一般不采用惩罚措施，重点在于共同总结经验教训。同时，为下一周期的目标管理提供宝贵的经验，争取把以后的工作做好。

4. SWOT 分析法

SWOT 分析法，是一种综合考虑企业内部条件和外部环境的各种因素，进行系统评价，从而选择最佳经营战略的方法。通过分析企业内部条件的优势（Strength）、劣势（Weakness）和企业外部环境的机会（Opportunity）和威胁（Threats），帮助企业把资源和行动聚集在自己的强项和有最多机会的地方，见表 1－1。其分析过程一般分为以下几个步骤：

（1）确认当前的战略。

（2）确认企业外部环境的变化。

（3）根据企业资源组合情况，确认企业的关键能力和关键限制。

（4）对所列出的，内部条件和外部环境和各关键因素逐一进行打分评价。

（5）将结果在 SWOT 分析表上定位，确定企业战略能力。

表 1－1　SWOT 分析表

	优势（S）	劣势（W）
机会（O）	增长型战略（SO） 利用机会，发挥优势	扭转型战略（OT） 克服不足，发挥优势
威胁（T）	多种经营战略（ST） 利用优势，回避威胁	防御型战略（WT） 降低劣势，回避威胁

二、领导和激励

1. 领导的本质

（1）领导概念

领导工作不等于管理工作，但它又是管理工作中的一个重要方面。领导工作是在一定环境下，个体与群体之间的一种特殊的相互作用的过程，同样也是影响人们为达到组织目标而自觉遵从的一种行为。所谓领导也就是指在组织的机构中所设置的各个职位上的主管人员。在管理过程中，作为一个主管人员，对其下属来说，不应是站在他们的后面去推动与鞭策他们，而应该站在他们的前面去率领和引导他们前进，鼓舞他们努力实现组织的目标。

（2）领导与管理

领导与管理对组织的成功都是重要的，两者都涉及对需要处理的事情做出决策，建立一个能完成某项计划的人际关系网络，并尽力保证任务得以完成。从这种意义上讲，两者都是完整的行为体系，而不是对方的一个组成部分。领导和管理的一个重要区别是权力的来源不同，管理权力来源于组织结构，而领导权力则来源于个人资源，如个人兴趣、目标和价值观，这些资源不是组织所授予的。领导和管理的另一个区别在于，管理旨在增进组织的稳定性、秩序和问题解决，而领导旨在推动组织的变革，带来的是组织的运动。对复杂企业中的管理和领导进行比较，见表1－2。

表1－2　比较复杂企业中的管理与领导

	管理	领导
制定议程	计划、预算过程——确定实现计划的详细步骤和日程安排，调拨必需资源以实施计划	确定经营方向——确立将来，通常是遥远的将来的远期目标，并为实现远期目标制定进行变革的战略
发展完成计划所需的人力网络	企业组织和人员配备——根据计划要求，建立企业组织机构，配备人员，赋予他们职责和权利，制定政策和程序对人们进行引导，并采取某些方式或建立一定系统监督计划的执行情况	联合群众——通过言行将所确定的企业经营方向传达给群众，争取有关人员的合作，并形成影响力，使相信远景目标和战略的人们形成联盟，并得到他们的支持
执行计划	控制、解决问题——详细地监督计划完成情况。如发现偏差点，则制订计划，组织人员解决问题	激励和鼓舞——通过唤起人们尚未得到满足的最基本的需求，激励人们克服变革过程中遇到的政治、官僚和资源方面的障碍
结果	在一定程度上实现预期计划，维持秩序，并具有能持续满足相关利益者主要期望的潜力（对顾客而言是要求准时，对股东而言是实现预算）	引起变革，通常是剧烈变革，并形成非常积极的变革潜力（如，生产出顾客需要的新产品，寻求新的劳资关系协调法，增强企业竞争力）

约翰·科特概括了领导与管理的区别。但这并不意味着管理与变革毫无联系。相反，管理与有效领导行为相结合，能创造出更为有序的变革过程；有效的领导与高效管理的结合，将有助于产生必要的变革，同时使混乱的局面得到控制。

按照科特的观点，管理过分而领导不力，其必然结果是：过于强调短期利益，注重细节，力求回避风险，很少注重长期性、宏观性和风险性的战略；过分注重专业化，要求服从规定，很少注重整体性、联合群众和投入精神；过分侧重于抑制、控制和预见性，对扩展、授权和激励强调不足。总之，管理过分而领导不力可能使公司相当刻板，不具创新精神，不能处理市场竞争和技术环境中出现的重大变化。

当然领导过度而管理不足，也可能对组织产生消极后果，因为领导者制造的问题多于他们解决的问题。不过，总的来说，大多数公司缺乏充足的领导。

2. 权力的来源

权力是一种影响他人行为的潜力。一组织中存在着五种权力类型：合法权、奖赏权、强制权、专家权和影响权。有时权力产生于一个人在组织中的职位，而有时权力则建立在个人的个性特征基础之上。约翰·弗伦奇和伯特伦·雷文（1959）识别了五种基本权力：

（1）职位权（Position Power）

典型的管理权力来自于组织。管理者所处的职位给予其奖励或惩罚下属，从而影响下属行为的权力。合法权、奖赏权和强制权均是管理者常用的改变雇员行为的职位权力形式。

①合法权（Legitimate Power）

合法权来源于组织中正式的管理职位。合法意味着权力的行使具有职务基础或优势。例如，一旦某人被选举为监工，大部分人知道他们必须服从监工的指挥。下属视这种权力的来源是合法的，这就是他们遵从的原因。

②奖赏权（Reward Power）

奖赏权来源于给予他人奖赏的权力。管理者们可以运用正式的奖酬如提升工资和晋升职务，或运用非正式的奖酬如表扬、关心和承认等来影响下属的行为。

③强制权（Coercive Power）

强制权是一种惩罚或提出惩罚建议的权力。当管理者有权辞退雇员、将雇员降级、给予批评或不给某人提升工资时，他便拥有了强制权力。

不同职位权力引起下属的反应是不同的。合法权和奖赏权更可能引起下属的顺服。顺服意味着雇员遵守命令和执行指示，虽然他们可能不同意或没有积极性。强制权更多地会引起反抗。反抗意味着雇员处心积虑地试图不执行命令或不遵守指示。

（2）个人权（Personal Power）

与来自于外部的职位权力相比较。个人权主要来自于个人的内部资源，如一个人的特殊知识或一个人的个性特征。个人权是领导的工具。下属追随领导人，是因为他们尊重、倾慕或信奉领导者的思想观点。个人权有两种类型：

①专家权（Expert Power）

专家权来自于领导者所拥有的对他人或整个组织而言具有重要价值的特殊知识或技能。当一个人是真正的专家时，因为他具有知识专长，下属就会服从他。监工层次的领导者一般都拥有生产流程的经验，这使得他们能够获得下属的尊重。然而在高层管理中，领导者可能缺乏专家权力，因为下属比他们懂得更多的技术细节。

②影响权（Referent Power）

影响权来自于领导者的个性特征，如具有某种特殊气质、形象或拥有某种荣誉、声望以及特殊经历等，其个性特征为下属所接受、尊重和仰慕，以至于下属竭力仿效之。当工人们因为监工对待他们的方式而仰慕一个监工时，这种影响力便是基于感召权力的。影响权依赖于领导者的个性特征而非正式的头衔或职位，这在富有魅力的领导者身上是显而易见的。

专家权和影响权引起的反应，更多是承诺。承诺（Committment）意味着雇员们将分享领导者的观点，并积极主动地执行他的指令。毫无疑问，承诺意味着服从而不是抵制。当领导者希望变革时，这是尤为重要的。因为变革意味着风险和不确定性。承诺有助于下属克服对变革的畏惧。

总结五种权力的来源，见表1-3。

表1-3　　五种权力的来源表

	合法权	奖赏权	强制权	专家权	影响权
领导者方面	职位	职位	职位	个人专长	个人魅力
下属方面	习惯观念	欲望	恐惧	尊敬	信任

科特在弗伦奇和雷文的基础上指出，成功的管理者需要建立起一些基本权力，尤其是感召权力和专家权力。这两种权力比正式职权、奖赏权力以及强制权力更具有持久性。

3. 激励

人是决定组织绩效的最关键因素。组织成员积极性的高低直接影响着组织的绩效，要提高员工的积极性就离不开激励。

激励，就其表面意思而言是激发和鼓励的意思。在管理工作中可以将其定义为调动人的积极性的过程，或者更完整地讲，是一个为了特定的目的而对人们的内在需要或动机施加影响，从而强化、引导或改变人们行为的反复过程。通过激励，能够激活人的潜能，产生更高的绩效。激励的特征主要有以下两个方面。

（1）目的性特征

任何激励行为都有很强的目的性，即都有一个现实的、明确的目的。因此，任何希望达到某个目的的人（尤其是对管理者而言）都可以将激励作为一种手段。

（2）激励通过对人们的需要或动机施加影响来强化、引导或改变人的行为

这涉及激励理论的第三个假设：人的行为是由动机来驱使的，而动机则受到人的需要的支配。人有了需要才有可能产生动机。而且，只有强烈的动机或主导性的动机才可能引发现实的、具体的行为。因此，管理者的任务就是分析和洞察员工的需要和动机，在管理中选用适当的机会、采取适当的激励措施，对员工的某种需要及其满足该种需要的动机产生积极的影响，从而强化、引导或改变员工的某种行为，并使其个体行为与组织目标相一致。从本质上讲，激励所产生的行为是主动的、自觉的行为，而非被动的、强迫的行为。

（3）激励是一个持续的反复的过程

激励不是一个即时性行为。由于组织和个体的内部、外部因素是变化的，因而一项具体任务的完成往往需要一个连续的、反复的激励过程。

（4）激励的效能依赖于精神力量

无论采取哪一种激励形式，成功的激励必须能够激发人们达到的一种高昂的、饱满的、积极的精神状态，在这种精神状态下能够产生一种精神力量，从而加强、激发和推动人的积极性。如果激励不能改变人们的内心状态，得到的只是人们机械、单调而且是被动的行为，激励就是失败的。

4. 激励理论中对人的假设

激励的对象是人。在不同的历史时期社会学家和管理学家曾经有过各种不同的关于“人性”的假设。在不同的“人性”假设指导下，管理者会采取不同的方法与手段来实施激励。

(1) 经济人假设

这种假设认为：人的一切行为都是为了最大限度地满足自己的利益，其工作动机是为了获得经济报酬。经济人假设认为，组织需要运用权力和控制体系来维护组织的运转，引导雇员的行为；用经济报酬来使人们服从和提高绩效。

(2) 社会人假设

这种假设认为：人的社会性需求的满足往往比经济报酬更能激励人。所以，组织应注意雇员的需求，重视发展与雇员之间的关系，培养和形成雇员的归属感，提倡集体奖励制度。

(3) 自我实现的人假设

这种假设认为，人们除了物质和社会需求之外，还有一种想充分运用自己的各种能力，发挥自身潜力，实现自我价值的欲望。因此，组织应创造条件，在让人们满足这种欲望的同时需求组织目标的实现。

(4) 复杂人假设

这种假设认为，以上任何一种假设并不适用于一切人。人是复杂的、非均质的、多样化而且是变化的，管理者必须根据不同的人采取不同的激励措施。

5. 几种重要的激励理论

(1) 需要层次理论（Hierarchy of Needs Theory）

1943 年，美国学者马斯洛（A. H. Maslow）在《人类动机论》一文中首次提出了需要层次理论，并在于 1954 年所著的《动机与个性》中做了进一步的阐述。马斯洛将人的需要分为五种需要：生理的需要、安全的需要、社交的需要、尊重的需要、自我实现的需要，他认为：

①五种需要像阶梯一样从低到高，按层次逐级递升，但这种次序不是完全固定的，也有例外的情况。

②需要的发展遵循“满足——激活律”。一般地，某一层次的需要相对满足了，就会向更高一层次发展，追求更高一层次的需要就成为驱使行为的动力。相应地，获得基本满足的需要就不再是一股激励力量。

③需要的强弱受“剥夺——主宰律”的影响。即某一需要被剥夺得越多，越缺乏，这个需要就越突出、越强烈。

④五种需要可以分为高低两级，其中的生理需要、安全需要和社交需要都属于低一级需要，这些需要通过外部条件就可以满足；而尊重的需要和自我实现的需要则属于高级需要，它们只有通过内部因素才能满足，而且，一个人对尊重和自我实现的需要是无止境的。

⑤同一时期，一个人可能同时存在几种需要，任何一种需要都不会因为更高层次需要的发展而消失。但每一时期总有一种需要占支配地位，对行为起决定作用。这种占支配地位的需要称为优势需要或主导性需要，见图 1－2。

(2) 公平理论

公平理论又称社会比较理论，它是美国行为科学家亚当斯（J. S. Adams）在《工人关于工资不公平的内心冲突同其生产率的关系》（1962，与罗森合写）、《工资不公平对工作质量的影响》（1964，与雅各布森合写）、《社会交换中的不公平》（1965）等著作中提出来的一种激励理论。该理论侧重于研究工资报酬分配的合理性、公平性及其对职工生产积极性的影响。

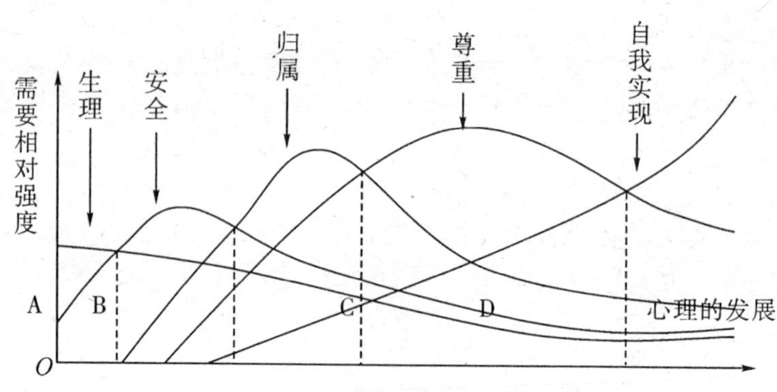

图 1-2　不同时期的主导性需要

公平理论的基本观点是：当一个人做出了成绩并取得了报酬以后，他不仅关心自己的所得报酬的绝对量，而且关心自己所得报酬的相对量。因此，他要进行种种比较来确定自己所获报酬是否合理，比较的结果将直接影响今后工作的积极性。

一种比较称为横向比较，即他要将自己获得的报偿（包括金钱、工作安排以及获得的赏识等）与自己的投入（包括教育程度、所作努力、用于工作的时间、精力和其他无形损耗等）的比值与组织内其他人做社会比较，只有相等时他才认为公平，如下式所示：

$$\frac{OP}{IP}=\frac{OC}{IC}$$

其中 OP 表示自己对所获报酬的感觉；OC 表示自己对他人所获报酬的感觉；IP 表示自己对个人所作投入的感觉；IC 表示自己对他人所作投入的感觉。

当上式为不等式时，可能出现以下两种情况：

①前者小于后者，他可能要求增加自己的收入或减少自己今后的努力程度，以便使左方增大，趋于相等；第二种办法是他可能要求组织减少比较对象的收入或让其今后增大努力程度以便使右方减少趋于相等。此外他还可能另外找人作为比较对象以便达到心理上的平衡。

②前者大于后者，他可能要求减少自己的报酬或在开始时自动多做些工作，久而久之他会重新估计自己的技术和工作情况，终于觉得他确实应当得到那么高的待遇，于是产量便又会回到过去的水平了。

除了横向比较之外，人们也经常做纵向比较，即把自己目前投入的努力与目前所获得报偿的比值，同自己过去投入的努力与过去所获报偿的比值进行比较。只有相等时他才认为公平。

即 OP/IP = OH/IH 其中 OH 表示自己对过去所获报酬的感觉；IH 表示自己对个人过去投入的感觉。当上式为不等式时，人也会有不公平的感觉，这可能导致工作积极性下降。当出现这种情况时，人不会因此产生不公平的感觉，但也不会感觉自己多拿了报偿从而主动多做些工作。调查和实验的结果表明，不公平感的产生绝大多数是由于经过比较认为自己目前的报酬过低而产生的；但在少数情况下也会由于经过比较认为自己的报酬过高而产生。

（3）期望理论

期望理论是美国学者弗鲁姆（V. Vroom）在 1964 年所著的《工作与激励》一书中

提出的一种激励理论。这一理论通过考察人们的努力行为与其所获得的最终奖酬之间的因果关系，来说明激励的过程。这一理论认为，当人们有需要，又有达到目标的可能，其积极性才高。

这一理论是效价（Valance）、工具值（Instrumentality）和期望（Expectancy）三个概念建立起来的，因此也被称为 VIE 理论，见图 1－3。

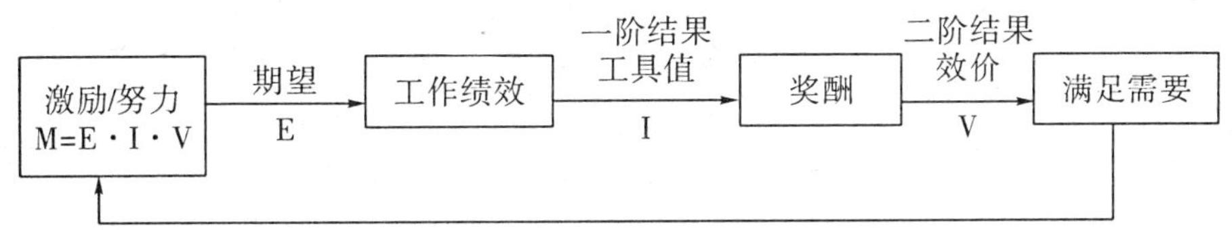

图 1－3　弗鲁姆的期望模型

激励力量指激励水平，它可以由激励对象心理动机的强烈程度来反映。

效价指个人对某种结果效用价值的判断，或某种目标、结果对于满足个人需要的价值（激励对象对某一目标或达到目标而得到的奖酬的重视程度或偏好程度，即激励对象对目标或奖酬的价值大小的主观评价）。

工具值是指个人所预期的结果。它包含两个层次，二阶结果是个人在某一行动中希望达到的最终结果，一阶结果是指为达到二阶结果必须达到的最初结果。因此，一阶结果是达到二阶结果的工具或手段。工具值是对一阶结果和二阶结果之间内在联系的主观认识。一般来说，一阶结果是指工作绩效，二阶结果是指各种各样的奖酬，如加薪、提升、得到同事的好评和上级的表扬等。

期望指激励对象对自己达到目标或得到奖酬的可能性大小的估计。

这一模型意味着，如果一个人认为某种目标或某种奖酬对他具有重要价值，而且他估计通过自己的努力有很大把握达到这个目标，同时他相信达到目标之后一定会获得相应的奖酬，那么他的积极性就会受到激发，从而努力去实现这一目标。

这一理论给予我们的启示是，在激励中必须把握如下三种关系：

其一，努力与绩效的关系。人总是希望通过努力达到预期的结果。如果他认为通过自己的努力有能力达到目标（期望值高），就会有决心、有信心去实现目标；如果目标高不可攀，或者目标太低，唾手可得，就会缺乏信心或兴趣。因此，管理者应该与下级一起设置切实可行的目标，激发下级的积极性；同时，管理者可以通过指导、培训等方法提高下级的工作能力，从而提高下级努力达到目标的期望。

其二，绩效与奖酬的关系。人们总是期望在达到预期的绩效后能得到适当的合理的奖酬。只有能让员工相信组织会对绩效进行合理、公平的奖励，他们才会继续努力工作。如果只要求人们对组织作出贡献，而组织却没有行之有效的物质或精神奖励制度进行强化，时间一长，人们被激发的内部力量就会逐渐消退。因此，管理者应当根据员工的工作绩效来制订相应的奖励制度，并将奖励与组织所重视的行为明确地联系起来。

其三，奖励与满足个人需要的关系。人总是希望奖励能满足个人的需要，由于人们在需要上存在着个别差异，因此对同一种奖励，不同的人体验到的效价不同，它所具有的吸引力也不同。管理者在实践中要根据人的不同需要，采取内容丰富的奖励形式，才能最大限度地挖掘人的潜力，调动人的工作积极性，提高工作效率。

本章小结

了解管理方面的相关知识，懂得一些管理原理，对理工科专业学生是有益的。本章主要介绍了管理的一些基础知识，并希望学生重点掌握目标管理和一些激励方法，对进行管理实践有直接帮助。

思考与练习

1. 什么是管理？如何理解管理的二重性？
2. 如何运用 SWOT 分析法进行目标管理？
3. 如何在管理中运用需要层次理论？
4. 公平理论的含义。
5. 如何运用期望理论调动员工的积极性？

第二章　生产运作管理

学习目的：

通过本章学习，理解生产运作管理的概论和内容；了解生产运作管理与其他职能的关系；掌握现场管理及其特点；理解“5S”管理的内容；掌握看板管理的内容。

重点和难点：

准确把握现场管理和看板管理的程序及管理条件。

关键概念：

生产运作管理　现场管理　5S　看板管理

第一节　生产运作管理基础

一、生产运作管理

1. 生产运作的概念

生产与运作的实质是一种生产活动。人们习惯把提供有形产品的活动称为制造型生产，而将提供无形产品即服务的活动称为服务型生产。过去，西方国家的学者把有形产品的生产称作“Production”（生产），而将提供服务的生产称作“Operations”（运作）。而近几年来更为明显的趋势是把提供有形产品的生产和提供服务的生产统称为“Operations”，都看成是为社会创造财富的过程。生产与运作概念的发展，如图 2－1 所示。

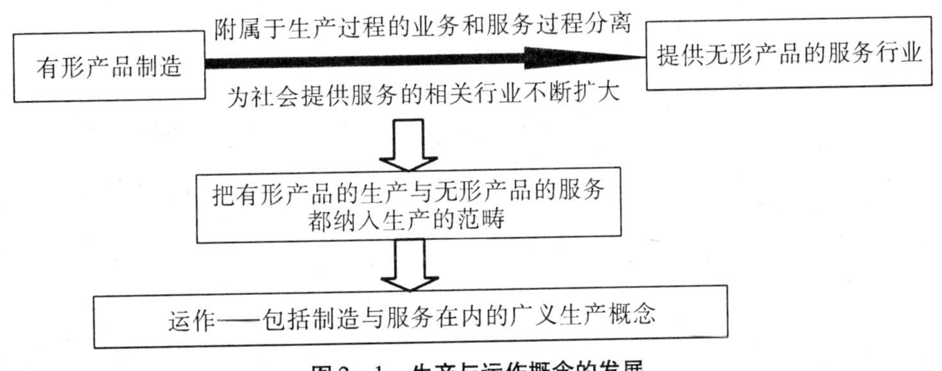

图 2－1　生产与运作概念的发展

2. 生产与运作活动的过程

把输入资源按照社会需要转化为有用输出，实现价值增值的过程就是运作活动的过程。表2-1列出不同行业、不同社会组织的输入、转换、输出的主要内容。其中，输出是企业对社会做出的贡献，也是它赖以生存的基础；输入则由输出决定，生产什么样的产品决定了需要什么样的资源和其他输入要素。一个企业的产品或服务的特色与竞争力，是在转化过程中形成的。因此，转化过程的有效性是影响企业竞争力的关键因素之一。

表2-1　　输入—转换—输出的典型系统

系统	主要输入资源	转换	输出
汽车制造厂	钢材、零部件、设备、工具	制造、装配汽车	汽车
学校	学生、教师、教材、教室	传授知识、技能	受过教育的人才
医院	病人、医师、护士、药品、医疗设备	治疗、护理	健康的人
商场	顾客、售货员、商品、库房、货架	吸引顾客、推销产品	顾客的满意
餐厅	顾客、服务员、食品、厨师	提供精美食物	顾客的满意

3. 制造生产与服务运作的区别

有形产品的制造过程和无形产品的服务过程都可以看作是一个输入—转换—输出的过程，但这两种不同的转换过程以及它们的产出结果有很多区别，如表2-2所示。主要表现在以下五个方面：

表2-2　　制造业与服务业的区别

特性	制造业	服务业
输出品的形态	有形的产品	无形的服务
产品/服务的储藏	可库存	无法储藏
生产/运作设施规模	大规模	小规模
生产/运作场地数	少	多
生产资源的密集度	资本密集	劳动密集
生产和消费	分开进行	同时进行
与顾客的接触频度	少	多
受顾客的影响度	低	高
顾客要求反应时间	长	短
质量/效率的测量	容易	难

（1）产品物质形态不同

制造生产的产品是有形的，可以被储藏、运输，以用于未来的或其他地区的需求。因此，在有形产品的生产中，企业可以利用库存和改变生产量来调节与适应需求的波动。而服务生产提供的产品是无形的，是不能预先生产出来的，也无法用库存来调节顾客的随机性需求。

（2）顾客参与程度不同

制造生产过程基本上不需要顾客参与，而服务则不同，顾客需要在运作过程中接受服务，有时顾客本身就是运作活动的一个组成部分。

（3）对顾客需求的响应时间不同

制造业企业所提供的产品可以有数天、数周甚至数月的交货周期，而对于许多服务业企业来说，必须在顾客到达的几分钟内做出响应。由于顾客是随机到达的，就使得短时间内的需求有很大的不确定性。因此，服务业企业要想保持需求和能力的一致性，难度是很大的。从这个意义上来讲，制造业企业和服务业企业在制定其运作能力计划及进行人员和设施安排时，必须采用不同的方法。

（4）运作场所的集中性和规模不同

制造企业的生产设施可远离顾客，从而可服务于地区、全国甚至国际市场，比服务业组织更集中、设施规模更大，自动化程度更高和资本投资更多，对流通、运输设施的依赖性也更强，而对服务企业来说，服务不能被运输到异地，其服务质量的提高有赖于与最终市场的接近与分散程度。设施必须靠近其顾客群，从而使一个设施只能服务于有限的区域范围，这导致了服务业的运作系统在选址、布局等方面有不同的要求。

（5）在质量标准及度量方面不同

由于制造业企业所提供的产品是有形的，所以其产出的质量易于度量。而对于服务业企业来说，大多数产出是不可触的，无法准确地衡量服务质量，顾客的个人偏好也影响对质量的评价。因此，对质量的客观度量有较大难度。

二、生产运作管理

生产与运作管理是指对企业提供产品或服务的系统进行设计、运行、评价和改进的各种管理活动的总称。生产与运作系统的设计包括产品或服务的选择和设计、运作设施的地点选择、运作设施的布置、服务交付的系统设计和工作的设计。生产与运作系统的运行，主要是指在现行的运作系统中如何适应市场的变化，按用户的需求生产合格产品和提供满意服务。生产与运作系统的运行主要涉及生产计划、组织与控制三个方面。

人们最初开始的是对生产制造过程的研究，主要研究有形产品生产制造过程的组织、计划和控制，被称为“生产管理学”（Production Management）。随着经济的发展、技术进步以及社会工业化、信息化的进展，社会构造越来越复杂，社会分工越来越细。原来附属于生产过程的一些业务、服务过程相继分离并独立出来，形成了专门的商业、金融、房地产等服务业。此外人们对教育、医疗、保险、娱乐等方面的要求也在不断提高，相关行业也在不断扩大。因此，对这些提供无形产品的运作过程进行管理和研究的必要性也就应运而生。人们开始把有形产品和无形产品生产和提供都看作是一种“投入—变换—产出”的过程（见图2-2），从管理的角度来看，这两种变换过程实际上是有许多不同之处的，但从汉语习惯上将生产与运作两者称生产运作。其特征主要表现为：

（1）能够满足人们某种需要，即有一定的使用价值。

（2）需要投入一定的资源，经过一定的变换过程才能实现。

（3）在变换过程中需投入一定的劳动，实现价值增值。

1. 生产与运作管理的研究对象

生产与运作管理的研究对象是生产与运作系统。如上所述，生产与运作过程是一个“投入—变换—产出”的过程，是一个劳动过程或价值增值过程。所谓生产与运作系统，是指使上述的变换过程得以实现的手段。它的构成与变换过程中的物质转化过程和管理过程相对应，也包括一个物质系统和一个管理系统。

物质系统是一个实体系统，主要由各种设施、机械、运输工具、仓库、信息传递媒介等组成。例如，一个机械工厂，其实体系统包括车间，车间内的各种机床、天车等工具，车间与车间之间的在制品仓库等。一个化工厂，它的实体系统可能主要是化学反应罐和形形色色的管道；一个急救系统或一个经营连锁快餐店的企业，它的实体

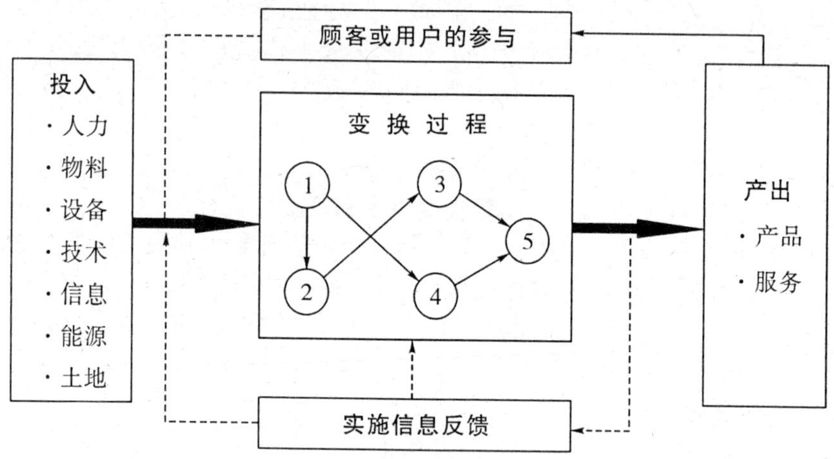

图 2－2　生产系统运转程序图

系统可能又大为不同，不可能集中在一个位置，而是分布在一个城市或一个地区内各个不同的地点。

管理系统主要是指生产与运作系统的计划和控制系统，以及物质系统的设计、配置等问题。其中的主要内容是信息的收集、传递、控制和反馈。

2. 生产与运作管理内容

（1）生产与运作战略制定

生产与运作战略决定产出什么，如何组合各种不同的产出品种，为此需要投入什么，如何优化配置所需要投入的资源要素，如何设计生产组织方式，如何确立竞争优势等。其目的是为产品生产及时提供全套的、能取得令人满意的技术经济效果的技术文件，并尽量缩短开发周期，降低开发费用。

（2）生产与运作系统（设计）构建管理

生产与运作系统（设计）构建管理包括设施选择、生产规模与技术层次决策、设施建设、设备选择与购置、生产与运作系统总平面布置、车间及工作地布置等；其目的是为了以最快的速度、最少的投资建立起最适宜企业的生产系统主体框架。

（3）生产与运作系统的运行管理

生产与运作系统的运行管理是对生产与运作系统的正常运行进行计划、组织和控制。其目的是按技术文件和市场需求，充分利用企业资源条件，实现高效、优质、安全、低成本生产，最大限度地满足市场销售和企业盈利的要求。生产与运作系统的运行管理包括三方面内容：即计划编制，如编制生产计划和生产作业计划；计划组织，如组织制造资源，保证计划的实施；计划控制，如以计划为标准，控制实际生产进度和库存。

（4）生产与运作系统的维护与改进

生产与运作系统只有通过正确的维护和不断的改进，才能适应市场的变化。生产与运作系统的维护与改进包括设备管理与可靠性、生产现场和生产组织方式的改进。生产与运作系统运行的计划、组织和控制，最终都要落实到生产现场。因此，要加强生产现场的协调与组织，使生产现场做到安全、文明生产。生产现场管理是生产与运作管理的基础和落脚点，加强生产现场管理，可以消除无效劳动和浪费，排除不适应生产活动的异常现象和不合理现象，使生产与运作过程的各要素更加协调，不断提高劳动生产率和经济效益。

综上所述，生产与运作管理内容如图 2－3 所示。

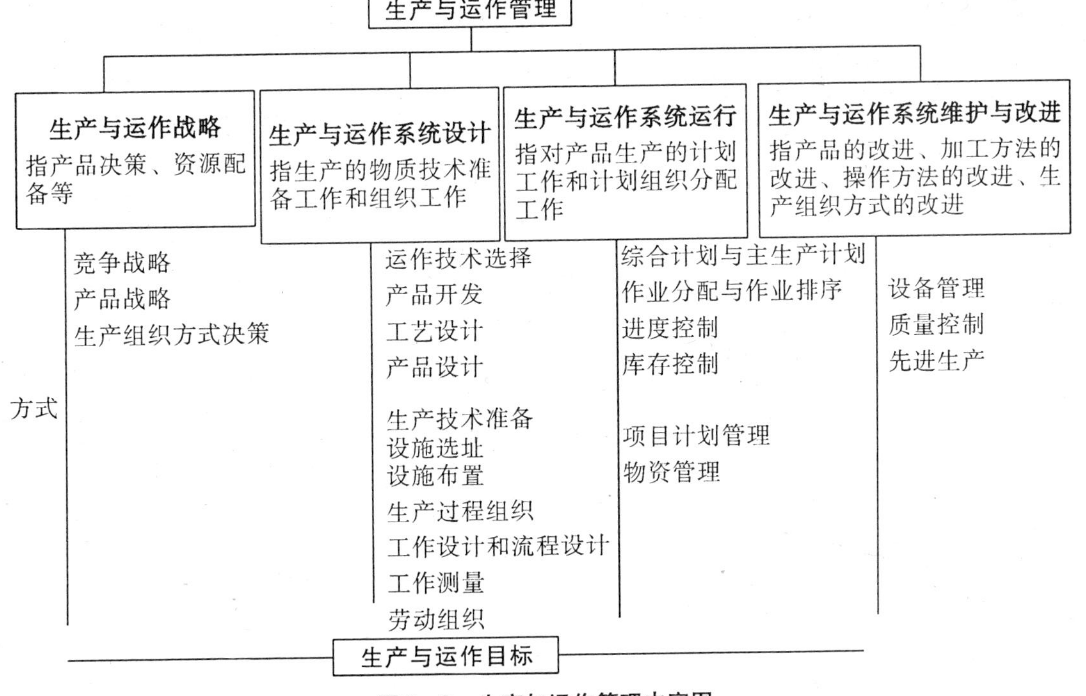

图 2－3　生产与运作管理内容图

3. 生产与运作管理的目标

生产与运作管理的目标是：高效、低耗、灵活、清洁、准时地生产合格产品或提供满意服务。高效是对时间而言，指能够迅速地满足用户的需要，在当前激烈的市场竞争条件下，谁的订货提前期短，谁就更可能争取用户；低耗是指生产同样数量和质量的产品，人力、物力和财力的消耗最少，低耗才能低成本，低成本才有低价格，低价格才能争取用户；灵活是指能很快地适应市场的变化，生产不同的品种和开发新品种或提供不同的服务和开发新的服务。清洁指对环境没有污染。准时是在用户要求的时间、数量内，提供所需的产品和服务。

4. 生产运作管理与其他职能管理的关系

生产运作管理与其他职能管理的关系归纳如下：

（1）生产与运作职能是企业管理三大基本职能之一

企业管理有三大基本职能：运作、理财和营销。运作就是创造社会所需要的产品和服务，把运作活动组织好，对提高企业的经济效益有很大作用。理财就是为企业筹措资金并合理地运用资金。只要进入的资金多于流出的资金，企业的财富就会不断增加。营销就是要发现与发掘顾客的需求，让顾客了解企业的产品和服务，并将这些产品和服务送到顾客手中。无论是制造型企业还是服务型企业，生产与运作活动是企业的基本活动之一，生产与运作管理是企业管理的一项基本职能。

（2）生产与运作管理与市场营销的关系

生产与运作管理与市场营销处在同一管理层次上，相对独立，又有着十分紧密的协作关系。生产与运作管理为营销部门提供满足市场消费、适销对路的产品和服务，搞好生产与运作管理对开展营销管理工作、提高产品的市场占有率和增强企业活力有着重要的意义。所以说，生产与运作管理对市场营销起保障作用，同时市场营销为生产提供市场信息，是生产与运作管理的产品价值实现的保证。

（3）生产与运作管理与财务管理的关系

生产与运作管理与财务管理也是处在同一管理层次上，彼此之间既独立又有着联系的。企业的生产与运作活动是伴随着资金运动同时进行的。财务管理是以资金运动为对象，利用价值形式进行的综合性管理工作。企业为进行生产与运作活动通过借贷、筹集等方式获得资金，先以货币资金形式存在于企业，当企业采购生产所需的原材料、燃料等实物后，货币资金转化为储备资金；在生产过程中，储备资金又转化为生产资金；当转化过程结束后，原材料加工成为成品，生产资金转化为成品资金；产品在市场销售后，其价值得以实现，成品资金转化为货币资金。

在上述资金运动过程中，资金流动与实物流动交织在一起，资金流动对实物流动起着核算、监督和控制的作用。从财务管理的角度看，企业财务管理系统既要为生产与运作活动所需的物资及技术改造、设备更新等提供足够的资金，又要控制生产与运作中所需的费用，加快资金周转，提高资金利用效果。

从生产的角度来看，生产与运作管理所追求的高效率、高质量、低成本和交货期，又可以在各方面降低消耗、节约资金，提高资金利用效率，增加企业经济效益。

（4）生产与运作管理与企业管理系统的关系

企业管理的目的是要在充分发挥市场营销、生产与运作与财务管理等职能作用的基础上，实现企业系统的整体优化，创造最佳经济效益。在企业管理系统中，三大职能互相影响、互相制约。如果企业营销体系不健全，营销政策不完整、销售渠道不畅，即使企业拥有竞争力很强的产品，也难将产品销售出去，更谈不上取得市场地位、获得竞争优势。如果企业生产与运作系统设计不合理，产品质量不能保证，这样的产品就是有再完善的营销体系也很难将产品销售出去。假如企业上述两项都不错，但财务管理系统较弱，资金筹措和资金运作能力很低，企业最终也会因为没有足够的资金支持和资金使用效果低，而不能在市场竞争中把企业做大做强。因此，对于企业这样一个完整的有机系统，提高企业管理水平必须以系统的观点，从系统的角度全面提高企业各职能的管理水平。

第二节 现场管理

现场管理是企业生产运作管理的有机组成部分，生产现场管理是生产运作系统中一个区域，它直接影响产品质量和企业的经济效益，只有不断地优化生产现场管理，才能实现企业管理的整体优化。

一、现场和现场管理

1. 现场与现场管理的概念

现场一般指作业场所。生产现场就是从事产品生产、制造或提供生产服务的场所，即劳动者运用劳动手段，作用于劳动对象，完成一定生产作业任务的场所。它既包括生产一线各基本生产车间的作业场所，又包括辅助生产部门的作业场所，如库房、试验室和锅炉房等。在我国工业企业规模较小，习惯于把生产现场简称为车间、工场或生产第一线。

工业企业的生产现场由于受行业特点的影响，既具有共性，又具有各自的特征。所谓共性，是指有些基本原理和方法对所有企业的生产现场都是普遍适用的，如所有生产现场都要求生产诸要素的合理配置，都有一个投入与产出转换的效益问题；在管理上都具有综合性、区域性、动态性和可控性等特点。所谓特性，主要是指由于生产工艺、技术装备、生产规模和生产类型等不同，从而优化现场管理的具体要求和方法也不尽相同。从生产技术特点看，不同行业的生产现场有明显的差别：钢铁企业是炼铁、炼钢、轧钢；纺织企业是纺纱、织布、印染。即使是在同一个机械制造企业中，冷加工与热加工的生产现场也有很大差异。从技术装备程度看，有些生产现场拥有较多机械化、自动化设备，技术密集程度较高，如大型化工企业的生产现场，一般都是通过装置和管道设施对原料进行加工。而有的生产现场则以手工业为主，劳动密集程度较高。从生产规模看，大型企业的生产现场，在人员素质、管理水平和环境条件等方面，一般要比小型企业具有较多的优势。从生产类型看，订货生产与存货生产、连续生产与间断生产、单一品种生产与多品种生产、流水生产与成批生产，其生产现场的组织管理方式皆不相同。按对象原则设置的生产现场与按工艺原则设置的生产现场，其组织管理方式也有区别。所以研究现场管理的重点首先放在共性上，主要揭示生产现场运作的一般规律，但在具体实施时要从企业生产现场的实际情况出发，注意不同生产现场的特性要求，防止“一刀切”。

有现场就必然有现场管理。现场管理就是运用科学的管理思想、管理方法和管理手段，对现场的各种生产要素，如人（操作者、管理者）、机（设备）、料（原材料）、法（工艺、检测方法）、环（环境）、资（资金）、能（能源）、信（信息）等，进行合理配置和优化组合，通过计划、组织、控制、协调和激励等管理职能，保证现场按预定的目标，实现优质、高效、低耗、均衡、安全、文明的生产。现场管理是企业管理的重要环节，企业管理中的很多问题必然会在现场得到反映，各项专业管理工作也要在现场落实。可是作为基层环节的现场管理，其首要任务是保证现场的各项生产活动能高效率、有秩序地进行，实现预定的目标任务，现场出现的各种生产技术问题，有关人员在现场就能及时解决，不等、不拖、不上交。从这个意义上说，生产现场管理也就是现场的生产管理。

2. 现场管理的特点

（1）基础性

企业管理一般可分三个层次，即最高领导层的决策性管理、中间管理层的执行性管理和作业层的现场管理。现场管理属于基层管理，是企业管理的基础。基础扎实，现场管理水平高，可以增强企业对外部环境的承受能力和应变能力；可以使企业的生产经营目标，以及各项计划、指令和各项专业管理要求，顺利地在基层得到贯彻与落实。优化现场管理需要以管理的基础工作为依据，离不开标准、定额、计量、信息、原始记录、规章制度和基础教育，基础工作健全与否，直接影响现场管理的水平。通过加强现场管理又可进一步健全基础工作。所以，加强现场管理与加强管理基础工作，两者是一致的，不是对立的。

（2）系统性

现场管理是从属于企业管理这个大系统中的一个子系统。过去抓现场管理没有把生产现场作为一个系统进行综合治理，整体优化。往往抓了某一个方面的工作改进，忽视了各项工作之间的配套改革；比较重视生产现场的各项专业管理，却忽视了它们在生产现场中的协调与配合，所以收效不大。现场管理作为一个系统，具有系统性、相关性、目的性和环境适应性。这个系统的外部环境就是整个企业，企业生产经营的目标、方针、政策和措施都会直接影响生产现场管理。这个系统输入的是人、机，料、法、环、资、能和信等生产要素，通过生产现场有机的转换过程，向外部环境输出各种合格的产品或优质的服务。同时，反馈转换过程中的各种信息，以促进各方面工作的改善。生产现场管理系统的性质是综合的、开放的、有序的、动态的和可控的。系统性特点要求生产现场必须实行统一指挥，不允许各部门、各环节、各工序违背统一指挥而各行其是。各项专业管理虽自成系统，但在生产现场也必须协调配合，服从现场整体优化的要求。

（3）群众性

现场管理的核心是人。人与人、人与物的组合是现场生产要素最基本的组合，不能见物不见人。现场的一切生产活动、各项管理工作都要现场的人去掌握、去操作、去完成。优化现场管理仅靠少数企业管理人员是不够的，必须依靠现场所有人员的积极性和创造性，发动广大员工群众参与管理。生产人员在岗位工作过程中，按照统一标准和规定的要求，实行自主管理，开展员工民主管理活动，必须改变人们的旧观念，培养员工良好的生产习惯和参与管理的能力，不断提高员工的素质。员工素质中突出的是责任心问题，有了责任心，工作就主动，不会干的可以学会。如果没有责任心，再好的管理制度和管理方法也无济于事。提高员工素质既不能任其自然，也不能操之过急，要从多方面做细致地工作。

（4）开放性

现场管理是一个开放系统，在系统内部与外部环境之间经常需要进行物质和信息的交换与信息反馈，以保证生产有秩序地连续进行。各类信息的收集、传递和分析利用，要做到及时、准确、齐全，尽量让现场人员能看得见、摸得着，人人心中有数。例如，需要大家共同完成的任务产量产值、质量控制、班组核算等。可将计划指标和指标完成情况，画成图表，定期公布于众，让现场人员都知道自己应干什么和干得怎么样。与现场生产密切相关的规章制度，如安全守则、操作规程和岗位责任制等，应公布在现场醒目处，便于现场人员共同遵守执行。现场区域划分、物品摆放位置和危险处所等应设有明显标志。各生产环节之间、各道工序之间的联络，可根据现场工作的实际需要，建立必要的信息传导装置。例如，生产线上某个工位出现故障，流水线就会自动停下来，前方的信号灯就会显示出第几号工位出了毛病。

（5）动态性

现场各种生产要素的组合，是在投入与产出转换的运动过程中实现的。优化现场管理是由低级到高级不断发展、不断提高的动态过程。在一定条件下，现场生产要素的优化组合，具有相对的稳定性。生产技术条件稳定，有利于生产现场提高质量和经济效益。但是由于市场环境的变化、企业产品结构的调整，以及新产品、新工艺、新技术的采用，原有的生产要素组合和生产技术条件就不能适应了，必须进行相应的变革。现场管理应根据变化了的情况，对生产要素进行必要的调整和合理配置，提高生产现场对环境变化的适应能力，从而增强企业的竞争能力。所以，稳定是相对的、有条件的，变化则是绝对的，求稳怕变或只变不定都不符合现场动态管理的要求。

上述特点有助于进一步理解现场管理的含义，同时也为优化现场管理提供了理论依据。

3. 现场管理的任务和内容

（1）现场管理的任务

有人把现场管理仅仅理解为“打扫卫生，文明生产”，这是很不全面的。现场管理的任务主要是合理地组织现场的各种生产要素，使之有效地结合起来形成一个有机的生产系统，并经常处于良好的运行状态。具体的目标任务是：

①以市场需求为导向，生产适销对路的产品，全面完成生产计划规定的任务，包括产品品种、质量、产量、产值、资金、成本、利润和安全等经济技术指标。

②消除生产现场的浪费现象，科学地组织生产，采用新工艺、新技术，开展技术革新和合理化建议活动，实现生产的高效率和高效益。

③优化劳动组织，搞好班组建设和民主管理，不断提高现场人员的思想水平与技术业务素质。

④加强定额管理，降低物料和能源消耗，减少生产储备和资金占用，不断降低生产成本。

⑤优化专业管理，完善工艺、质量、设备、计划、调度、财务和安全等专业管理保证体系，并使它们在生产现场协调配合，发挥综合管理效应，有效地控制生产现场的投入与产出。

⑥组织均衡生产，实行标准化管理。

⑦加强管理基础工作，做到人流、物流运转有序，信息流及时准确，出现异常现象能及时发现和解决，使生产现场始终处于正常、有序、可控的状态。

⑧治理现场环境，改变生产现场“脏、乱、差”的状况，确保安全生产、文明生产。

（2）现场管理的内容

现场管理的任务决定现场管理的内容是多方面的，既包括现场生产的组织管理工作，又包括落实到的各项专业管理和管理基础工作。因此，现场管理的内容可以从不同的角度去概括和分析。例如，从管理职能分析，现场管理的层次与范围虽不同于企业管理，但仍具有计划、组织、控制、激励和教育等职能，这些管理职能在生产现场都有所体现，所以可以据此概括和分析现场管理的内容。另外，还可以从构成现场的点（工序管理）、线（流水管理）、面（环境管理）角度，概括和分析现场管理的内容。下面是从优化现场的人、机、料、法、环等主要生产要素，从优化质量、设备等主要专业管理系统这一角度来概括和分析现场管理的内容。具体内容包括：①作业管理。②物流管理。③文明生产与定量管理。④生产现场质量管理。⑤生产现场设备管理。⑥生产现场成本控制。⑦生产现场计划与控制。⑧优化劳动组织与班组建设。⑨岗位责任制。⑩生产现场管理诊断。

在不同行业的不同企业中，现场管理的内容及其重点不尽相同。上述10项内容是从当前大多数企业的实际情况出发提出来的，具有一定的普遍意义。随着生产技术的发展和管理水平的提高，现场管理的内容将更加丰富、充实，并不断出现新的内容。

二、“5S”活动

1. “5S”活动的含义

“5S”活动是指对生产现场各生产要素，主要是物的要素所处状态不断地进行整理、整顿、清洁、清扫和提高素养的活动。由于整理、整顿、清洁、清扫和素养这五个词在口语中罗马拼音的第一个字母都是“S”，简称为“5S”。“5S”活动在日本企业中广泛实行，它相当于我国企业里开展的文明生产活动。

“5S”活动在西方和日本企业中的推行，有个逐步发展、总结、提高的过程。开始的提法是开展“3S”活动，以后内容逐步充实，改为“4S”，最后增加为“5S”，这不仅内容增加和丰富了，而且按照文明生产各项活动的内在联系和逐步地由浅入深的要求，把各项活动系统化和程序化了，“5S”活动总结出在各项活动中，提高队伍素养这项活动是全部活动的核心和精髓。“5S”活动重视人的因素，没有员工队伍素养的相应提高，“5S”活动是难以开展和坚持下去的。最后，日本企业在如何推行坚持“5S”活动方面，也总结了一套方法，有不少方面值得我们学习。从一定意义上说，日本企业实行的“5S”活动，也是文明生产活动的发展和提高。因此，近年来我国许多企业，为了提高文明生产活动的水平，学习和推行了“5S”活动。

2. “5S”活动的内容和具体要求

（1）整理（Seiri）——把要与不要的人、事、物分开，再将不需的人、事、物加以处理。

这是开始改善生产现场的第一步。其要点是首先对生产现场摆放和停滞的各种物品进行分类，区分什么是现场需要的，什么是现场不需要的；其次，对于现场不需要的物品，诸如用剩的材料、多余的半成品、切下的料头、切屑、垃圾、废品、多余的工料、多余的工具、报废的设备、员工个人生活用品（下班后穿戴的衣帽鞋袜，化妆用品）等，要坚决清理出现场。这样做的目的是：

①改善和增大作业面积。

②现场无杂物，行道通畅，提高工作效率。

③减少磕碰的机会，保障安全，提高质量。

④消除管理上的混放、混料等差错事故。

⑤有利于减少库存量，节约资金。

⑥改变作风，提高工作情绪。

这项工作的重点在于坚决把现场不需要的东西清理掉。对于车间里各个工位或设备的前后、通道左右、厂房上下和工具箱内外等，包括车间的各个死角，都要彻底搜寻和清理，达到现场无不用之物。坚决做好这一步，是树立好作风的开始。日本有的企业提出口号：效率和安全始于整理！有的企业为了保证做到这一条，而又照顾到员工摆放个人生活用品的实际需要，因地制宜，采取了相应措施。如在车间外专门为员工设置休息室和存放衣帽的专用橱柜；有的利用两个车间之间的空间，专门设置员工存放个人用品的地方等。

（2）整顿（Seiton）——把需要的人、事、物加以定量、定位。

通过上一步整理后，对生产现场需要留下的物品进行科学合理的布置和摆放，以便在最快速的情况下取得所要之物，在有效的规章制度和流程下完成事务。

整顿活动的要点是：

①物品摆放要有固定的地点和区域，以便于寻找和消除因混放而造成的差错。

②物品摆放要科学合理，例如，根据物品使用的频率，经常使用的东西放得近些（如放在作业区内），偶尔使用或不常用的东西则应放得远些（如集中放在车间某处）。

③物品摆放目视化，使定量装载的物品做到过目知数，不同物品摆放区域采用不

同的色彩和标记。

生产现场物品的合理摆放有利于提高工作效率，提高产品质量，保障生产安全。

(3) 清扫（Seiso）——把工作场所打扫干净，设备异常时马上修理，使之恢复正常。

现场在生产过程中会产生灰尘、油污、铁屑和垃圾等，从而使现场变脏。脏的现场会使设备精度降低，故障多发，影响产品的质量，使安全事故防不胜防；脏的现场更会影响人们的工作情绪，使人不愿久留。因此，必须通过清扫活动来清除那些脏物，创建一个明快、舒畅的工作环境，以保证员工安全、优质和高效率地工作。清扫活动的要点是：

①自己使用的物品，如设备、工具等，要自己清扫，而不是依赖他人，不增加专门的清扫工。

②对设备的清扫，着眼于对设备的维修保养。清扫设备要同设备的日常检查结合起来。清扫设备要同时做好设备的润滑工作，清扫也是保养。

③清扫也是为了改善，所以当清扫地面发现有飞屑和油水泄漏时，查明原因并采取措施加以改进。

(4) 清洁（Seikeetsu）——整理、整顿、清扫之后要认真维护，保持完美和最佳状态。

清洁，不是单纯从字面上来理解，而是对前三项活动的坚持与深入，从而消除发生安全事故的根源，创造一个良好的工作环境，使员工能愉快地工作。清洁活动的要点是：

①车间环境不仅要整齐，而且要做到清洁卫生，保证员工身体健康，增强员工劳动热情。

②不仅物品要清洁，而且整个工作环境要清洁，进一步消除混浊的空气、粉尘、噪音和污染源。

③不仅物品、环境要清洁，而且员工本身也要做到清洁，如工作服要清洁，仪表要整洁，及时理发、刮须、修指甲和洗澡等。

④员工不仅做到形体上的清洁，而且要做到精神上的“清洁”，待人要讲礼貌，要尊重别人。

(5) 素养（Shitsuke）——养成良好的工作习惯，遵守纪律。

素养即教养。努力提高人员的素质，养成严格遵守规章制度的习惯和作风，这是“5S”活动的核心。没有人员素质的提高，各项活动也不能顺利开展，开展了也坚持不了。所以，抓“5S”活动，要始终着眼于提高人的素质。“5S”活动始于素质，也终于素质。

在开展“5S”活动中，要贯彻自我管理的原则。创造良好的工作环境，不能单靠添置设备来改善，也不要指望别人来代为办理，而让现场人员坐享其成。应当充分依靠现场人员，由现场的当事人员自己动手为自己创建一个整齐、清洁、方便和安全的工作环境。使他们在改造客观世界的同时，也改造自己的主观世界，产生美的意识，养成现代化大生产所要求的遵章守纪、严格要求的风气和习惯。因为是自己动手创造的成果，也就容易保持和坚持下去。

由上可见，“5S”活动是把企业的文明生产各项活动系统化，并进入了一个更高的阶段。

三、生产现场控制技术——看板系统

1. 概述

看板系统又称视板管理、看板方式、看板法、目视管理等，是一种生产现场管理方法。它以流水线作业为基础，将生产过程中传统的送料制改为取料制，以看板作为取货指令、运输指令、生产指令进行现场生产控制。从生产的最后一道工序（总装线）起，按反工艺顺序，一步一步、一道工序一道工序地向前推进，直到原材料准备部门，都按看板的要求取货、运送和生产。看板作为可见的工具，反映通过系统的物流，鼓励操作者发挥积极性，使企业中的各生产部门、工作中心协调地运行，实现整个生产过程的准时化、同步化，保证企业以最少的在制品，占用最少的流动资金，获取较好的经济效益。

2. 看板的机能

（1）生产以及运送的工作指令。看板中记载着生产量、时间、方法、顺序以及运送量、运送时间、运送目的地、放置场所、搬运工具等信息，从装配工序逐次向前工序追溯，在装配线将所使用的零部件上所带的看板取下，以此再去前工序领取。后工序领取以及适时适量生产就是这样通过看板来实现的。

（2）防止过量生产和过量运送。看板必须按照既定的运用规则来使用。其中一条规则是："没有看板不能生产，也不能运送"。根据这一规则，看板数量减少，则生产量也相应减少。由于看板所表示的只是必要的量，因此通过看板的运用能够做到自动防止过量生产以及适量运送。

（3）进行目视管理的工具。看板的另一条运用规则是："看板必须在实物上存放"，"前工序按照看板取下的顺序进行生产"。根据这一规则，作业现场的管理人员对生产的优先顺序能够一目了然，易于管理。并且只要一看看板，就可知道后工序的作业进展情况、库存情况等。

（4）改善的工具。在这种生产方式中，通过不断减少看板数量来减少在制品的中间储存。在一般情况下，如果在制品库存较高，即使设备出现故障，不良品数目增加也不会影响到后道工序的生产，所以容易把这些问题掩盖起来。而且即使有人员过剩，也不易察觉。根据看板"不能把不良品送往后工序"的运用规则，后工序所需得不到满足，就会造成全线停工，由此可立即使问题暴露，从而必须立即采取改善措施来解决问题。这样通过改善活动不仅使问题得到了解决，也使生产线的"体质"不断增强，带来了生产率的提高。这种生产方式的目标是要最终实现无储存生产系统，而看板提供了一个朝着这个方向迈进的工具。

3. 看板的种类

实际生产管理中使用的看板形式很多。常见的有塑料夹内装着的卡片或类似的标识牌、运送零件小车、工位器具或存件箱上的标签、指示部件吊运场所的标签、流水生产线上各种颜色的小球或信号灯、电视图像等。

使用最多的看板有两种：传送看板（拿取看板）和生产看板（订货看板）。它们一般都被做成10cm×20cm的尺寸，传送看板标明后一道工序向前一道工序拿取工件的种类和数量，而生产看板则标明前一道工序应生产的工件的种类和数量。

4. 看板的使用规则

为使看板系统有效运行，必须严格遵循使用规则，培训全体操作人员理解规则，并设立一定的奖惩制度认真贯彻规则。规则主要内容有以下五点：

（1）不合格不交后工序

这种方式认为制造不合格件是最大浪费，如果不能及时解决不合格品问题，后工序就会停产。不合格件积压在本工序，本工序的问题就很快暴露出来，使管理人员、监督人员不得不共同采取对策，防止再发生类似问题。

(2) 后工序来取件

改变生产供给后工序的传统做法，由后工序向前工序取件，不能领取超过看板规定的数量，领取工件时，须将看板系在装工件的容器上。

(3) 只生产后道工序领取的工件数量

超过看板规定的数量不生产，同时完全按看板出现的顺序生产。

(4) 均衡化生产

如果后道工序在领取工件的时间和数量方面没有规律，波动较大，前道工序就需按后道工序最大需求来安排其设备能力和人力，这是很不经济的。因此，看板管理只适用于需求波动较小和重复性生产系统。

(5) 利用减少看板数量来提高管理水平

在生产系统中库存水平由看板数量来决定，因为每一块看板代表着一个标准容器容量的工件，用减少看板数量、减少标准容量的方法，可减低库存水平。

本章小结

对理工科专业学生而言，深入到生产一线的机会是很多的。本章主要介绍了生产运作管理方面的一些基础知识和相关原理，并重点介绍了现场管理、“5S”活动及JIT方法中的看板管理，这些知识对指导以后的生产管理，有非常重要的现实意义。

思考与练习

1. 生产运作管理的内容是什么？
2. 生产运作管理与其他职能管理的关系是什么？
3. 现场管理的内容和特点是什么？
4. 简述“5S”活动的内容。
5. 简述看板系统的具体内容。

第三章　质量管理

学习目的：

1. 理解质量管理的基础工作及其原则。
2. 理解全面质量管理的概念和含义。
3. 掌握“PDCA”的具体内容。
4. 深入理解全面质量管理的内容。

重点和难点：

如何正确实现全面质量管理

关键概念：

质量　全面质量管理　PDCA

第一节　质量管理基础

一、质量管理基础

1. 质量及其特性

1994 版的 ISO 9000 标准对质量的定义是：“反映实体满足明确和隐含需要能力的特性之总和”。2000 版 ISO 9000 标准又将质量的定义改为：“一组固有特性满足要求的程度”。

质量特性是指产品、过程或体系与要求有关的固有特性。

质量概念的关键是满足要求。这些要求必须转化为有指标的特性，作为评价、检验和考核的依据。由于顾客的需求是多种多样的，所以反映质量的特性也应该是多种多样的。另外，不同类别的产品，质量特性的具体表现形式也不尽相同。

质量特性可分为真正质量特性和代用质量特性。所谓真正质量特性是指直接反映用户需求的质量特性。一般来说，真正质量特性表现为产品的整体质量特性，但不能完全体现在产品制造规范上，而且，在大多数情况下，很难直接定量表示。因此，就需要根据真正质量特性（用户需求）相应确定一些数据和参数来间接反映它，这些数据和参数就称为代用质量特性。

对于产品质量特性，无论是真正还是代用，都应当尽量定量化，并尽量体现产品使用时的客观要求。把反映产品质量主要特性的技术经济参数明确规定下来，作为衡量产品质量的尺度，就形成了产品的技术标准。

产品技术标准标志着产品质量特性应达到的要求，符合技术标准的产品就是合格品，不符合技术标准的产品就是不合格品。

另外，根据对顾客满意的影响程度不同，还可将质量特性分为关键质量特性、重要质量特性和次要质量特性三类。关键质量特性是指若超过规定的特性值要求，会直接影响产品安全性或导致产品整机功能丧失的质量特性。重要质量特性是指若超过规定的特性值要求，将造成产品部分功能丧失的质量特性。次要质量特性是指若超过规定的特性值要求，暂不影响产品功能，但可能会引起产品功能的逐渐丧失的质量特性。

2. 质量形成过程

朱兰认为，质量管理是由质量策划、质量控制和质量改进这样三个互相联系的阶段所构成的一个逻辑的过程，每个阶段都有其关注的目标和实现目标的相应手段。

质量策划指明确企业的产品和服务所要达到的质量目标，并为实现这些目标所必需的各种活动进行规划和部署的过程。通过质量策划活动，企业应当明确谁是自己的顾客，顾客的需要是什么，产品必须具备哪些特性才能满足顾客的需要；在此基础上，还必须设定符合顾客和供应商双方要求的质量目标，开发实现质量目标所必需的过程和工艺，确保过程在给定的作业条件下具有达到目标的能力，为最终生产出符合顾客要求的产品和服务奠定坚实的基础。

控制就其一般含义而言，是指制定控制标准、衡量实绩找出偏差并采取措施纠正偏差的过程。控制应用于质量领域便成为质量控制。质量控制也就是为实现质量目标，采取措施满足质量要求的过程。广泛应用统计方法来解决质量问题是质量控制的主要特征之一。

质量改进是指突破原有计划从而实现前所未有的质量水平的过程。实现质量改进有三个方面的途径，即通过排除导致过程偏离标准的偶发性质量故障，使过程恢复到初始的控制状态；通过排除长期性的质量故障使当前的质量提高到一个新的水平；在引入新产品、新工艺时从计划开始就力求消除可能会导致新的慢性故障和偶发性故障的各种可能性。

在质量管理的三部曲中，质量策划明确了质量管理所要达到的目标以及实现这些目标的途径，是质量管理的前提和基础；质量控制确保事物按照计划的方式进行，是实现质量目标的保障；质量改进则意味着质量水平的飞跃，标志着质量活动是以一种螺旋式上升的方式在不断攀登和提高，见图 3 - 1。

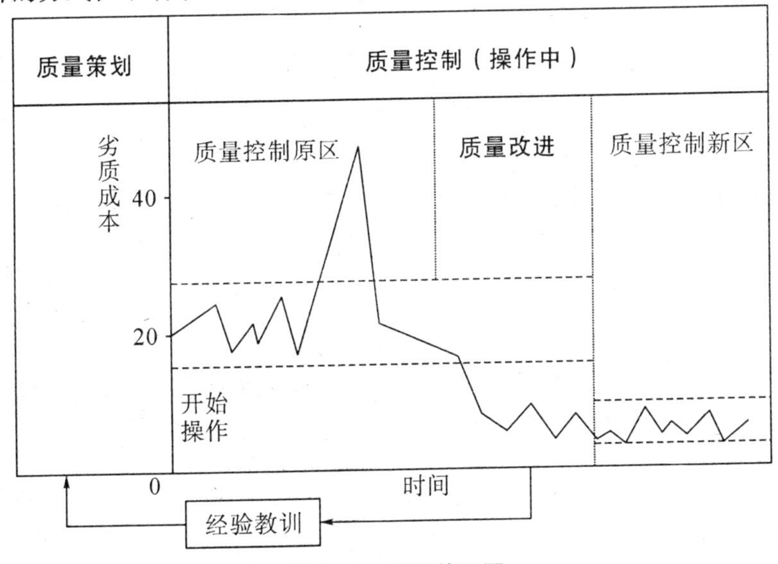

图 3 - 1　质量管理图

3. 质量管理的基础工作和基本原则

进行质量管理，必须做好一系列基础工作。扎实的基础工作将为质量管理的顺利进行和不断发展提供保证。质量管理的基础工作主要包括质量教育工作、标准化工作、计量工作、质量信息工作和质量责任制。质量教育包括三个基本内容：质量意识教育、质量管理知识教育、专业技术和技能教育。按标准的对象分，标准可以分为技术标准、管理标准和工作标准。计量工作的主要要求是：计量器具和测试设备必须配备齐全；根据具体情况选择正确的计量测试方法；正确合理地使用计量器具，保证量值的准确和统一；严格执行计量器具的检定规程，计量器具应及时修理和报废；做好计量器具的保管、验收、储存、发放等组织管理工作。为了做好上述工作，企业应设置专门的计量管理机构和建立计量管理制度。质量信息是有关质量方面的有意义的数据，是指反映产品质量和企业生产经营活动各个环节工作质量的情报、资料、数据、原始记录等。在企业内部，质量信息包括研制、设计、制造、检验等产品生产全过程的所有质量信息；在企业外部，质量信息包括市场及用户有关产品使用过程的各种经济技术资料。质量责任制的内容应包括企业各级领导、职能部门和工人的质量责任制，以及横向联系和质量信息反馈的责任。

质量管理的基本原则是以顾客为关注焦点、领导作用、全员参与、过程方法、管理的系统方法、持续改进、基于事实的决策方法、与供方互利的关系。

二、常用的质量管理方法

在质量管理中强调一切用数据说话，是为了根据事实采取行动，防止盲目的主观主义。一个具体的产品需要一系列的数据来反映它的质量，如尺寸、重量、强度等。产品质量的提高，要用数量来表示；不合格品率的降低，也要用数量来表示。在质量管理过程中，通过有目的地收集数据，运用数理统计的方法处理所得的原始数据，提炼出有关产品质量、生产过程的信息，再分析具体情况，做出决策，从而达到提高产品质量的目的。数据有计量值数据和计数值数据两种。

所谓计量值数据是指数据在给定范围内可以取任何值，即被测数据可以是连续的，如测量产品的长度、重量、硬度、电流、温度等。在测试电灯泡寿命的一组数据里，取任意两个不同的数值，如 1 999 小时与 2 000 小时，在其中插入 1 999.8 小时是有意义的。因此，电灯泡的寿命属于计量值。

所谓计数值数据是指那些不能连续取值的，只能以整数计算的数为计数值数据。产品的不合格品数或缺陷数、铸件的气孔、砂眼数、疵点数等都属于计数值数据。例如，记录机器每天发生故障的次数，属于计数值。

1. 质量管理的常用工具

排列图（Pareto Chart）又叫帕累托图（Pareto），排列图的全称是主次因素分析图，它是将质量改进项目从最重要到最次要进行排列而采用的一种简单的图示技术。排列图建立在帕累托原理的基础上，帕累托原理是 19 世纪意大利经济学家在分析社会财富的分布状况时发现的：国家财富的 80% 掌握在 20% 的人的手中，这种分布关系，即是帕累托原理。在质量管理中运用排列图，就是根据“关键的少数和次要的多数”的原理，对有关产品质量的数据进行分类排列，用图形表明影响产品质量的关键所在，从而便可知道哪个因素对质量的影响最大，改善质量的工作应从哪里入手最为有效，经济效果最好。

因果图是以结果为特性，以原因为因素，在它们之间用箭头联系起来，表示因果关系的图形。因果图又叫特性要因图，或形象地称为树枝图或鱼刺图，是由日本质量管理学者石川馨（Koaru Ishikawa）在1943年提出的，所以也称为石川图。因果图是利用头脑风暴法的原理，集思广益，寻找影响质量、时间、成本等问题的潜在因素，从产生问题的结果出发，首先找出产生问题的大原因，然后再通过大原因找出中原因，再进一步找出小原因，依次类推下去，步步深入，一直找到能够采取的措施为止。

调查表又称检查表、统计分析表，是一种收集整理数据和粗略分析质量原因的工具，是为了调查客观事物、产品和工作质量，或为了分层收集数据而设计的图表，即把产品可能出现的情况及其分类预先列成统计调查表，在检查产品时只需在相应分类中进行统计，并可从调查表中进行粗略的整理和简单的原因分析，为下一步的统计分析与判断质量状况创造良好条件。

分层法是分析产品质量原因的一种常用的统计方法，它能使杂乱无章的数据和错综复杂的因素系统化和条理化，有利于找出主要的质量原因和采取相应的技术措施。

质量管理中的数据分层就是将数据根据不同的使用目的，按其性质、来源、影响因素等进行分类的方法，把不同材料、不同加工方法、不同加工时间、不同操作人员、不同设备等各种数据加以分类的方法，也就是把性质相同、在同一生产条件下收集到的质量特性数据归为一类。

直方图又称质量分布图，是通过对测定或收集来的数据加以整理，来判断和预测生产过程质量和不合格品率的一种常用工具。

直方图法适用于对大量计量值数据进行整理加工，找出其统计规律，分析数据分布的形态，以便对其总体的分布特征进行分析。直方图的基本图形为直角坐标系下若干依照顺序排列的矩形，各矩形底边相等称为数据区间，矩形的高为数据落入各相应区间的频数。

散布图又称相关图，是描绘两种质量特性值之间相关关系的分布状态的图形，即将一对数据看成直角坐标系中的一个点，多对数据得到多个点组成的图形即为散布图。

SPC是英文Statistical Process Control的首字母简称，即统计过程控制。SPC就是应用统计技术对过程中的各个阶段进行监控，从而达到改进与保证质量的目的。其中控制图理论是SPC最主要的统计技术。

控制图是判别生产过程是否处于控制状态的一种手段，利用它可以区分质量波动究竟是由随机因素还是系统因素造成的。

2. 质量管理新七种工具

在现代质量管理中，科学技术的迅猛发展使产品日益复杂、精密，需要人们对事物进行系统思考，而且质量管理工作要面对大量的市场和技术信息、厂内和厂外信息。为迎接这些新时代的挑战，就必须引入适合系统和综合管理的各种有效方法。质量管理新七种工具就是随着企业生产的不断发展以及科学技术的进步，将运筹学、系统工程、行为科学等更多、更广的方法结合起来解决质量问题的质量管理方法。

质量管理新七种工具是指关联图法、系统图法、矩阵图法、矩阵数据分析法、过程决策程序法、箭头图法和亲和图法。质量管理新七种工具不能代替质量控制老七种工具，它们不是对立的，而是相辅相成的，相互补充机能上的不足。这七种方法是思考型的全面质量管理，属于创造型领域，主要用文字、语言分析，确定方针，提高质量。

关联图是表示事物依存或因果关系的连线图，把与事物有关的各环节按相互制约的关系连成整体，从中找出解决问题应从何处入手。用于弄清楚各种复杂因素相互缠绕的、相互牵连的问题，寻找、发现各种因素内在的因果关系，用箭头逻辑性地连接起来，综合地掌握全貌，找出解决问题的措施。关联图的箭头只反映逻辑关系，不是工作顺序，一般是从原因指向结果，手段指向目的。

系统图就是把要实现的目的与需要采取的措施或手段，系统地展开，并绘制成图，以明确问题的重点，寻求最佳手段或措施。为了达到某个目的，就要采取某种手段。为了实现这一手段，又必须考虑下一级水平的目的。这样，上一级水平的手段就成为下一级水平的目的。系统图在质量管理活动中，还可以在企业管理人员进行目的与手段思考训练方面发挥作用，减少明确目的与手段过程的困难。

矩阵图是通过多因素综合思考，探索解决问题的方法。矩阵图借助数学上矩阵的形式把影响问题的各对应因素列成一个矩阵，然后根据矩阵的特点找出确定关键点的方法。

矩阵数据分析是多变量质量分析的一种方法。矩阵数据分析法与矩阵图有些类似，其主要区别是：不是在矩阵图上填符号，而是填数据，形成一个数据分析的矩阵。其基本思路是通过收集大量数据，组成相关矩阵，求出相关数矩阵，以及求出矩阵的特征值和特征向量，确定出第一主要成分，第二主要成分等。通过变量变换的方法，将众多的线性相关指标转换为少数线性无关的指标（由于线性无关，就使得分析与评价指标变量能够切断相关的干扰，找出主导因素，做出更准确的估计），显示出其应用价值。这样就找出了进行研究攻关的主要目标或因素。所以，它是质量管理新七种工具中唯一利用数据分析问题的方法。矩阵数据分析法可以应用于市场调查，新产品开发、规划和研究，以及工艺分析等方面。

过程决策程序图法又叫 PDPC 图法（Process Decision Program Chart）。在进行质量管理时，为了达到预定目标和解决问题，事先进行必要的计划或设计，预测可能出现的问题，分别确定每种情况下的对策和处理程序，以便把事物引向理想的结果。但是，在事物的发展过程中可能发生意料不到的重大事故，根据现有知识，提出解决问题的依据尚不充分，或考虑到环境变化以及无法估计到的事态发生，在现阶段根本不能预测解决。这样，在发生新事态或出现新情报时，就需要经常把解决问题的步骤推向完成目标的方向。即每当新情报出现时，就必须预测并探索按过去的计划进行是否可以，有无其他更佳方案可行，并找出解决措施。为了解决质量管理中所遇到的这种问题，就要引入运筹学中的 PDPC 法来解决。

PDPC 法是为了实现研究开发目标，在制订计划或进行系统设计时，预测事先可以考虑到的不理想事态或结果，把过程的特性尽可能引向理想方向的方法。此外，当产生没有预测的问题时，PDPC 法也有效，应以最终目标为标准，不断地、尽可能地修正计划和措施。也可以说，PDPC 法是随着事态的进展对能够导致各种结果的问题，确定一个过程使之达到理想结果的方法。

PDPC 法兼有预见性和随机应变性。它是以事件或现象为中心，掌握系统的输入和输出的关系，故可较为准确地提出可能导致的不良状态，找到其发生的原因，事先予以消除。而且它所采取的是沿多方向发展的方式，便于指出意料之外的重要问题。

箭头图法是计划协调技术（PERT，Program Evaluation and Review Technique）和关键路线法（CPM，Critical Path Method）在质量管理中的具体应用。其实质是把一项任

务的工作（研制和管理）过程，作为一个系统加以处理，将组成系统的各项任务，细分为不同层次和不同阶段，按照任务的相互关联和先后顺序，用图或网络的方式表达出来，形成工程问题或管理问题的一种确切的数学模型，用以求解系统中各种实际问题。

亲和图法又叫 KJ 法，是由日本川喜田二郎（Kawakida Jiro）提出的一种属于创造性思考的开发方法。KJ 法就是对未来的问题、未知的问题、未有经验领域的问题的有关事实、意见、构思等语言资料收集起来，按相互接近的要求进行统一，从复杂的现象中整理出思路，以便抓住实质，找出解决问题途径的一种方法。

KJ 法是把事件、现象和事实，用一定的方法进行归纳整理，引出思路，抓住问题的实质，提出解决问题的办法。具体讲，就是把杂乱无章的语言资料，依据相互间的亲和性（相近的程度，亲感性，相似）进行统一综合，对于将来的、未来的、未知的、没有经验的问题，通过构思以语言的形式收集起来，按它们之间的亲和性加以归纳，分析整理，绘成亲和图（A 型图，Affinity Diagram），以期明确怎样解决问题。所以 KJ 法的主体是不断使用 A 型图来解决问题。采取的手法是进行集体创造性的思考。一般的程序是：事实→调查→文件阅读→综合→灵感→创新。通过对大量事实进行综合分析，加上个人灵感，最后达到创新。用事实说话，靠灵感发现新思想，解决新问题。许多新思想、新理论，往往是灵机一动，突然发现，灵感实际上是潜思维、潜意识的表现，常借助于熟能生巧的前提，突然得到平时百思不得其解的答案。

第二节 全面质量管理

全面质量管理（TQM，Total Quality Management）是从质量管理的共性出发，对质量管理工作的实质内容进行科学的分析、综合、抽象和概括，从中探索质量管理的客观规律性，以指导人们在开展质量管理工作时按客观规律办事。它是现代企业管理的中心环节，是进行质量管理的有效方法。

一、全面质量管理

1. 全面质量管理的概念与含义

全面质量管理的定义是：一个组织以质量为中心，以全员参与为基础，目的在于通过让顾客满意和本组织所有成员及社会受益，而达到长期成功的管理途径。其实际就是企业全体员工、所有部门同心协力，综合运用现代管理技术、专业技术和数理统计方法，经济合理地开发、研制、生产和销售用户满意的产品的管理活动过程的总称。它包括以下几方面：

①全面质量管理的内容的全面性，主要表现在不仅要管好产品质量，还要管好产品质量赖以形成的工程质量、工作质量。

②全面质量管理的管理范围的全面性，主要表现在包括产品研究、开发、设计、制造、辅助生产、供应、销售（售前、售中、售后）服务等全过程的质量管理。它指明了质量管理的宗旨是经济地开发、研制、生产和销售用户满意的产品。

③全面质量管理的参加管理的人员的全面性，主要表现在这项管理是要由企业全体人员参与的。它阐明了质量管理的基础是由企业全体员工牢固的质量意识、责任感、

积极性所构成的。

④全面质量管理的管理方法的全面性，主要表现在根据不同情况和影响因素，采取多种多样的管理技术和方法，包括科学的组织工作、数理统计方法的应用、先进的科学技术手段和技术措施等。它强调了全面质量管理的手段，是综合运用管理技术、专业技术和科学方法，而不是单纯只靠检测技术或统计技术。

全面质量管理所谓的全面性，具体表现在管理内容的全面性、管理范围的全面性、参加管理人员的全面性以及管理方法的全面性等。它是全方位的质量管理，全员参与的质量管理，全过程的质量管理，管理的方法是多种多样。因此，全面质量管理简称“三全一多样”。

2. 全面质量管理的特点

传统质量管理认为，质量管理是企业生产部门和质量检验部门的工作，重点应放在生产过程的管理，特别是工艺管理以及产品质量检验上，把质量管理委托给质量经理去管理。全面质量管理就是要在“全”字上做文章，要树立“三全一多样”管理的理念。

（1）全面的质量管理

既然质量管理的目标是满足用户要求，用户不但要求物美，而且要求价廉、按期交货和服务及时周到等。“质量”的概念突破了原先只局限于产品质量的框框，提出了全方位质量的概念，所以全面质量管理中的“质量”，是一个广义的质量概念。它不仅包括一般的质量特性，而且包括了工作质量和服务质量；它不仅包括产品质量，而且还包括企业的服务质量。所以全面质量管理就是对产品质量、工程质量、工作质量和服务质量的管理。要保证产品质量、工程质量、服务质量，则必须保证工作质量，以达到预防和减少不合格品、不合格工程及提高服务水平的目的，即做到价格便宜、供货及时、服务优良等，以满足用户各方面的合理要求。

（2）全过程的质量管理

全过程，主要是指产品的设计过程、制造过程、辅助过程和使用过程。全过程的质量管理，就是指对上述各个过程的有关质量进行管理。

质量管理全过程中的各个环节，一环扣一环，一个循环完了，又开始一个新的循环。这样就形成了一个螺旋上升的过程。

优质产品是设计、制造出来的，而不是检验出来的。基于这一观点，产品的质量取决于设计质量、制造质量和使用质量（如合理的使用和维护等）的全过程。

（3）全员参加的质量管理

产品质量是工作质量的反映，企业中每一个部门、生产车间以及每一位员工的工作质量都必然直接或间接地影响到产品的质量。而且，现代企业的生产过程十分复杂，前后工序、车间之间相互影响和制约，仅靠少数人设关保质量是不能真正解决问题的。所以全面质量管理的另一个重要特点是要求企业的全体人员都必须为提高产品质量尽职尽责，只有这样生产优质产品才有可靠的保证。因此，全员性、群众性是科学质量管理的客观要求。

实行全员性的质量管理，即在生产过程中要求动员和组织广大员工积极参与改善产品质量的活动，组织各种形式的质量管理小组（QC 小组），及时从技术上和组织措施上解决现场中所出现的各种质量问题，特别是关键的质量问题。

（4）多种多样方法的质量管理

质量管理采用的方法是全面而多种多样的，它是由多种管理技术与科学方法所组成的。科学技术的发展对质量管理提出了更高的要求，进而推动质量管理向科学化、现代化发展。在质量管理过程中应自觉地利用先进的科学技术和管理方法，应用排列图、因果图、直方图、控制图、数理统计、正交试验等技术来分析各部门的工作质量，找出产品质量存在的问题及其关键的影响因素，从而有效地控制生产过程的质量，达到提高产品质量的目的。

3. 全面质量管理的基础工作

企业开展全面质量管理，必须做好涉及质量管理方面的一系列基础工作。这些质量管理基础工作是否扎实牢靠，关系到质量管理以至整个企业管理水平的提高。全面质量管理的基础工作内容比较广泛，这里主要介绍最基本的基础工作，包括标准化工作、计量管理工作、质量信息工作、质量教育和责任制等。

（1）标准化工作

所谓标准，是指人们为了更好地满足各方面的共同要求和取得良好的社会效益，在先进的科学、技术、管理和实践经验的基础上，对具有多次重复性的事和物，在一定范围内所制定的，并经过一定程序批准以特定形式颁布、实施的统一规定。

所谓标准化，是指人们制定标准并有效地实施标准的一种有组织的活动过程。它的本质是为了寻求各方面的良好效益（或效果）而采取的统一的方法、手段和原则。标准化是一个发展着的运动过程，它包括制定标准、贯彻标准、修订完善标准的全过程，这是一个不断循环和螺旋式上升的运动过程。每经过一个循环，标准的水平就提高一步。标准化的任务，就是要根据实际情况的变化，不断地促进这种循环过程的进行，从而使标准不断提高到新水平。所以，也可以把标准看做是标准化活动的成果之一。

要取得标准化的效果，首先要制定标准。但是，标准化的效果只有在实施标准的过程中才能取得，所以贯彻实施标准的是标准化工作的关键。此外，由于科学技术的发展，人们经验的不断积累和认识的不断深化，原有的标准在一定时期后就会落后于实际，因此就要不断修改和完善标准。所以，标准化是随着科学技术的发展，生产技术水平和管理水平的不断提高而不断发展，并反过来促进生产技术和管理水平的提高。

标准化工作和质量管理有着极其密切的关系。标准化是质量管理的基础，质量管理是贯彻执行标准的保证。

（2）计量管理工作

计量管理工作（包括测试、化验、分析等工作），是保证化验分析、计量测试的量值准确和统一，确保技术标准的贯彻执行，保证零部件互换和产品质量的重要手段。

加强计量管理工作，必须抓好以下几个主要环节：

①正确、合理地使用计量器具。

②严格执行计量器具的检定。

③确保计量器具的及时修理和报废。

（3）质量信息工作

质量信息是指反映产品质量和供、产、销各环节工作质量的数据、原始记录和资料。它是企业进行产品质量管理的极为重要的资料。通过质量信息，可以及时地反映影响产品质量的各种因素和生产技术经营活动的状态，反映产品的使用情况，以及国内外产品质量的发展动向。通过对质量信息的分析研究，可以正确认识影响产品质量诸因素的变化同产品质量波动的内在联系，从而认识和掌握提高产品质量的规律性。

为了充分发挥质量信息的作用，企业的质量信息必须准确、及时、全面、系统和完整。

（4）质量教育与责任制

产品质量的形成，不只是依靠机器设备、工艺和工具设备、原材料等物的因素，更重要的是人的因素。只有广大员工牢固地树立了质量第一的思想和强烈的质量意识，对全面质量管理的重要性有了充分的认识，具备了一定的质量管理知识和技能，并且能熟练地操作和掌握先进技术，才能保证和提高产品质量。因此，为了动员和组织企业全体成员都能积极自觉地参加全面质量管理活动，关心和提高产品质量，从企业领导人员到每个班组员工，每个人都必须接受全面质量管理的教育和训练。

4. 推行全面质量管理工作的方法

要搞好全面质量管理工作，最主要的一条是组织的最高管理者要重视并亲自参与，这是全面质量管理工作能否取得预期效果的根本保证，所以 TQM 又被形象地称为“头QM”。要推行全面质量管理就必须要有一套推行的工作程序和具体的工作内容，必须要有一定的组织活动方式和适合全员参与的活动载体。工作程序和工作内容是本节介绍的主要内容。

二、全面质量管理的工作程序

全面质量管理采用一套科学的、合乎逻辑的工作程序，也即 PDCA 循环法。PDCA 由英文 Plan（计划）、Do（执行）、Check（检查）、Action（处理）几个词的第一个字母组成。PDCA 循环的概念最早是由美国质量管理专家戴明（W. E. Deming）提出来的，故又称为“戴明环”，是全面质量管理的基本工作方法。它把全面质量管理的工作过程分为计划、执行、检查、处理四个阶段，其中每个阶段又可具体分为若干步骤，见图 3－2。

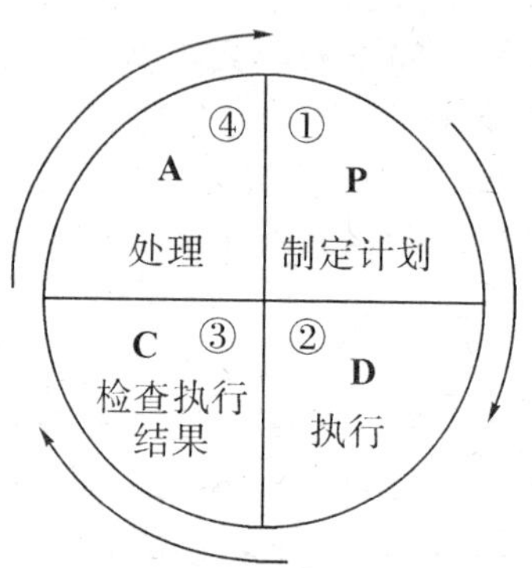

图 3－2　PDCA 管理循环

1. PDCA 循环四个阶段

第一阶段是计划（Plan）阶段。以满足顾客的要求并取得经济效果为目标，通过调查、设计、试制，制订技术和经济指标、质量目标，以及达到这些目标的具体措施和方法。所以计划阶段就是制定质量目标、活动计划、管理项目和实施方案。

第二阶段是执行（Do）阶段。根据预定计划和措施要求，努力贯彻和实现计划目标和任务。所以执行阶段就是要按照所制订的计划和措施去实施。

第三阶段是检查（Check）阶段。对照执行结果和预定目标，检查计划执行情况是否达到预期的效果，哪些措施有效，哪些措施效果不好，成功的经验是什么，失败的教训又是什么，原因在哪里，所有这些问题都应在检查阶段调查清楚。所以检查阶段就是对照计划，检查计划执行的情况和效果，及时发现和总结计划实施过程中的经验和问题。

第四阶段为处理（Action）阶段。就是根据检查的结果所采取的措施，巩固成绩，吸取教训，以利再干，这是总结处理阶段。

2. PDCA 循环八个步骤

全面质量管理工作程序，可以具体分为以下八个步骤：

第 1 步，调查研究，分析现状，找出存在的质量问题。

第 2 步，根据存在问题，分析产生质量问题的各种影响因素，并逐个因素加以分析。

第 3 步，找出影响质量的主要因素，并从主要影响因素中着手解决质量问题。

第 4 步，针对影响质量的主要原因，制定技术、组织的措施和方案，执行计划和预计效果，计划和措施应尽量做到明确具体，并确定具体的执行者、时间进度、地点、部门和完成方法等。

以上四个步骤就是 P 阶段的具体化。

第 5 步，按照既定计划执行，即 D 阶段。

第 6 步，根据计划的要求，检查实际执行结果，即 C 阶段。

第 7 步，根据检查结果进行总结，把成功的经验和失败的教训总结出来，对原有的制度、标准进行修正，把成功的经验肯定下来制定成为标准和规则，以指导实践，对失败的教训也要加以总结整理，记录在案，以供借鉴。巩固已取得的成绩，同时防止重蹈覆辙。

第 8 步，提出这一次循环尚未解决的遗留问题，并将其转到下一次 PDCA 循环中去，作为下一阶段的计划目标。

以上第 7、8 步是 A 阶段的具体化。

上述四个阶段八个步骤不是运行一次就完结，而是要周而复始地运行的。一个循环完结，解决了一部分问题，可能还有问题没有解决，或者又出现了新的问题，需要再进入下一次循环，以不断改进质量。

3. PDCA 循环的四个特点

PDCA 循环有以下四个特点：

（1）大环套小环，互相促进，一环扣一环，小环保大环，推动大循环（见图 3－3）。如果将整个企业的工作比喻为一个大的 PDCA 循环，那么，各个车间、小组或职能部门则都有各自的 PDCA 小循环。因此，管理循环的转动，不是个人的力量，而是组织的力量，是整个企业全员推动的结果。PDCA 循环不仅适用于整个企业，而且也适用于各个车间、科室和班组以至个人。根据企业总的方针目标，各级各部门都要有自己的目标和自己的 PDCA 循环。这样就形成了大环套小环，小环里边又套有更小的环的情况。整个企业就是一个大 PDCA 循环，各部门又都有各自的 PDCA 循环，依次又有更小的 PDCA 循环，具体落实到每一个人。上一级的 PDCA 循环是下一级 PDCA 循环的依据，下一级 PDCA 循环又是上一级 PDCA 循环的贯彻落实和具体化。通过循环把企业各项工作有机地联系起来，彼此协同，互相促进。

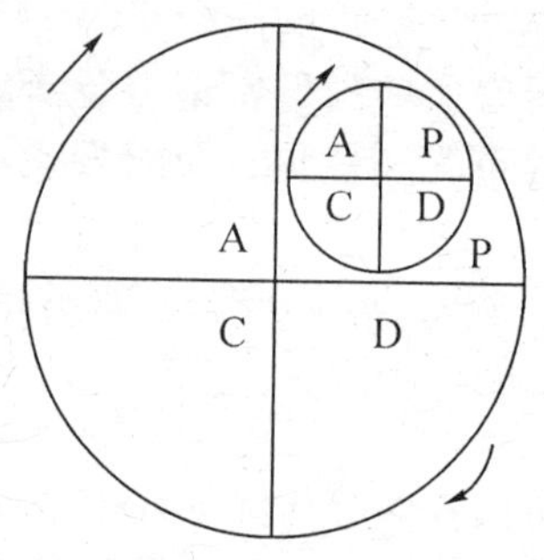

图 3－3　大环套小环

（2）不断循环，阶梯式上升。四个阶段要周而复始地循环，从图 3－4 看出 PDCA 循环不是停留在一个水平上的循环，而每一次循环都会解决一批问题，取得一部分成果，因而就会前进一步，有新的内容和目标，水平就上升一个台阶，质量水平就会有新的提高。就如上楼梯一样，每经过一次循环，就登上一级新阶，这样一步一步地不断上升提高。例如企业向省级、国家级、国际标准不断迈进，正是阶梯式上升的具体表现。

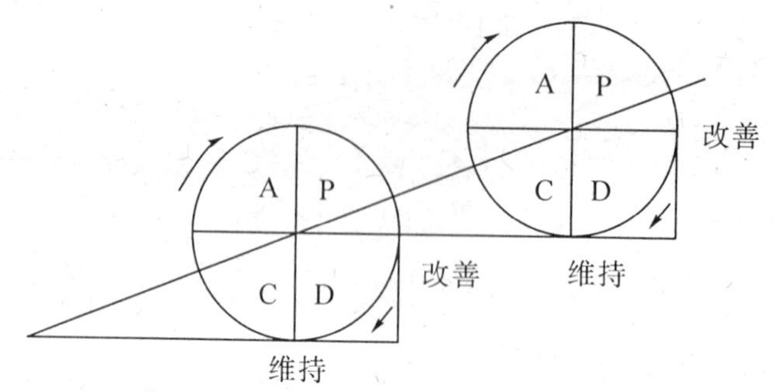

图 3－4　不断上升的循环

（3）推动 PDCA 循环关键在 A 阶段。所谓总结，就是总结经验，肯定成绩，纠正错误，提出新的问题以利再干。这是 PDCA 循环之所以能上升、前进的关键。如果只有三个阶段，没有将成功经验和失败教训纳入有关标准、制度和规定中，就会不巩固成绩，吸取教训，也就不能防止同类问题的再度发生。因此，推动 PDCA 循环，一定要始终抓好总结这个阶段。

（4）统计工具的应用。PDCA 循环的一个重要特点就是它应用了一套科学的统计处理方法作为发现、解决问题的有效工具，这些统计方法的内容和应用已在本书的有关章节中进行了介绍。

三、全面质量管理的内容

企业全面质量管理内容主要包括：设计试制过程的质量管理，制造过程的质量管理，辅助生产过程的质量管理和产品使用过程的质量管理等。

1. 设计试制过程的质量管理

设计试制过程是指产品（包括开发新产品和改进老产品）正式投产前的全部开发研制过程，包括调查研究、制订方案、产品设计、工艺设计、试制、试验、鉴定以及标准化工作等内容。

设计试制过程是产品质量最早的孕育过程。搞好开发、研究、试验、设计、试制，是提高产品质量的前提。产品设计质量“先天”决定着产品质量，在整个产品质量产生、形成过程中居于首位。设计质量是以后制造质量必须遵循的标准和依据，而制造质量则要完全符合设计质量的要求；设计质量又是最后使用质量必须达到的目标，而使用质量则是设计质量、制造质量完善程度的综合反映。如果开发设计过程的质量管理薄弱，设计不周铸成错误，这种“先天不足”，必然带来后患无穷，不仅严重影响产品质量，还会影响投产后的一系列工作，造成恶性循环。因此，设计试制过程的质量管理，是全面质量管理的起点，是企业质量体系中带动其他各个环节的首要一环。

（1）设计试制过程质量管理的任务

设计试制过程中质量管理的任务主要包括以下两个方面：

①根据对使用要求的实际调查和科学研究成果等信息，保证和促进设计质量，使研制的新产品或改进的老产品具有更好的使用效果，有更好的适用性。

②在实现质量目标、满足使用要求的前提下，还要考虑现有生产技术条件和发展可能，研究加工的工艺性，要求设计质量易于得到加工过程的保证，并获得较高的生产效率和良好的经济效益。

由上述可见，设计试制过程的质量主要体现在所设计的产品能否满足用户要求的程度，以及与企业加工制作水平相适应状况两个方面上。

（2）设计试制过程质量管理工作的具体内容

为了保证设计质量，设计试制过程的质量管理一般要着重做好九项工作。

①根据市场调查与科技发展的信息资料制定质量目标。

②保证先行开发研究工作的质量。先行开发研究是属于产品前期开发阶段的工作。这阶段的基本任务是选择新产品开发的最佳方案，编制设计任务书，阐明开发该产品的结构、特征、技术规格等，并做出新产品的开发决策。保证先行开发研究的质量就是把握上述各个环节的工作质量，特别在选择新产品开发方案时，要进行科学的技术经济分析，在权衡各方案利弊得失基础上做出最理想的选择。

③根据方案论证，验证试验资料，鉴定方案论证的质量。

④审查产品设计质量（包括性能审查、一般审查、计算审查、可检验性审查、可维修性审查、互换性审查、设计更改审查等）。

⑤审查工艺设计质量。

⑥检查产品试制、鉴定质量。

⑦监督产品试验质量。

⑧保证产品最后定型质量。

⑨保证设计图样、工艺等技术文件的质量等。

企业应组织质量管理部门专职或兼职人员参与上述方面的质量保证活动，落实各环节的质量管理职能，以保证最终的设计质量。

在保证产品设计质量的前提下，还应尽量节约设计质量费用，提高经济效益。为此，要从产品质量水平的变化同所发生的费用、成本的变化等方面进行经济分析，选择质量与质量保证费用的最佳点。

2. 制造过程的质量管理

产品正式投产后，能不能保证达到设计质量标准，这在很大程度上取决于制造部门技术能力以及生产制造过程的质量管理水平。

生产制造过程的质量管理，重点要抓好以下四项工作：

（1）加强工艺管理

严格工艺纪律，全面掌握生产制造过程的质量保证能力，使生产制造过程经常处于稳定的控制状态，并不断进行技术革新，改进工艺。为了保证工艺加工质量，还必须认真搞好文明生产，合理配置工位器具，保证工艺过程有一个良好的工作环境。

（2）组织好技术检验工作

为了保证产品质量，必须根据技术标准，对原材料、半成品、产成品以至工艺过程质量都要进行检验，严格把关，保证做到不合格的原材料不投产，不合格的制品不转序，不合格的半成品不使用，不合格的零件不装配，不合格的产成品不出厂也不计算产值、产量。质量检验的目的不仅是要挑出废品，还要收集和积累大量反映质量状况的数据资料，为改进质量、加强质量管理提供信息。

（3）掌握好质量动态

为了充分发挥生产制造过程质量管理的预防作用，就必须系统地掌握企业、车间、班组在一定时期内质量的现状及发展动态。掌握质量动态的有效工具是对质量状况的综合统计与分析。这种综合统计与分析，一般是按规定的某些质量指标来进行的。这种指标有两类：

①产品质量指标，如产品等级率、寿命等。

②工作质量指标，如废品率、返修率等。

为了有效地做好质量状况的综合统计与分析，要建立和健全质量的原始记录。合格品的转序、缴库，不合格品的返修、报废，都要有记录、有凭证，并由质量检验人员签证。根据原始记录定期进行汇总统计，有关部门对质量变动原因做出分析，使企业各级领导和员工及时掌握质量动态。

（4）加强不合格品管理

产品质量是否合格，一般是根据技术标准来判断的，符合标准的为合格品，否则为不合格品。不合格品又可以分为两类：一类属于不可修复的；另一类属于可以修复的。不可修复的不合格品就是废品，可修复的不合格品中包括返修品、回用品、代用品（即只能降级使用或作另外用途的产品）等，它也会造成工时、设备等浪费。从质量管理的观点看，不仅要降低明显的废品数量，而且更要降低整个不合格品的数量。

加强不合格品管理，重点要抓好以下工作：

①按不合格品的不同情况分别妥善处理，要建立健全原始记录。

②定期召开不合格分析会议。通过分析研究，找出造成不合格品的原因，从中吸取教训，并采取措施，以防再度发生。

③做好不合格品的统计分析工作。要根据有关质量的原始记录，对废品、返修品、回用品等进行分类统计，并对废品种类、数量、产生废品所消耗的人工和原材料，以及产生废品的责任者等，作分门别类的统计，并将各类数据资料汇总编制成表，以便为进行单项分析和综合分析提供依据。

④建立包括废品在内的不合格品技术档案，以便发现和掌握废品产生变化的规律性，从而为有计划地采取防范措施提供依据，还可成为企业进行质量管理教育、技术培训的反面教材。

⑤实行工序质量控制。全面质量管理要求在不合格品发生之前，发现问题，及时

处理，防止不合格品发生，为此必须进行工序质量控制。

工序质量控制的主要手段有两个：一个是建立管理点。所谓管理点，就是把在一定时期内和一定条件下，需要特别加强监督和控制的重点工序（或重点部位），明确列为质量管理的重点对象，并采用各种必要的手段、方法和工具，对它加强管理。另一个手段是运用控制图，它是进行工序质量控制的一种最重要而有效的工具，本书第五章已作了专门介绍。

3. 辅助生产过程的质量管理

上述生产制造过程的质量管理，实质上是基本生产过程的质量管理。为保证基本生产过程实现预定的质量目标，保证基本生产过程正常进行，还必须加强对辅助生产过程的质量管理。

辅助生产过程的质量管理一般来说包括：物料供应的质量管理，工具供应的质量管理和设备维修的质量管理等。

4. 产品使用过程的质量管理

产品的使用过程是考验产品实际质量的过程，它既是企业质量管理的归宿点，又是企业质量管理的出发点。产品的质量特性是根据客户使用要求而设计的，产品实际质量的好坏，主要看客户的评价。因此，企业的质量管理工作必须从生产过程延伸到使用过程。

本章小结

质量是企业的生命。本章主要介绍了质量管理方面的基础知识，重点介绍了全面质量管理，这是当前在质量管理中运用得比较多的质量管理方法，是值得大家认真掌握的。

思考与练习

1. 质量管理的常用工具有哪些？
2. 全面质量管理的含义是什么？
3. 在全面质量管理中怎样运用 PDCA 环？
4. 全面质量管理的内容是什么？

第四章　财务管理的基本理论

学习目的：

通过本章学习，熟悉财务管理的概念、对象、目标、职能等基本问题，了解财务管理的环境、观念、原则与循环等衍生问题。理解时间价值的概念和意义，熟练掌握和灵活运用各类时间价值的计算；了解风险及风险价值的含义，掌握单项资产风险价值的计算和组合投资风险的衡量；了解利息率的含义及计算。

重点与难点：

掌握在现有财务管理的环境下，应具备的财务管理的观念和财务管理的原则；理解及灵活应用资金时间价值；理解风险价值的衡量。

关键概念：

企业财务　财务管理　财务活动　财务关系 时间价值　复利终值　复利现值　年金　后付年金　年金终值　年金现值　贴现率　风险　风险报酬　期望报酬率　风险报酬率　风险报酬系数　非系统性风险　系统性风险

第一节　财务管理概述

一、财务管理的概念与对象

（一）财务管理的概念

在西方国家，基于实证性的考虑，对于财务管理较有权威性的表述是确定资金和资源的最佳利用，以使企业价值增值的过程。

在我们国家，关于财务管理的概念，更多的是基于规范性的考虑，企业财务管理的概念表述为：企业财务管理是以企业财务为对象，通过组织、控制和协调资金运动过程，以使资金运动过程所体现的经济关系得以正确处理，也使企业得到最优化的经济利益的一项经济管理工作。

（二）财务管理的对象

企业的资金运动和它所体现的经济关系是企业财务的内涵，是企业财务管理所要组织、控制和协调的客体。因此企业的资金运动和资金运动所体现的经济关系是对企业财务管理对象的质的规定。

1. 企业的资金运动

企业资金运动表现为资金的筹集、资金的投放、资金的营运、资金的分配四个阶段的统一。

资金筹集是指企业从有关渠道，采用一定方式取得企业经营所需资金的活动。

资金投放是指企业将从有关渠道取得的资金投入企业经营过程或其他企业，以谋取收益的活动。

资金营运是指企业对通过资金投放所形成的各项资产的利用和调度活动。

资金分配是指企业根据国家的有关规定和企业经营的需要，将从经营中收回的资金分配用于不同方面的活动。

企业财务活动的上述四个方面，既相互区别，又相互联系、相互依存。正是这些既有联系又有区别的财务活动，构成了企业财务活动的完整过程。

2. 企业资金运动所体现的经济关系

企业资金运动所体现的经济关系即财务关系，是企业在组织财务活动过程中发生的企业与有关各方之间的关系。包括：

（1）企业与政府之间的财务关系

（2）企业与投资者及接受投资者之间的财务关

（3）企业与债权人及债务人之间的财务关系

（4）企业与职工之间的财务关系

（5）企业内部各部门（单位）之间的财务关系

二、财务管理的目标与职能

（一）财务管理的目标

财务管理的目标是指财务管理系统运行和财务管理工作期望达到的境界或结果。

尽管我国与西方国家在财务管理目标的确定与表述方面有所不同，但有一点却是相同的，即东西方学者都认为：财务管理的目标必须统一在企业目标之下，财务管理的目标是企业目标的具体化，企业目标必须在财务管理目标中得到体现。

1. 西方国家的企业目标与财务管理目标

大多数学者均认为，应该把西方国家的企业目标概括为股东财富最大化与企业应承担的社会责任的统一。

股东财富是指股东所拥有的货币、实物和金融资产的数量。由于普通股股东与优先股股东在权利、责任、利益方面都存在着一定的差别，大多数人认为，普通股股东才是企业真正的股东。因而，股东财富最大化中的股东专指普通股股东，而不包括优先股股东。

一般认为，企业应承担的社会责任主要包括：为每一位社会公民都提供公平的就业机会、对员工实行合理的工薪制度，保护消费者的利益；支持社会公益事业的发展；积极参与环境保护活动，防止大气和水质的污染，维护生态平衡，等等。

在此之前，西方国家的企业还采用过利润最大化、每股收益最大化等目标。

依据企业目标与财务管理目标之间的关系，在西方国家的企业中，财务管理部门还必须对上述企业目标做更加具体的解释，以作为财务管理的目标。解释的方法有三种：一是以流动性与获利能力为主线，要求最大限度地减少风险，并保持对经营活动的有效控制；二是以风险与收益为主线，要求在既定的风险水平上使收益最大；三是以风险与收益为主线，但要求在收益最大的同时风险最小。

我们较为赞同第三种方法。因为：① 不管是第一种方法所强调的风险水平和收益水平，还是第二种方法所强调的资产流动性和获利能力，其实都受制于企业的资产结构、财务结构、资本结构，将财务管理的目标定位于优化三个结构能使各个局部问题得到更高程度的统一。② 这种方法将财务管理的目标定位于一种状态或境界，而不是一种具体的水平，可以使财务管理的各个具体操作更具灵活性。③ 在不同时期和不同的条件下，风险水平、收益水平、资产流动性、获利能力对于财务决策的重要性不是一成不变的，从而“最优化”的含义也各不相同，将财务管理的目标定位于一种状态或境界，可以使财务管理做出各种具体针对性的决策。

2. 我国市场经济条件下的企业目标与财务管理目标

考虑到我国目前经济发展水平、资本市场发展状况、企业组织形式以及经济建设中的主要矛盾等现实问题，我国市场经济条件下的企业目标，既不能是利润最大化，也不能是股东财富最大化。

目前，我国理论界和实业界一致认为，在我国市场经济条件下，最少是在市场经济发展的现有条件下，企业目标只能是经济效益最优（大）化。

也有的认为，应该把经济效益最优化的企业目标在财务管理中具体化为提高企业的获利能力、偿债能力和营运能力。把财务管理的目标定位为提高企业的三个能力，或者说以提高企业的获利能力、偿债能力和营运能力作为财务管理的目标，有三个好处：一是避免了抽象的表述；二是使财务管理的目标变得可以计量；三是把财务管理目标置于一个动态的过程而不是一个具体的水平。

（二）财务管理的职能

财务管理的职能是财务管理机制的应用所产生的效果。也称财务管理的内在功能，具体是指财务管理能够解决企业财务活动中矛盾的能力。

1. 中西方关于财务管理职能研究的主要观点

对财务管理职能的研究，我国与西方国家学者由于研究指导思想与研究思路的不同，对其具体职能的看法也有一定的分歧。

在以美国为代表的西方国家，关于财务管理职能的研究有两种观点或称两种思路。一是按财务管理与流动性和获利能力的关系进行研究。二是按管理对象的不同进行研究。

第一种观点认为财务管理与流动性有关的职能主要有：①预测现金流量的职能；②筹措资金的职能；③管理内部资金流转的职能。财务管理与获利能力有关的职能主要有：①控制成本的职能；②制定产品价格的职能；③预测利润的职能；④计量最低报酬的职能。

第二种观点认为财务管理职能主要是：①管理资产的职能；②管理资金的职能。

在我国，关于财务管理职能的研究也有两种思路。一是对财务管理的社会主义特色进行研究；二是基于财务管理的市场经济环境进行研究。

第一种思路认为财务管理的职能主要有：①根据需要筹集资金的职能；②决策资金投向的职能；③提高资金使用效益和经济效益的职能；④正确地进行资金分配的职能。并且认为财务管理的四种职能呈现出一种相互作用，相互制约的辩证关系。

第二种思路认为财务管理职能主要有：①决策的职能；②调控的职能；③反馈的职能；④监督的职能。由于这一结论是基于财务管理的市场经济环境而得出的，本书也支持这一观点，认为它们就是财务管理的具体职能。

2. 财务管理的具体职能

（1）决策的职能，就是财务管理对企业财务活动进行预测、决策和计划（预算）

的能力。

（2）调控的职能，就是财务管理对企业资金供求的调节能力和对资金投放与资金耗费的控制能力。

（3）反馈的职能，就是财务管理能够根据回输的信息对企业财务活动进行再管理的能力。

（4）监督的职能，就是财务管理能够保证企业财务活动全过程的合法性与合理性的能力。

三、财务管理的环境

（一）财务管理环境的概念与类型

财务管理环境是指导向企业财务行为的内外部客观条件和因素的集合。这些条件和因素组成了一个有机整体，共同影响和制约着企业的财务行为。

从以上对财务管理环境概念的表述中不难发现，它包括内部环境和外部环境两种基本类型。

财务管理的内部环境是对存在于企业内部的，并对企业财务行为产生导向作用的条件和因素的统称。

财务管理的外部环境是对存在于企业外部的，并对企业财务行为产生导向作用的条件和因素的统称。

一般来讲，财务管理的外部环境决定内部环境，财务管理的内部环境始终应与外部环境相适应。这就是说，企业财务管理应随时根据外部环境的变化不断改善其内部环境。

（二）财务管理的内部环境

财务管理的内部环境，作为存在于企业内部并对企业财务行为产生导向作用的条件和因素，又可以细分为两个方面：一是无形环境，也称软环境，主要由企业的各项规章制度和企业管理者的水平构成；二是有形环境，也称硬环境，主要由企业的组织形式和企业的各种内在条件与能力构成。

鉴于企业组织形式和各项规章制度在财务管理内部环境中所处的重要地位，我们须对其做专门讨论。

1. 企业的组织形式

（1）独资企业，独资企业是指由单个自然人独自出资，独自经营，独自享受权益，独自承担风险的企业。

（2）合伙制企业，合伙制企业是由少数合伙人共同出资，共同经营，共同享受权益并共同承担风险的企业。

（3）公司制企业，公司制企业是以盈利为目的而依法登记成立的社团法人。公司制企业分为无限责任公司、有限责任公司、两合公司、股份有限公司。常见的是有限责任公司和股份有限公司。

2. 企业的各项规章制度

在财务管理方面，企业的各项规章制度集中体现为企业内部财务管理制度。企业内部财务管理制度是企业根据国家统一的财务制度制定的关于财务活动和财务管理工作的规范性要求。

企业内部财务管理制度，须由企业自行设计和制定。企业内部财务管理制度，从不同的角度看应该包括不同的内容。

在财务管理实践中，企业内部财务管理制度的设计和制定，通常有综合考虑上述各个方面的需要。因而，企业内部财务管理制度的主要内容应包括：①筹资与投资管理制度；②资产管理制度；③成本费用管理制度、④财务收支与债权债务管理制度；⑤利润与利润分配管理制度；⑥财务预算与分析制度。其中，资产管理制度还应细分为存货与用品管理制度、现金与有价证券管理制度、固定资产管理制度、无形资产管理制度、递延资产和其他资产管理制度。此外，在有外币业务的企业，还应该有外汇资金管理制度。不仅如此，每项制度的内容还应具有综合性，即在每项制度中，既要规定财务管理人员的职责与权限，也要规定财务管理工作的具体内容和程序，还要规定具体详细的操作要求与标准。

（三）财务管理的外部环境

财务管理的外部环境，总的来讲是一种多元冲击、竞争激烈、充满希望也遍布危机的环境。这种环境，不管是从世界各国经济发展历史模式来看，还是从现存各种经济发展模式的固有特征来看，均可用商品经济体制或市场经济体制来概括。换言之，现代企业财务管理处于商品经济或市场经济体制环境当中。

研究财务管理外部环境中的市场体系，不但要研究金融市场，而且还要研究商品市场；研究财务管理外部环境中的政府政策和管理制度，则应着重研究税收制度。

1. 商品市场

商品市场是商品供求双方进行商品交易所形成的相互关系。商品市场的主要功能是把商品供应者手中的商品有条件地转移到商品需求者手中，从而使商品的供应者和需求者各得其所，同时也使社会财富尽其所用，促进社会经济的发展。

2. 金融市场

金融市场是资金供求双方买卖金融工具所形成的相互关系。金融市场除了具有将社会剩余资金有条件地从资金剩余者（也称资金提供者或投资者）手中转移到资金缺乏者（也称资金需求者或筹资者）手中的基本功能外，就其与商品市场的关系来看，它还有两个功能：一是引导商品市场的功能。这是因为，在商品经济条件下，任何商品都有使用价值和价值，而代表商品价值的资金是可以与使用价值分离的，从而使得金融市场上的资金流向对商品市场上的商品流向具有引导作用。二是调控商品市场的功能，即调控商品市场上商品供求关系的功能。主要表现为，当商品市场上出现某种商品供不应求的情况时，资金会通过金融市场主动流向该商品的生产企业，从而使该商品的市场供应量增加，供求趋于平衡；相反，当商品市场上出现某种商品供过于求的情况时，资金会通过金融市场主动流出该商品的生产企业，从而使该商品的市场供应量缩减，供求趋于平衡。

3. 税收制度

税收制度中，对企业所得税产生影响的问题包括：

（1）折旧问题。

（2）利息问题。

（3）正常经营损失的递延问题。

（4）特殊业务收益的减免税问题。

四、财务管理的观念与原则

（一）财务管理的观念

观念是指进入人们头脑并指导人们行动的思想意识。财务管理的观念是指作为管理主体的人基于对财务管理环境的一定认识和一定的财务管理实践而形成的一种思维定式。

依据市场经济体制的客观要求，财务管理应确立以下几种新的观念：

1. 竞争观念。
2. 效益观念。
3. 货币时间价值观念。
3. 风险观念。

（二）财务管理的原则

财务管理的原则是指财务管理主体在组织财务活动、选择财务行为、处理财务关系时所必须执行的要求和必须遵循的规范。

依据市场经济的客观要求和财务管理自身的特点，财务管理应遵循以下几项原则：

1. 成本效益原则。
2. 风险与收益均衡原则。
3. 资源合理配置原则。
4. 利益关系协调原则。

五、财务管理循环

（一）财务管理的内容循环

财务管理的内容循环是把财务管理看做是一门经济管理科学而产生的，它着重解决企业财务管理这一完整而又系统的学科体系应该由哪些具体内容组成以及各项内容的相互关系问题。

财务管理的内容是财务管理对象的延伸，是在财务管理对象这个基本问题的基础上产生的一个深层次问题。它是由企业财务活动过程所固有的内在规律决定的。虽然企业财务活动过程的规律性有多种表现，但它却集中表现为资金筹集、资金投放、资金营运与资金分配四种重大财务行为的顺次发生和顺次进行。与此相对应，财务管理的内容应由资金筹集管理、资金投放管理、资金营运管理、资金分配管理四个方面顺次组成。

1. 资金筹集管理

资金筹集管理就是选择最适当的资金筹集方案，在最有利于企业的前提下获得经营所需的资金。

2. 资金投放管理

资金投放管理就是选择最恰当的投资方案，在成本与效益、风险与收益最佳组合的条件下使用资金。

3. 资金营运管理

资金营运管理就是选择最合理的资源配置方案，最大限度地利用企业的各项资产。

4. 资金分配管理

资金分配管理就是选择最佳的利润和税后利润分配方案，在保证各方利益的同时，使企业的财务状况得以改善，财务能力得以增强。

财务管理四项内容之间的关系与四种重大财务行为之间的关系相同，也是一种相互影响、相互作用、相互制约、相互促进的关系，前一项内容都是后一项内容的前提和基础，后一项内容都是前一项内容的继续和延伸。资金的分配使一部分资金留在企业内部，客观上产生了从企业内部筹集资金的效果。如此一来，财务管理的四项内容便形成了一个完整的循环。每一次循环都不是简单地重复，都会使企业的各种财务行为更加合理和有效，从而也使财务管理的水平不断提高。

（二）财务管理的过程循环

财务管理的过程循环是把财务管理看作一项经济管理工作而产生的。它着重解决企业财务管理这种复杂而严密的工作过程应由哪些具体环节组成以及各环节的相互关系问题。

财务管理的过程是财务管理职能的延伸，是在财务管理职能这个基本问题的基础上产生的一个深层次问题。根据科学性、连续性和完整性的要求，财务管理过程应由财务预测、财务决策、财务预算、财务控制、财务分析五个具体环节顺次构成。

1. 财务预测

财务预测是财务管理人员在历史唯物主义观点的指引下，根据企业财务活动的历史资料和其他相关信息，结合企业的现实条件和未来可能具有的条件，采用一定的方法，对企业未来财务活动的发展趋势及可能达到的状况进行判断和测算的过程。在整个财务管理过程中，财务预测承担着提出财务方案的职责。

2. 财务决策

财务决策是对财务预测所提出的诸多财务方案进行可行性研究，从而选出最优方案的过程。在整个财务管理过程中，承担着对财务方案做出选择的职责。

3. 财务预算

财务预算是对财务决策所选定的最优财务方案进行数量化、具体化、系统化反映的过程。财务预算既是财务管理的一个重要环节，也是财务管理必须借助的一种有效手段。在整个财务管理过程中，财务预算承担着明确和落实财务方案的职责。

4. 财务控制

财务控制是根据一定的标准，利用有关信息和相应的手段，约束与调节企业的财务行为，使之按照预定目标运行的过程。它既是财务管理的一个环节，也是实现财务管理目标的基本手段。在财务管理全过程中，财务控制承担着保证最优财务方案实现的职责。

5. 财务分析

财务分析是根据财务预算、财务报表以及有关资料，运用特定方法，借助有关指标来了解和评价企业的财务状况和财务能力，考核企业财务效果，以便为其他管理环节反馈信息的过程。在财务管理全过程中，它承担着检查财务预算（即最优财务方案）落实情况的职责。

财务预测、财务决策、财务预算、财务控制、财务分析这五项财务管理具体工作的各自特征，决定了它们在财务管理过程中承担不同的职责、完成不同的任务、发挥不同的作用。但它们之间又相互影响、相互作用、相互制约、相互促进，前一项工作都是后一项工作的前提和基础，后一项工作都是前一项工作的继续和延伸。这种关系，决定了它们作为财务管理过程的五个具体环节，已经形成了一个完整的管理循环，只要财务管理人员能保证财务预测的准确性科学性、可靠性、有效性和有用性，现代企业财务管理水平就能够呈现出一种螺旋式上升的趋势。

第二节 资金时间价值

任何企业的财务活动的时间价值是客观存在，都是在特定的时空中进行的。离开了时间价值因素，就无法正确计算不同时期的财务收支，也无法正确评价企业盈亏。货币的时间价值是现代财务管理的基础观念之一，时间价值正确地揭示了不同时点上资金之间的换算关系，是财务决策的基本依据。为此，必须了解货币时间价值的概念和计算方法。

一、资金时间价值的概念

资金时间价值是指货币经历一定时间的投资和再投资所增加的价值，也称为货币时间价值。一定量的货币资金在不同时点上具有不同的价值。今天的 1 元钱和将来的 1 元钱不等值，前者要比后者的价值大。为什么会这样呢？比如，若银行存款年利率为 10%，将今天的 1 元钱存入银行，一年以后就会是 1.10 元。可见，经过一年时间，这 1 元钱发生了 0.1 元的增值，今天的 1 元钱和一年后的 1.10 元钱等值。因此，人们将资金在使用过程中随时间的推移而发生增值的现象，称为资金具有时间价值的属性。资金时间价值的实质是资金周转使用后的增值额，是资金所有者让渡资金使用权而参与社会财富分配的一种形式。

资金时间价值可以用绝对数表示，也可以用相对数表示，即以利息额或利息率表示。但在实际工作中通常以利息率进行计量。一般的利息率除了包括资金时间价值因素外，还要包括价值风险和通货膨胀因素，而资金时间价值通常被认为是在没有风险和通货膨胀条件下的社会平均资金利润率，这是利润平均化规律作用的结果。

货币的时间价值是在没有风险和没有通货膨胀条件下的社会平均资金利润率。由于竞争，市场经济中各部门投资的利润率趋于平均化。每个企业在投资某项目时，至少要取得社会平均的利润率，否则不如投资于另外的项目。因此，货币的时间价值成为评价投资方案的基本标准。财务管理对时间价值的研究，主要是对资金的筹集、投放、使用和收回等从量上进行分析，以便了解不同时点上收到或付出的资金价值之间的数量关系，寻找适用于管理方案的数学模型，改善财务管理的质量。

在资金时间价值的学习中有三点应注意：

（1）时间价值产生于生产领域和流通领域，消费领域不产生时间价值，因此，企业应将更多的资金或资源投入生产领域和流通领域而非消费领域。

（2）时间价值产生于资金运动中，只有运动着的资金才能产生时间价值，凡处于停顿状态的资金不会产生时间价值，因此企业应尽量减少资金的停顿时间和数量。

（3）时间价值的大小取决于资金周转速度的快慢，时间价值与资金周转速度成正比，因此企业应采取各种有效措施加速资金周转，提高资金使用效率。

二、资金时间价值的计算

（一）一次性收付款项终值与现值的计算

一次性收付款项是指在生产经营过程中收付款项各一次的经济活动，比如定期存款。终值又称未来值，是指现在的一定量现金在未来某一时点上的价值，俗称本利；

现值又称本金，是指未来时点上的一定量现金折合到现在的价值。一次性收付款项资金时间价值可以用单利法计算，也可用复利法计算。

1. 单利终值与现值的计算

按单利方式计算利息的原则是本金按年数计算利息，而以前年度本金产生的利息不再计算利息。因而在单利计算方式下，资金现值与终值的计算比较简单。

利息的计算公式为：$I=PV\times i\times n$

终值的计算公式为：$FV=PV+I=PV+PV\times i\times n=PV\times(1+i\times n)$

现值的计算公式为：$PV=FV\div(1+i\times n)$

式中：I——利息

i——利率（折现率）

PV——现值

FV——终值

n——计算利息的期数

【例题4－2－1】某人存入银行15万元，若银行存款利率为5%，5年后的本利和是多少？（若采用单利计息）

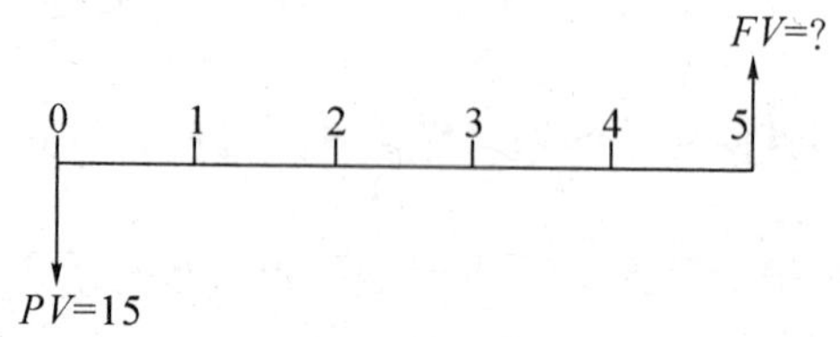

解析：$FV=15\times(1+5\%\times5)=18.75$（万元）

【例题4－2－2】某人存入一笔钱，希望5年后得到20万元，若银行存款利率为5%，问现在应存入多少钱？（若采用单利计息）

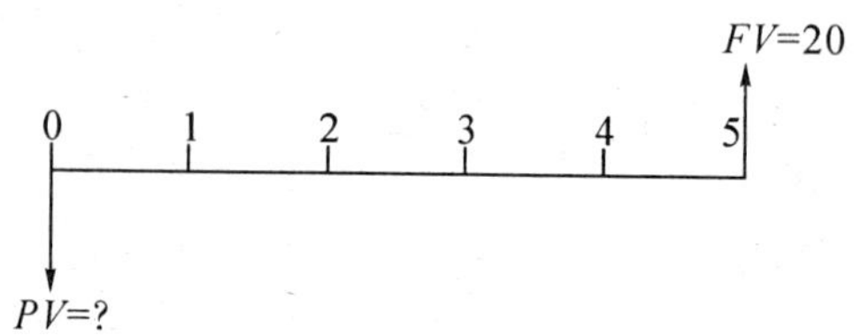

解析：$PV=20\times(1+5\%\times5)=16$（万元）

2. 复利终值与现值的计算

复利不同于单利，既涉及本金的利息，也涉及以前年度的利息继续按利率生息的问题。

（1）复利终值计算公式：（已知现值 PV_0，求终值 FV_n）。

$FV_n=PV_0\times(1+i)^n=PV_0\times(F/P,\ i,\ n)$

式中：$(1+i)^n$ 称为复利终值系数，可以用 $(F/P,\ i,\ n)$ 或 $FVIF_{i,n}$ 表示，可以通过查阅复利终值系数表直接获得。

【例题4－2－3】张云将100元钱存入银行，年利率为6%，则各年年末的终值计算如下：

	0	1	2	3	4	5	
利息		6.00	6.36	6.74	7.15	7.57	
终值	100	106.00	112.36	119.10	126.25	133.82	（元）

解析：

1 年后的终值：$FV_1 = 100 \times (1+6\%) = 106$（元）

2 年后的终值：$FV_2 = 106 \times (1+6\%) = 100 \times (1+6\%)^2 = 112.36$（元）

3 年后的终值：$FV_3 = 112.36 \times (1+6\%) = 100 \times (1+6\%)^3 = 119.10$（元）

…………

n 年后的终值：$FV_n = 100 \times (1+6\%)^n$（元）

因此，复利终值的计算公式：$FV_n = PV_0 \times (1+i)^n = PV_0 \times (F/P, i, n)$

（2）复利现值计算公式：（已知终值 FV_n，求现值 PV_0）。

实际上计算现值是计算终值的逆运算

$$PV_0 = \frac{FV_n}{(1+i)^n} = FV_n \times (P/F, i, n)$$

式中：$(1+i)^{-n}$称为复利现值系数，可以用（$P/F, i, n$）或 $PVIF_{i,n}$表示，可以通过查阅复利现值系数表直接获得。复利现值系数（$P/F, i, n$）与复利终值系数（$F/P, i, n$）互为倒数。

【例题 4－2－4】假定李林在两年后需要 1 000 元，那么在利息率是 7% 的条件下，李林现在需要向银行存入多少钱？

解析：$PV_0 = \frac{1\,000}{(1+7\%)^2} = 1\,000 \times (P/F, 7\%, 2) = 873.44$（元）

【思考题】王红拟购房，开发商提出两种方案，一是现在一次性付 80 万元；另一方案是 5 年后付 100 万元，若目前的银行贷款利率是 7%，应如何付款？

分析：

方法一：按终值比较

方案一的终值：$FV_5 = 800\,000 \times (1+7\%)^5 = 1\,122\,080$（元）

方案二的终值：$FV_5 = 1\,000\,000$（元）

所以应选择方案二。

方法二：按现值比较

方案一的现值：$PV_0 = 800\,000$（元）

方案二的现值：

$$PV_0 = \frac{1\,000\,000}{(1+7\%)^5} = 1\,000\,000 \times (P/F, 7\%, 5) = 713\,000\text{（元）}$$

仍是方案二较好。

（二）年金终值与现值的计算

年金是在一定时期内每次等额的收付款项。利息、租金、保险费、等额分期收款、等额分期付款以及零存整取或整存零取等一般都表现为年金的形式。年金按其收付发生的时点不同，可分为普通年金、即付年金、递延年金、永续年金等几种。不同种类年金的计算用以下不同的方法计算。年金一般用符号 A 表示。

1. 普通年金的计算

普通年金又称后付年金，是指一定时期每期期末等额的系列收付款项。

（1）普通年金终值（已知年金 A，求年金终值 FV_n）。

普通年金终值是指一定时期内每期期末收付款项的复利终值之和，犹如零存整取的本利和。

普通年金终值的计算公式：

$$FV_n = A \times \sum_{i=1}^{n}(1+i)^{t-1} = A \times \frac{(1+i)^n - 1}{i} = A \times (F/A,i,n)$$

式中：$[(1+i)^n-1]/i$ 称为年金终值系数，可以用（F/A，i，n）或 $FVIFA_{i,n}$ 表示，可以通过查阅年金终值系数表直接获得。

公式推导：

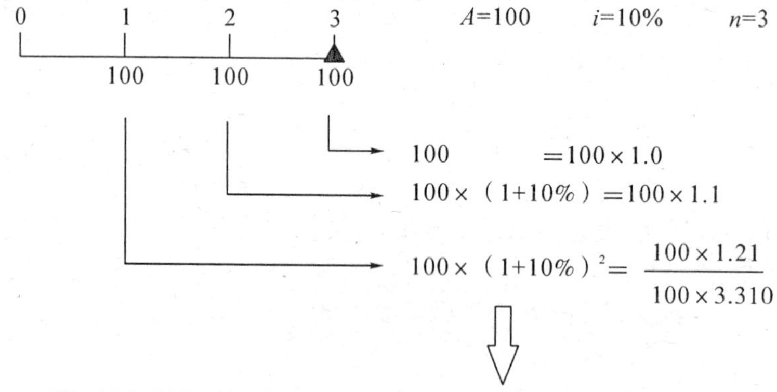

FV_3=100+100×(1+10%)+100×（1+10%）²=100×Σ（1+10%）$^{t-1}$

普通年金终值为：

$FV_n = A + A \times (1+i) + A \times (1+i)^2 + \cdots\cdots A \times (1+i)^{n-1}$

等式两边同乘（$1+i$）得：

$FV_n \times (1+i) = A \times (1+i) + A \times (1+i)^2 + A \times (1+i)^3 + \cdots\cdots A \times (1+i)^n$

上述两式相减得：$FV_n \times (1+i) - FV_n = A \times (1+i)^n - A$

化简得：$FV_n = A \times \dfrac{(1+i)^n - 1}{i}$

【例题 4-2-5】王红每年年末存入银行 2 000 元，年利率 7%，5 年后本利和应为多少?

解析：

5 年后本利和为：

$FV_5 = 2\ 000 \times (F/A，7\%，5) = 2\ 000 \times 5.751 = 11\ 502$（元）

（2）普通年金现值（已知年金 A，求年金现值 PV）

年金现值是指一定时期内每期期末收付款项的复利现值之和，整存零取求最初应存入的资金额就是典型的求年金现值的例子。

普通年金现值的计算公式：

$$PV = \frac{A}{\sum_{i=1}^{n}(1+i)^{t-1}} = A \times \frac{1-(1+i)^{-n}}{i} = A \times (P/A,i,n)$$

式中：$[1-(1+i)^{-n}]/i$ 称为年金现值系数，可用（P/A，i，n）或 $PVIFA_{i,n}$ 表示，可以通过查阅年金现值系数表直接获得。

公式推导：

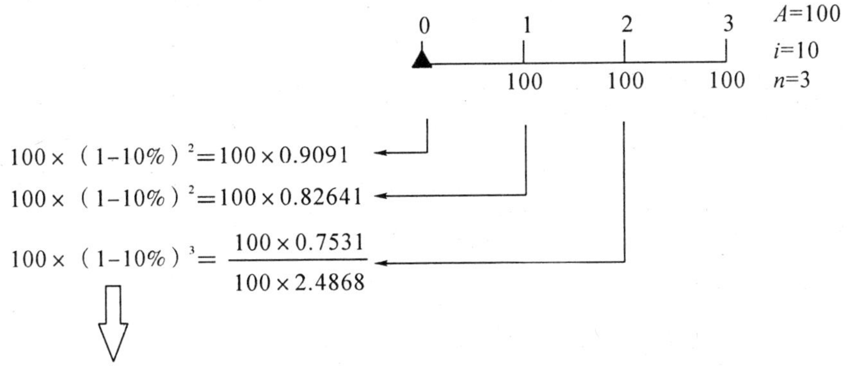

0 1 2 3 A=100

i=10

100 100 100 n=3

100×（1−10%）^{2}=100×0.9091

100×（1−10%）^{2}=100×0.82641

100×（1−10%）^{3}= $\dfrac{100\times0.7531}{100\times2.4868}$

PV_3=100/(1+10%)+100/（1+10%）+100/（1+10%）^{3}=100/Σ（1+10%）^{t}

普通年金现值为：

$$PV=\frac{A}{1+i}+\frac{A}{(1+i)^2}+\frac{A}{(1+i)^3}+\cdots\cdots+\frac{A}{(1+i)^n}$$

等式两边同乘（$1+i$）得：

$$PV\times(1+i)=A+\frac{A}{1+i}+\frac{A}{(1+i)^2}+\cdots\cdots+\frac{A}{(1+i)^{n-1}}$$

上述两式相减得：$PV\times(1+i)-PV_n=A-\dfrac{A}{(1+i)^n}$

化简得：$PV=A\times\dfrac{1-(1+i)^{-n}}{i}$

【例题 4－2－6】现在存入一笔钱，准备在以后 5 年中每年末得到 100 元，如果利息率为 10%，现在应存入多少钱？

解析：$PV=100\times(P/A,\ 10\%,\ 5)=100\times3.791=379.1$（元）

（3）偿债基金与年资本回收额

偿债基金是指为了在约定的未来时点清偿某笔债务或积蓄一定数量的资金而必须分次等额形成的存款准备金。由于每次提取的等额准备金类似年金存款，因而同样可以获得按复利计算的利息，因此债务实际上等于年金终值。计算公式为：

$$A=FV\times\frac{1}{(F/A,\ i,\ n)}=FV\times\frac{i}{(1+i)^n-1}$$

式中 $1/(F/A,\ i,\ n)$ 或 $i/[(1+i)^n-1]$ 称作偿债基金系数。偿债基金系数是年金终值系数的倒数，可以通过查一元年金终值表求倒数直接获得，所以计算公式也可以写为：

$$A=FV\times(A/F,\ i,\ n)=\frac{FV}{(F/i,\ n)}$$

【例题 4－2－7】假设某企业有一笔 4 年后到期的借款，到期值为 1 000 万元。若存款利率为 10%，则为偿还这笔借款应建立的偿债基金为多少？

解析：$A=\dfrac{1\ 000}{(F/A,\ 10\%,\ 4)}=\dfrac{1\ 000}{4.641\ 0}=215.4$（万元）

资本回收额是指在给定的年限内等额回收或清偿所欠债务（或初始投入资本）。年资本回收额的计算是年金现值的逆运算，其计算公式为：

$$A = PV \times \frac{1}{(P/A,\ i,\ n)} = PV \times \frac{i}{1-(1+i)^{-n}}$$

式中：$1/(P/A,\ i,\ n)$ 或 $i/[1-(1+i)^{-n}]$ 称作资本回收系数，记作 $(A/p,\ i,\ n)$。资本回收系数是年金现值系数的倒数，可以通过查阅一元年金现值系数表，利用年金现值系数的倒数求得。所以计算公式也可以写为：

$$A = PV \times (A/P,\ i,\ n) = \frac{PV}{(P/A,\ i,\ n)}$$

【例题 4-2-8】某企业现在借得 1 000 万元的贷款，在 10 年内以利率 12% 偿还，则每年应付的金额为多少？

解析：$A = \frac{1\,000}{(P/A,\ 12\%,\ 10)} = \frac{1\,000}{5.650\,2} \approx 177$（万元）

2. 先付年金的计算

先付年金是指一定时期内每期期初等额的系列收付款项，又称预付年金或即付年金。先付年金与后付年金的差别仅在于收付款的时间不同。由于年金终值系数表和年金现值系数表是按常见的后付年金编制的，在利用后付年金系数表计算先付年金的终值和现值时，可在计算后付年金的基础上加以适当调整。

n 期先付年金终值和 n 期后付年金终值之间的关系表示如下。

（1）先付年金终值（已知年金 A，求年金终值 FV_n）

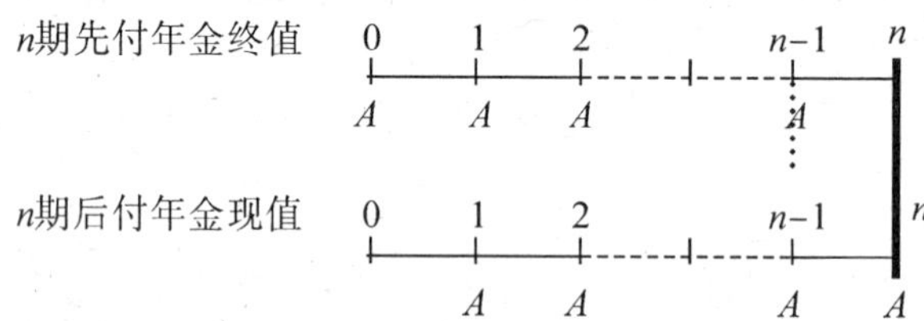

n 期先付年金与 n 期后付年金比较，两者付款期数相同，但先付年金终值比后付年金终值要多一个计息期。为求得 n 期先付年金的终值，可在求出 n 期后付年金终值后，再乘以 $(1+i)$。计算公式如下：

$$FV_n = A \times (F/A,\ i,\ n) \times (1+i)$$

此外，根据 n 期先付年金终值和 $n+1$ 期后付年金终值的关系还可推导出另一公式。n 期先付年金与 $n+1$ 期后付年金比较，两者计息期数相同，但 n 期先付年金比 $n+1$ 期后付年金少付一次款。因此，只要将 $n+1$ 期后付年金的终值减去一期付款额，便可求得 n 期先付年金终值。计算公式如下：

$$FV = A \times (F/A,\ i,\ n+1) - A = A \times [(F/A,\ i,\ n+1) - 1]$$

【例题 4-2-9】某公司决定连续 5 年于每年年初存入 100 万元作为住房基金，银行存款利率为 10%。则该公司在第 5 年末能一次取出的本利和是多少？

解析：

$FV = 100 \times [(F/A,\ 10\%,\ 5+1) - 1] = 100 \times (7.715\,6 - 1) \approx 672$（万元）

（2）先付年金现值（已知年金 A，求年金终值 PV_n）

n 期先付年金现值和 n 期后付年金现值比较，两者付款期数相同，但先付年金现值

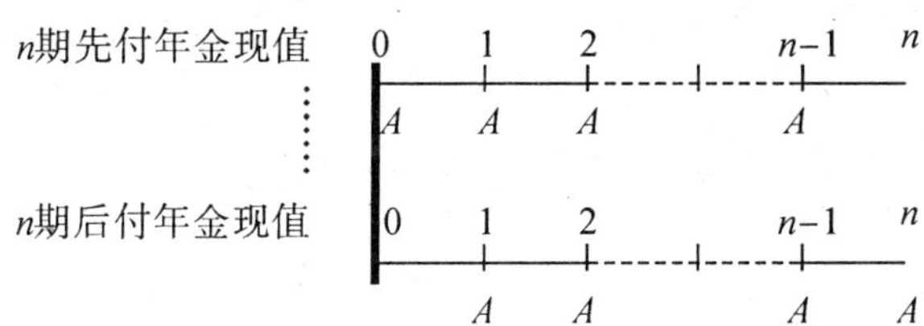

比后付年金现值少贴现一期。为求得 n 期先付年金的现值，可在求出 n 期后付年金现值后，再乘以（$1+i$）。计算公式如下：

$PV=A\times(P/A,\ i,\ n)\times(1+i)$

此外，根据 n 期先付年金现值和 $n-1$ 期后付年金现值的关系也可推导出另一公式。n 期先付年金与 $n-1$ 期后付年金比较，两者计息期数相同，但 n 期先付年金比 $n-1$ 期后付年金少一期不需贴现的付款。因此，先计算出 n 期后付年金的现值再加上一期不需贴现的付款，便可求得 n 期先付年金现值。计算公式如下：

$PV=A\times(P/A,\ i,\ n-1)+A=A\times[(P/A,\ i,\ n-1)+1]$

【例题 4-2-10】某人拟购房，开发商提出两种方案，一是现在一次性付 80 万元，另一方案是从现在起每年初付 20 万元，连续支付 5 年，若目前的银行贷款利率是 7%，应如何付款？

解析：

方案一现值：

$P=80$（万元）

方案二现值：

$P=20\times(P/A,\ 7\%,\ 5)\times(1+7\%)=87.744$（万元）

应选择方案一。

3. 递延年金的计算

递延年金又叫延期年金，是指在最初若干期没有收付款项的情况下，随后若干期等额的系列收付款项。m 期以后的 n 期递延年金表示如下：

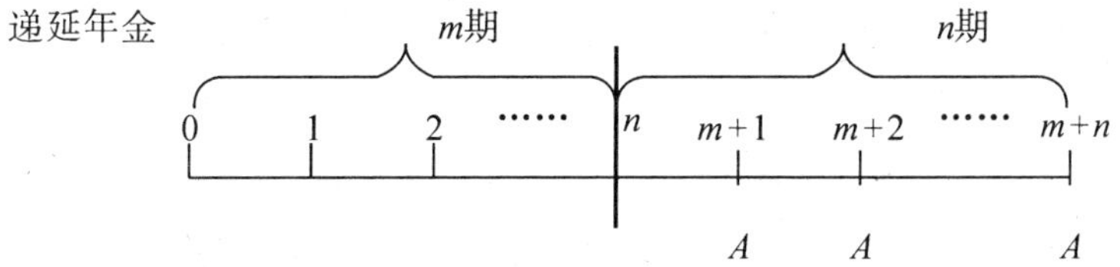

（1）递延年金终值

递延年金终值只与连续收支期（n）有关，与递延期（m）无关。其计算公式如下：

$FV=A\times(F/A,\ i,\ n)$

（2）递延年金现值

递延年金现值的计算有两种方法。

方法一：分段法。将递延年金看成 n 期普通年金，先求出递延期末的现值，然后再将此现值折算到第一期期初，即得到 n 期递延年金的现值。

$PV=A\times(P/A,\ i,\ n)\times(P/F,\ i,\ m)$

方法二：补缺法。假设递延期中也进行支付，先计算出 $m+n$ 期的普通年金的现值，然后扣除实际并未支付的递延期（m）的年金现值，即可得递延年金的现值。

$$PV = PV_{m+n} - PV_m$$
$$= A \times (P/A, i, m+n) - A \times (P/A, i, m)$$
$$= A \times [(P/A, i, m+n) - (P/A, i, m)]$$

【例题 4-2-11】W 项目于 1991 年初动工，由于施工延期 5 年，于 1996 年初投产，从投产之日起每年得到收益 40 000 元。按年利率 6% 计算，则 10 年收益于 1991 年初的现值是多少？

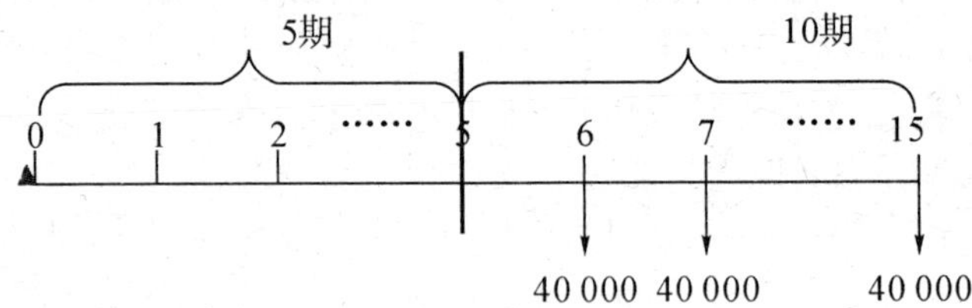

1991 年初的现值为：

$$PV = 40\ 000 \times (P/A, 6\%, 10) \times (P/F, 6\%, 5)$$
$$= 40\ 000 \times 7.36 \times 0.747$$
$$= 219\ 917 \text{（元）}$$

或者：

$$PV = 40\ 000 \times [(P/A, 6\%, 15) - (P/A, 6\%, 5)]$$
$$= 40\ 000 \times [9.712 - 4.212]$$
$$= 220\ 000 \text{（元）}$$

4. 永续年金的计算

永续年金是指无限期等额收付的年金，可视为普通年金的特殊形式，即期限趋于无穷的普通年金。存本取息可视为永续年金的例子。此外，也可将利率较高、持续期限较长的年金视同永续年金。

（1）永续年金终值

由于永续年金持续期无限，没有终止的时间，因此没有终值。

（2）永续年金现值

$$PV = A \times \sum_{i=1}^{n} \frac{1}{(1+i)^t} = \frac{A}{i}$$

【例题 4-2-12】某项永久性奖学金，每年计划颁发 50 000 元奖金。若年复利率为 8%，该奖学金的本金应为多少？

解析：永续年金现值 $PV = \frac{50\ 000}{8\%} = 625\ 000$（元）

三、时间价值基本公式的灵活运用

1. 混合现金流

混合现金流是指各年收付不相等的现金流量。对于混合现金流终值（或现值）计算，可先计算出每次收付款的复利终值（或现值），然后加总。

【例题 4-2-13】某人准备第一年末存入银行 1 万元，第二年末存入银行 3 万元，第三年至第五年末存入银行 4 万元，存款利率 10%。问 5 年存款的现值合计是多少钱？

解析：

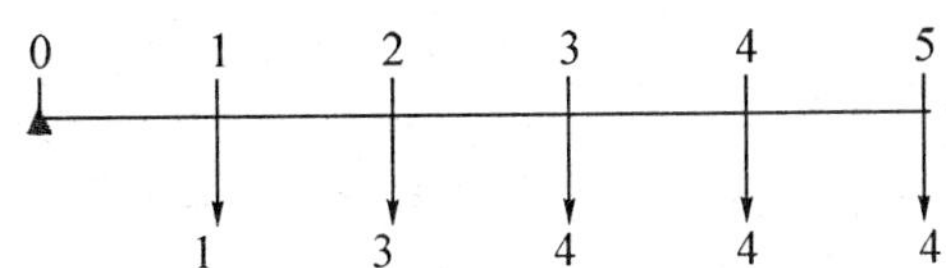

$$PV=1\times(P/F,10\%,1)+3\times(P/F,10\%,2)+4\times[(P/A,10\%,5)-(P/A,10\%,2)]$$

$$=1\times0.909+3\times0.826+4\times(3.791-1.736)$$

$$=11.607\text{（万元）}$$

2. 计息期短于1年时间价值的计算（年内计息的问题）

计息期就是每次计算利息的期限。在复利计算中，如按年复利计息，1年就是一个计息期；如按季复利计算，1季是1个计息期，1年就有4个计息期。计息期越短，1年中按复利计息的次数就越多，利息额就会越大。

（1）计息期短于1年时复利终值和现值的计算

当计息期短于1年，而使用的利率又是年利率时，计息期数和期利率的换算公式如下：

期利率：$r=\frac{i}{m}$

计息期数：$t=m\times n$

式中：

r——期利率

i——年利率

m——每年的计息期数

n——年数

t——换算后的计息期数

计息期换算后，复利终值和现值的计算可按下列公式进行：

$$FV_t=PV_0\times(1+r)^t=PV_0\times(1+\frac{i}{m})^{m\times n}$$

$$=PV_0\times(F/P,\frac{i}{m},m\times n)$$

$$PV_0=FV_t\times\frac{1}{(1+r)^t}=FV_t\times\frac{1}{(1+\frac{i}{m})^{m\times n}}$$

$$=FV_t\times(P/F,\frac{i}{m},m\times n)$$

【例题4-2-14】北方公司向银行借款1 000元，年利率为16%。按季复利计算，两年后应向银行偿付本利多少钱？

解析：

对此首先应换算r和t，然后计算终值。

期利率：$r=\frac{16\%}{4}=4\%$

计息期数：$t=2\times4=8$

终值：

$FV_t = 1\,000 \times (1+4\%)^8 = 1\,000 \times (F/P, 4\%, 8)$

$= 1\,000 \times 1.369 = 1\,369$（元）

【例题 4－2－15】某基金会准备在第 5 年底获得 2 000 元，年利率为 12%，每季计息一次。现在应存入多少款项？

解析：

期利率：$r = \frac{12\%}{4} = 3\%$

计息期数：$t = 5 \times 4 = 20$

现值：

$PV_0 = \frac{2\,000}{(1+3\%)^{20}} = 2\,000 \times (P/F, 3\%, 20)$

$= 2\,000 \times 0.554 = 1\,108$（元）

（2）实际利率与名义利率的换算公式

如果规定的是 1 年计算一次的年利率，而计息期短于 1 年，则规定的年利率将小于分期计算的年利率。分期计算的年利率可按下列公式计算：

$k = (1+r)^m - 1$

式中：

k——分期计算的年利率

r——计息期规定的年利率

m——1 年内的计息期数

公式推导：上式是对 1 年期间利息的计算过程进行推导求得的。如果 1 年后的终值是 V_m，则 1 年期间的利息是 $V_m - V_0$，分期计算的年利率可计算如下：

$$k = \frac{V_m - V_0}{V_0} = \frac{V_0(1+r)^m - V_0}{V_0} = (1+r)^m - 1$$

【例题 4－2－16】北方公司向银行借款 1 000 元，年利率为 16%。按季复利计算，试计算其实际年利率。

解析：

期利率：$r = \frac{16\%}{4} = 4\%$

1 年内的计息期数：$m = 4$

则：$k = (1+4\%)^4 - 1 = 1.170 - 1 = 17\%$

为了验证，可用分期计算的年利率 k 按年复利计算，求本利和。这时 $k = 17\%$，$n = 2$。计算出来的两年后终值与用季利率按季复利计息的结果完全一样。

$FV_t = 1\,000 \times (1+17\%)^2 = 1\,000 \times 1.369 = 1\,369$（元）

在【例题 4－2－14】中，按 $r = 4\%$，$n = 8$。计算的结果为：

$FV_t = 1\,000 \times (1+4\%)^8 = 1\,000 \times (F/P, 4\%, 8)$

$= 1\,000 \times 1.369 = 1\,369$（元）

3. 贴现率的推算

（1）复利终值（或现值）贴现率的推算

根据复利终值的计算公式，可得贴现率的计算公式为：

$FV_n = PV_0 \times (1+i)^n = PV_0 \times (F/P, i, n)$

$i = \left(\frac{FV}{PV}\right)^{\frac{1}{n}} - 1$

若已知 FV、PV、n，不用查表便可直接计算出复利终值（或现值）的贴现率。

（2）永续年金贴现率的推算

永续年金贴现率的计算也很方便，若 PV，A 已知，则根据公式：

$PV = \frac{A}{i}$

可求得贴现率的计算公式：$i = \frac{A}{PV}$

（3）普通年金贴现率的推算

普通年金贴现率的推算比较复杂，无法直接套用公式，必须利用有关的系数表，有时还要牵涉内插法的运用。下面我们介绍一下计算的原理。

实际上，我们可以利用两点式直线方程来解决这一问题：

两点 (x_1, y_1)，(x_2, y_2) 构成一条直线，则其方程为：

$\frac{x - x_1}{x_2 - x_1} = \frac{y - y_1}{y_2 - y_1}$

这种方法称为内插法，即在两点之间插入第三个点，于是对于知道 n，i，F/P 这三者中的任何两个就可以利用以上公式求出。因此，普通年金贴现率的推算要分两种情况分别计算，下面着重对此加以介绍。

①利用系数表计算

根据年金终值与现值的计算公式：

$FV_n = A \times (F/A, i, n)$

$PV = A \times (P/A, i, n)$

将上面两个公式变形可以得到下面普通年金终值系数和普通年金现值系数公式：

$(F/A, i, n) = \frac{FV_n}{A}$

$(P/A, i, n) = \frac{PV}{A}$

当已知 FV，A，n 或 PV，A，n 则可以通过查普通年金终值系数表或普通年金现值系数表，找出系数值为 FV/A 的对应的 i 值或找出系数值为 PV/A 的对应的 i 值。

②利用内插法计算

查表法可以计算出一部分情况下的普通年金的折算率，对于系数表中不能找到完全对应的 i 值时，利用年金系数公式求 i 值的基本原理和步骤是一致的。若已知 PV，A，n 可按以下步骤推算 i 值：

A. 计算出 PV/A 的值，假设 $PV/A = \alpha$。

B. 查普通年金现值系数表。沿着已知 n 所在的行横向查找，若恰好能找到某一系数值等于 α，则该系数值所在的行相对应的利率就是所求的 i 值；若无法找到恰好等于 α 的系数值，就应在表中 n 行上找到与 α 最接近的左右临界系数值，设为 β_1，β_2（$\beta_1 > \alpha > \beta_2$ 或 $\beta_1 < \alpha < \beta_2$），读出 β_1，β_2 所对应的临界利率，然后进一步运用内插法。

C. 运用内插法，假定利率 i 同相关的系数在较小范围内线性相关，因而可根据临界系数β_1，β_2所对应的临界利率i_1，i_2计算出i，其公式为：

$$i = i_1 + \frac{\beta_1 - \alpha}{\beta_2 - \beta_1} \times (i_2 - i_1)$$

【例题4－2－17】某公司于第一年年初借款20 000元，每年年末还本付息额为4 000元，连续9年还清，问借款利率为多少？

解析：

根据题意，已知：$PV = 20\ 000$ $A = 4\ 000$ $n = 9$

则：$(P/A, i, 9) = \frac{20\ 000}{4\ 000} = 5$

查普通年金现值系数表，当$n=9$时，

$i_1 = 12\%$ $(P/A, 12\%, 9) = 5.328\ 2$

$i = ?$ $(P/A, i, 9) = 5$

$i_2 = 14\%$ $(P/A, 14\%, 9) = 4.916\ 4$

根据插值法原理可得：

$$i = 12\% + \frac{5.328\ 2 - 5}{5.328\ 2 - 4.916\ 4} \times (14\% - 12\%) \approx 13.59\%$$

第三节 风险价值

风险一般是指某一行动的结果具有变动性。从财务管理的角度讲，风险是指企业在各项财务活动过程中，各种难以预料或难以控制因素使企业的实际收益与预计收益发生背离，从而蒙受经济损失的可能性。由于风险与收益同方向变动，因而正确地估计风险将可能给企业带来超过预期的收益，而错误地估计风险则可能给企业带来超过预期的损失。因此，风险管理的目的是正确地估计和计量风险，在对各种可能结果进行分析的基础上，趋利防弊，以求以最小的风险谋求最大的收益。

一、风险价值的概念

企业的经济活动大都是在风险和不确定的情况下进行的，离开了风险因素就无法正确评价企业收益的高低。投资风险价值原理揭示了风险同收益之间的关系，它同资金时间价值原理一样，是财务决策的基本依据：

根据对未来情况的掌握程度，财务决策可分为三种类型：

1. 确定性决策

确定性决策是指未来情况能够确定或已知的决策。如购买政府发行的国库券，由于国家实力雄厚，事先规定的债券利息率到期肯定可以实现，就属于确定性投资，即没有风险和不确定的问题。

2. 风险性决策

风险性决策是指未来情况不能完全确定，但各种情况发生的可能性即概率为已知的决策。如购买某家用电器公司的股票，已知该公司股票在经济繁荣、一般、萧条时的收益分别为15%，10%，5%；另根据有关资料分析，认为近期该行业繁荣、一般、萧条的概率分别为30%，50%，20%，这种投资就属于风险性投资。

3. 不确定性决策

不确定性决策是指未来情况不仅不能完全确定，而且各种情况发生的可能性也不清楚的决策。如投资于煤炭开发工程，若煤矿开发顺利可获得100%的收益率，但若找不到理想的煤层则将发生亏损；至于能否找到理想的煤层，获利与亏损的可能性各有多少事先很难预料，这种投资就属于不确定性投资。

在财务管理中对风险和不确定性并不作严格区分，往往把两者统称为风险。

风险在长期投资中是经常存在的。投资者讨厌风险，不愿遭受损失，为什么又要进行风险性投资呢？这是因为有可能获得额外的收益，即风险收益。人们总想冒较小的风险而获得较多的收益，至少要使所得的收益与所冒的风险相当，这是对投资的基本要求。

风险价值有两种表示方法：风险收益额和风险收益率。投资者由于冒着风险进行投资而获得的超过资金时间价值的额外收益，称为风险收益额；风险收益额对于投资额的比率则称为风险收益率。

二、单项资产风险价值的计算

如上所述，风险是指某一行动的结果具有变动性，因而与概率直接相关。风险与概率的分布关系如图4－1所示。在对风险衡量时应注意以下几点：

1. 确定概率分布

在现实生活中，某一事件在完全相同的条件下可能发生也可能不发生，既可能出现这种结果又可能出现那种结果，我们称这类事件为随机事件。概率就是用百分数或小数来表示随机事件发生可能性及出现某种结果可能性大小的数值。用X表示随机事件，用X_i表示随机事件的第i种结果，P_i为出现该种结果的相应概率，若X_i出现，则$P_i=1$，若不出现，则$P_i=0$，同时，所有可能结果出现的概率之和必定为1。因此，概率必须符合下列两个要求：

（1）$0 \leq P_i \leq 1$。

（2）$\sum_{i=1}^{n} P_i = 1$。

【例题4－3－1】南方某公司投资项目有甲、乙两个方案，投资额均为10 000元，其收益的概率分布如表4－1所示：

表4－1　　某投资项目甲、乙两个方案收益的概率分布表

经济情况	概率（P_i）	收益（随机变量X_i）	
		甲方案	乙方案
繁荣	$P_1=0.20$	$X_1=600$	$X_1=700$
一般	$P_2=0.60$	$X_2=500$	$X_2=500$
较差	$P_3=0.20$	$X_3=400$	$X_3=300$

2. 计算期望值

期望值是一个概率分布中的所有可能结果，以各自相应的概率为权数计算的加权平均值，是加权平均的中心值。其计算公式如下：

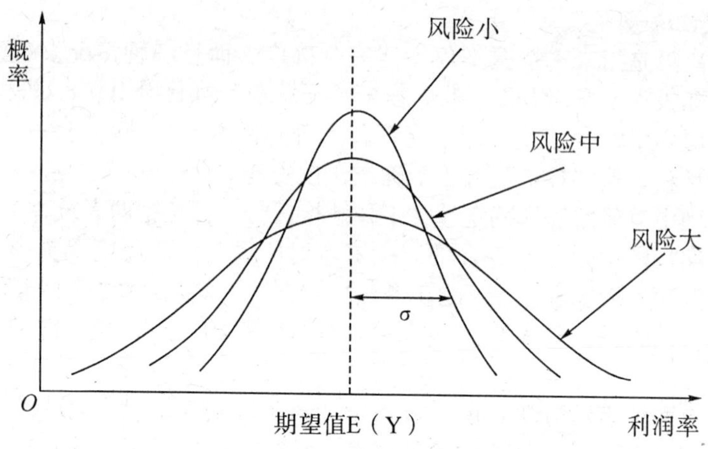

图4－1　风险与概率分布关系图

$$\bar{B} = \sum_{i=1}^{n} X_i \cdot P_i$$

式中：

X_i——概率分布中第 i 种可能结果

P_i——概率分布中第 i 种可能结果的相应概率

根据以上公式，代入【例题4－3－1】数据求得：

$\bar{E}_{甲} = 600 \times 0.2 + 500 \times 0.6 + 400 \times 0.2 = 500$（万元）

$\bar{E}_{乙} = 700 \times 0.2 + 500 \times 0.6 + 300 \times 0.2 = 500$（万元）

应强调的是，上述期望收益值是各种未来收益的加权平均数，它并不反映风险程度的大小。

3. 计算标准离差

标准离差是反映各随机变量偏离期望收益值程度的指标之一，以绝对额反映风险程度的大小。其计算公式如下：

$$\delta = \sqrt{\sum_{i=1}^{n} (X_i - \bar{B})^2 \times P_i}$$

根据以上公式，代入【例题4－3－1】数据求得：

$\delta_{甲} = \sqrt{(600-500)^2 \times 0.20 + (500-500)^2 \times 0.20 + (400-500)^2 \times 0.20} = 63.25$

$\delta_{乙} = \sqrt{(700-500)^2 \times 0.20 + (500-500)^2 \times 0.20 + (300-500)^2 \times 0.20} = 126.49$

从标准离差来看，乙方案风险比甲方案大。

4. 计算标准离差率

标准离差率是反映各随机变量偏离期望收益值程度的指标之一，以相对数反映风险程度的大小。其计算公式如下：

$$V = \frac{\delta}{\bar{E}}$$

根据以上公式，代入【例题4－3－1】数据求得：

$V_{甲} = \frac{63.25}{500} \times 100\% = 12.65\%$

$$V_{乙}=\frac{126.49}{500}\times100\%=25.30\%$$

从标准离差率来看，乙方案风险比甲方案大。

标准离差属于绝对额指标，适用于单一方案的选择，不适用于多方案的选择；而标准离差率属于相对数指标，常用于多方案的选择。

5. 计算风险收益率

标准离差率可以反映投资者所冒风险的程度，但无法反映风险与收益间的关系。由于风险程度越大，得到的收益率也应越高，而风险收益与反映风险程度的标准离差率成正比例关系。于是风险收益率可按下述公式计算：

$$R_R=b\times V$$

式中：

R_R——风险收益率，也称风险报酬率

b——风险价值系数，也称风险报酬系数

V——标准离差率

【例题4-3-1】中，假设风险价值系数为8%，则风险收益率为：

$$R_{甲}=8\%\times12.65\%=1.012\%$$

$$R_{乙}=8\%\times25.30\%=2.024\%$$

为了正确进行风险条件下的决策，往往将单个方案的标准离差（或标准离差率）与企业设定的标准离差（或标准离差率）的最高限值比较，当前者小于或等于后者时，该方案可以被接受，否则予以拒绝；对多个方案则是将该方案的标准离差率与企业设定的标准离差率的最高限值比较，当前者小于或等于后者时，该方案可以被接受，否则予以拒绝。只有这样，才能选择标准离差最低、期望收益最高的最优方案。

三、投资组合风险的衡量

投资者在进行投资时，一般并不把其所有资金都投资于一种证券，而是同时持有多种证券。这种同时投资多种证券的形式叫证券的投资组合，简称为证券组合或投资组合。银行、共同基金、保险公司和其他金融机构一般都持有多种有价证券，即使是个人投资者，一般也持有证券组合，而不是投资于一家公司的股票或债券。所以，必须了解证券组合的风险报酬。

1. 投资组合的风险种类及其特性

投资组合的风险可分为两种性质完全不同的风险，即可分散风险和不可分散风险。

（1）可分散风险。可分散风险又叫非系统性风险或公司特有风险，是指某些因素对单个投资造成经济损失的可能性。如个别公司工人的罢工，公司在市场竞争中的失败等。这种风险可通过证券持有的多样化来抵消。即多买几家公司的股票，其中某些公司的股票报酬上升，另一些股票的报酬下降，从而将风险抵消。因而，这种风险称为可分散风险。但应强调的是，当两种股票完全负相关（$r=-1.0$）时，组合的风险被全部抵消；当两种股票完全正相关（$r=1.0$）时，组合的风险不减少也不扩大。实际上，各种股票之间不可能完全正相关，也不可能完全负相关，所以不同股票的投资组合可以降低风险，但又不能完全消除风险。一般而言，股票的种类越多，风险越小。当股票种类足够多时，几乎能把所有的非系统风险分散掉。

（2）不可分散风险。不可分散风险又称系统性风险或市场风险，指的是由于某些

因素给市场上所有的投资都带来经济损失的可能性，如宏观经济状况的变化、国家税法的变化、国家财政政策和货币政策变化、世界能源状况的改变都会使股票报酬发生变动。这些风险影响到所有的证券，因此，不能通过证券组合分散掉。换句话说，即使投资者持有的是经过适当分散的证券组合，也将遭受这种风险。因此，对投资者来说，这种风险是无法消除的，故称不可分散风险。但这种风险对不同的企业也有不同影响。不可分散风险的程度，通常用β系数表示，用来说明某种证券（或某一组合投资）的系统性风险相当于整个证券市场系统性风险的倍数。作为整体的证券市场的β系数为1。如果某种股票的风险情况与整个证券市场的风险情况一致，则这种股票的β系数等于1；如果某种股票的β系数大于1，说明其风险大于整个市场的风险；如果某种股票的β系数小于1，说明其风险小于整个市场的风险。

2. 投资组合风险与收益的关系

风险与收益总是相适应的，低风险则低收益，高收益也意味着高风险。

（1）投资组合的风险主要是系统风险。由于多样化投资可以把所有的非系统风险分散掉，因而组合投资的风险主要是系统风险。从这一点上讲，投资组合的收益只反映系统风险（暂不考虑时间价值和通货膨胀因素）的影响程度，投资组合的风险收益是投资者因冒不可分散风险而要求的、超过时间价值的那部分额外收益。用公式表示为：

$$R_p=\beta_p\times(K_m-R_F)$$

式中：

R_p——投资组合的风险报酬率

β_p——投资组合的β系数

K_m——所有投资的平均收益率，又称市场收益率

R_F——无风险报酬率，一般用国家公债利率表示

（2）投资组合风险和收益的决定因素。决定组合投资风险和收益高低的关链因素是不同组合投资中各证券的比重，因为个别证券的β系数是客观存在的，是无法改变的。但是，由于$\beta_p=\sum_{i=1}^{n}X_i\times\beta_i$，因此人们可以通过调整某一组合投资内各证券的种类或比重来控制该组合投资的风险和收益。

（3）投资组合风险和收益的关系。可以用资本资产定价模型来表示：

$$K_i=R_F+R_R=R_F+\beta_i\times(K_m-R_F)$$

此时，K_i的实质是在不考虑通货膨胀情况下无风险收益率与风险收益率之和。

【例题4-3-2】某企业持有由甲、乙、丙三种股票构成的证券组合，其β系数分别是1.2、1.6和0.8，它们在证券组合中所占的比重分别是40%、35%和25%，此时证券市场的平均收益率为10%，无风险收益率为6%。

问：

（1）上述组合投资的风险收益率和市场收益率是多少？

（2）如果该企业要求组合投资的收益率为13%，你将采取何种措施来满足投资的要求？

解析：

（1）$\beta_p=1.2\times40\%+1.6\times35\%+0.8\times25\%=1.24$

$R_p=1.24\times(10\%-6\%)=4.96\%$

$K_i = 6\% + 4.96\% = 10.96\%$

（2）由于该组合的收益率10.96%低于企业要求的收益率13%，因此可以通过提高β系数高的甲种或乙种股票的比重、降低丙种股票的比重实现这一目的。

资本资产定价模型通常可用图形表示，即用证券市场线（简称SML）表示。它说明必要报酬率 R 与不可分散风险 β 系数之间的关系。用图4－2加以说明。

从图4－2中可以看到，无风险报酬率为6%，β 系数不同的股票有不同的风险报酬率，当 $\beta=0.5$ 时，风险报酬率为2%；当 $\beta=1.0$ 时，风险报酬率为4%；当 $\beta=2.0$ 时，风险报酬率为8%。

也就是说，β 值越高，要求的风险报酬率也就越高，在无风险报酬率不变的情况下，必要报酬率也就越高。

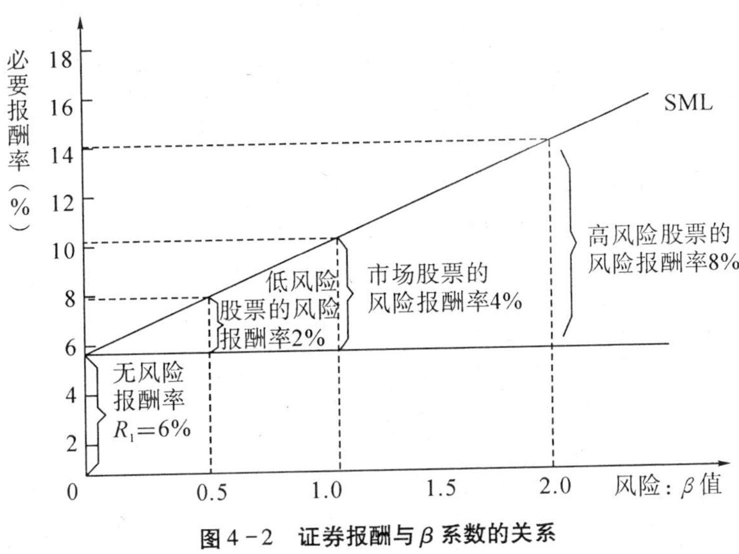

图4－2　证券报酬与 β 系数的关系

本章小结

本章全面研究了财务管理的基本理论问题，包括财务管理的概念、对象、目标、职能、环境、观念、原则、循环、货币时间价值、风险分析、证券组合风险报酬等有关内容。

1. 在我国社会主义市场经济条件下，不管是财务管理的概念、对象、目标、职能，还是财务管理的环境、观念、原则，或者是财务管理循环，都有其特定的含义或内容。

2. 货币时间价值。时间价值是扣除风险报酬和通货膨胀贴水后的平均资金利润率。复利就是不仅本金要计算利息，利息也要计算利息。终值又称未来值，是指若干期后包括本金和利息在内的未来价值，又称本利和。复利终值和现值的计算是财务管理非常重要的基础内容。年金是指一定时期内每期相等金额的收付款项。年金按付款方式，可分为普通年金（后付年金）、即付年金（先付年金）、延期年金和永续年金。其中后付年金为最常见的年金形式，其他形式的年金的终值或现值都可以通过后付年金的计算公式计算得来。

3. 风险分析。衡量风险的方法有期望值、方差、标准离差和标准离差率几种计算；证券组合的风险包括可分散风险和不可分散风险。证券组合的风险报酬是投资者因承担不可分散风险而要求的，超过时间价值的那部分额外报酬。在西方金融学和财务管理学中，有许多模型论述风险和报酬率的关系，其中非常重要的模型就是资本资产定价模型（CAPM）。

思考与练习

一、简答题

1. 简要说明财务管理概念的研究思路。
2. 怎样理解财务管理的对象？
3. 在我国社会主义市场经济条件下应该怎样定位财务管理的目标？
4. 什么是时间价值，如何理解这一概念？
5. 什么是年金，如何计算年金的终值与现值？
6. 后付年金和先付年金有何区别与联系？
7. 证券组合的风险报酬是如何计算的？

二、实训题

1. 某项投资的资产报酬率估计情况如表4－2所示。

表4－2　某项投资的资产报酬率

预计市场状况	概率	预测报酬率
经济状况好	0.3	20%
经济状况中	0.5	10%
经济状况差	0.2	－5%
合计	1	—

要求：
（1）计算资产报酬率的预测值。
（2）计算资产报酬率的标准差。
（3）计算资产报酬率的标准离差率。

2. 某公司需用一台设备，买价为10 000元，可用6年。如果租用，则每年年初需付租金2 000元，假设利率为8%。

要求：试分析企业应租用还是购买该设备。

3. 某人计划采用分期付款的方式购买住宅，每年年初支付10 000元，20年还清贷款，银行贷款利率为5%。如果采用一次性付款，则需支付的款项是多少？

4. 某企业投资10万元兴建一个工程项目，建设期为2年，从第3年起，每年流入现金2万元，设备的使用年限为15年。若企业要求的报酬率为10%，计算该项目是否值得投资。

5. 某投资者进行股票投资，如果国库券利率为5%，市场证券组合的报酬率为

13%。要求：

（1）计算市场风险报酬率。

（2）当β为1.5时，必要报酬率应为多少？

（3）如果某种股票的β值为0.8，期望报酬率为11%，是否应当进行投资？

（4）如果某种股票的必要报酬率为12.2%，其β值应为多少？

第五章　筹资管理

学习目的：

通过对本章的学习，要求了解企业筹集资金的动机和要求，掌握各种负债资金及权益资金的筹集与管理的基本内容和方法。理解混合性筹资的动机及优缺点，掌握企业短期筹资的手段、筹资的方式、程序等内容。掌握普通股的发行条件、股票上市的条件、股票上市暂停和终止的规定、股票筹资的优缺点。了解优先股筹资的有关内容，掌握企业资金成本的概念和个别资金成本的计算、综合资金资本的计算。掌握经营杠杆系数的计算及其说明的问题，财务杠杆系数、总杠杆系数的计算及其说明的问题。

重点与难点：

掌握商业信用中现金折扣成本的计算、短期借款的方式、信用条件；普通股的发行条件、股票上市的条件、股票上市暂停和终止的规定、股票筹资的优缺点；个别资金成本的计算、综合资金成本的计算、经营杠杆、财务杠杆、总杠杆的计算。

关键概念：

筹资渠道　筹资方式　销售百分比　资金习性法　直接投资　间接投资　资金成本　个别资金成本 加权资金成本　边际资金成本　筹资无差别点　经营杠杆　财务杠杆　复合杠杆

第一节　筹资概述

筹资即企业财务筹资，是指企业从其内部、外部等各方面筹集企业生产经营活动中所需资金的过程。筹资活动的时效性直接关系到企业的存在及其经营规模的扩大，并直接影响到企业的投资及其收益分配活动。

筹集资金是企业资金运动的起点，是决定资金运动规模和生产经营发展程度的重要环节。通过一定的资金渠道，采取一定的筹资方式，组织资金的供应，保证企业生产经营活动的需要，是企业财务管理的一项重要内容。

一、企业筹资的动机

企业筹资的基本目的是为了自身的维持和发展。但每次具体的筹资活动则往往是受特定动机的驱使。企业筹资的具体动机归纳起来有四类：新建筹资动机、扩张筹资动机、偿债筹资动机和混合筹资动机。

1. 新建筹资动机

新建筹资动机是指企业在新建时为满足正常生产经营活动所需的铺底资金而产生

的筹资动机。企业新建时，要按照经营方针所确定的生产经营规模核定固定资金需要量和流动资金需要量，同时筹措相应的资本金，资本金不足部分即需筹集短期或长期的银行借款（或发行债券）。

2. 扩张筹资动机

扩张筹资动机是指企业因扩大生产经营规模或追加对外投资而产生的筹资动机。具有良好发展前景、处于成长时期的企业通常会产生扩张筹资动机。例如，企业生产经营的产品供不应求，需要购置设备增加市场供应；开发生产适销对路的新产品，需要引进技术；扩大有利的对外投资规模；开拓有发展前景的对外投资领域等。扩张筹资动机所产生的直接结果是企业的资产总额和权益总额的增加。

3. 偿债筹资动机

偿债筹资动机是指企业为了偿还某项债务而形成的借款动机。偿债筹资有两种情况：一是调整性偿债筹资，即企业具有足够的能力支付到期旧债，但为了调整原有的资本结构，举借一种新债务，从而使资本结构更加合理；二是恶化性偿债筹资，即企业现有的支付能力已不足以偿付到期旧债，被迫举借新债还旧债，这表明企业财务状况已经恶化。

4. 混合筹资动机

混合筹资动机是指企业既需要扩大经营的长期资金又需要偿还债务的现金而形成的筹资动机。这种筹资包含了扩张筹资和偿债筹资两种动机，其结果既会增大企业资产总额，又能调整企业资本结构。

二、企业筹资的分类

企业筹集的资金可按不同方式进行不同的分类，这里只介绍两种最主要的方式。

1. 按资金使用期限的长短，分为短期资金和长期资金

短期资金是指供 1 年以内使用的资金。短期资金主要投资于现金、应收账款、存货等，一般在短期内可收回。短期资金常采用商业信用、银行流动资金借款等方式来筹集。

长期资金是指供 1 年以上使用的资金。长期资金主要投资于新产品的开发和推广、生产规模的扩大、厂房和设备的更新，一般需几年或几十年才能收回。长期资金通常采用吸收投资、发行股票、发行债券、长期借款、融资租赁、留存收益等方式来筹集。

2. 按资金的来源渠道，分为所有者权益资金和负债资金

权益资金是指企业通过发行股票、吸收投资、内部积累等方式筹集的资金，都属于企业的所有者权益，所有者权益不用还本，因而称为企业的自有资金、主权资金或权益资金。自有资金不用还本，因此筹集自有资金没有财务风险。但自有资金要求的回报率高，资本成本高。

负债资金是指企业通过发行债券、银行借款、融资租赁等方式筹集的资金，属于企业的负债，到期要归还本金和利息，因而又称之为企业的借入资金或负债资金。企业采用借入的方式筹集资金，一般承担较大的财务风险，但相对而言付出的资本成本小。

三、企业筹资渠道与方式

1. 筹资渠道

筹资渠道是指筹集资金来源的方向与途径，体现资金来源与供应量。我国企业目

前筹资渠道主要有：

（1）国家财政资金。国家对企业的直接投资是国有企业最主要的资金来源渠道，特别是国有独资企业，其资本全部由国家投资形成，从产权关系上看，产权归国家所有。

（2）银行信贷资金。银行对企业的各种贷款是我国各类企业最为主要的资金来源。我国提供贷款的银行主要有两类，商业银行和政策性银行。商业银行以盈利为目的，为企业提供各种商业贷款，政策性银行为特定企业提供政策性贷款。

（3）非银行金融机构资金。非银行金融机构主要指信托投资公司、保险公司、租赁公司、证券公司以及企业集团所属的财务公司。他们所提供的金融服务，既包括信贷资金的投放，也包括物资的融通，还包括为企业承销证券。

（4）其他企业资金。其他企业资金是指企业生产经营过程中产生的部分闲置的资金，可以互相投资，也可以通过购销业务形成信用关系以作为其他企业资金，这也是企业资金的重要来源。

（5）居民个人资金。居民个人资金指游离于银行及非银行金融机构之外的个人资金，可用于对企业进行投资，形成民间资金来源。

（6）企业自留资金。指企业通过计提折旧、提取公积金和未分配利润等形式形成的资金，这些资金的重要特征之一是，企业无须通过一定的方式去筹集，它们是企业内部自动生成或转移的资金。

2. 筹资方式

筹资方式是指企业筹集资金所采用的具体方式。目前我国企业的筹资方式主要有以下几种：①吸收直接投资；②发行股票；③利用留存收益；④商业信用；⑤发行债券；⑥融资租赁；⑦银行借款。

企业筹资管理的重要内容是针对客观存在的筹资渠道，选择合理的筹资方式进行筹资，有效的筹资组合可以降低筹资成本，提高筹资效率。

筹资渠道与筹资方式存在一定的对应关系，一定的筹资方式只适用于某一特定的筹资渠道，具体的对应关系如表 5－1 所示：

表 5－1 筹资方式与筹资渠道的对应关系

筹资渠道 / 筹资方式	吸收直接投资	发行股票	银行借款	发行债券	商业信用	融资租赁
国家财政资金	√	√				
银行信贷资金			√			
非银行金融机构资金	√	√	√	√		√
其他企业资金	√		√	√	√	√
居民个人资金	√	√		√		
企业自留资金	√	√				
国外和港澳台资金	√	√				√

四、企业筹资的要求

企业筹集资金的基本要求是讲求资金筹集的综合经济效益，具体要求如下：

1. 合理确定资金需要量，努力提高筹资效果

不论通过什么渠道、采取什么方式筹集资金，都应该预先确定资金的需要量，既要确定流动资金的需要量，又要确定固定资金的需要量。筹集资金固然要广开财路，但必须要有一个合理的界限。要使资金的筹集量与需要量相适应，防止筹资不足影响生产经营或筹资过剩从而降低筹资效益。

2. 周密研究投资方向，大力提高投资效果

投资是决定应否筹资和筹资多少的重要因素之一。投资收益与筹资成本相权衡，决定着要不要筹资，而投资规模则决定着筹资的数量。因此，必须确定有利的资金投向，才能作出筹资决策，避免不顾投资效果的盲目筹资。

3. 适时取得所筹资金，保证资金投放需要

筹集资金要按照资金投放使用的时间来合理安排，使筹资与用资在时间上相衔接，避免取得资金滞后而贻误投资的有利时机，也要防止取得资金过早而造成投放前的闲置。

4. 认真选择筹资来源，力求降低筹资成本

企业筹集资金可以采用的渠道和方式多种多样，不同筹资渠道和方式的难易程度、资本成本和财务风险各不一样。因此，要综合考察各种筹资渠道和筹资方式，研究各种资金来源的构成，求得最优的筹资组合，以降低组合的筹资成本。

5. 合理安排资本结构，保持适当偿债能力

企业的资本一般由权益资金和债务资金构成。企业负债所占的比率要与权益资金多少和偿债能力高低相适应。要合理安排资本结构，既防止负债过多，导致财务风险过大，偿债能力不足，又要有效地利用负债经营，借以提高权益资金的收益水平。

6. 遵守国家有关法规，维护各方合法权益

企业的筹资活动影响着社会资金的流向和流量，涉及有关方面的经济权益。企业筹集资金必须接受国家宏观指导与调控，遵守国家有关法律法规，实行公开、公平、公正的原则，履行约定的责任，维护有关各方的合法权益。

五、企业资金需要量预测

企业在筹资之前，应当采用一定的方法预测资金需要数量，只有这样，才能使筹集来的资金既能保证满足生产经营的需要，又不会有太多的闲置。现介绍预测资金需要量常用的方法。

1. 定性预测法

定性预测法是指利用直观的资料，依靠个人的经验和主观分析、判断能力，预测未来资金需求量的方法。这种方法通常在企业缺乏完备、准确的历史资料情况下采用的。其预测过程是：首先由熟悉财务情况和生产经营情况的专家，根据过去所积累的经验，进行分析判断，提出预测的初步意见；然后，通过召开座谈会或发出各种表格等形式，对上述预测的初步意见进行修正补充。这样经过一次或几次以后，得出预测的最终结果。

定性预测法是十分有用的，但它不能揭示资金需要量与有关因素之间的数量关系。例如，预测资金需要量应和企业生产经营规模相联系。生产规模扩大以及销售数量增加，会引起资金需求量增加；反之，则会使资金需求量减少。

2. 比率预测法

比率预测法是指以一定财务比率为基础，预测未来资金需要量的方法。能用于预测的比率可能会很多，如存货周转率、应收账款周转率等，但最常用的是资金与销售额之间的比率。以资金与销售额的比率为基础，预测未来资金需要量的方法，就是销售百分率法。

计算外界资金需要量的基本步骤：

（1）区分变动性项目（随销售收入变动而呈同比率变动的项目）和非变动性项目。通常变动性项目有：货币资金、应收账款、存货等流动性资产。非变动性项目有：固定资产、对外投资等固定性资产。

（2）计算变动性项目的销售百分率。计算公式为：

$$变动性项目的销售百分率=\frac{基期变动性资产（或负债）}{基期销售收入}$$

（3）计算需追加的外部筹资额。计算公式为：

外界资金需要量 = 增加的资产 − 增加的负债 − 增加的留存收益

其中：

增加的资产 = 增量收入 × 基期变动资产占基期销售额的百分比

增加的负债 = 增量收入 × 基期变动负债占基期销售额的百分比

增加的留存收益 = 预计销售收入 × 销售净利率 × 收益留存率

对于增加的留存收益，应该采用预计销售收入计算，并且《中华人民共和国公司法》（简称《公司法》）规定企业应当按照当期实现的税后利润的10%计提法定公积金，5%计提法定公益金，所以销售留存率不会小于15%。

【例题5-1-1】四方公司2007年12月31日的资产负债表如表5-2所示。

表5-2　　四方公司简要资产负债表（2007年12月31日）　　单位：元

资产		负债与所有者权益	
现金	5 000	应付费用	5 000
应收账款	15 000	应付账款	10 000
存货	30 000	短期借款	25 000
固定资产净值	30 000	公司债券	10 000
		实收资本	20 000
		留存收益	10 000
资产合计	80 000	负债与所有者权益合计	80 000

2007年公司的销售收入为100 000元，现在还有剩余生产能力，即增加销售收入不需要进行固定资产方面的投资。假定销售净利率为10%，如果预计2008年的销售收入为120 000元，用销售百分率法预测2008年需要增加的资金量为多少？

解析：

①将资产负债表中预计随销售变动而变动的项目分离出来。在本例中，资产负债表中的现金、应收账款和存货随销售量的增加而同比例增加，据题意可知资产方的固定资产不随销售量的增加而增加，保持不变；在负债和所有者权益一方，应付账款和

应付费用也会随销售的增加而同比例增加，但实收资本、公司债券、短期借款不会自动增加。公司的利润如果不全部分配出去，留存收益也会适当增加。具体变动情况见表5-3，用比率表示的项目是变动项目。

表5-3　　四方公司的销售百分率表　　单位:%

资产	占销售收入百分比	负债与所有者权益	占销售收入百分比
现金	5	应付费用	5
应收账款	15	应付账款	10
存货	30	短期借款	不变动
固定资产	不变动	公司债券	不变动
		实收资本	不变动
		留存收益	不变动
合计	50	合计	15

表5-3中的百分率由该项目的数字除以销售收入求得，如存货百分率为：30 000/100 000=30%。该表显示了与销售收入同比例变化的项目与销售收入之间存在的固定比例，同时显示，销售收入每增加100元，在资产方必须增加50元的资金占用，同时产生15元的资金来源。

②确定需要增加的资金。从表5-3中可看出，每增加100元的销售收入，必须增加50元（现金+存货+应收账款）的资金占用，但同时也自动增加15元的资金来源。（应付费用+应付账款）。因此，公司每增加100元的销售收入必须增加35元（即35%）的资金来源才能满足资产占用。如销售收入增加到120 000元，增加了20 000元，按照35%的比例预测要增加资金为：20 000×35%=7 000元。

③确定对外界资金需求的数量。上述7 000元的资金来源首先可以从内部得到，公司2008年的净利润为12 000元（120 000×10%），如果公司的利润分配的比率为60%给投资者，则有40%的利润作为留存收益。即4 800（12 000×40%）元，那么将有2 200（7 000-4 800）元的资金需要从外界融通。根据上述过程可计算出对外资金需求量：

外界资金需要量=增加的资产-增加的负债-增加的留存收益

=20 000×50%-20 000×15%-120 000×10%×40%

=2 200（元）

【例题5-1-2】ABC公司2007年的财务数据如表5-4所示：

表5-4　　ABC公司财务数据（2007年）

项目	金额（万元）	占销售收入（4 000万元）百分比（%）
流动资产	4 000	100
长期资产	（略）	无稳定的百分比关系
应付账款	400	10

表5－4(续)

项目	金额（万元）	占销售收入（4 000 万元）百分比（%）
其他负债	（略）	无稳定的百分比关系
当年的销售收入	4 000	
净利润	200	5
分配股利	60	
留存收益	140	

假设该公司的实收资本始终保持不变，2008 年预计销售收入将达到 5 000 万元。

问：

（1）需要补充多少外部融资？

（2）如果利润留存率是 100%，销售净利率提高到 6%，目标销售收入是 4 500 万元。要求计算是否需要从外部融资，如果需要，需要补充多少外部资金？

解析：

（1）增加的资产 = 1 000 × 100% = 1 000（万元）

增加的负债 = 1 000 × 10% = 100（万元）

股利支付率 = $\frac{60}{200}$ × 100% = 30%

收益留存率 = 1 － 30% = 70%

增加的所有者权益 = 5 000 × 5% × 70% = 175（万元）

外部补充的资金 = 1 000 － 100 － 175 = 725（万元）

（2）增加的资产 = 500 × 100% = 500（万元）

增加的负债 = 500 × 10% = 50（万元）

收益留存率 = 100%

增加的所有者权益 = 4 500 × 6% × 100% = 270（万元）

外部融资额 = 500 － 50 － 270 = 230（万元）

第二节　负债资金的筹集

负债资金是指企业向银行、其他金融机构、其他企业单位等吸收的资金，它反映债权人的权益，又称债务资金。负债资金的出资人是企业的债权人，对企业拥有债权，有权要求企业按期还本付息。企业负债资金的筹集方式主要有银行借款、发行债券、融资租赁、商业信用等。

一、银行借款

银行借款是指企业根据借款合同向银行（以及其他金融机构，下同）借入的需要还本付息的款项。利用银行的长期和短期借款是企业筹集资金的一种重要方式。

（一）银行借款的种类

银行借款的种类很多，按不同的标准可进行不同的分类。

1. 按借款的期限分类，分为短期借款、中期借款和长期借款

短期借款期限在1年内，中期借款期限在1~5年，长期借款期限在5年以上。

2. 按借款的条件分类，分为信用借款、担保借款和票据贴现

信用借款是以借款人的信用为依据而获得的借款，企业取得这种借款不用以财产抵押。担保借款指以一定的财产做抵押或以一定的保证人做担保为条件而取得的借款。它分为以下三类：保证借款、抵押借款和质押借款。票据贴现是指企业以持有的未到期的商业票据向银行贴付一定的利息而取得的借款。

3. 按借款的用途不同分类，分为基本建设借款、专项借款和流动资金借款

4. 按提供贷款的机构分类，分为政策性银行贷款和商业银行贷款

政策性银行贷款是指执行国家政策性贷款业务的银行向企业发放的贷款。如国家开发银行为满足企业承建国家重点建设项目的资金需要而提供的贷款。主要为执行国家重点扶持行业等经济政策服务。进出口信贷银行为大型设备的进出口提供买方或卖方信贷。商业银行贷款是各商业银行向工商企业提供的贷款。这类贷款主要满足企业生产经营的资金需要。此外，企业还可从信托投资公司取得实物或货币形式的信托投资贷款，从财务公司获得各种贷款等。

（二）银行借款的程序

企业利用银行借款筹集资金，必须按规定的程序办理。根据我国贷款通则，银行贷款的程序大致分为以下几个步骤：

（1）企业提出借款申请。企业需要借款，应当向主办银行或其他银行的经办机构提出申请。企业要填写以借款用途、借款金额、偿还能力以及还款方式等为主要内容的《借款申请书》，并提供以下资料：①借款人及保证人的基本情况；②财政部门或会计师事务所核准的上年度财务报告；③原有的不合理借款的纠正情况；④抵押物清单及同意抵押的证明，保证人拟同意保证的有关证明文件；⑤项目建议书和可行性报告；⑥贷款银行认为需要提交的其他资料。

（2）银行审查借款申请书。银行接到企业的申请后，要对借款人的信用等级进行评估，对借款人的信用及借款的合法性、安全性和盈利性进行调查，核实抵押物、保证人情况。

（3）贷款审批。贷款银行一般都建立了审贷分离、分级审批的贷款管理制度。审查人员要对调查人员提供的资料进行核实、评定，预测贷款风险，提出意见按规定权限报批，决定是否提供贷款。

（4）签订借款合同。为了维护借款双方的权益，企业向银行借入资金时，双方要签订借款合同，借款合同主要包括以下四个方面内容：

① 基本条款。这是借款合同的基本内容，主要强调双方的权利和义务，具体包括借款数额、借款方式、款项发放时间、还款期限、还款方式、利息支付方式、利息率等。

② 保证条款。这是保证款项能顺利归还的一系列条款。包括借款按规定的用途使用、有关的物资保证、抵押财产、担保人及其责任等内容。担保条款应当由担保人与贷款银行签订担保合同，或担保人在借款合同上载明与贷款人协商一致的保证条款，加盖保证人的法人公章，并由担保人的法定代表人或其授权的代理人签名盖章。抵押贷款、质押贷款应由抵押人、出资人与贷款人签订抵押合同、质押合同，需要办理登记的，应依法办理登记。

③ 违约条款。这是对双方若有违约现象时应如何处理进行规定的条款。主要载明对企业逾期不还或挪用贷款等如何处理和银行不按期发放贷款如何处理等内容。

④ 其他附属条款。这是与借贷双方有关的其他条款，如双方经办人、合同生效日期等条款。

（5）企业取得借款。双方签订借款合同后，贷款银行按合同的规定按期发放贷款，企业便可取得相应的资金。

（6）借款的归还。企业应按借款合同的规定按时足额归还借款本息。一般而言，贷款银行会在短期贷款到期 1 个星期之前，中长期贷款到期 1 个月之前，向借款的企业发送还本付息通知单。企业在接到还本付息通知单后，要及时筹备资金，按期还本付息。

（三）银行借款的信用条件

按照国际惯例，银行发放贷款时往往要加有一些信用条件，主要有以下几个方面：

1. 信贷额度（贷款限额）

信贷额度指借款人与银行签订协议，规定的借入款项的最高限额。如借款人超过限额继续借款，银行将停止办理。此外，如果企业信誉恶化，银行也有权停止借款。对信贷额度，银行不承担法律责任，没有强制义务。

2. 周转信贷协定

周转信贷协定指银行具有法律义务承诺提供不超过某一最高限额外的贷款协定。在协定的有效期内，银行必须满足企业在任何时候提出的借款要求。企业享用周转信贷协定必须对贷款限额的未使用部分向银行付一笔承诺费。银行对周转信贷协议负有法律义务。

【例题 5－2－1】某企业与银行协定的信贷限额是 2 000 万元，承诺费率为 0.5%，借款企业年度内使用了 1 400 万元，余额为 600 万元，那么，企业应向银行支付承诺费是多少？

解析：

企业应向银行支付承诺费为：$600 \times 0.5\% = 3$（万元）

【例题 5－2－2】某企业取得银行为期一年的周转信贷额 100 万元，借款企业年度内使用了 60 万元，平均使用期只有 6 个月，借款利率为 12%，年承诺费率为 0.5%，要求计算年终借款企业需要支付的利息和承诺费总计是多少。

解析：

需支付的利息：$60 \times 12\% \times \frac{6}{12} = 3.6$（万元）

需支付的承诺费：$(100 - 60 \times \frac{6}{12}) \times 0.5\% = 0.35$（万元）

总计支付额：3.95（万元）

3. 补偿性余额

指银行要求借款人在银行中保留借款限额或实际借用额的一定百分比计算的最低存款余额。企业在使用资金的过程中，通过资金在存款账户的进出，要始终保持一定的补偿性余额在银行存款的账户上。这实际上增加了借款企业的利息，提高了借款的实际利率，加重了企业的财务负担。

【例题 5－2－3】某企业按利率 8% 向银行借款 100 万元，银行要求保留 20% 的补偿性余额。那么企业可以动用的借款只有 80 万元，问该项借款的实际利率为多少?

解析：

$$补偿性余额贷款实际利率=\frac{利息}{实际可使用借款额}=\frac{100\times 8\%}{80}=10\%$$

或：

$$补偿性余额贷款实际利率=\frac{名义利率}{1-补偿性余额比率}=\frac{8\%}{1-20\%}=10\%$$

4. 借款抵押

除信用借款以外，银行向财务风险大、信誉不好的企业发放贷款，往往需要抵押贷款，即企业以抵押品作为贷款的担保，以减少自己蒙受损失的风险。借款的抵押品通常是借款企业的应收账款、存货、股票、债券及房屋等。银行接受抵押品后，将根据抵押品的账面价值决定贷款金额，一般为抵押品的账面价值的 30% ~50%。企业接受抵押贷款后，其抵押财产的使用及将来的借款能力会受到限制。抵押贷款的利率要高于非抵押贷款的利率，原因在于银行将抵押贷款视为风险贷款，借款企业的信誉不是很好，所以需要收取较高的利息；而银行一般愿意为信誉较好的企业提供贷款，且利率相对会较低。

5. 偿还条件

贷款的偿还有到期一次偿还和在贷款期内定期（每月、季）等额偿还两种方式。一般来说企业不希望采用分期等额偿还方式，而是愿意在贷款到期日一次偿还，因为分期偿还会加大贷款的实际利率。但是银行一般希望采用分期付息方式提供贷款，因为到期一次偿还借款本金会增加企业的债务，加大企业拒付风险，同时会降低借款的实际利率。

6. 其他承诺

银行有时还要求企业为取得借款做出其他的承诺，如及时提供财务报表，保持适当的水平（如特定的流动比率）等。

（四）借款利息的支付方式

1. 利随本清法

利随本清法又称收款法，即在短期借款到期时向银行一次性支付利息和本金。采用这种方法，借款的名义利率等于实际利率。

2. 贴现法

贴现法是银行向企业发放贷款时，先从本金中扣除利息部分，而借款到期时企业再偿还全部本金的方法。采用这种方法，贷款的实际利率高于名义利率。

$$实际利率=\frac{本金\times 名义利率}{实际借款额}=\frac{本金\times 名义利率}{本金-利息}=\frac{名义利率}{1-名义利率}$$

【例题 5-2-4】某企业从银行取得借款 200 万元，期限一年，名义利率 10%，利息 20 万元。按照贴现法支付利息，企业实际可动用的贷款为 180 万元（200-20），该项贷款的实际利率为多少?

解析：

$$实际利率=\frac{利息}{贷款金额-利息}=\frac{20}{200-20}=11.11\%$$

$$或：实际利率=\frac{名义利率}{1-名义利率}=\frac{10\%}{1-10\%}=11.11\%$$

（五）银行借款筹资的优缺点

1. 银行借款筹资的优点

（1）筹资速度快。银行借款与发行证券相比，一般所需时间较短，可以迅速获得资金。

（2）筹资成本低。就我国目前的情况看，利用银行借款所支付的利息比发行债券所支付的利息低，另外，也无须支付大量的发行费用。

（3）借款弹性好。企业与银行可以直接接触，商谈确定借款的时间、数量和利息。借款期间如企业经营情况发生了变化，也可与银行协商，修改借款的数量和条件。借款到期后如有正当理由，还可延期归还。

2. 银行借款筹资的缺点

（1）财务风险大。企业举借长期借款，必须定期付息，在经营不利的情况下，企业有不能偿付的风险，甚至会导致破产。

（2）限制条款多。企业与银行签订的借款合同中一般都有一些限制条款，如定期报送有关部门报表、不能改变借款用途等。

（3）筹资数量有限。银行一般不愿借出巨额的长期借款，因此，利用银行借款筹资有一定的上限。

二、发行公司债券

公司债券是指公司按照法定程序发行的、约定在一定期限还本付息的有价证券。发行公司债券是公司筹集负债资金的重要方式之一。

（一）债券的种类

1. 按发行主体分类，分为政府债券、金融债券、公司债券

政府债券由各国中央政府或地方政府发行。政府债券风险小，流动性强，是最受投资者欢迎的债券之一。金融债券是银行或其他金融机构发行的，金融债券风险不大，流动性较好，报酬也比较高。公司债券又称企业债券，由股份公司等各类企业发行，与政府债券相比，公司债券的风险较大，因而利率也比较高。

2. 按有无抵押担保分类，分为信用债券、抵押债券、担保债券

信用债券是无抵押担保的债券，是仅凭发行者的信誉发行的。政府债券属于信用债券，一个信用良好的企业也可以发行信用债券，但有一定的条件限制。抵押债券是以一定抵押品作抵押才能发行的债券。这种债券在西方比较常见，抵押债券按抵押品的不同又可分为不动产抵押债券、设备抵押债券和证券抵押债券。担保债券是由一定的保证人作担保而发行的债券。当企业没有足够的资金偿还债券时，债权人有权要求担保人偿还。我国1998年4月8日颁布的《企业债券发行与转让管理办法》规定，保证人应是符合《中华人民共和国担保法》的企业法人，同时还要具备以下条件：①净资产不能低于被保证人发行债券的本金和利息。②近三年连续盈利。③不涉及改组、解散等事宜或重大诉讼案件。④中国人民银行规定的其他条件。

3. 按债券是否记名分类，分为记名债券和无记名债券

记名债券指在券面上注明债权人姓名或名称，同时在发行公司的债权人名册上进

行登记的债券。这种债券的优点是比较安全，缺点是转让时手续比较复杂。无记名债券指在券面上不注明债权人姓名或名称，同时也不在发行公司的债权人名册上进行登记的债券。无记名债券转让时随即生效，无须背书，因而比较方便。

（二）债券的基本要素

1. 债券的面值

债券的面值包括两个基本内容：一是币种，二是票面金额。面值的币种可用本国货币，也可用外币，这取决于发行者的需要和债券的种类。债券的票面金额是债券到期时偿还债务的金额，面值印在债券上，固定不变，到期必须足额偿还。

2. 债券的期限

债券有明确的到期日，债券从发行日至到期日之间的时间称为债券的期限。债券的期限有日益缩短的趋势，在债券的期限内，公司必须定期支付利息，债券到期时，必须偿还本金。

3. 利率和利息

债券上通常载明利率，一般为固定利率，也有少数是浮动利率。债券的利率为年利率，面值与利率相乘可得出年利息。

4. 债券的价格

理论上债券的面值就是它的价格。但实际操作中，由于发行者的考虑或资金市场上供求关系、利息率的变化，债券的市场价格常常脱离它的面值，但差额并不大。发行者计算利息，偿付本金都以债券的面值为根据，而不以价格为根据。

（三）债券的发行

1. 发行债券的资格和条件

我国《公司法》规定，股份有限公司、国有独资公司和两个以上的国有企业或者其他两个以上的国有投资主体投资设立的有限责任公司，有资格发行公司债券。发行公司债券，必须具备以下条件：

（1）股份有限公司的净资产额不低于3 000万元，有限责任公司的净资产额不低于6 000万元。

（2）累积债券总额不超过公司净资产的40%。

（3）最近三年平均可分配利润足以支付公司债券一年的利息。

（4）所筹集资金的投向符合国家产业政策。

（5）债券的利率不得超过国务院限定的利率水平。

（6）国务院规定的其他条件。

2. 发行债券的程序

发行公司债券要经过一定的程序，办理规定的手续。其程序一般为：

（1）发行债券的决议或决定。股份有限公司和国有有限责任公司发行公司债券，由董事会制订方案，股东大会作出决议；国有独资公司发行公司债券，由国家授权投资的机构或者国家授权的机构作出决定。可见，发行公司债券的决议和决定，是由公司最高机构作出的。

（2）发行债券的申请与批准。凡欲发行债券的公司，先要向国务院证券管理部门提出申请并提交公司登记证明、公司章程、公司债券募集办法、资产评估报告和验资报告等文件。国务院证券管理部门根据有关规定，对公司的申请予以核准。

(3) 募集借款。公司发出公司债券募集公告后，开始在公告所定的期限内募集借款。一般地讲，公司债券的发行方式有公司直接向社会发行（私募发行）和由证券经营机构承销发行（公募发行）两种。在我国，根据有关法规，公司发行债券须与证券经营机构签订承销合同，由其承销。由承销机构发售债券时，投资人直接向其付款购买，承销机构代理收取债券款、交付债券。然后，承销机构向发行公司办理债券款的结算。

3. 债券的发行价格

债券的发行价格有三种：等价发行、折价发行和溢价发行。等价发行又叫面值发行，是指按债券的面值出售；折价发行是指以低于债券面值的价格出售；溢价发行是指按高于债券面值的价格出售。

债券之所以会存在溢价发行和折价发行，这是因为资金市场上的利息率是经常变化的，而企业债券一经发行，就不能调整其票面利息率。从债券的开印到正式发行，往往需要经过一段时间，在这段时间内如果资金市场上的利率发生变化，就要靠调整发行价格的方法来使债券顺利发行。即：当票面利率高于市场利率时，以溢价发行债券；当票面利率低于市场利率时，以折价发行债券；当票面利率等于市场利率时，以等价发行债券。

债券发行价格的确定其实就是一个求现值的过程，等于各期利息的现值和到期还本的现值之和，折现率以市场利率为标准。

分期付息债券价格的计算如图 5 - 1 所示：

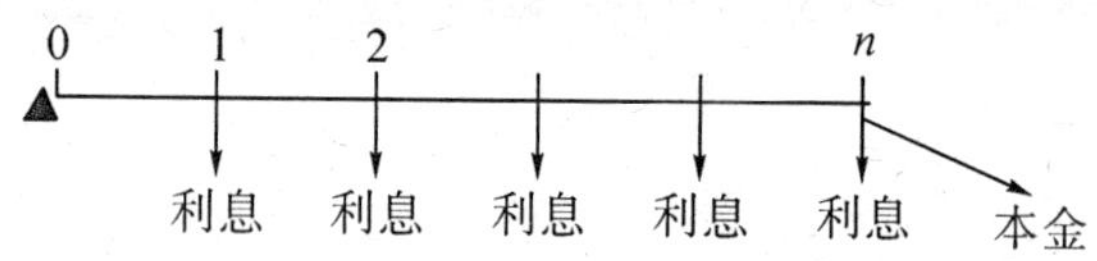

图 5 - 1　分期付息债券价格计算示意图

债券发行价格 = 未来各期利息的现值 + 到期本金的现值

= 票面金额 × 票面利率 × (P/A, i, n) + 票面金额 × (P/F, i, n)

【例题 5 - 2 - 5】华北电脑公司发行面值为 1 000 元，利息率为 10%，期限为 10 年，每年年末付息的债券。公司决定发行债券时，认为 10% 的利率是合理的。如果到债券发行时，市场上的利率发生变化，就要调整债券的发行价格。试分析市场利率分别为 10%、15%、5% 时债券发行价格的变化情况。

解析：

(1) 资金市场上利率保持不变，即票面利率与市场利率相等，可用等价发行，发行价格计算如下：

债券发行价格 = 1 000 × 10% × (P/A, 10%) + 1 000 × (P/F, 10%, 10)

= 100 × 6.144 6 + 1 000 × 0.385 5

≈ 1 000（元）

(2) 资金市场利率上升，达到 15%，高于票面利率，则采用折价发行。发行价格计算如下：

债券发行价格 = 1 000 × 10% × (P/A, 15%, 10) + 1 000 × (P/F, 15%, 10)

= 100 × 5.018 8 + 1 000 × 0.247 2

≈ 749.06（元）

只有按低于或等于749.06元的价格出售，投资者才会购买并获得15%的报酬。

(3) 资本市场上利率下降为5%，低于债券的票面利率，则可采用溢价发行。发行价格计算如下：

债券发行价格 =1 000×10%×(P/A，5%，10) +1 000×(P/F，5%，10)
=100×7.721 7+1 000×0.613 9
=1 386.08 (元)

也就是说，投资者把1 386.08元资金投资于华北电脑公司面值为1 000元的债券，可以获得5%的报酬。

【例题5-2-6】C公司发行债券，债券面值为1 000元，3年期，票面利率为8%，单利计息，到期一次还本付息，若发行时债券市场利率为10%，则C公司债券的发行价格为多少？

解析：(见图5-2)

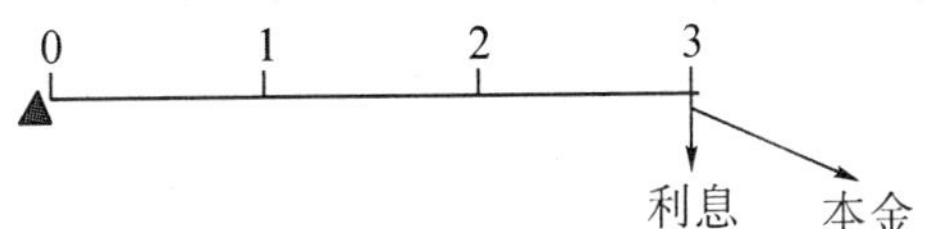

图5-2 C公司分期付息债券价格计算示意图

C公司债券的发行价格为：

(1 000×8% +1 000) ×(P/F，10%，3) =1 240×0.751 =931.24 (元)

(四) 债券筹资的优缺点

1. 债券筹资的优点

(1) 资本成本低。债券的发行费用低，并且利息在税前支付，比股票筹资成本低。

(2) 能够保证控制权。债券持有人无权干涉企业的经营管理事务。

(3) 可以发挥财务杠杆作用。债券只支付固定的利息，当企业盈利多时，可以留更多的收益给股东或给企业扩大经营。

2. 债券筹资的缺点

(1) 筹资风险高。债券有固定的到期日，并定期支付利息，无论企业经营如何都要偿还。

(2) 限制条件多。债券发行契约书上的限制条款比优先股和短期债务严格得多，可能会影响企业以后的发展或筹资能力。

(3) 筹资额有限。利用债券筹资在数额上有一定限度，当公司的负债超过一定程度后，债券筹资的成本会上升，有时甚至难以发行出去。

三、融资租赁

(一) 租赁的种类

租赁指出租人在承租人给予一定报酬的条件下，授予承租人在约定的时间内占有和使用财产权利的一种契约性行为。租赁的种类很多，目前我国主要有经营租赁和融资租赁两类。

1. 经营租赁

经营租赁是由租赁公司在短期内向承租的单位提供设备并提供维修、保养、人员培训等的一种服务性业务，又称服务性租赁。承租单位支付的租赁费除租金外还包括维修、保养等费用，经营租赁所付的租赁费可在成本中列支。经营租赁的主要目的是解决企业短期、临时的资产需求问题，但从企业不必先付款购买设备即可享有设备使用权来看，也有短期筹资的作用。

经营租赁的特点主要有：

（1）租赁期较短，一般短于资产有效使用期的一半。

（2）设备的维修、保养由租赁公司负责。

（3）租赁期满或合同中止后，出租资产由租赁公司收回。经营租赁适用于租用技术过时较快的生产设备。

2. 融资租赁

融资租赁是由租赁公司按承租单位要求出资购买设备，在较长的契约或合同期内提供给承租单位使用的信用业务。一般借贷的对象是资金，而融资租赁的对象是实物，融资租赁是融资与融物相结合、带有商品销售性质的借贷活动，是企业筹集资金的一种方式。

融资租赁的主要特点有：

（1）租赁期较长，一般长于资产有效使用期的一半，在租赁期间双方无权取消合同。

（2）由承租企业负责设备的维修、保养和保险，承租企业无权拆卸改装。

（3）租赁期满，按事先约定的方法处理设备，包括退还租赁公司、继续租赁、企业留购。

（二）融资租赁的程序

（1）选择租赁公司。

（2）办理租赁委托。

（3）签订购货协议。

（4）签订租赁合同。

（5）办理验货与投保。

（6）支付租金。

（7）租赁期满的设备处理。

（三）融资租赁租金的计算

1. 融资租赁租金的构成

（1）营业租赁的租金包括租赁资产购买成本、租赁期间的利息、租赁物件维护费、业务及管理费、税金、保险费及租赁物的陈旧风险补偿金等。

（2）融资租赁租金包括设备价款和租息两部分，其中租息又可分为租赁公司的融资租赁成本、租赁手续费等。融资租赁的租金计算具体内容如下：

①设备价款是租金的主要内容，包括设备的买价、运杂费和途中保险费。

②融资成本指设备租赁期间为购买设备所筹集资金的利息。

③租赁手续费指租赁公司承办租赁设备的营业费用和一定的盈利。

2. 租金的支付方式

租金的支付方式按期限的长短分为年付、半年付、季付和月付等。按支付期先后，分为先付和后付两种。按每期支付金额，分为等额和不等额付。

3. 租金的计算方法

租金的计算方法很多，我国融资租赁实务中大多采用平均分摊法和等额年金法。

（1）平均分摊法。平均分摊法是先以商定的利息率和手续费率计算出租赁期间的利息和手续费，然后连同设备成本按支付次数平均计算。这种方法没有充分考虑资金时间价值因素。每次应付租金的计算公式如下：

$$R=\frac{(C-S)+I+F}{N}$$

式中，R 为每次支付的租金；C 为租赁设备购置成本；S 为租赁设备预计残值；I 为租赁期间利息；F 为租赁期间手续费；N 为租期。

【例题 5-2-7】某企业于 2000 年 1 月 1 日从租赁公司租入一套设备，价值 100 000 元，租期为 5 年，预计租赁期满时的残值为 6 000 元，归租赁公司，年利率按 9% 计算，租赁手续费率为设备价值的 2%。租金每年年末支付一次。要求：计算租赁该套设备每次支付的租金？

解析：租赁该套设备每次支付的租金可计算如下：

$$R=\frac{(100\,000-6\,000)+[100\,000\times(1+9\%)^5-10\,000]+100\,000\times2\%}{5}$$

$$=29\,972\text{（元）}$$

（2）等额年金法。等额年金法是运用年金现值的计算原理计算每期应付租金的方法。在这种方法下，通常要根据利率和手续费率确定一个租费率，作为贴现率。

①后付租金的计算。后付租金即普通年金，根据普通年金现值的计算公式，可推倒导出后付租金方式下每年年末支付租金数额的计算公式：

$$A=\frac{PV}{(P/A,\ i,\ n)}$$

【例题 5-2-8】某企业采用融资租赁方式于 1998 年 1 月 1 日租入一套设备，价款为 40 000 元，租期为 8 年，到期后归企业所有。为了保证租赁公司完全弥补融资成本和相关的手续费，并有一定的盈利，双方协定采用 18% 的折现利率，试计算企业每年年末应付的等额租金。

解析：设备现在的购买款作为现值等于 40 000 元。租赁公司购买该设备用于出租，收取租金，租金相当于年金。年金是未来 8 年年末等额支付，这些年金的现值之和应等于购买设备款。采用较高的贴现率（18%）是为了保证出租方的利益。

$$A=\frac{40\,000}{(P/A,\ 18\%,\ 8)}=\frac{40\,000}{4.077\,6}\approx 9\,808.69\text{（元）}$$

②先付租金的计算。根据先付年金的现值公式，可得到先付租金的计算公式：

$$A=\frac{PV}{(P/A,\ i,\ n-1)+1}$$

【例题 5-2-9】假如上例采用先付等额租金的方式，则每年年初支付租金额如何计算？

解析：利用先付租金的公式可知：

$$A=\frac{40\,000}{(P/A,\ 18\%,\ 8-1)+1}=\frac{40\,000}{3.811\,5+1}\approx 8\,313.42\text{（元）}$$

（四）融资租赁筹资的优缺点

1. 融资租赁筹资的优点

（1）筹资速度快。租赁往往比借款购置设备更迅速、更灵活，因为租赁是筹资与设备购置同时进行，可以缩短设备的购进、安装时间，使企业尽快形成生产能力，有利于企业尽快占领市场，打开销路。

（2）限制条款少。如前所述，债券和长期借款都定有相当多的限制条款，虽然类似的限制在租赁公司中也有，但一般比较少。

（3）设备淘汰风险小。当今，科学技术在迅速发展，固定资产更新周期日趋缩短。企业设备陈旧过时的风险很大，利用租赁集资可降低这一风险。这是因为融资租赁的期限一般为资产使用年限的75%，不会像自己购买设备那样整个期间都承担风险；且多数租赁协议都规定由出租人承担设备陈旧过时的风险。

（4）财务风险小。租金在整个租期内分摊，不用到期归还大量本金。许多借款都在到期日一次偿还本金，这会给财务基础较弱的公司造成相当大的困难，有时会造成不能偿付的风险。而租赁则把这种风险在整个租期内分摊，可适当减少不能偿付的风险。

（5）税收负担轻。租金可在税前扣除，具有抵免所得税的效用。

2. 融资租赁筹资的缺点

融资租赁筹资的最主要缺点就是资本成本较高。一般来说，其租金要比举借银行借款或发行债券所负担的利息高得多。在企业财务困难时，固定的租金也会构成一项较沉重的负担。

四、商业信用

商业信用是企业在进行商品交易时由于延期付款或延期交货所形成的借贷关系。企业乐意使用商业信用，是因为提供商业信用的企业实际上提供了两项服务：其一，销售商品；其二，提供短期借款。

（一）商业信用的形式

（1）赊购商品。其是由于延期付款形成的。

（2）预收货款。其是由于延期交货形成的。购买单位对紧俏商品乐意采用这种形式，飞机、轮船等生产周期长、售价高的商品也采用这种形式先订货，以缓解资金占用过多的矛盾。

（3）商业汇票。商业汇票是一种期票，是反映应付账款和应收账款的书面证明。分为商业承兑汇票和银行承兑汇票。对于商品买卖关系中的买方（延迟付款方）来说，它是一种短期融资方式。

（二）商业信用条件

商业信用条件是指销货人对付款时间、现金折扣和折扣期限作出的具体规定，其主要形式有：

（1）预收货款。

（2）延期付款但不提供现金折扣。如“net30”表示商品的买方应在30天之内按发票金额付清货款，没有现金折扣。

（3）延期付款，但早付款有现金折扣。如“3/10，2/30，net/60”。

（三）现金折扣成本的计算

在销售方提供现金折扣的情况下，如果购买单位在规定折扣期内付款，便可享受免费信用，在这种情况下购买单位没有因为享受信用而付出代价。如果购买单位放弃现金折扣，该单位便要承受因放弃而造成的隐含利息成本。一般而言，放弃现金折扣的成本可由下式计算：

$$放弃现金折扣成本=\frac{折扣百分比}{1-折扣百分比}\times\frac{360}{信用期-折扣期}$$

【例题5-2-10】某企业拟以2/10，n/30信用条件购买一批原料。这一信用条件意味着企业如在10天内付款，可享受2%的现金折扣。若不享受折扣货款应在30天内付清。试分析其具体情况，企业应计算是否享受现金折扣。

解析：如果销货单位提供现金折扣，购买单位应尽量获得此折扣，如果企业不享受现金折扣，则换得98%应付款使用20天，付出的代价是应付款的2%（现金折扣），因此，丧失现金折扣的机会成本很高。

$$放弃现金折扣成本：\frac{2\%}{1-2\%}\times\frac{360}{30-10}\times100\%=36.73\%$$

这表明，只要企业筹资成本不超过36.73%，就应当在第10天付款。

（四）商业信用融资的优缺点

1. 商业信用融资的优点

（1）筹资便利。利用商业信用筹措资金非常方便。因为商业信用与商品买卖同时进行，属于一种自然性融资，不用做非常正规的安排。

（2）筹资成本低。如果没有现金折扣，或企业不放弃现金折扣，则利用商业信用集资没有实际成本。

（3）限制条件少。如果企业利用银行借款筹资，银行往往对贷款的使用规定一些限制条件，而商业信用则限制较少。

2. 商业信用融资的缺点

商业信用的期限一般较短，如果企业取得现金折扣，则时间会更短，如果放弃现金折扣，则要付出较高的资本成本。

第三节 权益资金的筹集

自有资金是指投资者投入企业的资本金及经营中所形成的积累，它反映所有者的权益，又称权益资金。其出资人是企业的所有者，拥有对企业的所有权。企业可以独立支配其所占有的财产，拥有出资者投资形成的全部法人财产权。企业自有资金的筹资方式又称股权性筹资，主要有吸收直接投资、发行股票、企业内部积累等。

一、吸收直接投资

吸收直接投资（以下简称吸收投资）指企业按照“共同投资、共同经营、共担风险、共享利润”的原则直接吸收国家、法人、个人投入资金的一种筹资方式。吸收直接投资无需公开发行证券。吸收投资中的出资者都是企业的所有者，他们对企业具有经营管理权。企业经营状况好，盈利多，各方可按出资额的比例分享利润，但如果企业经营状况差，连年亏损，甚至被迫破产清算，则各方要在其出资的限额内按出资比例承担损失。

（一）吸收直接投资的种类

1. 吸收国家投资

吸收国家投资指有权代表国家投资的部门或机构以国有资产投入企业，形成国有资本。吸收国家投资一般具有以下特点：

（1）产权归属国家。

（2）资金的运用和处置受国家约束较大。

（3）在国有企业中采用比较广泛。

2. 吸收法人投资

吸收法人投资指法人单位以其依法可以支配的资产投入企业形成法人资本。吸收法人投资一般具有以下特点：

（1）发生在法人单位之间。

（2）以参与企业利润分配为目的。

（3）出资方式灵活多样。

3. 吸收个人投资

吸收个人投资指社会个人或企业内部职工以个人合法财产投入企业形成个人资本。吸收个人投资一般具有以下特点：

（1）参加投资的人员较多。

（2）每人投资的数额较少。

（3）以参与企业利润分配为目的。

（二）吸收直接投资的出资方式

吸收直接投资的投资者主要采用以下形式向企业投资：

1. 现金投资

以现金出资是吸收投资的一种最重要的出资方式。有了现金，便可获取其他物质资源。因此，企业应尽量动员投资者采用现金方式出资。

2. 实物投资

以实物出资就是投资者以厂房、建筑物、设备等固定资产和原材料、商品等流动资产所进行的投资。一般来说，企业吸收的实物应符合如下条件：

（1）确为企业科研、生产、经营所需。

（2）技术性能比较好。

（3）作价公平合理。

3. 工业产权投资

工业产权投资是指投资者以专有技术、商标权、专利权等无形资产所进行的投资。一般来说，企业吸收的工业产权应符合以下条件：

（1）能帮助研究和开发出新的高科技产品。

（2）能帮助生产出适销对路的高科技产品。

（3）能帮助改进产品质量，提高生产效率。

（4）能帮助大幅度降低各种消耗。

（5）作价比较合理。

4. 土地使用权投资

土地使用权是按有关法规和合同的规定使用土地的权利。企业吸收土地使用权投资应符合以下条件：

（1）企业科研、生产、销售活动所需要的。

（2）交通、地理条件比较适宜。

（3）作价公平合理。

除现金出资之外，以其他方式出资的要对资产进行作价。双方可以按公平合理原则协商作价，也可以请资产评估机构进行资产评估，以评估后的价格确认出资。

（三）吸收直接投资的程序

1. 确定筹资数量

吸收投资一般是在企业开办时所使用的一种筹资方式。企业在经营过程中，如果发现自有资金不足，也可采用吸收投资的方式筹集资金，但在吸收投资之前，必须确定所需资金的数量，以利于准确筹集所需资金。

2. 寻找投资单位

企业在吸收投资之前，需要做一些必要的宣传，以便使出资单位了解企业的经营状况和财务情况，有目的地进行投资。这将有利于企业在比较多的投资者中寻找最合适的合作伙伴。

3. 协商投资事项

寻找到投资单位后，双方便可进行具体的协商，以便合理确定投资的数量和出资方式。在协商过程中，企业应尽量说服投资者以现金方式出资。如果投资者的确拥有较先进的适用于企业的固定资产、无形资产等，也可用实物、工业产权和土地使用权进行投资。

4. 签署投资协议

双方经初步协商后，如没有太大异议，便可进一步协商。这里的关键问题是以实物投资、工业产权投资、土地使用权投资的作价问题。一般而言，双方应按公平合理的原则协商定价。如果争议比较大，可聘请有关资产评估的机构来评定。当出资数额、资产作价确定后，便可签署投资的协议或合同，以明确双方的权利和责任。

5. 共享投资利润

企业在吸收投资之后，应按合同中的有关条款，从实现利润中对吸收的投资支付报酬。投资报酬是企业利润的一个分配去向，也是投资者利益的体现，企业要妥善处理，以便与投资者保持良好关系。

（四）吸收直接投资的优缺点

1. 吸收直接投资的优点

（1）有利于增强企业信誉。吸收投资所筹集的资金属于自有资金，能增强企业的信誉和借款能力，对扩大企业经营规模、壮大企业实力具有重要作用。

（2）有利于尽快形成生产能力。吸收投资可以直接获取投资者的先进设备和技术，有利于尽快形成生产能力、尽快开拓市场。

（3）有利于降低财务风险。吸收投资可以根据企业的经营情况向投资者支付报酬，比较灵活，所以财务风险较小。

2. 吸收直接投资的缺点

（1）资本成本较高。因为向投资者支付的报酬是根据其出资的数额和企业实现利润的多寡来计算的。

（2）企业控制权容易分散。投资者在投资的同时，一般都要求获得与投资数量相适应的经营管理的权利，这是外来投资的代价。

二、发行股票

股票是股份公司为筹集自有资金而发行的有价证券，是投资人投资入股以及取得股利的凭证，它代表了股东对股份公司的所有权。

（一）股票的种类

1. 按股东权利和义务的不同，分为普通股和优先股

普通股是公司发行的具有管理权而股利不固定的股票，是公司资本结构中基本的部分。普通股在权利义务方面的特点是：

（1）普通股股东对公司有经营管理权。在股东大会上有表决权，可以选举董事会，从而实现对公司的经营管理。

（2）普通股股利分配在优先股分红之后进行，股利多少取决于公司的经营情况。

（3）公司解散、破产时，普通股股东的剩余财产求偿权位于公司各种债权人和优先股股东之后。

（4）在公司增发新股时有认股优先权，可以优先购买新发行的股票。

优先股是较普通股有某些优先权利同时也有一定限制的股票。其优先权利表现在：

（1）优先获得股利。优先股股利的分发通常在普通股之前，其股利率是固定的。

（2）优先分配剩余财产。当公司解散、破产时，优先股的剩余财产求偿权虽位于债权人之后，但位于普通股之前。优先股股东在股东大会上无表决权，在参与公司经营管理上受到一定限制，仅对涉及优先股权利的问题有表决权。

2. 按票面有无记名，分为记名股票和无记名股票

记名股票在票面上载有股东姓名并将股东姓名记入公司股东名册。对记名股票要附发股权手册，股东只有同时具备股票和股权手册才能领取股利。记名股票的转让、继承要办理过户手续。无记名股票在票面上不记载股东姓名，公司也要设置股东名册，记载股票的数量、编号和发行日期。持有无记名股票的人就成为公司的股东。无记名股票的转让、继承无需办理过户手续，只要买卖双方办理交割手续，就可完成股权的转移。

《公司法》规定，公司向发起人、国家授权投资的机构、法人发行的股票应当为记名股票。对社会公众发行的股票可以为记名股票，也可以为无记名股票。

3. 按票面是否标明金额，分为面值股票和无面值股票

面值股票是指在股票的票面上记载每股金额的股票。股票面值的主要功能是确定每股股票在公司所占有的份额；另外，还表明在有限公司中股东对每股股票所负有限责任的最高限额。无面值股票是指股票票面不记载每股金额的股票。无面值股票仅表示每一股在公司全部股票中所占有的比例。也就是说，这种股票只在票面上注明每股占公司全部净资产的比例，其价值随公司财产价值的增减而增减。

4. 按投资主体的不同，分为国家股、法人股、个人股和外资股

国家股为有权代表国家投资的部门或机构以国有资产向公司投资形成的股份。国

家股由国务院授权的部门或机构以及根据国务院的决定由地方人民政府授权的部门或机构持有，并委派股权代表。法人股为企业法人以其依法可支配的资产向公司投资形成的股份，或具有法人资格的事业单位和社会团体以国家允许用于经营的资产向公司投资形成的股份。个人股为社会个人或本公司职工以个人合法财产投入公司形成的股份。外资股为外国投资者和我国香港、澳门、台湾地区投资者以购买人民币特种股票形式向公司投资形成的股份。

5. 股票按发行对象和上市地点，分为 A 股、B 股、H 股、N 股

在我国内地，有 A 股、B 股。A 股是以人民币标明票面金额并以人民币认购和交易的股票。B 股是以人民币标明票面金额，以外币认购和交易的股票。另外，还有 H 股和 N 股。H 股为在香港上市的股票，N 股是在纽约上市的股票。

（二）股票的发行

1. 股票发行的目的

股份公司发行股票，总的目的是为了筹借资本，主要有以下几点动机：

（1）满足创建公司的需要。股份有限公司成立时，通常通过发行股票筹集股本。股本是公司的资本基础，是公司实力的主要标志，对公司的声誉和业务发展有着重大影响。《公司法》规定，股份有限公司的设立，必须经过国务院授权的部门或者省级人民政府批准。属于向社会公开募集的，须经国务院证券管理部门批准。股份公司可以采取发起设立或募集设立的方式筹集设立资金。发起设立是指由发起人认购公司应发行的全部股份；募集设立是指由发起人认购公司应发行的一部分，其余部分向社会公开募集，以达到设立公司的目的。

（2）满足扩大经营规模的需要。已设立的股份公司为了扩大经营规模或筹借周转资金，可以通过发行股票来筹资，即增资发行。公司发行新股份时应由原股东优先认购，其余股份可公开向社会出售。

（3）满足改善资本结构的需要。公司设立后，其资本结构会不断变化，如果自有资本比率过低，就会影响偿债能力，从而举债筹资困难，削弱公司财务信誉。因此，为提高自有资本比率，改善资本结构，增发新股是公司的有效手段。

（4）发放股票股利。

2. 股票发行的条件

（1）新设立的股份有限公司申请公开发行股票，应当符合下列条件：

①生产经营符合国家产业政策。

②发行普通股限于一种，同股同权。

③发起人认购的股本数额不少于公司拟发行股本总额的 35%。

④在公司拟发行的股本总额中，发起人认购的部分不少于人民币 3 000 万元，但国家另有规定的除外。

⑤向公众发行的部分不少于公司拟发行股本总额的 25%，其中公司职工认购的股本数不得超过拟向社会公众发行股本总额的 10%。公司拟发行股本总额超过人民币 4 亿元的，证监会按照规定可以酌情降低向社会公众发行部分的比例，但是最低不少于公司拟发行股本总额的 10%。

⑥发起人在近三年内没有重大违法行为。

⑦国务院证券监督管理机构规定的其他条件。

（2）国有企业改组设立股份有限公司申请公开发行股票，除应当符合上述情况下

的各种条件外，还应具备以下条件：

①发行的前一年末，净资产在总资产中所占比例不低于30%，无形资产在净资产中所占比例不高于20%，但国务院证券监督管理机构另有规定的除外。

②近三年连续盈利。

（3）股份有限公司增资发行股票，应符合以下条件：

①前一次发行的股份已经募足，并间隔1年以上。

②公司在最近3年内连续盈利，并可以向股东支付股利（公司以当年利润分派新股，不受此限）。

③公司在最近3年内财务会计文件无虚假记载。

④公司预期利润可达到同期银行存款利率。

3. 股票发行的程序

股份公司设立发行股票与增资发行股票的程序有所不同。

（1）设立发行股票的程序如下：

①提出募集股份的申请。股份公司的设立需经国务院授权的部门或省级人民政府批准，公开募集的还需国务院证券管理部门批准。所以，股份公司设立发行股票时，发起人应向有关部门提出申请。

② 公告招股说明书，制作认股书，签订承销协议和代收股款协议。在募股申请批准后，发起人应在规定的时间内向社会公开招股说明书，并制作认股书。发起人应与证券承销机构签订协议，承销股票；还应同银行签订代收股款协议，由银行代收投资者缴纳的股款。

③招认股份，缴纳股款。发起人或其股票承销机构，通常以公告或书面通知的方式招募股份。认购人应认真填写认购书，并足额缴纳股款。发行股份的股款募足后，必须经法定的验资机构验证。

④召开创立大会，选举董事会、监事会。募足股款后，发起人应在规定期限内（30天）主持召开创立大会，创立大会由认股人组成，应有代表股份半数以上的认股人出席方可举行。创立大会通过公司设立章程，选举董事会和监事会的成员，并有权对公司的设立费用、发起人抵作股款的财产的作价进行审核。

⑤办理公司设立登记，交割股票。经创立大会选举产生董事会，应在规定的期限内，办理公司设立登记事项。股份有限公司登记成立后，即向股东正式交割股票。公司登记成立前不得向股东交割股票。

（2）增资发行新股的程序如下：

①做出发行新股的决议。《公司法》规定，公司发行新股应由股东大会做出决议，包括新股种类及数额、新股发行的价格、新股发行的起止日期、向原股东发行新股的种类及数额等事项。

② 提出发行新股的申请。股东大会做出发行新股的决议后，董事会必须向国务院授权的部门或省级人民政府申请批准，公开募集应由国务院证券管理部门批准。

③公告招股说明书、财物会计报表及附属明细表，制作认股书，与证券经营机构签订承销协议。

④招认股份，缴纳股款，交割股票。

⑤改选董事会、监事会，办理变更登记，并向社会公告。

4. 股票发行方式

股票发行方式是指公司通过何种途径发行股票。股票的发行方式可分为如下两类：

（1）公开间接发行。公开间接发行指通过中介机构，公开向社会公众发行股票。我国股份有限公司采用募集设立方式向社会公开发行新股时，须由证券经营机构承销的做法，就属于股票的公开间接发行。这种发行方式的发行范围广、发行对象多，易于足额募集资本；股票的变现性强，流通性好；股票的公开发行还有助于提高发行公司的知名度和扩大其影响力。但这种发行方式也有不足，主要是手续繁杂，发行成本高。

（2）不公开直接发行。不公开直接发行指不公开对外发行股票，只向少数特定的对象直接发行，因而不需经中介机构承销。我国股份有限公司采用发起设立方式和以不向社会公开募集的方式发行新股的做法，即属于股票的不公开直接发行。这种发行方式弹性较大，发行成本低；但发行范围小，股票变现性差。

5. 股票的销售方式

股票的销售方式指的是股份有限公司向社会公开发行股票时所采取的股票销售方法。股票销售方式有两类：自销和承销。

（1）自销方式。股票发行的自销方式指发行公司自己直接将股票销售给认购者。这种销售方式可由发行公司直接控制发行过程，实现发行意图，并可以节省发行费用；但往往筹资时间长，发行公司要承担全部发行风险，并需要发行公司有较高的知名度、信誉和实力。

（2）承销方式。股票发行的承销方式指发行公司将股票销售业务委托给证券经营机构代理。这种销售方式是发行股票所普遍采用的。我国《公司法》规定股份有限公司向社会公开发行股票，必须与依法设立的证券经营机构签订承销协议，由证券经营机构承销。股票承销又分为包销和代销两种具体办法。所谓包销，是根据承销协议商定的价格，证券经营机构一次性全部购进发行公司公开募集的全部股份，然后以较高的价格出售给社会上的认购者。对发行公司来说，包销可及时筹足资本，免于承担发行风险（股款未募足的风险由承销商承担）；但股票以较低的价格售给承销商会损失部分溢价。所谓代销，是证券经营机构代替发行公司代售股票，并由此获取一定的佣金，但不承担股款未募足的风险。

6. 股票发行价格

股票的发行价格是股票发行时所使用的价格，也就是投资者认购股票时所支付的价格。股票发行价格通常由发行公司根据股票面额、股市行情和其他有关因素决定。以募集设立方式设立公司首次发行的股票价格，由发起人决定；公司增资发行新股的股票价格，由股东大会作出决议。

股票的发行价格可以和股票的面额一致，但多数情况下不一致。股票的发行价格一般有以下三种：

（1）等价。等价是以股票的票面额为发行价格，也称为平价发行。这种发行价格一般在股票的初次发行或在股东内部分摊增资的情况下采用。等价发行股票容易推销，但无从取得股票溢价收入。

（2）时价。时价是以本公司股票在流通市场上买卖的实际价格为基准确定的股票发行价格。其原因是股票在第二次发行时已经增值，收益率已经变化。选用时价发行股票，考虑了股票的现行市场价值，对投资者也有较大的吸引力。

(3) 中间价。中间价是以时价和等价的中间值确定的股票发行价格。

按时价或中间价发行股票，股票发行价格会高于或低于其面额。前者称溢价发行，后者称折价发行。如属溢价发行，发行公司所获的溢价款列入资本公积。

我国《公司法》规定，股票发行价格可以等于票面金额（等价），也可以超过票面金额（溢价），但不得低于票面金额（折价）。

(三) 股票上市

股票上市指股份有限公司公开发行的股票经批准在证券交易所进行挂牌交易。经批准在交易所上市交易的股票称为上市股票。股票获准上市交易的股份有限公司简称为上市公司。我国《公司法》规定，股东转让其股份，即股票流通必须在依法设立的证券交易场所进行。

1. 股票上市的目的

股份公司申请股票上市。一般出于以下目的：

(1) 资本大众化，分散风险。股票上市后，会有更多的投资者认购公司股份，公司则可将部分股份转售给这些投资者，再将得到的资金用于其他方面，这就分散了公司的风险。

(2) 提高股票的变现力。股票上市后便于投资者购买，自然提高了股票的流动性和变现力。

(3) 便于筹措新资金。股票上市必须经过有关机构的审查批准并接受相应的管理，执行各种信息披露和股票上市的规定，这就大大增强了社会公众对公司的信赖，使之乐于购买公司的股票。同时，由于一般人认为上市公司实力雄厚，也便于公司采用其他方式（如负债）筹措资金。

(4) 提高公司知名度，吸引更多顾客。股票上市公司为社会所知，并被认为经营优良，会带来良好声誉，吸引更多的顾客，从而扩大销售量。

(5) 便于确定公司的价值。股票上市后，公司股价有市价可循，便于确定公司价值，有利于促进公司财富最大化。

但股票上市也有对公司不利的一面。这主要指：公司将负担较高的信息披露成本；各种信息公开的要求可能会暴露公司的商业秘密；股价有时会歪曲公司的实际状况，丑化公司声誉；可能会分散公司的控制权，造成管理上的困难。

2. 股票上市的条件

公司公开发行的股票进入证券交易所交易必须受严格的条件限制。我国的《公司法》规定，股份有限公司申请股票上市必须符合以下条件：

(1) 股票经国务院证券管理部门批准已向社会公开发行，不允许公司设立时直接申请上市。

(2) 公司股本总额不少于人民币 5 000 万元。

(3) 开业时间在三年以上，最近三年连续盈利；属于国有企业依法改建而设立股份有限公司的，或者在《公司法》实施后新组建成立、其主要发起人为国有大中型企业的股份有限公司，可连续计算。

(4) 持有股票面值 1 000 元以上的股东不少于 1 000 人，向社会公开发行的股份达股份总额的 25% 以上；公司股本总额超过人民币 4 亿元的，其向社会公开发行股份的比例为 15% 以上。

(5) 公司在最近三年内无重大违法事件，财务会计报告无虚假记载。

(6) 国务院规定的其他条件。

具备上述条件的股份有限公司经申请，由国务院或国务院授权的证券管理部门批准，其股票方可上市。

3. 股票上市的暂停与终止

股票上市公司有下列情形之一的，由国务院证券管理部门决定暂停其股票上市：

(1) 公司股本总额、股权分布等发生变化，不再具备上市条件（限期内未能消除的，终止其股票上市）。

(2) 公司不按规定公开其财务状况，或者对财务报告作虚假记载（后果严重的，终止其股票上市）。

(3) 公司有重大违法行为（后果严重的，终止其股票上市）。

(4) 公司最近三年连续亏损（限期内未能消除的，终止其股票上市）。

另外，公司决定解散、被行政主管部门依法责令关闭或者宣告破产的，由国务院证券管理部门决定终止其股票上市。

(四) 股票筹资的优缺点

1. 发行股票筹资的优点

(1) 能提高公司的信誉。发行股票筹集的是主权资金。普通股本和留存收益构成公司借入一切债务的基础。有了较多的主权资金，就可为债权人提供较大的损失保障。因而，发行股票筹资既可以提高公司的信用程度，又可为使用更多的债务资金提供有力的支持。

(2) 没有固定的到期日，不用偿还。发行股票筹集的资金是永久性资金，在公司持续经营期间可长期使用，能充分保证公司生产经营的资金需求。

(3) 没有固定的利息负担。公司有盈余并且认为适合分配股利，就可以分给股东；公司盈余少，或虽有盈余但资金短缺，或者有有利的投资机会，就可以少支付或不支付股利。

(4) 筹资风险小。由于普通股票没有固定的到期日，不用支付固定的利息，不存在不能还本付息的风险。

2. 发行股票筹资的缺点

(1) 资本成本较高。一般来说，股票筹资的成本要大于债务资金，股票投资者要求有较高的报酬。而且股利要从税后利润中支付，而债务资金的利息可在税前扣除。另外，普通股的发行费用也较高。

(2) 容易分散控制权。企业发行新股时，出售新股票、引进新股东会导致公司控制权的分散。

另外，新股东分享公司未发行新股前积累的盈余，会降低普通股的净收益，从而可能引起股价的下跌。

三、企业内部积累

企业内部积累主要是指企业税后利润进行分配所形成的公积金。企业的税后利润并不全部分配给投资者，而应按规定的比例提取法定盈余公积金，有条件的还可提取任意盈余公积金。此项公积金可用以购建固定资产、进行固定资产更新改造、增加流动资产储备、采取新的生产技术措施和试制新产品、进行科学研究和产品开发等。因此，税后利润的合理分配也关系到企业筹资问题。

企业利润的分配一般是在年终或会计期末进行结算的，因此，在利润未被分配以前，可作为公司资金的一项补充来源。企业年末未分配的利润也具有此种功能。企业平时和年末未分配的利润，使用期最长不超过半年，使用时应加以注意。此外，企业因计提折旧从销售收入中转化来的新增货币资金并不增加企业的资金总量，但却能增加企业可以周转使用的营运资金，因而也可视为一种资金来源和筹资方式。

应当指出，企业内部积累是补充企业生产经营资金的一项重要来源。利用这种筹资方式不必向外部单位办理各种手续，简便易行，而且不必支付筹资、用资的费用，经济合理。

第四节 混合性筹资

企业在筹资过程中发行的证券，有的基本性质是股票但又具有债券的某些特点，有的基本性质是债券但又可能转化为股票。对于这种具有双重性质的筹资活动，人们称之为混合性筹资。主要有发行优先股、发行认股权证和发行可转换债券。

一、发行优先股

优先股是一种特别股票，它与普通股有许多相似之处，但又具有债券的某些特征。从法律的角度讲，优先股属于自有资金。发行优先股使企业既筹集了自有资金，又保持了董事会对公司的控制权。

（一）优先股的分类

1. 按股利是否可积累为标准，分为累积优先股和非累积优先股

累积优先股股利在任何营业年度内可积累起来，由以后年度的盈利一起支付。一般而言，一个公司只有把优先股股利全部支付后才可支付普通股股利。非累积优先股仅按年利润分配股利，股利不可累积，年度盈利不足支付全部股利时，股东也不能要求在以后年度补发。

2. 按是否可转换成普通股为标准，分为可转换优先股和不可转换优先股

可转换优先股股东可在规定时期内按一定比例把优先股转换成普通股，转换的比例是事先确定的，其数值大小取决于优先股与普通股的现行市场价格。不可转换优先股是不能转换为普通股的股票，所以只能获得固定股利报酬，而不能获得转换收益。

3. 按是否有权参加利润分配为标准，分为参加优先股和不参加优先股

参加优先股是不仅能取得固定股利，还有权与普通股一起参加利润分配的股票。根据参与分配的方式不同还可分为全部参加分配的优先股和部分参加分配的优先股。不参加优先股只能获得固定股利，而没有参加剩余利润分配的权利。

4. 按是否在以后的时期收回股票为标准，分为可赎回优先股和不可赎回优先股

可赎回优先股指股份公司在发行后的一定时期可以按一定价格收回的优先股股票，收回是附有收回条件的，收回条款中规定了收回价格，是否收回和何时收回由股份公司决定。不可赎回优先股是不能收回的优先股股票。由于优先股发行后股利固定，会成为一项永久的财务负担，所以实际工作中公司都发行可赎回优先股。

从上面的分类看，累积优先股、可转换优先股、参加优先股对股东有利，可赎回优先股对股份公司有利。

（二）优先股股东的权利

1. 优先分配股利权

优先股的股利固定，按面值的一定百分比计算。优先股股利在税后支付，优先于普通股。

2. 优先分配剩余财产权

企业破产清算时，出售资产所得的收入，优先股位于债权人之后求偿，但先于普通股。其金额只限于优先股的票面价值，加上累积未支付的股利。

3. 管理权

优先股股东的管理权限是有严格限制的，通常，在公司股东大会上，优先股股东没有表决权，但当公司研究与优先股有关部门的问题时有表决权。

（三）优先股的性质

优先股是一种具有双重性质的证券，它虽然属于自有资金，却兼有债券性质。从法律上讲，优先股是自有资金的一部分。优先股股东权利与普通股股东类似，股利也从净利润中扣除，但优先股有固定的股利，对盈利的分配和对剩余财产的求偿具有优先权，类似于债券。

公司的不同利益集团对优先股有不同的认识。普通股的股东一般把优先股看成是一种特殊的债券。从债券持有人的角度，优先股属于股票。投资人在购买普通股票时，则往往把优先股看作债券。从公司管理当局和财务人员的角度，优先股有双重性质，因优先股虽没有固定的到期日，不用偿还本金，但往往需要支付固定的股利而成为财务上的负担。所以在用优先股筹资时，一定要考虑它两方面的特性。

（四）优先股筹资的优缺点

1. 利用优先股筹资的优点

（1）优先股没有固定的到期日，多数又可根据需要收回。优先股本身无偿还本金的义务，也无需作再筹资计划，等于使用一笔无限期的贷款。但大多数优先股又附有收回条款，这就使得这种资金来源更有弹性。当财务状况较紧时发行，而财务状况较松时收回，有利于适应公司资金的需求，也能主动控制公司的资本结构。

（2）股利的支付既固定，又有一定弹性。优先股一般都采用固定股利，但固定股利的支付并不构成公司的法定义务。如果财务状况不佳，则可暂时不支付优先股股利，优先股股东不至于像债权人那样迫使公司破产。

（3）有利于增强公司信誉。从法律上讲，优先股属于自有资金，因而，优先股扩大了权益基础，可适当增加公司的信誉，加强公司的借款能力。

（4）能保持普通股股东的控制权。当公司既想向外界筹集主权资金，又不想丧失原有股东控制权时，利用优先股筹资是一个恰当的方式。

2. 利用优先股筹资的缺点

（1）筹资成本高。优先股所支付的股利要从税后净利润中支付，不像债券利息那样可在税前列支，因而优先股成本很高。

（2）财务负担重。优先股需要支付固定股利，但又不能在税前列支，因而当盈余下降时，优先股股利会成为一项较重的财务负担，有时不得不延期支付。

（3）限制条件多。发行优先股通常有许多限制条款，如对普通股股利支付上的限制、对公司借债的限制等，不利于公司的自主经营。

二、发行可转换债券

（一）可转换债券的含义及特征

可转换债券又称可转换公司债券，是指发行人依照法定程序发行，在一定期间内依据约定的条件可以转换成股份的公司债券。可转换债券具有如下特征：

（1）固定利息。在换股之前，可转换债券与普通债券一样产生固定年息。然而，其利息通常低于普通债券。

（2）期满赎回。如果转换没有实现，可转换债券与普通债券一样在期满时将被赎回，投资者本金的安全由此得到保证（前提是公司仍有清偿能力）。如果发行公司的股价上升，投资者可将其债券转换为股票以获取股价长期上升之利。

（3）换股溢价。可转换债券的换股溢价一般在5%～20%之间，具体多少则视债券期限、利息及发行地而定。换股溢价越低，投资者尽快将债券转换为股票的可能性越大。

（4）发行人期前回赎权。发行人多保留在债券最终期满之前赎回债券的权利。由于发行人支付低于普通债券的利息，因此它通常只会在股价大幅高于转换价情况下行使回赎权以迫使投资者将债券转换为股本。

（5）投资者的期前回售权。此权利使投资者有机会在债券到期之前，在某一指定日期将债券回售给发行人，通常是以一定溢价售出。投资者一般是在发行人股票表现欠佳时行使回售权。

（二）发行可转换债券的优缺点

1. 发行可转换债券的优点

（1）债券成本低。发行可转换债券可使公司在换股之前能够以较低廉费用筹集额外资金。因为可转换债券使得公司能获得相对于普通债券而言利率较低且限制条款较不苛刻的负债。

（2）公司可获得股票溢价利益。可转换债券所设定的每股普通股的转换价格通常高于每股普通股当期价格，因此若债券能换股，公司便可以高于当期价格的溢价发行股票。即当公司发行股票或配股时机不好时，可以先发行可转换债券，延续股权融资。

2. 发行可转换债券的缺点

（1）实际筹资成本较高。虽然可转换债券可使公司以较高股价出售普通股，但换股时普通股股价随之上涨，其实际筹资成本会高于发行普通债券成本。

（2）业绩不佳时债券难以转换。若公司经营业绩较差，可转换债券大部分不会转换为普通股，公司因此将会处于债券困境，轻则资信和形象受损，导致今后股权或债务筹资成本增加，重则会被迫出售资产偿还债务。

（3）债券低利率的期限不长。可转换债券拥有的低票面利率会随着债券转换而消失；而利用认股权证筹资可使公司的低票面利率长期存在下去，直到债券到期。

第五节　资金成本

企业筹集资金，因为只有在投资项目的投资收益率高于资金成本率时，才有必要为之筹集资金，并进行投资。

一、资金成本的概念

资金成本又称资本成本，它是企业为筹集资金和使用资金而付出的代价。资金成本包括资金筹集费和资金占用费两部分。

1. 资金筹集费

资金筹集费是指企业为筹集资金而付出的代价。如向银行支付的借款手续费，向证券承销商支付的发行股票、债券的发行费等。筹资费用通常是在筹措资金时一次支付的，在用资过程中不再发生，可视为筹资总额的一项扣除。

2. 资金占用费

资金占用费主要包括资金时间价值和投资者要考虑的投资风险报酬两部分，如向银行借款所支付的利息，发放股票的股利等。

资金成本可以用绝对数表示，也可以用相对数表示。资金成本用绝对数表示即资金总成本，它是筹资费用和用资费用之和。资金成本用相对数表示即资金成本率，它是资金占用费与筹资净额的比率，一般讲资金成本多指资金成本率。其计算公式为：

资金成本率 = 资金占用费 ÷（筹资总额 - 资金筹集费）

由于资金筹集费一般以筹资总额的某一百分比计算，因此，上述计算公式也可表现为：

资金成本率 = 资金占用费 ÷［筹资总额 ×（1 - 筹资费率）］

企业以不同方式筹集的资金所付出的代价一般是不同的，由于影响资金成本的具体因素不同，其资金成本率的计算方法也有区别。

企业总的资金成本是由各项个别资金成本所决定的。

二、个别资金成本的计算

个别资金成本是指各种长期资金的成本。主要有长期借款、长期债券、优先股、普通股和留用利润等。

（一）债务资金成本的计算

债务资金成本的基本内容是利息费用，而利息费用一般允许在企业所得税前支付，因此，企业实际负担的利息是：利息 ×（1 - 所得税税率）。

1. 长期借款资金成本

银行借款资金成本的计算公式为：

$$K_I = I \times (1-T) \div [L \times (1-f)]$$

或 $$K_I = i \times (1-T) \div (1-f)$$

式中：

K_I——银行长期借款成本；

I——银行长期借款利息；

i——银行长期借款利息率；

f——银行长期借款费用率；

T——公司所得税税率（下同）。

如果长期借款有附加的补偿性余额，长期借款筹资额应扣除补偿性余额，从而其资金成本将会提高。

【例题5-5-1】某企业向银行取得400万元的长期借款，年利息率为8%，期限5年，每年付息一次，到期还本。假设筹资费率为0.2%，所得税率为33%，问该笔长期借款的成本是多少？

解析：

$K_I=400\times8\%\times(1-33\%)\div[400\times(1-0.2\%)]$

$=5.47\%$

2. 企业债券资金成本

企业发行债券通常事先要规定出债券利息率，按照规定利息计入财务费用，作为期间费用，可在税前利润中支付，实际负担的债券利息应扣除相应的所得税额。其计算公式为：

$K_b=I_b\times(1-T)\div[B_b\times(1-f_b)]$

式中，k_b——债券资本成本；

I_b——债券利息；

B_b——债券发行价格；

f_b——债券筹资费用率。

【例题5-5-2】某企业发行总面额1 000万元的债券，票面利率为10%，期限5年，发行费用占发行价格总额的4%，企业所得税率为33%。其资金成本应为多少？

解析：

若该债券溢价发行，其发行价格总额为1 200万元，则其资金成本为：

$K_b=1\,000\times10\%\times(1-33\%)\div[1\,200\times(1-4\%)]$

$=5.82\%$

若该债券平价发行，则其资金成本为：

$K_b=1\,000\times10\%\times(1-33\%)\div[1\,000\times(1-4\%)]$

$=6.98\%$

若该债券折价发行，其发行价格总额为800万元，则：

$K_b=1\,000\times10\%\times(1-33\%)\div[800\times(1-4\%)]$

$=8.72\%$

一般而言，债券的资金成本高于长期借款成本，因为债券利率水平高于长期借款，同时债券的发行费用较高。

（二）权益资金成本的计算

权益资金主要有优先股、普通股和留用利润三种形式。权益资金的成本也包含两大内容：投资者的预期投资报酬和筹资费用。

1. 优先股资金成本。优先股的资金成本也包括两部分，筹资费用与预定的股利。

其计算公式如下：

$K_p=D_p\div[P_p\times(1-f_p)]$

式中，K_p——优先股资本成本；

D_p——优先股每年股利的支付额；

P_p——优先股发行总额；

f_b——优先股筹资费用率。

【例题5-5-3】某企业发行优先股总面额为300万元，总价为340万元。筹资费用率为5%，预定年股利率为12%。则其资金成本率应为多少?

解析：

$K_p = 300 \times 12\% \div [340 \times (1-5\%)]$

$= 11.15\%$

由于优先股股利在税后支付，不减少企业所得税。而且在企业破产时，优先股的求偿权位于债券持有人之后，优先股股东的风险比债券持有人的风险要大。因此，优先股成本明显高于债券成本。

2. 普通股资金成本

普通股的资金成本率计算公式如下：

$K_c = D_c \div [P_c (1-f_c)] + G$

式中：

K_c——普通股资金成本；

D_c——普通股股票市价；

P_c——预计第一年股利率；

f_c——筹资费用率；

GC——预计增长率。

【例题5-5-4】某企业发行普通股股票市价为2 600万元，筹资费用率为4%，预计第一年股利率为14%，以后每年按3%递增，则其资金成本率为多少?

解析：

$K_c = 2\,600 \times 14\% \div [2\,600 \times (1-4\%)] + 3\%$

$= 17.58\%$

3. 留用利润资金成本

企业的留用利润是由企业税后净利润扣除派发股利后形成的。它属于普通股股东，包括提取的盈余公积和未分配利润。

从表面上看，企业使用留用利润好像不需要付出任何代价，但实际上，股东愿意将其留用于企业而不作为股利取出后投资于别处，总会要求与普通股等价的报酬。因此，留用利润的使用也有成本，不过是一种机会成本。其确定方法与普通股相同，只是不考虑筹资费用。其计算公式如下：

$K_s = D_c \div P_c + G$

【例题5-5-5】某企业留用利润120万元，第一年股利为12%，以后每年递增3%，则留用利润成本率计算为多少?

解析：

$K_s = 120 \times 12\% \div 120 + 3\%$

$= 15\%$

三、综合资金成本的计算

综合资金成本是指企业全部长期资金的总成本。它一般是以个别资金占企业全部资金的比重作为权数，对个别资金成本进行加权，从而确定综合资金成本。其基本计算公式为：

$$K_w = \sum_{i=1}^{n} w_i k_i$$

式中，k_w——加权平均资本成本；

k_i——税后资本成本，第 i 种资本的税后资本成本；

w_i——资本权重系数，第 i 种资本来源占总资本的比重；

n ——长期资本的种类。

【例题5-5-6】某企业共有资金1 000万元，其中银行借款占100万元，长期债券占200万元，普通股占400万元，优先股占100万元，留存收益占200万元；各种来源资金的资金成本率分别为8%、9%、12%、10%、11%。则综合资金成本率为多少？

解析：

$K_w = 100 \times 8\% + 200 \times 9\% + 400 \times 12\% + 100 \times 10\% + 200 \times 11\% = 10.6\%$

上述综合资金成本率的计算中所用权数是按账面价值确定的。使用账面价值权数容易从资产负债表上取得数据，但当债券和股票的市价与账面价值相差过多的话，计算得到的综合资金成本显得不客观。

计算综合资金成本也可选择采用市场价值权数和目标价值权数。以上三种权数分别有利于了解过去、反映现在、预知未来。在计算综合资金成本时，如无特殊说明，则要求采用账面价值权数。

第六节　财务风险的衡量

财务管理中的杠杆效应有三种形式，即经营杠杆、财务杠杆和复合杠杆，要说明这些杠杆的原理，需要首先了解成本习性、边际贡献和息税前利润等相关术语的含义。

一、成本习性、边际贡献与息税前利润

（一）成本习性及分类

1. 成本习性

成本习性是指成本总额与业务量之间在数量上的依存关系。

2. 公司全部成本

公司全部成本按照习性可以分成固定成本、变动成本和混合成本三类：

（1）固定成本。固定成本是指其总额在一定时期和一定业务量范围内不随业务量发生变动的那部分成本。

固定成本还可进一步区分为约束性固定成本和酌量性固定成本两类：

①约束性固定成本。约束性固定成本属于企业经营能力成本，是企业为维持一定的业务量所必须负担的最低成本。

②酌量性固定成本。酌量性固定成本属于企业经营方针成本，即根据企业经营方针由管理当局确定的一定时期（通常为1年）的成本。广告费、研究与开发费、职工培训费等都属于这类成本。

应当指出的是，固定成本总额只是在一定时期和业务量的一定范围内保持不变。这里所说的一定范围，通常为相关范围。

（2）变动成本。变动成本是指其总额随着业务量成正比例变动的那部分成本。直

接材料、直接人工等都属于变动成本。

变动成本也要研究相关范围问题，也就是说，只有在一定范围之内，产量和成本才能完全成同比例变化，即成完全的线性关系，超过了一定范围，这种关系就不存在了。

（3）混合成本。有些成本虽然也随业务量的变动而变动，但不成同比例变动，不能简单地归入变动成本或固定成本，这类成本称为混合成本。

混合成本按其与业务量的关系又可分为半变动成本和半固定成本。

（4）总成本习性模型。成本按习性可分成变动成本、固定成本和混合成本三类，但混合成本又可以按一定方法分解成变动部分和固定部分，这样，总成本习性模型用下式表示：

$$TC = F + VQ$$

式中：

TC——总成本；

F——固定成本；

V——单位变动成本；

Q——产销量。

（二）边际贡献及其计算

边际贡献是指销售收入减去变动成本以后的差额，这是一个十分有用的价值指标。其计算公式为：

$$M = PQ - VQ = (P - V)Q = m \cdot Q$$

式中：

M——边际贡献；

P——销售单价；

V——单位变动成本；

Q——产销量；

m——单位边际贡献。

（三）息税前利润及其计算

息税前利润是指企业支付利息和交纳所得税之前的利润。成本按习性分类后，息税前利润可用下列公式计算：

$$EBIT = PQ - VQ - F = (P - V)Q - F = M - F$$

式中：

$EBIT$——息税前利润；

F——固定成本。

显然，不论利息费用的习性如何，它不会出现在计算息税前利润公式之中，即在上式的固定成本和变动成本中不应包括利息费用因素。息税前利润也可以用利润总额加上利息费用求出。

二、经营杠杆

（一）经营杠杆的概念

经营杠杆是指单价和单位变动成本水平不变，在某一固定成本比重的作用下，销售量的变动会引起息税前利润以更大的幅度变动。可以在表 5－5 中说明。

表 5－5　　　　经营杠杆变动演示表　　　　单位：元

营业额	变动成本	固定成本	息税前利润
300 000	240 000	60 000	0
350 000	280 000	60 000	10 000
400 000	320 000	60 000	20 000
450 000	360 000	60 000	30 000
500 000	400 000	60 000	40 000

从表 5－5 中可以看出，假定营业额在 30 万元到 50 万元之间变化，固定成本 6 万元保持不变，在这个条件下，随着营业额的增长，息税前利润以更快的速度增长。

（二）经营风险

经营风险指企业因经营上的原因而导致利润变动的风险。影响企业经营风险的因素很多，主要有：

1. 产品需求。
2. 产品售价。产品售价变动不大，经营风险则小；否则经营风险便大。
3. 产品成本。产品成本是收入的抵减，成本不稳定，会导致利润不稳定，产品成本变动大的，经营风险就大；反之经营风险就小。
4. 调整价格的能力。
5. 固定成本的比重。

（三）经营杠杆系数及其计算

经营杠杆的大小一般用经营杠杆系数表示，经营杠杆系数（*DOL*）是指息税前利润的变动率相对于销售量变动率的倍数。其计算公式为：

$$经营杠杆系数（DOL）=\frac{息税前利润变动率}{销售量变动率}$$

$$=\frac{\frac{\Delta EBIT}{EBIT_0}}{\frac{\Delta Q}{Q_0}}$$

式中：

DOL——经营杠杆系数；

$\Delta EBIT$——息税前利润变动额；

$EBIT_0$——变动前息前税前利润；

ΔQ——销售量变动额；

Q_0——变动前销售量。

假定企业的成本、销量和利润保持线性关系，可变成本在销售收入中所占的比例不变，固定成本也保持稳定，经营杠杆系数便可通过销售额和成本来表示。

公式 1：

$$DOL=\frac{Q(P-V)}{Q(P-V)-F}$$

式中：

DOL——经营杠杆系数；
P——产品单位销售价格；
V——产品单位变动成本；
F——总固定成本。

式 2：

$$DOL = \frac{S - VC}{S - VC - F}$$

式中：
DOL——经营杠杆系数；
S——销售额；
VC——变动成本总额；
F——固定成本总额。

在实际工作中，公式 1 可用于计算单一产品的经营杠杆系数；公式 2 除了用于单一产品外，还可用于计算多种产品的经营杠杆系数。

【例题 5－6－1】某企业生产 A 产品，固定成本为 60 万元，变动成本率为 40%，当企业的销售额分别为 400 万元、200 万元、100 万元时，经营杠杆系数分别为多少？

解析：

$$DOL = \frac{400 - 400 \times 40\%}{400 - 400 \times 40\% - 60} = 1.33$$

$$DOL = \frac{200 - 200 \times 40\%}{200 - 200 \times 40\% - 60} = 2$$

$$DOL = \frac{100 - 100 \times 40\%}{100 - 100 \times 40\% - 60} = \rightarrow +\infty$$

经营杠杆系数的结果表明：

第一，在固定成本不变的情况下，经营杠杆系数说明了销售额增长（减少）所引起利润增长（减少）的幅度。

第二，在固定成本不变的情况下，销售额越大，经营杠杆系数越小，经营风险就越小；反之，销售额越小，经营杠杆系数越大，经营风险也就越大。

第三，在销售额处于盈亏临界点前的阶段，经营杠杆系数随销售额的增加而递增；在销售额处于盈亏临界点后的阶段，经营杠杆系数随销售额的增加而递减；当销售额达到盈亏临界点时，经营杠杆系数趋近于无穷大。

企业一般可以通过增加销售额、降低产品单位变动成本、降低固定成本比重等措施使经营杠杆系数下降，降低经营风险，但这些往往要受到条件的制约。

三、财务杠杆

（一）财务杠杆概念

财务杠杆是指在资金构成不变的情况下，息税前利润的增长会引起普通股每股利润以更大的幅度增长，这种债务对投资者收益的影响称为财务杠杆。见表 5－6。

表 5 - 6　　财务杠杆变动演示表

息税前利润	债务利息	所得税	税后利润
20 000	20 000	0	0
24 000	20 000	1 320	2 680
30 000	20 000	3 300	6 700
40 000	20 000	6 600	13 400

从表 5 - 6 可以看出，在资金结构一定、债务利息保持不变的条件下，随着息税前利润的增长，税后利润将以更快的速度增长。

（二）财务风险

财务风险是指全部资本中债务资本比率的变化带来的风险。

影响财务风险的因素主要有：①资本供求变化；②利率水平变化；③获利能力的变化；④资金结构的变化，即财务杠杆利用程度。

（三）财务杠杆系数

财务杠杆程度是指财务风险的大小及其给企业带来的杠杆利益程度，即财务杠杆系数来加以衡量。

财务杠杆系数（DFL）又称财务杠杆程度，它是指普通股每股税后利润变动率相当于息税前利润变动率的倍数，也就是每股利润的变动对息税前利润变动的反应程度。

财务杠杆系数的计算公式为：

$$DFL=\frac{\frac{\Delta EPS}{EPS_0}}{\frac{\Delta EBIT}{EBIT_0}}$$

式中：

DFL——财务杠杆系数；

EPS_0——基期普通股每股收益；

ΔEPS——普通股每股收益变动；

$\Delta EBIT$——息税前利润变动额；

$EBIT_0$——基期息税前利润。

为了便于计算，常把上述公式简化为：

$$DFL=\frac{EBIT_0}{EBIT_0-I}$$

【例题 5 - 6 - 2】某企业全部资本为 280 万元，负债比率为 40%，负债利率为 10%，当销售额为 200 万元时，息税前利润为 40 万元，则财务杠杆系数为多少？

解析：

$$DFL=\frac{40}{40-280\times40\%\times10\%}=1.39$$

该计算结果表明：当该企业的息税前利润增加 1 倍时，每股利润将提高 1.39 倍。

企业如果存在优先股，由于优先股股利通常也是固定的，优先股股利在税后利润支付，则上述公式调整为：

$$DFL = \frac{EBIT}{EBIT - I - \frac{PD}{1 - T}}$$

式中：

$EBIT$——息税前利润；

I——债务利息；

PD——优先股股利；

T——企业所得税税率。

从财务杠杆系数的计算公式可知，当资金结构、利率、息税前利润等因素发生变化时，财务杠杆系数也会变动，表示不同程度的财务杠杆利益和财务风险。财务杠杆系数越大，对财务杠杆利益的影响就越大，财务风险也就越高。

四、联合杠杆

（一）联合杠杆的概念

从企业利润产生到利润分配整个过程来看，既存在固定的生产经营成本，又存在固定的财务成本，那么销售额稍有变动就会使每股收益产生更大的变动，这便会使得每股利润的变动率远远大于产销量的变动率，通常把这两种杠杆的连锁作用称为联合杠杆。联合杠杆可以从表 5 -7 中得到说明。

表 5 -7　　联合杠杆变动演示表　　单位：元

项目	2000 年	2001 年	2001/2000 年（%）
销售额	10 000	12 000	20
变动成本	6 000	7 200	20
固定成本	2 000	2 000	0
息税前利润	2 000	2 800	40
利息	1 000	1 000	0
税前利润	1 000	1 800	80
所得税（税率 33%）	330	594	80
税后利润	670	1 206	80
普通股发行在外股数	2 000	2 000	0
每股税后利润	0. 335	0. 603	80

从表 5 -7 可知，在联合杠杆的作用下，产销业务量增加 20%，每股利润便增长 80%，这是经营杠杆和财务杠杆综合作用的结果。

（二）联合杠杆系数

经营杠杆的运用使得销量变动时，对 EBIT 的变化有扩大的作用；而财务杠杆的运用使得 EBIT 变动时，对 EPS 的变化有扩大的作用。若企业使用联合杠杆，即同时使用经营杠杆与财务杠杆，则将使销售量的细微变动引起 EPS 的大幅波动，这种现象称为联合杠杆作用。其作用的大小可以用联合杠杆系数来衡量。所谓联合杠杆系数，亦称总杠杆系数或复合杠杆系数，是指在某一销量水平下普通股每股收益（EPS ）变动率相当于销售额或销售量变动率的倍数，用公式表示为：

$$DCL=\frac{\Delta EPS/EPS}{\Delta Q/Q}=\frac{\Delta EPS/EPS}{\Delta EBIT/EBIT}\times\frac{\Delta EBIT/EBIT}{\Delta Q/Q}=DFL\times DOL$$

即

$$DCL=DFL\times DOL$$

【例题5－6－3】A公司年销售额为100万元，变动成本率为40%，固定成本总额30万元，总资本为100万元，其中负债40万元，利率为15%；优先股20万元，股利率为12%；普通股40万元，4 000股；所得税税率为40%。计算复合杠杆系数是多少。

解析：

$$DFL_A=\frac{(100-100\times40\%-30)}{(100-100\times40\%-30)-40\times15\%-\frac{20\times12\%}{(1-40\%)}}=\frac{30}{20}=1.5$$

$$DOL_A=\frac{100-100\times40\%}{100-100\times40\%-30}=\frac{60}{30}=2$$

$$DCL_A=2\times1.5=3$$

这种双重杠杆的作用是一把“双刃剑”，在公司经营状况良好时固然可提高每股收益的期望值，使股东获得联合杠杆利益，但同时使风险增大；在公司销售滑坡时，股东的每股收益率将有大幅度降低。

总之，经营杠杆系数可用来衡量企业的经营风险，财务杠杆系数可用来衡量企业的财务风险，联合杠杆系数可用来衡量企业的总体风险。联合杠杆系数越大，企业每股收益随产量增长而扩张的能力越强，但风险也随之越大。因此，企业管理人员必须根据其可承受风险的程度来确定合适的经营杠杆系数和财务杠杆系数。

第七节　资金结构与筹资决策

一、资本结构的含义

资本结构是指企业各种长期资金筹集来源的构成及其比例关系。在通常情况下，企业的资本结构由长期债务资本和权益资本构成。

二、影响资本结构的因素

在企业的实践中，决定资本结构的因素很多，主要有以下因素：

1. 各种筹资方式的资金成本。
2. 企业自身的风险程度。
3. 企业所有者的态度。
4. 贷款银行和信用评估机构的态度。
5. 企业销售的稳定性和获利能力。
6. 企业的现金流量状况。
7. 企业的行业差别。
8. 税收因素（企业所得税税率越高，借款举债的好处就越大）。

三、资本结构的优化

资金结构的优化意在寻求最优资金结构，使企业综合资金成本最低、企业风险最小、企业价值最大。在资本结构的最佳点上，企业的加权平均资金成本达到最低，同时企业的价值达到最大。

资本结构决策的方法通常有以下几种：

（一）比较综合资金成本

当企业选择不同筹资方案时可以采用比较综合资金成本的方法选定一个资金结构较优的方案。

【例题5－7－1】某企业计划年初的资金结构如表5－8：

表5－8　　某企业计划年初的资金结构

资金来源	金额
普通股4万股（筹资费率2%）	800万元
长期债券年利率10%（筹资费率2%）	300万元
长期借款年利率9%（无筹资费用）	100万元
合计	1 200万元

普通股每股面额200元，今年期望股息为20元，预计以后每年股利率将增加3%，该企业所得税率为40%。

该企业现拟增资300万元，有以下两个方案可供选择：

甲方案：发行长期债券300万元，年利率11%，筹资费率2%。发行债券增加了财务风险，使普通股市价跌到每股180元，每股股息增加到24元，以后每年需增加4%。

乙方案：发行长期债券150万元，年利率11%，筹资费率2%，另发行股票150万元，筹资费率2%，普通股每股股息增加到24元，以后每年仍增加3%，普通股市价上升到每股220元。

求：（1）计算年初综合资金成本。

（2）试作出增资决策。

解析：

依上述资料分别计算如下：

（1）年初：

$$普通股资金成本=\frac{20}{20\times(1-2\%)}+3\%=13.20\%$$

$$长期债券资金成本=\frac{10\%\times(1-40\%)}{1-2\%}=6.12\%$$

$$长期借款资金成本=9\%\times(1-40\%)=5.4\%$$

$$综合资金成本-13.20\%\times\frac{800}{1\ 200}+6.12\%\times\frac{300}{1\ 200}+5.4\%\times\frac{100}{1\ 200}$$

$$=10.78\%$$

（2）甲方案：

$$新债券资金成本=\frac{11\%\times(1-40\%)}{1-2\%}=6.73\%$$

$$普通股资金成本=\frac{24}{180\times(1-2\%)}+4\%=17.61\%$$

$$综合资金成本 = 17.61\% \times \frac{800}{1\,500} + 6.12\% \times \frac{300}{1\,500} + 6.73\% \times \frac{300}{1\,500} + 5.4\% \times \frac{100}{1\,500} = 12.32\%$$

乙方案：

新债券资金成本 = 6.73%

$$普通股资金成本 = \frac{24}{220 \times (1-2\%)} + 3\% = 14.13\%$$

$$综合资金成本 = 14.13\% \times \frac{800+150}{1\,500} + 6.12\% \times \frac{300}{1\,500} + 6.73\% \times \frac{150}{1\,500} + 5.4\% \times \frac{100}{1\,500} = 11.21\%$$

从以上计算结果可知，乙方案的综合资金成本低于甲方案，所以采用乙方案增资。

采用综合资金成本这一方法时应注意：

①增资会引起普通股市价等改变，普通股股东认同的投资价值是股票市价，原先的买价是沉没成本，他们按市价要求投资收益，按风险要求价值补偿。

②增资后的资金比重可以用账面价值确定，需要时也可以用市场价值或目标价值。

③本方法确定的只能是有限备选方案中资金结构最优者，因而只是较优方案，不可能认定这就是最优方案。

（二）比较普通股每股收益（EPS）

资本结构合理与否，其一般方法是以分析每股收益的变化来衡量的。能提高每股收益的资本结构是合理的；反之则不够合理。

【例题 5－7－2】某企业现有权益资金 500 万元（普通股 100 万股，每股面值 5 元）。企业拟再筹资 500 万元，现有三个方案可供选择，A 方案：发行年利率为 12% 的长期债券；B 方案：发行年股息率为 10% 的优先股；C 方案：增发普通股 100 万股。预计当年可实现息税前盈利 200 万元，所得税率 30%。A、B、C 方案的每股利润分别为多少？

解析：

$$EPS_A = \frac{(200 - 500 \times 12\%) \times (1 - 30\%)}{100} = 0.98$$

$$EPS_B = \frac{200 \times (1 - 30\%) - 500 \times 10\%}{100} = 0.90$$

$$EPS_C = \frac{200 \times (1 - 30\%)}{100 + 100} = 0.7$$

根据计算的结果可知，A 方案的每股利润最大，应采用 A 方案筹资。

（三）无差别点分析

从比较每股收益分析可知，每股收益的高低不仅受资本结构（长期负债融资和权益融资构成）的影响，还受到销售水平的影响，每股收益的无差别点指每股收益不受融资方式影响的销售水平。根据每股收益无差别点，可以分析判断在什么样的销售水平下适合采用何种资本结构。

每股收益无差别点可以通过计算得出。

每股收益 EPS 的计算为：

$$EPS=\frac{(S-VC-F-I)\ (1-T)}{N}$$
$$=\frac{(EBIT-I)\ (1-T)}{N}$$

式中：

N——发行在外的普通股股数。

在每股收益无差别点上，无论是采用负债融资，还是采用权益融资，每股收益都是相等的。若以 EPS 代表负债融资，EPS 代表权益融资，则有：

$EPS_1=EPS_2$

在每股收益无差别点上，则：

$$\frac{(S_1-VC_1-F_1-I_1)\ (1-T)}{N_1}=\frac{(S_2-VC_2-F_2-I_2)\ (1-T)}{N_2}$$

当 $S_1=S_2$ 时，一般有 $VC_1=VC_2$，$F_1=F_2$

上述公式变为：

$$\frac{(EBIT-I_1)\ (1-T)}{N_1}=\frac{(EBIT-I_2)\ (1-T)}{N_2}$$

如果，企业有发行的优先股，有固定的优先股股息 PD，则上述公式为：

$$\frac{(EBIT-I_1)\ (1-T)\ -PD}{N_1}=\frac{(EBIT-I_2)\ (1-T)\ -PD}{N_2}$$

能使上述条件公式成立的销售额（S）为每股收益无差点销售额。

【例题 5－7－3】某公司原有资本 700 万元，其中债务资本 200 万元（每年负担利息 24 万元），普通股资本 500 万元（发行普通股 10 万股，每股面值 50 元）。由于扩大业务，需追加筹资 300 万元，其筹资方案是什么?

解析：

筹资方案有两种。

方案一：全部发行普通股，增发 6 万股，每股面值 50 元。

方案二：全部筹借长期债务，债务利率仍为 12%，利息 36 万元。公司的变动成本率为 60%，固定成本为 180 万元，所得税税率为 33%。

将上述资料中的有关数据代入：

$$\frac{(S-0.6S-180-24)\ \times\ (1-33\%)}{10+6}=\frac{(S-0.6S-180-24-36)\ (1-33\%)}{10}$$

S＝750（万元）

此时，每股收益为据此选择最优资金结构。

$$\frac{(750-750\times0.6-180-24)\ \times\ (1-33\%)}{16}=4.02\text{（万元）}$$

权益筹资优势无差别点分析又称 EBIT－EPS 分析，其分析见图 5－3。

从图 5－3 可以看出，当销售额高于 750 万元（每股收益无差别点的销售额）时，运用负债筹资可获得较高的每股收益；当销售额低于 750 万元时，运用权益筹资可获得较高的每股收益。

比较综合资金成本适用于个别资金成本已知或可计算的情况；比较普通股每股利润适用于息税前利润可明确预见的情况；无差别点分析适用于息税前利润不能明确预

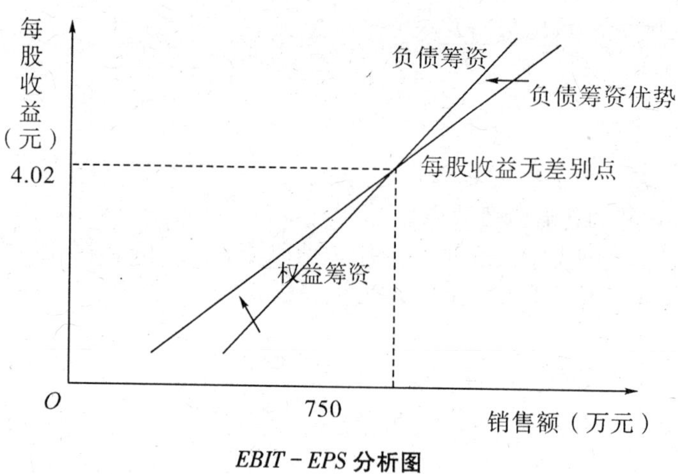

EBIT－EPS 分析图

见，但可估测大致范围的情况。

本章小结

募集资金是企业的基本财务活动，筹资管理是企业财务管理的重要内容。只有科学、合理地筹集资金，才能降低筹资成本，减少企业财务风险。本章主要阐述筹资的目的与原则，如何通过不同的筹资渠道与方式进行筹资，有关资金需要量的预测方法及权益资金和负债资金的筹集等有关筹资管理的基本理论和基本方法。

思考与练习

一、简答题

1. 个别资本成本、加权资本成本如何计算？
2. 如何应用边际成本选择投资项目？
3. 企业筹资的方式有哪些？筹资的渠道有哪些？
4. 什么是商业信用？商业信用包括哪些内容？商业信用对企业有哪些好处？
5. 企业发行普通股筹资与发行债券筹资各有何优缺点？
6. 如何衡量企业的经营风险与杠杆风险？

二、实训题

1. 某企业 2005 年 12 月 31 日的资产负债表（简表）如表 5－9 所示。

表5-9　　资产负债表（简表）

2005年12月31日　　单位：万元

资产	期末数	负债及所有者权益	期末数
货币资金	300	应付账款	300
应收账款净额	900	应付票据	600
存货	1 800	长期借款	2 700
固定资产净值	2 100	实收资本	1 200
无形资产	300	留存收益	600
资产总计	5 400	负债及所有者权益总计	5 400

该企业2005年的主营业务收入净额为6 000万元，主营业务净利率为10%，净利润的50%分配给投资者。预计2005年主营业务收入净额比上年增长25%，为此需要增加固定资产200万元，增加无形资产100万元，根据有关情况分析，企业流动资产项目和流动负债项目将随主营业务收入同比例增减。

假定该企业2006年的主营业务净利率和利润分配政策与上年保持一致，该年度长期借款不发生变化；2006年年末固定资产净值和无形资产合计为2 700万元。2006年企业需要增加对外筹集的资金由投资者增加投入解决。

要求：

（1）计算2005年需要增加的营运资金额。

（2）预测2005年需要增加对外筹集的资金额（不考虑计提法定盈余公积的因素，以前年度的留存收益均已有指定用途）。

2. 某公司拟采购一批零件，价值5 400元，供应商规定的付款条件如下：

立即付款，付5 238元。

第20天付款，付5 292元。

第40天付款，付5 346元。

第60天付款，付全额。

每年按360天计算。

要求：

（1）假设银行短期贷款利率为15%，计算放弃现金折扣的成本（比率），并确定对该公司最有利的付款日期和价格。

（2）假设目前有一短期投资，其报酬率为40%，确定对该公司最有利的付款日期和价格。

3. 某企业发行五年期的公司债券，债券面值为1 000元，票面利率为6%，利息每年支付一次，试确定三种情况下的债券发行价格：

（1）债券发行时市场利率为8%。

（2）债券发行时市场利率为6%。

（3）债券发行时市场利率为4%。

4. 某企业年初资本结构如下：

各种资本来源：长期债券400万元、优先股200万元、普通股800万元、留存收益600万元，合计2 000万元。其中长期债券利息率为9%。优先股股息率为10%，普通股每股市价20元，上年每股股利支出为2.5元，股利增长率为5%，所得税率为33%。

该企业拟增资500万元，现有甲、乙两个方案可供选择。

甲方案：增发长期债券300万元，债券利息率为10%；增发普通股200万股。由于企业债务增加，财务风险加大，企业普通股股利每股为3元，以后每年增长6%，普通股市价跌至每股18元。

乙方案：增发长期债券200万元，债券利息率为10%；增发普通股300万股，每股股息增加到3元，以后每年增长6%，普通股股价将升至每股24元。

要求：

(1) 计算年初的综合资本成本。

(2) 分别计算甲、乙两方案的综合资本成本，确定最优资本结构。

5. P公司现在已经发了债券300万元，利率为12%。它打算再筹资400万元进行业务扩展，有以下两种方案：①再发行新债券，利率为14%；②发行面值为16元的普通股。公司已有80万股普通股发行在外，公司的所得税率为40%。

要求：

(1) 如果目前*EBIT*为150万元，并假定获利能力不会突然增加，求两种筹资方式下的EPS各为多少。

(2) 计算筹资的无差别点。

(3) 在*EBIT*为200万元时你愿意选择哪一种方式？为什么？在次优方式成为最好之前，*EBIT*需增加多少？

第六章　企业项目投资管理

学习目的：

通过学习，学生应掌握企业项目投资决策的现金流量的相关概念，项目现金流量的确定；通过学习，掌握项目投资决策的贴现法和非贴现法评价方法的应用；通过学习，掌握项目投资各种评价方法的应用；通过学习，掌握风险调整贴现法的计算。

重点与难点：

掌握项目现金流量的确定净现值法、内含报酬率法和应用、固定资产更新投资决策、所得税与折旧对投资的影响、风险调整贴现法和肯定当量法。

关键概念：

投资　金净流量　现金流入量　营运现金流量　投资回收期　投资报酬率　现值指数　固定资产更新　内含报酬率　资金限量　净现值　终结现金流量

投资活动是企业整个生产经营活动的中心环节，它不仅对筹资活动提出要求，而且投资成功与否必将影响企业资金的收益与分配。企业筹集到所需的资金后，就要进行投资。投资可以分为项目投资、证券投资、营运资金投资等。本章将重点论述项目投资管理。项目投资有的是固定资产方面的投资，有的是无形资产的投资。项目投资存在资金金额大、投资方向难以改变的特点，因此认真分析各投资项目的可行性，为做出正确的投资决策提供依据是企业财务管理者的主要任务。

第一节　项目投资决策的相关概念

投资项目是指对生产性固定资产的投资，不包括对非生产性固定资产的投资。

一、项目投资的程序

1. 项目投资的提出

规模较大的投资项目一般由最高领导人提出，由各部门专家进行可行性研究。小规模的投资项目一般由中层或基层主管人员制订。

2. 项目投资的决策

第一，估算出投资方案的预期现金流量（已知）。

第二，估计预期现金流量的概率分布资料，预计未来现金流量的风险（已知）。

第三，确定资本成本的一般水平，即贴现率（已知）。

第四，确定投资方案的现金流入量和流出量的总现值，即收入现值（要求自己算出来）。

第五，通过各投资方案收入现值与所需资本支出的比较，决定选择或放弃投资方案（要求给出结论）。

估计投资项目的预期现金流量是项目投资决策的首要环节，实际上它也是分析投资方案时最重要、最困难的步骤。

二、项目投资的现金流量

（一）现金流量的概念

所谓现金流量，在投资决策中是指一个项目引起的企业现金支出和现金收入增加的数量。

现金流量包括现金流出量、现金流入量和现金净流量。

1. 现金流出量

现金流出量是指由投资项目引起的企业现金支出的增加额，简称现金流出。项目投资通常会引起以下现金流出：

（1）建设投资（含更改投资）

建设投资包括固定资产的购置成本或建造费用，以及运输成本和安装成本等；无形资产投资和开办费用（长期待摊费用）。

（2）垫支流动资金

垫支流动资金包括用于存货、应收账款上的投资。

（3）付现成本

成本中不需要每年支付现金的部分称为非付现成本，其中主要是折旧费。所以付现成本可以用当年发生的总成本扣除年折旧额来估计，它是生产经营期内最主要的现金流出量。

付现成本 = 成本 - 折旧

（4）其他现金流出量

其他现金流出量包括营业税和所得税。

2. 现金流入量

现金流入量是指由投资项目所引起的企业现金收入的增加额，主要包括：

（1）营业现金流入

营业现金流入是指项目投产后每年实现的全部销售收入或业务收入。营业收入是经营期的主要的现金流入量项目。

（2）固定资产变价收入

固定资产变价收入是指投资项目的固定资产在终结报废清理时的残值收入，或中途出售转让处理时所取得的收入。

（3）回收流动资金

回收流动资金是指投资项目经营期完全终止时因不再发生新的替代投资而回收的原垫付的全部流动资金的投资额。

（4）其他现金流入量

其他现金流入量是指以上三项指标以外的现金流入量项目。

3. 现金净流量

现金净流量指一定期间现金流入量和现金流出量的差额。通常情况下，现金净流量是指每年的现金净流量，简称现金净流量（NCF）。现金流入量大于流出量时，净流量为正值；反之净流量为负值。

（1）建设期年现金净流量的计算

年现金净流量 = - 投资额

若建设投资是在建设期一次全部投入的，上式中的投资额即为原始投资总额；若建设投资是在建设期分次投入的，式中的投资额为该年投资额。

（2）经营期年现金净流量的计算

年现金净流量 = 营业收入 - 付现成本

= 营业收入 -（营业成本 - 折旧）

= 利润 + 折旧

如果考虑所得税的影响，上述公式为：

年现金净流量 = 营业收入 - 付现成本 - 所得税

= 营业收入 -（营业成本 - 折旧）- 所得税

= 净利润 + 折旧

（二）现金流量的假设

1. 投资项目的类型假设

假设投资项目只包括单纯固定资产投资项目、完整工业投资项目和更新改造投资项目三种类型；并可进一步分为不考虑所得税因素和考虑所得税因素的项目，通常情况下都考虑所得税。

2. 全投资假设

不论是自有资金还是借入资金等具体形式的现金流量，都将其视为自有资金。

3. 建设期投入全部资金假设

项目的原始总投资不论是一次投入还是分次投入，均假设它们是在建设期内投入的。

4. 项目投资的经营期与折旧年限一致假设

假设项目主要固定资产的折旧年限或使用年限与其经营期相同。

5. 时点指标假设

现金流量的具体内容所涉及的价值指标，不论是时点指标还是时期指标，均假设按照年初或年末的时点处理。其中，建设投资在建设期内有关年度的年初发生；垫支的流动资金在建设期的最后一年末即经营期的第一年初发生；经营期内各年的营业收入、付现成本、折旧、利润、税金等项目的确认均在年末发生；项目最终报废或清理均发生在经营期最后一年末，中途出售项目除外。

6. 确定性假设

假设与项目现金流量估算有关的价格、产销量、成本水平、所得税率等因素均为已知常数。

（三）现金流量估计时要注意的问题

为了正确计算投资方案的增量现金流量，需要正确判断哪些支出会引起企业总现金流量的变动，哪些支出不会引起企业总现金流量的变动。在进行这种判断时，要注意以下四个问题：

1. 区分相关成本和非相关成本

相关成本是指与特定决策有关的、在分析评价时必须加以考虑的成本。差额成本、未来成本、重置成本、机会成本都属于相关成本。

非相关成本是与特定决策无关的、在分析评价时不必加以考虑的成本。沉没成本、过去成本、账面成本等往往是非相关成本。

2. 不要忽视机会成本

在投资方案的选择中，如果选择了一个投资方案，则必须放弃投资于其他途径的机会，其他投资机会可能取得的收益是采纳本方案的一种代价，被称为这项投资方案的机会成本。

3. 要考虑投资方案对公司其他部门的影响

考虑投资方案对公司其他部门的影响主要看新项目和原有部门是竞争关系还是互补关系。

4. 对净营运资金的影响

所谓净营运资金的需要，指增加的流动资产与增加的流动负债之间的差额。通常，在进行投资分析时，一般假定开始投资时筹措的净营运资金在项目结束时收回。

（四）现金流量和利润

在投资决策中，研究的重点是现金流量，而把利润的研究放在次要地位，其原因是：

1. 整个投资有效年限内，利润总计与现金净流量总计是相等的。所以，现金净流量可以取代利润作为评价净收益的指标。

2. 利润在各年的分布受折旧方法等人为因素的影响，而现金流量的分布不受这些人为因素的影响，可以保证评价的客观性。

3. 在投资分析中，现金流动状况比盈亏状况更重要。

一个项目能否维持下去，不取决于一定期间是否盈利，而取决于有没有现金用于各种支付。现金一旦支出，不管是否消耗都不能用于别的目的，只有将现金收回后才能用来进行再投资。因此在投资决策中要重视现金流量的分析。

第二节　项目投资净现金流量的确定

一、单纯固定资产投资项目净现金流量的简化公式

1. 建设期净现金流量的简化计算公式

若单纯固定资产投资项目的固定资产投资均在建设期内投入，则建设期净现金流量可按以下简化公式计算：

建设期某年的净现金流量 = －该年发生的固定资产投资额

2. 经营期净现金流量的简化计算公式

简化公式为：

经营期某年净现金流量 = 该年因使用该固定资产新增的净利润 + 该年因使用该固定资产新增的折旧 + 该年回收的固定资产净残值

【例题 6－2－1】已知企业拟购建一项固定资产，需投资 1 000 万元，按直线法折旧，使用寿命 10 年，期末有 10 万元净残值。在建设起点一次投入借入资金 1 000 万元，建设期为一年，发生建设期资本化利息 100 万元。预计投产后每年可获营业利润

100 万元。在经营期的头 3 年中，每年归还借款利息 110 万元（假定营业利润不变，不考虑所得税因素）。根据资料计算有关指标。

解析：

（1）固定资产原值 = 固定资产投资 + 建设期资本化利息

= 1 000 + 100

= 1 100（万元）

（2）$固定资产年折旧额 = \dfrac{固定资产原值 - 净残值}{固定资产使用年限}$

$= \dfrac{1\ 100 - 10}{10} = 109$（万元）

（3）项目计算期 = 建设期 + 经营期 = 1 + 10 = 11（年）

（4）终结点年回收额 = 回收固定资产余值 + 回收流动资金

= 10 + 0 = 10（万元）

（5）建设期某年净现金流量 = - 该年发生的原始投资额

$NCF_0 = -100$（万元）

$NCF_1 = 0$（万元）

（6）经营期各年净现金流量分别为：

$NCF_{2\sim4} = 100 + 109 + 0 + 110 + 0 = 319$（万元）

$NCF_{5\sim10} = 100 + 109 + 0 + 0 + 0 = 209$（万元）

$NCF_{11} = 100 + 109 + 0 + 0 + 10 = 219$（万元）

二、完整工业投资项目净现金流量的简化公式

1. 建设期净现金流量的简化计算公式

若完整工业投资项目的全部原始投资均在建设期内投入，则建设期净现金流量可按以下简化公式计算：

建设期某年的净现金流量 = - 该年发生的原始投资额

或　$NCF_t = -I_t$；（$t = 0, 1, \cdots, s, s \geqslant 0$）

式中：

I_t 为第 t 年原始投资额；

s 为建设期年数。

由上式可见，当建设期 s 不为零时，建设期净现金流量的数量特征取决于其投资方式是分次投入还是一次投入。

2. 经营期净现金流量的简化计算公式

如果项目在经营期内不追加投资，则完整工业投资项目的经营期净现金流量可按以下简化公式计算：

经营期某年净现金流量 = 该年利润 + 该年折旧 + 该年摊销 + 该年利息 + 该年摊销额

或　$NCF_t = P_t + D_t + M_t + C_t + R_t$（$t = s + l, s + 2, \cdots, n$）

式中：

P_t 为第 t 年利润；

D_t 为第 t 年折旧额；

M_t 为第 t 年摊销额；

C_t 为第 t 年在财务费用中列支的利息费用；

R_t 为第 t 年回收额。

按我国现行制度规定，确定投资现金流量时，应将所得税因素作为现金流出项目处理。因此，计算经营净现金流量的简化公式中的利润为净利润。

【例题6-2-2】已知某工业项目需要原始投资125万元，其中固定资产投资100万元，开办费投资5万元，流动资金投资20万元。建设期为1年，建设期资本化利息10万元。固定资产投资和开办费投资于建设起点投入，流动资金于完工时（即第1年末）投入。该项目寿命期10年，固定资产按直线法计提折旧，期满有10万元净残值；开办费于投产当年一次摊销完毕。从经营期第二年起连续4年每年归还借款利息11万元；流动资金于终结点一次回收。投产后每年利润分别为1、11、16、21、26、30、35、40、45和50万元。根据所给资料计算有关指标。

解析：

（1）项目计算期 = 1 + 10 = 11（年）

（2）固定资产原值 = 100 + 10 = 110（万元）

（3）固定资产年折旧 $= \frac{110-10}{10} = 10$（万元）

（4）终结点回收额 = 10 + 20 = 30（万元）

（5）建设期净现金流量：

$NCF_0 = -(100+5) = -105$（万元）

$NCF_1 = -20$（万元）

（6）经营期净现金流量：

$NCF_2 = l + 10 + 5 + 11 + 0 = 27$（万元）

$NCF_3 = 11 + 10 + 0 + 11 + 0 = 32$（万元）

$NCF_4 = 16 + 10 + 0 + 11 + 0 = 37$（万元）

$NCF_5 = 21 + 10 + 0 + 11 + 0 = 42$（万元）

$NCF_6 = 26 + 10 + 0 + 0 + 0 = 36$（万元）

$NCF_7 = 30 + 10 + 0 + 0 + 0 = 40$（万元）

$NCF_8 = 35 + 10 + 0 + 0 + 0 = 45$（万元）

$NCF_9 = 40 + 10 + 0 + 0 + 0 = 50$（万元）

$NCF_{10} = 45 + 10 + 0 + 0 + 0 = 55$（万元）

$NCF_{11} = 50 + 10 + 0 + 0 + 30 = 90$（万元）

三、更新改造投资项目净现金流量的简化公式

1. 建设期净现金流量的简化计算公式

如果更新改造投资项目的固定资产投资均在建设期内投入，建设期不为零，且不涉及追加流动资金投资，则建设期的简化公式为：

建设期某年净现金流量 = -（该年发生的新固定资产投资 - 旧固定资产变价净收入）

建设期末的净现金流量 = 因固定资产提前报废发生净损失而抵减的所得税额

2. 经营期净现金流量的简化计算公式

如果建设期为零，则经营期净现金流量的简化公式为：

经营期第一年净现金流量 = 该年因更新改造而增加的净利润 + 该年因更新改造而增加的折旧 + 因旧固定资产提前报废发生净损失而抵减的所得税额

经营期其他各年净现金流量 = 该年因更新改造而增加的净利润 + 该年因更新改造而增加的折旧 + 该年回收新固定资产净残值超过假定继续使用的旧固定资产净残值之差额

如果建设期不为零，则第一个算式无效，整个经营期净现金流量均可按第二个算式计算。

【例题 6-2-3】某公司拟更新一套尚可使用 5 年的旧设备，旧设备的账面净值为 90 151 元，其变现净值为 80 000 元，新设备的投资总额为 180 000 元，也可使用 5 年，5 年末使用新设备和继续使用旧设备的预计净残值相等。更新该设备的建设期为零。若使用新设备可使企业在第一年增加营业收入 50 000 元，增加营业成本 25 000 元；在 2～5 年内某年增加营业收入 60 000 元，增加营业成本 30 000 元。设备采用直线法计提折旧。企业所得税率为 33%。处理旧设备相关的营业税金忽略不考虑。计算该公司更新设备项目的项目计算期各年的差量净现金流量（ΔNCF_t）。

解析：

（1）更新设备比继续使用旧设备增加的投资额

= 新设备的投资 - 旧设备的变价净收入

= 180 000 - 80 000

= 100 000（元）

（2）经营期第 1～5 年每年因为更新设备而增加的折旧

= 100 000 ÷ 5

= 20 000（元）

（3）经营期第一年总成本变动额

= 该年增加的经营成本 + 该年增加的折旧

= 25 000 + 20 000

= 45 000（元）

（4）经营期 2～5 年每年营业总成本的变动额

= 30 000 + 20 000

= 50 000（元）

（5）经营期第一年营业利润的变动额

= 50 000 - 45 000

= 5 000（元）

（6）经营期第 2～5 年每年营业利润的变动

= 60 000 - 50 000

= 10 000（元）

（7）旧设备提前报废发生的处理固定资产净损失

= 旧设备资产的折余价值 - 变价净收入

= 90 151 - 80 000 = 10 151（元）

(8) 因更新改造而引起的经营期第一年所得税的变动额

=5 000×33% =1 650（元）

(9) 因更新改造而引起的经营期第 2 ~5 年所得税的变动

=10 000×33%

=3 300（元）

(10) 经营期第一年因发生处理固定资产净损失而抵减的所得税额

=10 151×33%

=3 350（元）

(11) 经营期第一年因更新改造而增加的净利润

=5 000 -1 650

=3 350（元）

(12) 经营期第 2 ~5 年因更新改造而增加的净利润

=10 000 -3 300

=6 700（元）

(13) 按简化公式确定的建设期差量净现金流量 ΔNCF_0

= -（180 000 -80 000）

= -100 000（元）

(14) 按简化公式确定的经营期差量净现金流量

ΔNCF_1 =3 350 +20 000 +3 350 =26 700（元）

$\Delta NCF_{2\sim5}$ =6 700 +20 000 =26 700（元）

第三节　项目投资决策评价方法

一、非贴现的分析评价方法

非贴现的分析评价方法也称静态指标评价方法，是指考虑货币时间价值因素的分析评价方法。

1. 回收期法（PP）

回收期是指投资引起的现金流入累积到与投资额相等所需要的时间。回收年限越短，方案越有利。

(1) 在原始投资一次支出，每年现金净流量相等时：

$$回收期 = \frac{原始投资额}{每年现金净流量}$$

(2) 如果每年现金净流量不相等，或原始投资是分几年投入的，则需计算逐年累计的现金净流量，然后用插入法计算出投资回收期。

【例题 6 -3 -1】某企业有两个投资方案，投资总额均为 50 万元，全部用于购置新的设备。折旧采用直线法，使用期均为 5 年，无残值，其他有关资料如表 6 -1 所示：

表6－1　　某企业A、B方案相关资料表

项目计算期（年）	A方案		B方案	
	利润（万元）	现金净流量（万元）	利润（万元）	现金净流量（万元）
0		(50)		(50)
1	7.5	17.5	5	15
2	7.5	17.5	7	17
3	7.5	17.5	9	19
4	7.5	17.5	11	21
5	7.5	17.5	13	23
合　计	37.5	37.5	45	45

根据表6－1计算A、B方案的投资回收期。

解析：

A方案的投资回收期为：

$$PP=\frac{50}{17.5}=2.86\text{（年）}$$

B方案的投资回收期为：

$$PP=2+\frac{50-32}{51-32}=2.95\text{（年）}$$

当现金回收期小于企业预定的最短回收期时，这个方案就可通过；否则，就应放弃。

投资回收期法的优点是：

（1）计算简单，容易为决策人所正确理解。

（2）这种方法强调回收期的长短，因此可作为投资指标，特别是对外国投资，往往涉及政治因素，风险较大，所以常用此法以减少企业投资风险。

（3）强调投资收回，可促使企业为了保持较短的回收期而做出种种努力，以便尽快收回投资的资金。

投资回收期法的缺点是：

（1）没有考虑资金的时间价值，对回收期长、大型的投资项目，容易造成决策失误。

（2）忽略回收期后的现金流量，只着重考虑回收的时间，眼光比较短浅，注重短期行为，忽略长期效益。

投资回收期法目前作为辅助方法使用，主要用来测定方案的流动性而非营利性。

2. 会计收益率法（ARR）

会计收益率法又称投资报酬率，是指项目投资方案的年平均收益额占原投资总额的百分比。会计收益率法的决策标准是：投资项目的会计收益率越高越好，低于无风险投资利润率的方案为不可行方案。

会计收益率的计算公式为：

$$\text{会计收益率}=\frac{\text{年平均净收益}}{\text{原始投资额}}\times100\%$$

【例题6－3－2】如上例中，计算A、B两方案的会计收益率。

解析：

$$A\text{方案的会计收益率}=\frac{7.5}{50}\times100\%=15\%$$

$$B\text{方案的会计收益率}=\frac{\frac{45}{5}}{50}\times100\%=18\%$$

从计算的结果看，B 方案的会计收益率大于 A 方案的会计收益率，应选择 B 方案。

注意：在会计收益率的计算中，有时公式的分母使用平均投资额，这样计算的结果会提高 1 倍，但不能改变方案的优先次序。

会计收益率法的优点是计算简单、明了，容易掌握。

缺点是没有考虑资金的时间价值，没有考虑折旧的收回，即没有完整地反映现金流量。

二、贴现的风险评价方法

主要包括净现值法、净选择率法、现值指数法、内含报酬率法等评价指标法。

1. 净现值法（*NPV*）

净现值是指特定方案未来现金流入的现值与未来现金流出的现值之间的差额。

净现值的计算公式为：

$$NPV=\sum_{n=1}^{n}NCF_t\times(P/S,i,t)-A_0$$

净现值指标的决策标准是：如果投资方案的净现值大于或等于零，该方案为可行方案；如果投资方案的净现值小于零，该方案为不可行方案；如果几个方案的投资额相同，且净现值均大于零，那么净现值最大的方案为最优方案。

净现值大于或等于零是项目可行的必要条件。

（1）经营期内各年现金净流量相等的情况下，其计算公式为：

净现值＝年现金净流量×年金现值系数－投资现值

【例题 6－3－3】某企业购入设备一台，价值为 30 000 元，按直线法计提折旧，使用寿命 6 年，期末无残值。预计投产后每年可获得利润 4 000 元，假定投资要求的最低报酬率或资金成本率为 12%，求该项目的净现值。

解析：

$NCF_0=-30\,000$（元）

$NCF_{1-6}=4\,000+\frac{30\,000}{6}=9\,000$（元）

$NPV=9\,000\times(P/A,12\%,6)-30\,000$

$=9\,000\times4.111\,4-30\,000=7\,002.6$（元）

（2）经营期内各年现金净流量不相等的情况下，其计算公式为：

净现值＝（$\sum$ 年的现金净流量×各年的现值系数）－投资现值

【例题 6－3－4】假定例题 6－3－1 中，投产后每年可获得利润分别为 3 000 元、3 000元、4 000 元、4 000 元、5 000 元、6 000 元，其余资料不变，求该项目的净现值。

解析：

$NCF_0=30\,000$（元）

$$年折旧额 = \frac{30\ 000}{6} = 5\ 000\ (元)$$

$NCF_{1\sim2} = 3\ 000 + 5\ 000 = 8\ 000$ （元）

$NCF_{3\sim4} = 4\ 000 + 5\ 000 = 9\ 000$ （元）

$NCF_5 = 5\ 000 + 5\ 000 = 10\ 000$ （元）

$NCF_6 = 5\ 000 + 6\ 000 = 11\ 000$ （元）

$$\begin{aligned} NPV &= 8\ 000 \times (P/S,\ 12\%,\ 1) + 8\ 000 \times (P/S,\ 12\%,\ 2) + 9\ 000 \times (P/S,\ 12\%,\ 3) + 9\ 000 \times (P/S,\ 12\%,\ 4) + 10\ 000 \times (P/S,\ 12\%,\ 5) + 11\ 000 \times (P/S,\ 12\%,\ 6) - 30\ 000 \\ &= 8\ 000 \times 0.892\ 9 + 8\ 000 \times 0.797\ 2 + 9\ 000 \times 0.711\ 8 + 9\ 000 \times 0.635\ 5 + 10\ 000 \times 0.567\ 4 + 11\ 000 \times 0.506\ 6 - 30\ 000 \\ &= 6\ 893.1\ (元) \end{aligned}$$

【例题6-3-5】某企业拟建一项固定资产，需投资50万元，按直线法计提折旧，使用寿命10年，期末无残值。该项工程建设期为一年，建设资金分别于年初、年末各投入25万元。预计投产后每年可产生10万元的现金净流量，假定贴现率为10%，该项目投资的净现值为多少？

解析：

$$\begin{aligned} 净现值 &= 10 \times [(P/A,\ 10\%,\ 11) - (P/A,\ 10\%,\ 1)] - [25 + 25 \times (P/S,\ 10\%,\ 1)] = 10 \times (6.495\ 1 - 0.909\ 1) - (25 + 25 \times 0.909\ 1) \\ &= 8.132\ 5\ (万元) \end{aligned}$$

净现值都大于0，即投资方案是可以采纳的。

净现值法的优点：

(1) 考虑资金的时间价值观念，并且反映了投资方案可以赚得的具体金额。

(2) 考虑了风险，因为资金成本率是随着风险的大小而调整的（风险大，贴现率就高），所以用资金成本率计算的方案的经济效果也就包含了投资风险。

(3) 考虑了项目建设期的全部现金净流量，体现了流动性与收益性的统一。

净现值法的主要缺点：

(1) 资金成本率（贴现率）不易制订，尤其在经济动荡的时期，金融市场的利率每天都有变化。

(2) 说明了未来的盈亏数，但没有说明单位投资的效率，这样就会在决策时，倾向于采用投资大、收益大的方案，而忽视了收益总额虽小，但投资更省，经济效果更好的方案。

2. 净现值率法（*NPVR*）与现值指数法（*PI*）

其计算公式为：

$$净现值率 = \frac{净选择(NPV)}{投资现值(A_0)}$$

$$现值指数 = \frac{\sum_{t=0}^{n} \frac{I_t}{(1+i)^t}}{\sum_{t=0}^{n} \frac{O_t}{(1+i)^t}} = 1 + \frac{NPV}{\sum_{t=0}^{n} \frac{O_t}{(1+i)^t}} = 1 + \frac{NPV}{投资现值(A_0)}$$

$$现值指数 = 净现值率 + 1$$

净现值率大于零，现值指数大于1，表明项目的报酬率高于贴现率，存在额外收益；净现值率等于零，现值指数等于1，表明项目的报酬率等于贴现率，收益只能抵补资金成本；净现值率小于零，现值指数小于1，表明项目的报酬率小于贴现率，收益不能抵补资金成本。

【例题6-3-6】根据例题6-3-5的资料，计算净现值率和现值指数。

解析：

净现值率=7 002.6÷30 000=0.233 4

现值指数=37 002.6÷30 000=1.233 4

或：现值指数=净现值率+1=0.233 4+1=1.233 4

现值指数大于1，说明其收益超过成本，即投资收益率超过预定的贴现率。如果小于1，说明其报酬没有达到预定的贴现率。

现值指数法的主要优点是可以进行独立投资机会获利能力的比较。

现值指数是一个相对数指标，反映投资的效率；而净现值指标是绝对数指标，反映投资的效益。

3. 内含报酬率法（*IRR*）

内含报酬率又称内部收益率，是指投资项目的预期现金流入量现值等于现金流出量现值的贴现率，或者说是使投资项目的净现值等于零时的贴现率。即内含报酬率IRR满足下列等式：

$$\sum_{t=1}^{n} NCF_t(P/S, IRR, t) - A_。 = 0$$

用内含报酬率评价项目可行的必要条件是：内含报酬率大于或等于贴现率（资金成本率或企业要求的最低投资报酬率）。

（1）经营期内各年现金净流量相等，且全部投资均于建设起点一次投入，建设期为零，即：

年现金净流量（NCF）×年金现值系数－投资额（$A_。$）=0

内含报酬率计算的程序如下：

①计算年金现值系数：

$$年金现值系数=\frac{投资额}{年现金净流量}$$

②根据计算出来的年金现值系数与已知的年限n，查年金现值系数表确定内含报酬率的范围。

③用插入法求出内含报酬率。

【例题6-3-7】根据例题6-3-3的资料，计算内含报酬率。

解析：

（P/A，IRR，6）=30 000/9 000=3.333 3

查表可知：

贴现率在18%（P/S，18%，6）时为3.497 6

贴现率在20%（P/S，20%，6）时为3.325 5

$$IRR=18\%+\frac{3.4976-3.3333}{3.4976-3.3255}\times(20\%-18\%)=19.91\%$$

（2）经营期内各年现金净流量不相等

在年现金净流量不相等的情况下，采用逐次测试的方法，计算能使净现值等于零的贴现率，即内含报酬率。计算步骤如下：

①估计一个贴现率，用它来计算净现值。如果净现值为正数，说明方案的实际内含报酬率大于预计的贴现率，应提高贴现率再进一步测试；如果净现值为负数，说明方案本身的报酬率小于估计的贴现率，应降低贴现率再进行测算。

②根据上述相邻的两个贴现率用插入法求出该方案的内含报酬率。

【例题6－3－8】根据例题6－3－4的资料，计算内含报酬率。

解析：

先按16%估计的贴现率进行测试，其结果净现值为2 855.8元，是正数；把贴现率提高到18%进行测试，净现值为1 090.6元，仍为正数；再把贴现率提高到20%重新测试，净现值为－526.5元，是负数，说明该项目的内含报酬率在18%～20%之间。有关测试计算见表6－2：

表6－2　　某公司内含报酬率计算表

年份	年现金净流量	贴现率＝16%		贴现率＝18%		贴现率＝20%	
		现值系数	现值	现值系数	现值	现值系数	现值
0	(3)	1	(3)	1	(3)	1	(3)
1	0.8	0.862 1	0.689 68	0.847 5	0.678	0.833 3	0.666 64
2	0.8	0.743 2	0.594 56	0.718 2	0.574 56	0.694 4	0.555 52
3	0.9	0.640 7	0.576 63	0.608 6	0.547 74	0.578 7	0.520 83
4	0.9	0.552 3	0.497 07	0.515 8	0.464 22	0.482 3	0.434 07
5	1	0.476 2	0.476 2	0.437 1	0.437 1	0.401 9	0.401 9
6	1.1	0.410 4	0.451 44	0.370 4	0.407 44	0.334 9	0.368 39
净现值			0.285 58		0.109 06		(0.052 65)

然后用插入法计算内含报酬率：

$$IRR = 18\% + \frac{1\,090.6 - 0}{1\,090.6 - (-526.5)} \times (20\% - 18\%) = 19.35\%$$

如果这个方案的内含报酬率超过或等于企业的最低利率，这个方案就可以采用，否则就否决。如果n个方案都超过最低利率，应选择其报酬率最高的方案。

内含报酬率法的优点：

考虑了货币的时间价值，能弥补绝对数指标的不足，有利于在投资额不同的投资方案之间进行对比，并为一个主管部门控制企业投资规定了一个本行业适用的衡量标准（内含报酬率）。

内含报酬率法的缺点：

①内含报酬率中包括了一个不现实的假设，即假定这项投资每期收到的款项都可以用来再投资，并且收到的利率和内含报酬率一样。

②最低内含报酬率不容易制订。

③内含报酬率是一个相对值，利率大的方案，不一定对企业最有利。

第四节　投资项目评价方法的应用

一、项目投资方案的决策方法

（一）独立投资方案的决策

独立投资方案是指投资方案之间存在着相互依赖的关系，但又不能相互取代的投资方案。在只有一个投资项目可供选择的条件下，只需评价其经济上是否可行。

如果评价指标同时满足以下条件：净现值 >0，净现值率 >0，现值指数 >1，内含报酬率 > 贴现率，则项目是可行的；反之，应放弃该项目投资。而投资回收期与会计收益率可作为辅助指标评价投资项目。

【例 6-4-1】某企业购入机器一台，价值 50 000 元，预计该机器可使用 5 年，无残值。每年可生产销售产品 6 500 件，该产品售价为 7 元，单位变动成本为 4 元，固定成本总额 4 500 元（不含折旧），假定贴现率为 12%，计算该项目的净现值、净现值率、现值指数、内含报酬率，并作出决策。

解析：

$NCF_0 = -50\ 000$（元）

$NCF_{1\sim5} = 6\ 500 \times (7-4) - 4\ 500 = 15\ 000$（元）

净现值 $= 15\ 000 \times (P/A,\ 12\%,\ 5) - 50\ 000$

$= 15\ 000 \times 3.604\ 8 - 50\ 000$

$= 4\ 072$（元）

净现值率 $= 4\ 072 \div 50\ 000 = 0.081\ 44$

现值指数 $= (50\ 000 + 4\ 072) \div 50\ 000$

$= 1.081\ 44$

年金现值系数 $= 50\ 000 \div 15\ 000 = 3.333\ 3$

查年金现值系数表可知：

i 在 15%（P/A，15%，5）时为 3.352 2

i 在 16%（P/A，16%，5）时为 3.274 3

所以

$$IRR = 15\% + \frac{(3.352\ 2 - 3.333\ 3)}{(3.352\ 2 - 3.274\ 3)} \times (16\% - 15\%) = 15.24\%$$

由于净现值为 4 072 元，大于零，内含报酬率 15.24% > 贴现率 12%，所以该项目是可行。

【例题 6-4-2】某企业拟引进一条流水线，投资总额 100 万元，分两年投入。第一年初投入 60 万元，第二年初投入 40 万元，建设期为两年，无残值。折旧采用直线法。该项目可使用 10 年，每年销售收入为 60 万元，付现成本 35 万元，在投产初期投入流动资金 20 万元，项目使用期满仍可回收。假定企业期望的报酬率为 10%，计算该项目的净现值，并判断该项目是否可行。

解析：

$NCF_0 = -60$（万元）

$NCF_1 = -40$（万元）

$NCF_2 = -20$（万元）$NCF_{3\sim11} = 60 - 35 = 25$（万元）

$NCF_{12} = 25 + 20 = 45$（万元）

净现值 $NPV = 25 \times (P/A, 10\%, 9) \times (P/S, 10\%, 2) + 45 \times (P/S, 10\%, 12) - [60 + 40 \times (P/S, 10\%, 1) + 20 \times (P/S, 10\%, 2)]$

$= 25 \times 5.759 \times 0.8264 + 45 \times 0.3186 - 60 - 40 \times 0.9091 - 20 \times 0.8264$

$= 20.4259$（万元）

该投资方案的净现值为20.425 9万元，大于零，该项目是可行的。

（二）互斥投资方案的决策

项目投资决策中的互斥投资方案（相互排斥方案）是指在决策时涉及的多个相互排斥、不能同时实施的投资方案。

如果对投资额相同且项目使用期相等的互斥投资方案比较决策，可选择净现值或内含报酬率大的方案作为最优方案。

如果对投资额不相等而项目使用期相等的互斥投资方案比较决策，可选择差额净现值法或差额内含报酬率法来评判方案的好坏。

如果对投资额与项目使用期都不相同的互斥投资方案比较决策，可采用年回收额法，也就是计算年均净现值，哪个方案年均净现值大，哪个方案就最优。

【例题6－4－3】某企业现有资金50万元可用于固定资产项目投资，有A、B、C三个互相排斥的备选方案可供选择，这三个方案投资额均为50万元，且都能使用6年，贴现率为10%，求各自的净现值。

解析：

$NPV_A = 6.1253$（万元）　　$IRR_A = 12.3\%$

$NPV_B = 10.25$（万元）　　$IRR_B = 16.35\%$

$NPVc = 8.36$（万元）　　$IRR_C = 14.11\%$

因为A、B、C三个备选方案的净现值均大于零，且内含报酬率均大于贴现率。所以A、B、C三个方案均符合项目可行的必要条件。

又因为 $NPV_B > NPVc > NPV_A$

$IRR_B > IRR_C > IRR_A$

所以B方案最优，C方案次之，最差为A方案。

【例题6－4－4】某企业有甲、乙两个投资方案可供选择，甲方案的投资额为100 000元，每年现金净流量均为30 000元，可使用5年；乙方案的投资额为70 000元，每年现金净流量分别为10 000元、15 000元、20 000元、25 000元、30 000元，使用年限也为5年，如果贴现率为10%，请对甲、乙方案作出选择。

解析：

因为两方案的使用年限相同，但甲方案的投资额与乙方案的投资额不相等，所以应采用差额净现值法来进行评判，一般以投资额大的方案减投资额小的方案。

$\Delta NCF_0 = -100\,000 - (-70\,000) = -30\,000$（元）

$\Delta NCF_1 = 30\,000 - 10\,000 = 20\,000$（元）

$\Delta NCF_2 = 30\ 000 - 15\ 000 = 15\ 000$（元）

$\Delta NCF_3 = 30\ 000 - 20\ 000 = 10\ 000$（元）

$\Delta NCF_4 = 30\ 000 - 25\ 000 = 5\ 000$（元）

$\Delta NCF_5 = 30\ 000 - 30\ 000 = 0$（元）

$\Delta NPV_{(甲-乙)} = 20\ 000 \times (P/S, 10\%, 1) + 15\ 000 \times (P/S, 10\%, 2) + 10\ 000 \times (P/S, 10\%, 3) + 5\ 000 \times (P/S, 10\%, 4) - 30\ 000 - 20\ 000 \times 0.909\ 1 + 15\ 000 \times 0.826\ 4 + 10\ 000 \times 0.751\ 3 + 5\ 000 \times 0.683\ 0 - 30\ 000$

$= 11\ 506$（元）

计算表明，差额净现值为 11 506 元，大于零，所以应选择甲方案。

【例题 6-4-5】某企业有两项投资方案，其年现金净流量见表 6-3：

表 6-3　　某企业年现金净流量表

年限	甲方案	乙方案
	年现金净流量	年现金净流量
0 1 2 3	(20) 12 13.2	(12) 5.6 5.6 5.6

该企业要求的最低报酬率为 12%，请判断哪个方案较好。

解析：

因为甲、乙两方案的投资额不相等且使用年限不相同，所以应采用年回收额法来比较不同方案的优劣，其计算步骤为：

（1）计算各方案的净现值

$NPV_甲 = 12 \times (P/S, 12\%, 1) + 13.2 \times (P/S, 12\%, 2) - 20$

$= 12 \times 0.892\ 9 + 13.2 \times 0.797\ 2 - 20$

$= 12\ 378.4$（元）

$NPV_乙 = 5.6 \times (P/A, 12\%, 3) - 12$

$= 5.6 \times 2.401\ 8 - 12$

$= 14\ 500.8$（元）

（2）计算各方案的年回收额即年均净现值

$甲投资方案的年回收额 = \frac{12\ 378.4}{(P/A, 12\%, 2)} = \frac{12\ 378.4}{1.690\ 1}$

$= 7\ 324.06$（元）

$乙投资方案的年回收额 = \frac{14\ 500.8}{(P/A, 12\%, 3)} = \frac{14\ 500.8}{2.401\ 8}$

$= 6\ 037.47$（元）

甲方案的年回收额高于乙方案，即甲方案为最优方案。

（三）固定资产更新投资决策

1. 更新决策的现金流量分析

更新决策不同于一般的投资决策。一般说来，设备更换并不改变企业的生产能力，不增加企业的现金流入。更新决策的现金流量，主要是现金流出。即使有少量的残值变价收入，也属于支出抵减，而非实质上的流入增加。

【例题6-4-6】某企业有一旧设备，工程技术人员提出了更新要求，有关数据如表6-4所示：

表6-4　某企业设备更新资料表

	旧设备	新设备
原值	2 200	2 400
预计使用年限	10	10
已经使用年限	4	0
最终残值	200	300
变现价值	600	2 400
年运行成本	700	400

解析：

假设该企业要求的最低报酬率为15%。

由于没有适当的现金流入，无论哪个方案都不能计算其净现值和内含报酬率。通常，在收入相同时，我们认为成本较低的方案是好方案。

2. 固定资产的平均年成本

固定资产的平均年成本是指该资产引起的现金流出的年平均值。如果不考虑货币的时间价值，它是未来使用年限内现金流出总额与使用年限的比值。如果考虑货币的时间价值，它是未来使用年限内现金流出中现值与年金现值因数的比值，即平均每年的现金流出。

【例题6-4-5】的资料如上例，如果考虑货币的时间价值，该题可以有两种计算方法：

（1）计算现金流出的总现值，然后分摊给每一年：

$$旧设备平均年成本=\frac{600+700\times(P/A,15\%,6)-200\times(P/F,15\%,6)}{(P/A,15\%,6)}$$

$$=\frac{600+700\times3.784-200\times0.432}{3.784}$$

$$=836（元）$$

$$新设备平均年成本=\frac{2\,400+400\times(P/A,15\%,10)-300\times(P/F,15\%,10)}{(P/A,15\%,10)}$$

$$=\frac{2\,400+400\times5.019-300\times0.247}{5.019}$$

$$=863（元）$$

（2）由于各年已经有相等的运行成本，只有将原始投资和残值摊销到每一年，然后求和，即可取得每年平均的现金流出量。

平均年成本=投资摊销+运行成本-残值摊销

$$旧设备平均年成本=\frac{600}{(P/A,15\%,6)}+700-\frac{200}{(F/A,15\%,6)}$$

$$=\frac{600}{3.784}+700-\frac{200}{8.753}$$

$$=158.56+700-22.85$$

$$=836\text{（元）}$$

$$\text{新设备平均年成本}=\frac{200}{(P/A,\ 15\%,\ 10)}+400-\frac{300}{(F/A,\ 15\%,\ 10)}$$

$$=\frac{2\ 400}{5.019}+400-\frac{300}{20.303}$$

$$=478.18+400-14.78$$

$$=863\text{（元）}$$

通过上述计算可知，使用旧设备的平均年成本较低，不宜进行设备更新。

在使用平均年成本法时要注意以下两点：

（1）平均年成本法是把继续使用旧设备和购置新设备看成是两个互斥的方案，而不是有关更换设备的特定方案。

（2）平均年成本法的假设前提是将来设备再更换时，可以按原来的平均年成本找到可代替的设备。

二、所得税与折旧对投资的影响

（一）税后成本和税后收入

税后成本＝实际支付×（1－所得税税率）

税后收益＝收入金额×（1－所得税税率）

（二）折旧的抵税作用

【例题6－4－7】甲、乙两公司全年销货收入、付现成本均相同，所得税税率为40%。两者的区别是甲公司有一项可计提折旧的资产，每年折旧额相同。两家公司的现金净流量如表6－5所示：

表6－5　　甲、乙两公司现金净流量表

项目	甲公司	乙公司
营业收入	20 000	20 000
费用：		
付现营业费用	10 000	10 000
折旧	3 000	0
合计	13 000	10 000
税前利率	7 000	10 000
所得税（40%）	2 800	4 000
税后净利	4 200	6 000
营业现金流入：		
净利	4 200	6 000
折旧	3 000	0
合计	7 200	6 000
甲公司比乙公司拥有较多的现金	1 200	

一笔3 000元折旧，使企业获得1 200元的现金流入，计算折旧对税负的影响。

解析：

税负减少 = 折旧额 × 所得税税率

= 3 000 × 40%

= 1 200（元）

（三）税后现金流量

在加入所得税因素以后，现金流量的计算有三种方法：

(1) 根据现金流量的定义计算

营业现金流量 = 营业收入 - 付现成本 - 所得税 ①

(2) 根据年终营业结果来计算

营业现金流量 = 税后净利 + 折旧 ②

即：营业现金流量 = 营业收入 - 付现成本 - 所得税

= 营业收入 -（营业成本 - 折旧）- 所得税

= 营业利润 + 折旧 - 所得税

= 税后利润 + 折旧

(3) 根据所得税对收入和折旧的影响计算

税后成本 = 支出金额 ×（1 - 所得税税率）

税后收入 = 收入金额 ×（1 - 所得税税率）

税负减少 = 折旧 × 所得税税率

因此，现金流量应当按下式计算：

营业现金流量 = 税后收入 - 税后成本 + 税负减少

= 收入 ×(1 - 税率) - 付现成本 ×(1 - 税率) + 折旧 × 所得税税率 ③

这个公式也可以根据公式②直接推导出来：

营业现金流量 = 税后净利 + 折旧 = 收入 - 成本 ×（1 - 税率）+ 折旧

=（收入 - 付现成本 - 折旧）×（1 - 税率）+ 折旧

= 收入 ×（1 - 税率）- 付现成本 ×（1 - 税率）- 折旧 ×（1 - 税率）+ 折旧

= 收入 ×（1 - 税率）- 付现成本 ×（1 - 税率）- 折旧 + 折旧 × 税率 + 折旧

= 收入 ×（1 - 税率）- 付现成本 ×（1 - 税率）+ 折旧 × 税率

上述三个公式，最常用的是③。

第五节 项目投资风险的分析

投资风险分析的常用方法是风险调整贴现率法和肯定当量法。

一、风险调整贴现率法

风险调整贴现率法是将无风险报酬率调整为考虑风险的投资报酬率（即风险调整贴现率），然后根据风险调整贴现率来计算净现值并据此选择投资方案的决策方法。

风险调整贴现率 = 无风险报酬率 + 风险报酬率

$$= 无风险报酬率 + 风险报酬斜率（tga）\times 风险程度$$

假如用 K 表示风险调整贴现率，i 表示无风险报酬率，b 表示风险报酬斜率，Q 表示风险程度，则上式可以表示为：

$K = i + b \cdot Q$

假设 i 为已知，为了确定 K，需要先确定 Q 和 b。

【例题 6-5-1】某企业的无风险贴现率为 6%，现有三个投资方案，有关资料如表 6-8 所示，计算风险程度和风险报酬斜率。

表 6-8　　某企业投资方案示表

T	A 方案		B 方案		C 方案	
年	税后现金流量（元）	概率	税后现金流量（元）	概率	税后现金流量（元）	概率
0	(5 000)	1	(2 000)	1	(2 000)	1
1	3 000 2 000 1 000	0.25 0.5 0.25				
2	4 000 3 000 2 000	0.2 0.6 0.2				
3	2 000 2 000 1 500	0.3 0.4 0.3	1 500 4 000 6 500	0.2 0.6 0.2	3 000 4 000 5 000	0.1 0.8 0.1

解析：

1. 风险程度的计算

我们先计算 A 方案，起始投资 5 000 元是确定的，各年现金流入的金额有三种可能，并且已知概率。本例的风险因素全部在现金流入之中。这并不意味着现金流出没有风险、而只是为了简化。

（1）计算投资方案各年现金净流量的期望值 E。

A 方案：

$E_1 = 3\,000 \times 0.25 + 2\,000 \times 0.5 + 1\,000 \times 0.25 = 2\,000$（元）

$E_2 = 4\,000 \times 0.20 + 3\,000 \times 0.6 + 2\,000 \times 0.20 = 3\,000$（元）

$E_3 = 2\,500 \times 0.30 + 2\,000 \times 0.4 + 1\,500 \times 0.3 = 2\,000$（元）

B 方案：

$E_3 = 1\,500 \times 0.20 + 4\,000 \times 0.60 + 6\,500 \times 0.20 = 4\,000$（元）

C 方案：

$E_3 = 3\,000 \times 0.10 + 4\,000 \times 0.80 + 5\,000 \times 0.10 = 4\,000$（元）

（2）计算反映各年现金净流量离散程度的标准差 d。

A 方案：

$$d_1 = \sqrt{(3\,000 - 2\,000)^2 \times 0.25 + (2\,000 - 2\,000)^2 \times 0.5 + (1\,000 - 2\,000)^2 \times 0.25}$$
$$= 707.10(元)$$

$$d_2=\sqrt{(4\ 000-3\ 000)^2\times0.20+(3\ 000-3\ 000)^2\times0.6+(2\ 000-3\ 000)^2\times0.20}$$
$$=632.50(元)$$

$$d_3=\sqrt{(2\ 500-2\ 000)^2\times0.30+(2\ 000-2\ 000)^2\times0.40+(1\ 500-2\ 000)^2\times0.30}$$
$$=387.30(元)$$

B 方案：

$$d_3=\sqrt{(1\ 500-4\ 000)^2\times0.2+(4\ 000-4\ 000)^2\times0.6+(6\ 500-4\ 000)^2\times0.2}$$
$$=1\ 581\ (元)$$

C 方案：

$$d_3=\sqrt{(3\ 000-4\ 000)^2\times0.1+(4\ 000-4\ 000)^2\times0.8+(5\ 000-4\ 000)^2\times0.1}$$
$$=447\ (元)$$

标准差越大，说明现金净流量分布的离散程度越大，风险就越大；反之，风险程度越小。

$$D=\sqrt{\sum_{t=1}^{n}\frac{d_t^2}{(1+i)^{2t}}}$$

A 方案：

$$D=\sqrt{\frac{(707.10)^2}{1.06^2}+\frac{(632.5)^2}{1.06^4}+\frac{(387.3)^2}{1.06^6}}$$
$$=931.4\ (元)$$

B 方案：

$$D=\frac{1\ 581}{(1+6\%)^3}$$

C 方案：

$$D=\frac{447}{(1+6\%)^3}$$

（3）计算综合标准差系数 Q，其计算公式为：

$$Q=\frac{D}{EPV}$$

A 方案：

$$D=931.4\ (元)$$

$$EPV=\sum_{t=1}^{n}\frac{E_t}{(1+i)^t}$$
$$=\frac{2\ 000}{(1+6\%)}+\frac{3\ 000}{(1+6\%)^2}+\frac{2\ 000}{(1+6\%)^3}$$
$$=6\ 236(元)$$

$$Q=\frac{D}{EPV}=\frac{931.40}{6\ 236}=0.15$$

B 方案：

$$Q=\frac{D}{EPV}=\frac{1\ 581}{(1+6\%)^3}\div\frac{4\ 000}{(1+6\%)^3}$$
$$=\frac{1\ 581}{4\ 000}=0.40$$

C 方案：

$$Q=\frac{D}{EPV}=\frac{447}{(1+6\%)^{3}}\div\frac{4\ 000}{(1+6\%)^{3}}$$

$$=\frac{447}{4\ 000}=0.11$$

B 和 C 方案只有第三年有现金流入，在计算时，无需进行贴现然后计算标准差系数 Q，分子和分母同时贴现其比值仍然不变。

2. 确定风险报酬斜率 b

风险报酬斜率是直线方程 $K=i+b\cdot Q$ 的系数 b，它的高低反映风险程度变化对风险调整最低报酬率影响的大小。b 值是经验数据，可根据历史资料用高低点法或直线回归法求出，也可以由企业领导或有关专家根据经验数据确定。

假设中等风险程度的项目变化系数为 0.5，通常要求的含有风险报酬的最低报酬率为 11%，无风险的最低报酬率 i 为 6%。

则：$b=\frac{11\%-6\%}{0.5}=0.1$

前面已计算出 A、B、C 方案的综合变化系数 Q 分别为 0.15、0.4 和 0.11，则 A、B、C 方案的风险调整贴现率为：

$K_{(A)}=6\%+0.15\times0.1=7.5\%$

$K_{(B)}=6\%+0.4\times0.1=10\%$

$K_{(C)}=6\%+0.1\times0.11=7.1\%$

根据不同的风险调整贴现率计算净现值：

$$NPV_{(A)}=\frac{2\ 000}{1.075}+\frac{3\ 000}{(1.075)^{2}}+\frac{2\ 000}{(1.075)^{3}}-5\ 000$$

$$=1\ 860+2\ 596+1\ 610-5\ 000$$

$$=1\ 066\text{（元）}$$

$$NPV_{(B)}=\frac{4\ 000}{(1.1)^{3}}-2\ 000$$

$$=3\ 005-2\ 000$$

$$=1\ 005\text{（元）}$$

$$NPV_{(C)}=\frac{4\ 000}{(1.071)^{3}}-2\ 000$$

$$=3\ 256-2\ 000$$

$$=1\ 256\text{（元）}$$

三个方案的优先顺序为 C > A > B。如果不考虑风险因素，以概率最大的现金流量作为肯定的现金流量，其顺序为 B = C > A。

$$NPV_{(A)}=\frac{2\ 000}{1.06}+\frac{3\ 000}{(1.06)^{2}}+\frac{2\ 000}{(1.06)^{3}}-5\ 000$$

$$=6\ 236-5\ 000$$

$$=1\ 236\text{（元）}$$

$$NPV_{(B)}=\frac{4\ 000}{(1.06)^{3}}-2\ 000$$

$=3\ 358-2\ 000$

$=1\ 358$（元）

$$NPV_{(C)}=\frac{4\ 000}{(1.06)^3}-2\ 000$$

$=3\ 358-2\ 000$

$=1\ 358$（元）

不考虑风险价值时，无法区分 B 和 C 的优劣，加入风险因素后，B 方案风险大（变化系数为 0.4），变化很大。

风险调整贴现率法比较符合逻辑，不仅为理论家认可，并且使用广泛。

二、肯定当量法

肯定当量系数是把有风险的 1 元现金流量相当于确定的也即无风险的现金流量金额的系数。即确定的现金流量与不确定的现金流量期望值之间的比值。其计算公式为：

$$a_t=\frac{\text{肯定的现金流量}}{\text{不肯定的现金流量期望值}}$$

但在实际工作中，肯定当量系数往往是在估计风险程度的基础上凭借经验确定的，所以又可以说它是一个经验系数。反映风险程度的标准差系数与肯定当量系数之间的经验关系如表 6－9 所示：

表 6－9　　**标准差系数与肯定当量系数的经验关系**

标准差系数 q	肯定当量系数 a_t
$0\leqslant q\leqslant 0.07$	1
$0.07<q\leqslant 0.15$	0.9
$0.15<q\leqslant 0.23$	0.8
$0.23<q\leqslant 0.32$	0.7
$0.32<q\leqslant 0.42$	0.6
$0.42<q\leqslant 0.54$	0.5
$0.54<q\leqslant 0.07$	0.4
……	……

依据【例题 6－5－1】的资料，计算 A 方案的各年的标准差系数：

$$q_1=\frac{d_1}{E_1}=\frac{707.1}{2\ 000}=0.35$$

$$q_2=\frac{d_2}{E_2}=\frac{632.5}{3\ 000}=0.21$$

$$q_3=\frac{d_3}{E_3}=\frac{387.3}{2\ 000}=0.19$$

查表可知：$a_1=0.6$，$a_2=0.8$，$a_3=0.8$，A 方案的净现值为：

$$NPV_{(A)}=\frac{0.6\times 2\ 000}{1.06}+\frac{0.8\times 3\ 000}{1.06^2}+\frac{0.8\times 2\ 000}{1.06^3}-5\ 000$$

$=1\ 132+2\ 136+1\ 343-5\ 000$

$=-389$（元）

用同样方法可知：

$$q_B = \frac{d_B}{E_B} = \frac{1\ 581}{4\ 000} = 0.40$$

$$q_C = \frac{d_C}{E_C} = \frac{447}{4\ 000} = 0.11$$

$$a_B = 0.6$$

$$a_C = 0.9$$

$$NPV_{(B)} = \frac{0.6 \times 4\ 000}{(1.06)^3} - 2\ 000 = 15 \text{（元）}$$

$$NPV_{(C)} = \frac{0.9 \times 4\ 000}{(1.06)^3} - 2\ 000 = 1\ 022 \text{（元）}$$

方案的优先次序为 C > B > A，与风险调整贴现率法不同（C > A > B）。主要差别是 A 和 B 互换了位置。其原因是风险调整贴现法对远期现金流入予以较大的调整，使远期现金流入量大的 B 方案受到较大的影响。

肯定当量法是用调整净现值公式中分子的办法来考虑风险，风险调整贴现率法是用调整净现值公式分母的办法来考虑风险，这是两者的重要区别。

本章小结

项目投资是企业投资活动的主要内容，其投资所形成的大量固定资产是企业生产经营发展的重要物质基础。因此，企业项目投资的管理事关重大，影响深远。其管理的核心问题是投资决策。投资决策的正确与否，不仅长期影响企业的经营成果和财务的状况，还直接关系到企业的生存和发展。本章围绕这一中心主要阐述现金流量的估算，各种评价指标尤其是净现值法、内含报酬率法的计算评价以及应用，项目投资的风险评价等。

思考与练习

一、问答题

1. 企业如何测算内含报酬率？
2. 分析比较各种投资决策指标的优缺点。
3. 运用净现值法进行投资决策时，贴现率的确定方法有哪几种？
4. 叙述企业投资决策中使用现金流量的原因。

二、单项选择题

1. 下列评价指标中，其数值越小越好的指标是（　　）。

   A. 净现值率　　　　B. 投资回收期

   C. 内部收益率　　　　D. 投资利润率

2. 当某方案的净现值大于零时，其总收益率（　　）。

   A. 可能小于零　　　　B. 一定等于零

C. 一定大于设定折现率　　D. 可能等于设定折现率

三、多项选择题

1. 下列项目中，属于经营期现金流入项目的有（　　）。
   A. 营业收入　　B. 回收流动资金
   C. 经营成本节约额　　D. 回收固定资产余值
2. 下列指标中，属于动态指标的有（　　）。
   A. 获利指数　　B. 净现值率
   C. 内部收益率　　D. 投资利润率
3. 当 IRR > i 时，下列关系式中正确的有（　　）。
   A. 获利指数 PI >1　　B. 获利指数 PI <1
   C. 净现值率 NPVR >0　　D. 净现值率 NPVR <0

四、计算题

已知某长期投资项目建设期净现金流量为：NCF_0 = -500 万元，NCF_1 = -500 万元，NCF_2 =0；第 3～12 年的经营净现金流量 $NCF_{3\sim12}$ =200 万元，第 12 年末的回收额为 100 万元，行业基准折现率为 10%。

要求：

（1）计算原始投资额。

（2）计算终结点净现金流量。

（3）计算该项目的静态投资回收期①不包括建设期的回收期，②包括建设期的回收期。

（4）计算净现值（NPV）。

第七章　企业财务分析

学习目的：

通过学习，了解企业财务分析的概念、意义，掌握财务分析的方法，掌握企业偿债能力分析的方法；了解企业盈利能力、资金周转能力的指标，掌握企业盈利能力、资金周转状况、杜邦分析法的具体指标应用。

重点难点：

掌握因素分析法、趋势分析法、流动比率、速动比率等；销售毛利率、投资报酬率、市盈率、杜邦分析法。

关键概念：

财务分析　偿债能力　营运能力　获利能力　流动比率　速动比率　现金比率　资产负债率　股东权益比率　权益乘数　已获利息倍数　产权比率　存货周转率　应收账款周转率　流动资产周转率　总资产周转率　总资产报酬率　资产净利率　股东权益报酬率　销售净利率　每股收益　每股股利　股利发放率　市盈率　杜邦分析法

财务分析以企业的财务报告等会计资料为基础，对企业的财务状况和经营成果做出分析和评价，反映企业在运营过程中的利弊得失和发展趋势。财务分析是财务管理的重要方法之一，是对企业一定期间的财务活动的总结，为改进企业财务管理工作和优化经济决策提供重要的财务信息。财务分析是评价企业财务状况、衡量经营业绩的重要依据，是挖掘潜力、改进工作、实现理财目标的重要手段，是合理实施投资决策的重要步骤。

第一节　财务分析概述

企业财务管理人员要做好企业财务管理工作，需要对企业财务的状况进行了解，必须采用一系列财务指标，将企业的财务活动精确地用数量表示出来，这样才能有的放矢地提出财务管理的对策与措施，使财务管理科学化。财务分析是运用财务报表数据对企业过去的财务状况和经营成果及未来前景的一种评价。搞好企业财务分析，对强化企业经营管理特别是财务管理工作有重要意义。

一、财务分析的概念

财务分析是以企业财务报告及其他相关资料为主要依据，对企业的财务状况和经营成果进行评价和剖析，为投资者、经营管理者、债权人和社会其他各界的经济预测或决策提供依据的一项财务管理活动。

二、财务分析的意义与局限性

1. 财务分析的意义

（1）财务分析是企业财务管理工作的重要手段。

（2）通过财务分析可以评价企业管理者的经营业绩。

（3）财务分析可以为经济决策提供依据。

2. 企业财务分析的局限性表现在：

（1）财务分析所依据的财务报表数据常常会由于会计处理方法的不同而异。

（2）会计记录是以历史成本为依据的，资产价格的变化有时不反映在财务报表中，当资产的价格发生较大变化时，依据财务报表上的数据所做的财务分析就不能真实地反映企业的财务状况和经营成果，往往导致企业资产不实、利润虚假。

（3）会计以货币作为主要的计量手段，一些非货币计量因素（如开发研制新产品、发明新技术、提高企业人员素质等）对企业未来的发展有重大影响，可是财务分析对这类因素的评价显得力不从心。

三、财务分析的基本程序

（一）明确财务分析的目的

对企业进行财务分析所依据的资料是客观的，但是不同人员所关心问题的侧重点不同，因此进行财务分析的目的也各不相同。综合起来，主要有以下目的：

1. 评价企业的偿债能力

通过对企业的财务报告等会计资料进行分析，可以了解企业资产的流动性、负债水平以及偿还债务的能力，从而评价企业的财务状况和经营风险，为企业经营管理者、投资者和债权人提供财务信息。

2. 评价企业的营运能力

企业营运能力反映了企业对资产的利用和管理的能力。企业的生产经营过程就是利用资产取得收益的过程。资产是企业生产经营活动的经济资源，资产的利用和管理能力直接影响到企业的收益，它体现了企业的整体素质。进行财务分析，可以了解企业资产的保值和增值情况，分析企业资产的利用效率、管理水平、资金周转状况、现金流量情况等，为评价企业的经营管理水平提供依据。

3. 评价企业的获利能力

获取利润是企业的主要经营目标之一，反映了企业的综合素质。企业要生存和发展，必须争取获得较高的利润，这样才能在竞争中立于不败之地。投资者和债权人都十分关心企业的获利能力，获利能力强可以提高企业偿还债务的能力，提高企业的信誉。对企业获利能力的分析不能仅看其获取利润的绝对数，还应分析其相对指标，这些都可以通过财务分析来实现。

4. 评价企业的发展趋势

无论是企业的经营管理者，还是投资者、债权人，都十分关注企业的发展趋势，这关系到他们的切身利益。通过对企业进行财务分析，可以判断出企业的发展趋势，预测企业的经营前景，从而为企业经营管理者和投资者进行经营决策和投资决策提供重要的依据，避免决策失误给其带来重大的经济损失。

（二）搜集有关信息资料

一旦确定了分析目的，需尽快着手搜集有关经济资料，这是进行财务分析的基础。分析者要掌握尽量多的资料，包括公司的财务报表以及统计核算、业务核算等方面的资料。

（三）选择适当的分析方法

财务分析的目的不同，所选用的分析方法也不同。常用的财务分析方法有比较分析法、比率分析法等，这些方法各有特点，在进行财务分析时可以结合使用。局部的财务分析，可以选择其中的某一种方法；全面的财务分析，则应该综合运用各种方法，以便进行对比，作出可观的、全面的评价。利用这些分析方法，比较分析企业的有关财务数据、财务指标，对企业的财务状况作出评价。

（四）发现财务管理中存在的问题

在占有充分的财务资料之后，即可运用适当分析方法来比较分析，以反映公司经营中存在的问题，分析问题产生的原因。财务分析的最终目的是进行财务决策，因而，只有分析问题产生的原因并及时将信息反馈给有关部门，方能做出决策或帮助有关部门进行决策。

（五）提出改善财务状况的具体方案

财务分析的最终目的是为经济决策提供依据。通过上述的比较与分析，就可以提出各种方案，然后权衡各种方案的利弊得失，从中选出最佳方案，作出经济决策。这个过程也是一个信息反馈过程，决策者可以通过财务分析总结经验，吸取教训，以改进工作。

四、财务分析的方法

企业进行财务分析的方法主要有对比分析法、比率分析法、因素分析法、趋势分析法等。

（一）对比分析法

对比分析法又称比较分析法，它是对财务指标进行比较，借以确定差异、分析原因和寻求潜力的一种方法。

指标对比的形式主要有：

①将分析期的实际指标与计划指标进行对比，以确定实际与计划的差异，检查计划的完成情况。

②将分析期的实际指标与前期数据（或过去的某期数据）进行对比，以确定本期实际与前期（或某期）实际的差异，揭示有关指标的增减变动情况，预测企业未来的发展趋势。

③本单位的实际指标与同行业相应指标的平均水平或先进水平做比较，以确定本单位与行业平均水平或先进水平的差异，吸收先进经验，不断提高企业的管理水平。

（二）比率分析法

比率分析法是指在同一期财务报表的若干不同项目或类别之间，用相对数揭示它们之间的相互关系，据以分析和评价企业的财务状况和经营成果，找出经营管理中存在的问题的一种方法。

企业常用的比率有三类：反映企业偿债能力的比率、反映企业营运能力的比率以及反映企业盈利能力的比率。

比率分析有一定的局限性：第一，比率分析采用财务报表上的数据都属于历史数据，对于未来的预测只有一定的参考价值；第二，在不同企业之间进行比率分析时，由于采用的会计方法不同往往缺乏可比性，使得求出的比率不一定能说明问题。

（三）因素分析法

因素分析法又称连环替代法，它是在财务指标对比分析确定差异的基础上，利用各个因素的顺序“替代”，从数值上测定各个相关因素对有关财务指标差异的影响程度的一种方法。

运用因素分析法时应遵循以下原则：

（1）应根据各个因素对某项指标影响的内在联系来确定替代顺序，依次进行替代计算。一般把数量指标列在前面。

（2）在测定某一指标对该因素的影响时，必须假定只有这一个因素发生变动而其他因素不变。

（3）把替代该因素后的数据与替代该因素前的数据比较，以确定该因素变动对企业造成的影响。

下面举例说明这种方法的应用。

【例题7－1－1】某公司2008年10月甲材料的计划数是21 600元，实际发生数是26 832元。原材料费用是由产品产量、单位产品消耗量和材料单价三个因素的乘积组成，有关资料见表7－1。

表7－1　　某公司原材料费用资料表

项目	单位	计划数	实际数
产品产量	（件）	200	215
单位产品材料消耗量	（公斤/件）	10.8	9.6
材料单价	（元/公斤）	10	13
材料费用总额	（元）	21 600	26 832

要求确定各因素变动对材料费用总额的影响。

解析：

（1）分解指标体系，确定分析对象

材料费用可分解为产品产量、单位产品材料消耗量与材料单价三个因素，材料费用总额的实际数与计划数相差5 232元（即：26 832－21 600＝5 232元），这是分析对象。

（2）连环顺序替代

材料费用总额＝产品产量×单位产品材料消耗量×材料单价

因素替代如下：

计划材料费用总额：200×10.8×10＝21 600（元）　①

替代产品产量：215×10.8×10＝23 220（元）　②

替代单位产品材料消耗量：215 ×9.6 ×10 =20 640（元） ③

替代材料单价：215 ×9.6 ×13 =26 832（元） ④

（3）确定各因素的影响程度

增加产品的影响：② - ① =23 220 - 21 600 =1 620（元）

节约材料的影响：③ - ② =20 640 - 23 220 =2 580（元）

提高材料价格的影响：④ - ③ =26 832 - 20 640 =6 192（元）

全部因素的影响：1 620 - 2 580 +6 192 =5 232（元）

运用因素分析法，取得了各项因素变动对综合指标的影响，有助于分清经济责任，更好地评价财务管理工作；同时发现主要问题，有目的、有针对性地加以改善。

（四）趋势分析法

趋势分析法是将企业连续几年的财务报表的有关项目进行比较，用以分析企业财务状况和经营成果的变化情况及发展趋势的一种方法。通常采用垂直分析法与水平分析法两种方法。

1. 垂直分析法

垂直分析法又称共同基准分析法，它是将财务报表中某一关键项目的金额作为100%，其他项目的金额换算成关键项目的百分比，从而反映它们之间重要的比率关系。

【例题7 -1 -2】甲公司2007 年与2008 年的利润表及其共同基准分析（垂直分析）如表7 -2 所示。

在表7 -2 中，把主营业务收入作为100%，其他每一项目以主营业务收入的百分比来表示。

表7 -2 共同基准分析利润表

项目	2007 年（元）	2008 年（元）	共同基准	
			2 007（%）	2 008（%）
一、主营业务收入	7 865 400	9 048 650	100.00	100.00
减：主营业务成本	4 719 240	6 424 060	60.00	70.99
营业费用	591 900	698 440	7.53	7.72
主营业务税金及附加	432 597	497 670	5.50	5.50
二、主营业务利润	2 121 663	1 428 480	26.97	15.79
加：其他业务利润	151 220	164 380	1.92	1.82
减：管理费用	480 650	720 970	6.11	7.97
财务费用	114 370	128 460	1.45	1.42
三、营业利润	1 677 863	743 430	21.33	8.22
加：投资收益	53 720	88 660	0.68	0.98
营业外收入	14 570	15 450	0.19	0.17
减：营业外支出	32 260	40 100	0.41	0.44
四、利润总额	1 713 893	807 440	21.79	8.92

2007 年与2008 年相比，甲企业的主营业务收入增长15.04%，而主营业务利润却下降32.67%，其主要原因是主营业务成本增支36.12%，营业费用增支18.00%，都超过了主营业务收入的增长幅度。企业的其他业务利润在2008 年比2007 年增加

8.7%，但管理费用与财务费用却分别增支50%与12.32%，尤其管理费用的绝对发生额比去年增加许多，致使企业2008年的营业利润比2007年下降55.69%，见表7－3。

表7－3　　利润水平分析表

项目	2007年（元）	2008年（元）	增减额（元）	增减百分比（%）
一、主营业务收入	7 865 400	9 048 650	1 183 250	15.04
减：主营业务成本	4 719 240	6 424 060	1 704 820	86.12
营业费用	591 900	698 440	106 540	18.00
主营业务税金及附加	432 597	497 670	65 073	15.04
二、主营业务利润	2 121 663	1 428 480	－693 183	－32.67
加：其他业务利润	151 220	164 380	13 160	8.70
减：管理费用	480 650	720 970	240 320	50.00
财务费用	114 370	128 460	14 090	12.32
三、营业利润	1 677 863	743 430	－934 433	－55.69
加：调整收益	53 720	88 660	34 940	65.04
营业外收入	14 570	15 450	880	6.04
减：营业外支出	32 260	40 100	7 840	24.30
四、利润总额	1 713 893	807 440	－906 453	－52.89

为了便于说明，本章各项财务指标的计算将主要使用M公司作为实例，该公司的资产负债表、利润表如表7－4、表7－5所示。

表7－4　　M公司资产负债表

编制单位：M公司　　200×年12月31日　　单位：万元

资产	年初数	期末数	负债及所有者权益	年初数	期末数
流动资产：			流动负债：		
货币资金	25	50	短期借款	45	60
短期投资	12	6	应付票据	4	5
应收票据	11	8	应付账款	109	100
应收账款	200	400	预收账款	4	10
减：坏账准备	1	2	其他应付款	12	7
应收账款净额	109	398	应付工资	1	2
预付账款	4	22	应付福利费	16	12
其他应收款	22	12	未交税金	4	5
存货	326	119	未付利润	10	28
待摊费用	7	32	其他未交款	1	7
待处理流动资产损失	4	8	预提费用	5	9
一年内到期的			待扣税金	4	2
长期债券投资	0	45	一年内到期的长期负债	0	50
流动资产合计	610	700	其他流动负债	5	3
长期投资	45	30	流动负债合计		
固定资产：			长期负债：	220	300
固定资产原价	1 617	2 000	长期借款		
减：累计折旧	662	762	应付债券	245	450

表7-4(续)

资产	年初数	期末数	负债及所有者权益	年初数	期末数
固定资产净值	955	1 238	长期应付款	260	240
固定资产清理	12	0	其他长期负债	60	50
在建工程	25	10	长期负债合计	15	20
待处理固定资产损失	10	8	股东权益：	580	760
固定资产合计	1 002	1 256	股本		
无形及递延资产：			资本公积	100	100
无形资产	8	6	盈余公积	10	16
递延资产	15	5	未分配利润	40	74
其他长期资产	0	3	股东权益合计	730	750
资产总计	1 680	2 000	负债及股东权益总计	880	940
				1 680	2 000

表7-5　　M公司利润表

编制单位：M公司　　200×年12月31日　　单位：万元

项目	上年实际	本年累计
一、产品销售收入	2 850	3 000
减：产品销售成本	2 503	2 644
产品销售费用	20	22
产品销售税金及附加	28	28
二、产品销售利润	299	306
加：其他业务利润	36	20
减：管理费用	40	46
财务费用	96	110
三、营业利润	199	170
加：投资收益	24	40
营业外收入	17	10
减：营业外支出	5	20
四、利润总额	235	200
减：所得税	58.75	50
五、净利润	176.25	150

2. 水平分析法

水平分析法，指将反映企业报告期财务状况的信息（也就是会计报表信息资料）与反映企业前期或历史某一时期财务状况的信息进行对比，研究企业各项经营业绩或财务状况的发展变动情况的一种财务分析方法。

第二节　偿债能力分析

偿债能力是指企业偿还各种到期债务的能力。偿债能力分析是企业财务分析的一个重要方面，通过这种分析可以揭示企业的财务风险。企业财务管理人员、债权人及投资者都十分重视企业的偿债能力分析。评价企业偿债能力的指标主要分为短期偿债能力分析和长期偿债能力分析。

一、短期偿债能力分析

短期偿债能力是指企业偿付流动负债的能力。流动负债是在1年内或超过1年的一个营业周期内需要偿付的债务，这部分负债对企业的财务风险影响较大，如果不能及时偿还，就可能使企业面临倒闭的危险。在资产负债表中，流动负债与流动资产形成一种对应关系。一般来说，流动负债需以流动资产来偿付，特别是通常它需要以现金来直接偿还。因此，可以通过分析企业流动负债与流动资产之间的关系来判断企业短期偿债能力。通常，评价企业短期偿债能力的财务比率主要有流动比率、速动比率、现金比率、现金流动负债比率等。

1. 流动比率

流动比率是企业流动资产与流动负债的比率。用公式可以表示为：

$$流动比率=\frac{流动资产}{流动负债}$$

我们可以用表7-4资产负债表中的数据，来计算该公司的流动比率。该公司200×年年末的流动资产为700万元，流动负债为300万元，依上述公式计算流动比率为：

$$流动比率=\frac{700}{300}=2.33$$

这表明该公司每有1元的流动负债，就有2.33元的流动资产做保障。流动比率是衡量企业短期偿债能力的一个重要财务指标，这个比率越高，说明企业偿还流动负债的能力越强，流动负债得到偿还的保障越大。但是，过高的流动比率也并非好现象，因为流动比率过高，可能是企业滞留在流动资产上的资金过多，未能有效地加以利用，可能会影响企业的获利能力。

根据西方的经验，流动比率在2.0比较合适。这是因为流动资产中变现能力最差的存货金额约占流动资产总额的一半，剩下的流动性较大的流动资产至少要等于流动负债，企业的短期偿债能力才会有保证。人们长期以来的这种认识因未能从理论上证明，还不能成为一个统一的标准。

2. 速动比率

速动比率能够较准确地反映企业的偿债能力。企业流动资产中扣除存货后的资产叫做速动资产。速动比率是速动资产与流动负债的比值。用公式可以表示为：

$$速动比率=\frac{速动资产}{流动负债}=\frac{流动资产-存货}{流动负债}$$

我们仍然采用表7-4资产负债表中的数据计算速动比率，由于表中200×年年末存货为119万元，则其速动比率为：

$$速动比率=\frac{700-119}{300}=1.94$$

通常认为正常的速动比率为 1，低于 1 的速动比率被认为是企业短期偿债能力偏低。这仅是一般的看法，因为行业不同，速动比率会有很大差别，没有统一标准的速动比率。例如，采用大量现金销售的商店，几乎没有应收账款，大大低于 1 的速动比率则是很正常的。相反，一些应收账款较多的企业，速动比率可能要大于 1。

影响速动比率可信性的重要因素是应收账款的变现能力。账面上的应收账款不一定都能变成现金，实际坏账可能比计提的准备要多；季节性的变化可能使报表的应收账款数额不能反映平均水平。这些情况，外部使用人不易了解，而财务人员却有可能作出估计。

需要说明的是，用流动资产扣除存货来计算速动资产只是一种粗略的计算，严格地讲，不仅要扣除存货，还应扣除待摊费用、预付账款、待处理流动资产损失等其他变现能力较差的项目。

3. 现金比率

现金比率是企业的现金类资产与流动负债的比率。现金类资产包括企业的库存现金、随时可以用于支付的存款和现金等价物，即现金流量表中所反映的现金。其计算公式为：

$$现金比率=\frac{现金+现金等价物}{流动负债}$$

根据表 7-4M 公司的有关数据，假定该公司的现金及现金等价物为 150 万元，该公司 200×年末的现金比率为：

$$现金比率=\frac{150}{300}=0.5$$

现金比率可以反映企业的直接支付能力，因为现金是企业偿还债务的最终手段，如果企业现金缺乏，就可能发生支付困难，将面临财务危机，因而现金比率高，说明企业有较好的支付能力，对偿付债务是有保障的。但是，如果这个比率过高，可能意味着企业拥有过多的获利能力较低的现金类资产，企业的资产未能得到有效运用。

4. 现金流动负债比率

现金流动负债比率是企业一定时期的经营现金净流量同流动负债的比率，它可以从现金流量角度来反映企业当期偿付短期负债的能力。其计算公式为：

$$现金流动负债比率=\frac{经营活动现金净流量}{流动负债}$$

其中，经营现金净流量是指一定时期内，企业经营活动所产生的现金及现金等价物流入量与流出量的差额。

现金流动负债比率从现金流入和流出的动态角度对企业的实际偿债能力进行考察。由于有利润的年份不一定有足够的现金（含现金等价物）来偿还债务，所以利用以收付实现制为基础计量的现金流动负债比率指标，能充分体现企业经营活动所产生的现金净流量可以在多大程度上保证当期流动负债的偿还，直观地反映出企业偿还流动负债的实际能力。用该指标评价企业偿债能力应更加谨慎。该指标越大，表明企业经营活动产生的现金净流量越多，越能保障企业按期偿还到期债务，但也并不是越大越好，该指标过大则表明企业流动资金利用不充分，获利能力不强。

根据表 7-4 资料，同时假设 M 公司 200×年度的经营活动产生的现金净流量为

350万元（经营活动产生的现金净流量数据可以根据M公司的现金流量表获得），则该公司200×年度的现金流动负债比率分别为：

$$现金流动负债比率=\frac{350}{300}=1.17$$

需要说明的是，经营活动所产生的现金流量是过去一个会计年度的经营结果，而流动负债则是未来一个会计年度需要偿还的债务，二者的会计期间不同。因此，这个指标是建立在以过去一年的现金流量来估计未来一年现金流量的假设基础之上的。使用这一财务比率时，需要考虑未来一个会计年度影响经营活动的现金流量变动的因素。

二、长期偿债能力分析

长期偿债能力是指企业偿还长期负债的能力，企业的长期负债主要有长期借款、应付长期债券、长期应付款等。对于企业的长期债权人和所有者来说，不仅关心企业短期偿债能力，更关心企业长期偿债能力。因此，在对企业进行短期偿债能力分析的同时，还需分析企业的长期偿债能力，以便债权人和投资者全面了解企业的偿债能力及财务风险。反映企业长期偿债能力的财务比率指标主要有资产负债率、股东权益比率与权益乘数、产权比率、偿债保障比率、已获利息倍数等，现分述如下：

1. 资产负债率

资产负债率又称负债比率，是企业负债总额除以资产总额的比率。用公式表示为：

$$资产负债率=\frac{负债总额}{资产总额}\times100\%$$

例如，M公司200×年年末负债总额为1 060万元，资产总额为2 000万元。依上式计算资产负债率为：

$$资产负债率=\frac{1\ 060}{2\ 000}\times100\%=53\%$$

不同的人对负债比率的要求不尽相同。债权人关心的是贷给企业款项的安全程度，如果负债比率较高，则企业的风险将主要由债权人承担，其贷款的安全也缺乏可靠的保障，这对债权人是不利的。而产权拥有者却希望负债经营，以提高资金利润率。如果企业负债所支付的利率低于资产报酬率，就可以利用举债经营取得更多的投资收益。因此，股东所关心的往往是全部资产报酬率是否超过了借款的利率。企业股东可以通过举债经营的方式，以有限的资本、付出有限的代价而取得对企业的控制权，并且可以得到举债经营的杠杆利益。在财务分析中，资产负债率也因此被人们称为财务杠杆。对企业经营者来说，他们既要考虑企业的盈利，也要顾及企业所承担的财务风险。资产负债率作为财务杠杆，不仅反映了企业的长期财务状况，也反映了企业管理当局的进取精神。如果企业不利用举债经营或者负债比率很小，则说明企业比较保守，对前途信心不足，利用债权人资本进行经营活动的能力较差。但是，负债也必须有一定限度，负债比率过高，企业的财务风险将增大，一旦资产负债率超过1，则说明企业资不抵债，有濒临倒闭的危险。

至于资产负债率为多少才是合理的，并没有一个确定的标准。不同的行业、不同类型的企业都是有较大差异的。一般而言，处于高速成长时期的企业，其负债比率可能会高一些，这样所有者会得到更多的杠杆利益。但是，财务管理者在确定企业的负债比率时，一定要审时度势，充分考虑企业内部各种因素和企业外部的市场环境，在收益与风险之间权衡利弊得失，然后才能做出正确的财务决策。

2. 股东权益比率与权益乘数

股东权益比率是股东权益与资产总额的比率，该比率反映企业资产中有多少是所有者投入的。其计算公式为：

$$股东权益比率 = \frac{股东权益总额}{资产总额} \times 100\%$$

从上述公式可知，股东权益比率与负债比率之和等于1，这两个比率是从不同的侧面来反映企业长期财务状况的，股东权益比率越大，负债比率就越小，企业的财务风险也越小，偿还长期债务的能力就越强。根据表7－4的有关数据，M公司200×年末的股东权益比率为：

$$股东权益比率 = \frac{940}{2\ 000} \times 100\% = 47\%$$

股东权益比率的倒数称为权益乘数，即资产总额是股东权益的多少倍。该乘数越大，说明股东投入的资本在资产中所占比重越小。其计算公式为：

$$权益乘数 = \frac{资产总额}{股东权益总额}$$

根据表7－4的有关数据，M公司200×年末的权益乘数为：

$$权益乘数 = \frac{2\ 000}{940} = 2.13$$

权益乘数也可以用来衡量企业的财务风险，这个乘数或倍数越高，企业的财务风险就越大。公式中的资产总额与股东权益数也可以采用平均总额计算：

$$权益乘数 = \frac{资产平均总额}{股东权益平均总额}$$

根据表7－4的有关数据，M公司200×年末的权益乘数为：

$$权益乘数 = \frac{(1\ 680 + 2\ 000)/2}{(880 + 940)/2} = 2.02$$

3. 产权比率

产权比率是负债总额与股东权益总额的比率，也称负债股权比率。其计算公式为：

$$产权比率 = \frac{负债总额}{股东权益总额}$$

从公式中可以看出，这个比率实际上是负债比率的另一种表现形式，它反映了债权人提供的资金与股东提供资金的对比关系，因此它可以揭示企业的财务风险以及股东权益对债务的保障程度。该比率越低，说明企业长期财务状况越好，债权人贷款的安全越有保障，企业财务风险越小。根据表7－4的有关数据，M公司200×年末的产权比率为：

$$产权比率 = \frac{1\ 060}{350} = 1.13$$

4. 偿债保障比率

偿债保障比率是负债总额与经营活动现金净流量的比率。其计算公式为：

$$偿债保障比率 = \frac{负债总额}{经营活动现金净流量}$$

从公式中可以看出，偿债保障比率反映了用企业经营活动产生的现金净流量偿还全部债务所需的时间，所以该比率亦被称为债务偿还期。一般认为，经营活动产生的现金流量是企业长期资金的主要来源，而投资活动和筹资活动所获得的现金流量虽然在必要时也可用于偿还债务，但不能将其视为经常性的现金流量。因此，用偿债保障比率就可以衡量企业通过经营活动所获得的现金偿还债务的能力。一般认为，该比率越低，企业偿还债务的能力越强。

根据表 7－4 有关数据，M 公司 200×年度的经营活动产生的现金净流量为 350 万元，则该公司 200×年度的偿债保障比率为：

$$偿债保障比率=\frac{1\ 060}{350}=3.03$$

5. 已获利息倍数

已获利息倍数也称利息保障倍数，是税前利润加利息费用之和与利息费用的比率。其计算公式为：

$$已获利息倍数=\frac{息税前利润总额}{利息费用}$$

其中，息税前利润总额＝税前利润＋利息费用

＝净利润＋所得税＋利息支出

根据表 7－5 的有关数据（假定该公司的财务费用都是利息费用，并且固定资产成本中不含资本化利息），M 公司 200×年末的已获利息倍数为：

$$已获利息倍数=\frac{200+110}{110}=2.82$$

公式中的税前利润是指缴纳所得税之前的利润总额，利息费用不仅包括财务费用中的利息费用，还包括计入固定资产成本的资本化利息。已获利息倍数反映了企业的经营所得支付债务利息的能力。如果这个比率太低，说明企业难以保证用经营所得来按时、按量支付债务利息，这会引起债权人的担心。一般来说，企业的已获利息倍数至少要大于 1，否则，就难以偿付债务及利息，若长此以往，甚至会导致企业破产倒闭。

但是，利用已获利息倍数这一指标必须注意，因为会计采用权责发生制来核算费用，所以本期的利息费用不一定就是本期的实际利息支出，而本期发生的实际利息支出也并非全部是本期的利息费用；同时，本期的息税前利润也并非本期的经营活动所获得的现金。这样，利用上述财务指标来衡量经营所得支付债务利息的能力就存在一定的片面性，不能清楚地反映实际支付利息的能力。

该财务指标究竟是多少才能说明企业偿付利息的能力强，并没有一个确定的标准，通常要根据历年的经验和行业特点来判断。

第三节　营运能力分析

营运能力是用来衡量企业在资产管理方面效率的财务指标。对此进行分析，可以了解企业的营业状况及经营管理水平。资金周转状况好，说明企业的经营管理水平高，资金利用效率高。企业的资金周转状况与供、产、销各个经营环节密切相关，任何一个环节出现问题，都会影响企业资金的正常周转。评价企业营运能力的常用指标主要有营业周期、应收账款周转率、存货周转率、流动资产周转率和总资产周转率等。

1. 营业周期

营业周期是指从取得存货开始到销售存货并收回现金为止的这段时间。营业周期的长短取决于存货周转天数和应收账款周转天数。营业周期的计算公式如下：

营业周期 = 存货周转天数 + 应收账款周转天数

把存货周转天数和应收账款周转天数加在一起计算出来的营业周期，指的是需要多长时间能将期末存货全部变为现金。一般情况下，营业周期短，说明资金周转速度快；营业周期长，说明资金周转速度慢。

2. 应收账款周转率

应收账款在流动资产中有着举足轻重的地位。及时收回应收账款，不仅可以增强企业的短期偿债能力，也反映出企业管理应收账款方面的效率。

反映应收账款周转速度的指标是应收账款周转率，也就是年度内应收账款转为现金的平均次数，它说明应收账款流动的速度。用时间表示的周转速度是应收账款周转天数，也叫平均应收账款回收期或平均收现期，它表示企业从取得应收账款的权利到收回款项、转换为现金所需要的时间。其计算公式为：

$$\text{应收账款周转率} = \frac{\text{销售收入}}{\text{平均应收账款}}$$

其中，平均应收账款 =（期初应收账款余额 + 期末应收账款余额）/2

公式中的销售收入数据来自利润表，是扣除折扣和折让后的销售净额。以后的计算也是如此，除非特别指明销售收入均指销售净额。平均应收账款是指未扣除坏账准备的应收账款金额，它是资产负债表中期初应收账款余额与期末应收账款余额的平均数。有人认为，销售净额应扣除现金销售部分，即是用赊销净额来计算。从道理上看，这样可以保持比率计算分母和分子口径的一致性。但是，不仅财务报表的外部使用人无法取得这项数据，而且财务报表的内部使用人也未必容易取得该数据，因此，把现金销售视为收账时间为零的赊销也是可以的，只要保持一贯性，使用销售净额来计算该指标一般不影响其分析和利用价值。因此，在实务上多采用销售净额来计算应收账款周转率。

【例题 7-3-1】M 公司 200× 年度销售收入为 3 000 万元，年初应收账款余额为 200 万元，年末应收账款余额为 400 万元。则应收账款周转率为多少？

解析：

$$\text{应收账款周转率} = \frac{3\ 000}{(200+400)/2} = 10\text{（次）}$$

在市场经济条件下，商业信用被广泛应用，应收账款成为一项重要的流动资产。应收账款周转率是评价应收账款流动性大小的一个重要财务比率，它反映了企业在一个会计年度内应收账款的周转次数，可以用来分析企业应收账款的变现速度和管理效率。这一比率越高，说明企业催收账款的速度越快，可以减少坏账损失，而且资产的流动性强，企业的短期偿债能力也会增强，在一定程度上可以弥补流动比率低的不利影响。但是，如果应收账款周转率过高，可能是企业奉行了比较严格的信用政策、信用标准和付款条件过于苛刻的结果。这样会限制企业销售量的扩大，从而会影响企业的盈利水平。这种情况往往表现为存货周转率同时偏低。如果企业的应收账款周转率过低，则说明企业的营运资金会过多地呆滞在应收账款上，企业催收账款的效率太低，或者信用政策十分宽松，这样会影响企业资金利用率和资金的正常周转。

用应收账款周转次数来反映应收账款的周转情况是比较常见的，如上面计算的 M 公司 200×年度应收账款周转率为 10，表明该公司 1 年内应收账款周转次数为 10 次。但是，也可以用应收账款周转天数来反映应收账款的周转情况。其计算公式为：

$$应收账款周转天数=\frac{360}{应收账款周转率}$$

应收账款周转天数表示应收账款周转一次所需天数。周转天数越短，说明企业的应收账款周转速度越快。根据 M 公司的应收账款周转率，计算应收账款周转天数为：

$$应收账款周转天数=\frac{360}{10}=36（天）$$

M 公司的应收账款周转天数为 36 天，说明 M 公司从赊销产品到收回账款的平均天数为 36 天。应收账款周转天数与应收账款周转率成反比例变化，对该指标的分析是制定企业信用政策的一个重要依据。

3. 存货周转率

在流动资产中，存货所占的比重较大。存货的流动性将直接影响企业的流动比率，因此必须特别重视对存货的分析。存货的流动性一般用存货的周转速度指标来反映，即存货周转率或存货周转天数。

存货周转率是衡量和评价企业购入存货、投入生产、销售收回等各环节管理状况的综合性指标。它是销售成本被平均存货所除而得到的比率，或叫存货的周转次数，用时间表示的存货周转率就是存货周转天数。计算公式为：

$$存货周转率=\frac{销售成本}{平均存货}$$

其中，

$$平均存货=\frac{期初存货+期末存货}{2}$$

$$存货周转天数=\frac{360}{存货周转率}$$

公式中的销售成本可以从利润表中得知，平均存货是期初存货余额与期末存货余额的平均数，可以根据资产负债表计算得出。如果企业生产经营活动具有很强的季节性，则年度内各季度的销售成本与存货都会有较大幅度的波动，因此，平均存货应该按季度或月份余额来计算，先计算出各月份或各季度的平均存货，然后再计算全年的平均存货。存货周转天数表示存货周转一次所需要的时间，天数越短说明存货周转得越快。

【例题 7－3－2】M 公司 200×年度产品销售成本为 2 644 万元，期初存货为 326 万元，期末存货为 119 万元。该公司存货周转率为多少？

解析：

$$存货周转率=\frac{2\,644}{(326+119)/2}=11.88（次）$$

$$存货周转天数=\frac{360}{11.88}\approx 30（天）$$

存货周转率说明了一定时期内企业存货周转的次数，可以用来测定企业存货的变现速度，衡量企业的销售能力及存货是否过量。存货周转率反映了企业的销售效率和存货使用效率。在正常情况下，如果企业经营顺利，存货周转率越高，说明存货周转得越快，企业的销售能力越强，营运资金占用在存货上的金额也会越少。但是，存货周转率过高，也可能说明企业管理方面存在一些问题，如存货水平太低，甚至经常缺货，或者采购次数过于频繁，批量太小等。存货周转率过低，常常是由库存管理不力，销售状况不好造成存货积压所致，说明企业在产品销售方面存在一定的问题，应当采取积极的销售策略，但也可能是企业调整了经营方针，因某种原因增大库存的结果，因此，对存货周转率的分析，要深入调查企业库存的构成，结合实际情况作出判断。

4. 流动资产周转率

流动资产周转率是销售收入与全部流动资产平均余额的比值。它反映的是全部流动资产的利用效率。其计算公式为：

$$流动资产周转率=\frac{销售收入}{全部流动资产平均余额}$$

其中，

$$平均流动资产=\frac{年初流动资产+年末流动资产}{2}$$

【例题7-3-3】M公司年初流动资产为610万元，年末流动资产为700万元。计算流动资产周转率为多少？

解析：

$$流动资产周转率=\frac{3\ 000}{(610+700)\ /2}=4.58（次）$$

流动资产周转率是分析流动资产周转情况的一个综合指标，流动资产周转快，可以节约流动资金，提高资金的利用效率。延缓周转速度，需要补充流动资产参加周转，形成资金浪费，降低企业盈利能力。但是，究竟流动资产周转率为多少才算好，并没有一个确定的标准。通常分析流动资产周转率应比较企业历年的数据并结合行业特点。

5. 总资产周转率

总资产周转率是企业销售收入与平均资产总额的比率。其计算公式为：

$$总资产周转率=\frac{销售收入}{平均资产总额}$$

其中，

$$平均资产总额=\frac{年初资产总额+年末资产总额}{2}$$

公式中的销售收入一般用销售收入净额，即扣除销售退回、销售折扣和折让后的净额。总资产周转率可用来分析企业全部资产的使用效率。如果这个比率较低，说明企业利用其资产进行经营的效率较差，会影响企业的获利能力，企业应该采取措施提高销售收入或处置资产，以提高总资产利用率。

续前例，M公司总资产周转率为：

$$总资产周转率=\frac{3\ 000}{(1\ 680+2\ 000)\ /2}=1.63（次）$$

该项指标反映资产总额的周转速度。周转越快说明销售能力越强。企业可以通过薄利多销的办法，加速资产的周转，带来利润绝对额的增加。

第四节　获利能力分析

获利能力是指企业赚取利润的能力，通常体现为企业收益数额的大小与水平的高低，投资者及公司经营者都关心这一能力。衡量获利能力的指标有总资产报酬率与资产净利率、股东权益报酬率、资本收益率、销售毛利率、销售净利率、成本费用净利率、每股收益、每股股利、股利发放率、每股净资产、市盈率等。

1. 总资产报酬率与资产净利率

总资产报酬率是一定时期内获得的报酬总额与资产平均余额的比率。用以衡量企业使用全部资产获取利润的能力，也是衡量企业利用债权人和股东权益总额取得盈利的重要指标。总资产报酬率的计算公式为：

$$总资产报酬率=\frac{总税前利润}{资产平均余额}\times 100\%$$

其中，

息税前利润 = 利润总额 + 利息支出

　　　　　= 净利润 + 所得税 + 利息支出

$$资产净利率=\frac{净利润}{资产平均余额}$$

根据表 7－4 和表 7－5 资料，M 公司 200×年年末利润总额为 200 万元，假设表中财务费用全部为利息支出，资产总额期初为 1 680 万元，期末为 2 000 万元，计算总资产报酬率与资产净利率：

$$总资产报酬率=\frac{200+110}{(1\ 680+2\ 000)\ /2}\times 100\% =16.8\%$$

$$资产净利率=\frac{150}{(1\ 680+2\ 000)\ /2}\times 100\% =8\%$$

总资产报酬率与资产净利率综合反映了企业全部资产的营运效果，企业所有者和债权人对该指标非常关心。在资本结构相同的情况下，该比率越高，说明企业利用有限资产获取利润的能力越强，经营管理水平越高。在实际运用中，行业间的资产报酬率会趋于平衡。这是因为资产作为一种资源，会从低报酬率行业向高报酬率行业转移，直至每个行业获得平均利润率。

2. 股东权益报酬率

股东权益报酬率也称净资产收益率，是净利润与股东权益平均总额的比率。它是反映股东权益资金投资收益水平的指标，是企业获利能力指标的核心。公式表示为：

$$股东权益报酬率=\frac{净利率}{平均净资产}\times 100\%$$

依前例，M 公司 200×股东权益报酬率为：

$$股东权益报酬率=\frac{150}{(880+940)\ /2}\times 100\% =16.48\%$$

股东权益报酬率反映了企业资产利用效果和利用财务杠杆的能力。股东权益报酬率是评价企业股东权益资本及其积累获取报酬水平的最具综合性与代表性的指标，反映企业资本运营的综合效益。该指标通用性强，适应范围广，不受行业局限，在国际上的企业综合评价中使用率非常高。通过对该指标的综合对比分析，可以看出企业获利能力在同行业中所处的地位以及与同类企业的差异水平。一般认为，股东权益报酬率越高，企业股东权益资本获取收益的能力越强，运营效益越好，对企业投资人和债权人权益的保证程度越高。

3. 资本收益率

资本收益率是企业一定时期净利润与平均资本（即资本性投入及资本溢价）的比率，反映企业实际获得投资额的回报水平。其计算公式如下：

$$资本收益率 = \frac{净利润}{平均资本} \times 100\%$$

其中，

$$平均资本 = \frac{(股本年初数 + 资本攻击公积年初数) + (股本年末数 + 资本公积年末数)}{2}$$

需要说明的是，企业股东权益的来源包括股东投入的股本、直接计入股东权益的利得和损益、留存收益等。其中，股东投入的股本，反映在股本（或实收资本）和资本公积（资本溢价或股本溢价）中；直接计入股东权益的利得和损益反映在资本公积（或其他资本公积）中；留存收益则包括未分配利润和盈余公积。换句话说，并非资本公积中的所有金额都属于股东投入的股本，只有其中的股本溢价（或资本溢价）属于资本性投入。

根据表 7－4 和表 7－5 资料，同时假定该公司 200×年度的年末股本为 100 万元，资本公积 16 万元，该公司 200×年度资本收益率的计算如下所示：

$$平均资本 = \frac{(100 + 10) + (100 + 16)}{2} = 113$$

$$资本收益率 = \frac{净利润}{平均资本} = \frac{150}{113} = 132.7\%$$

4. 销售毛利率

销售毛利率也称毛利率，是企业的销售毛利与销售收入净额的比率。其计算公式为：

$$销售毛利率 = \frac{销售毛利}{销售收入净额} \times 100\%$$

$$= \frac{销售收入净额 - 销售成本}{销售收入净额} 100\%$$

销售毛利是企业销售收入净额与销售成本的差额，销售收入净额是指产品销售收入扣除销售退回、销售折扣与折让后的净额。销售毛利率反映了企业的销售成本与销售收入净额的比例关系，毛利率越大，说明在销售收入净额中销售成本所占比重越小，企业通过销售获取利润的能力越强。根据表 7－5 的有关数据，M 公司 200×年的销售毛利率为：

$$销售毛利率 = \frac{3\ 000 - 2\ 644}{3\ 000} \times 100\% = 11.87\%$$

从计算可知，M 公司 200×年产品的销售毛利率为 11.87%，说明每 100 元的销售收入可以为公司提供 11.87 元的毛利。

5. 销售净利率

销售净利率是企业净利润与销售收入净额的比率。其计算公式为：

$$销售净利率=\frac{净利润}{销售收入净额}\times 100\%$$

销售净利率说明了企业净利润占销售收入的比例，它可以评价企业通过销售赚取利润的能力。销售净利率表明企业每100元销售净收入可实现的净利润是多少。该比率越高，企业通过扩大销售获取收益的能力越强。根据表7-5的有关数据，M公司200×年的销售净利率为：

$$销售净利率=\frac{150}{3\ 000}\times 100\%=5\%$$

从计算可知，M公司的销售净利率仅为5%，说明每100元的销售收入可为公司提供5元的净利润。评价企业的销售净利率时，应比较企业历年的指标，从而判断企业销售净利率的变化趋势。销售净利率受行业特点影响较大，因此还应该结合不同行业的具体情况进行分析。

6. 成本费用净利率

成本费用净利率是企业净利润与成本费用总额的比率，它反映了企业生产经营过程中发生的耗费与获得的收益之间的关系。其计算公式为：

$$成本费用净利率=\frac{净利润}{成本费用总额}\times 100\%$$

公式中，成本费用是企业为了取得利润而付出的代价，主要包括销售成本、销售费用、销售税金、管理费用、财务费用和所得税等。这一比率越高，说明企业为获取收益而付出的代价越小，企业的获利能力越强。因此，通过这个比率不仅可以评价企业获利能力的高低，也可以评价企业对成本费用的控制能力和经营管理水平。根据表7-5的有关数据，M公司200×年的成本费用总额为2 900万元（2 644+22+28+46+110+50），则M公司200×年的成本费用净利率为：

$$成本费用净利率=\frac{150}{2\ 900}\times 100\%=5.17\%$$

M公司的成本费用净利率为5.17%，说明该公司每耗费100元，可以获取5.17元的净利润。

7. 每股收益

每股收益也称每股利润或每股盈余，是股份公司税后利润分析的一个重要指标，主要是针对普通股而言的。每股收益是税后净利润扣除优先股股利后的余额，除以发行在外的普通股平均股数。其计算公式为：

$$每股收益=\frac{净利润-优先股股利}{发行在外的普通股平均股数}$$

每股收益是股份公司发行在外的普通股每股所取得的利润，它可以反映股份公司获利能力的大小。每股收益越高，说明股份公司的获利能力越强。根据表7-5的资料，假定发行在外的普通股平均股数为100万股，并且没有优先股，则M公司200×年的普通股每股收益为：

$$每股收益=\frac{150}{100}=1.5（元）$$

虽然每股收益可以很直观地反映股份公司的获利能力以及股东的报酬，但是它是一个绝对指标，在分析每股收益时，还应结合流通在外的股数。如果某一股份公司采用股本扩张的政策，大量配股或以股票股利的形式分配股利，这样必然摊薄每股利润，使每股利润减少。同时，分析者还应注意到每股股价的高低，如两个公司的每股收益都是1.5元，但是一个公司股价为25元，另一公司的股价为16元，则投资于两个公司的风险和报酬很显然是不同的。因此，投资者不能片面地分析每股收益，最好结合股东权益报酬率来分析公司的获利能力。

在计算每股收益时，公式中的分母用公司年末普通股平均股数。如果年度内普通股的股数未发生变化，则发行在外的普通股平均股数就是年末普通股总数；如果年度内普通股的股数发生了变化，则发行在外的普通股平均股数应当使用按月计算的加权平均发行在外的普通股股数。

8. 每股股利

每股股利是普通股分配的股利总额除以年末普通股股数，它反映了普通股获得的股利的多少。其计算公式为：

$$每股股利=\frac{普通股股利总额}{年末普通股股数}$$

根据表7-5的资料，假定200×年年末发行在外的普通股股数为100万股，公司决定发放现金股利60万元，则M公司200×年普通股每股股利为：

$$每股股利=\frac{60}{100}=0.6\ （元/股）$$

每股股利的高低，不仅取决于公司获利能力的强弱，还取决于公司的股利政策和现金是否充裕。倾向于分配现金股利的投资者，应当比较分析公司历年的每股股利，从而了解公司的股利政策。

9. 股利发放率

股利发放率也称股利支付率，是普通股每股股利与每股收益的比率。它表明股份公司的净收益中有多少用于股利的分派。其计算公式为：

$$股利发放率=\frac{每股股利}{每股收益}\times 100\%$$

依上例，则M公司200×年的股利发放率为：

$$股利发放率=\frac{0.6}{1.5}\times 100\%=40\%$$

M公司的股利发放率为40%，说明M公司将净利润的40%用于支付普通股股利。股利发放率主要取决于公司的股利政策，没有一个具体的标准来判断股利发放率是大好还是小好。一般而言，如果一家公司的现金量比较充裕，并且目前没有更好的投资项目，则可能会倾向于发放现金股利；如果公司有较好的投资项目，则可能会少发股利，而将资金用于投资。

10. 每股净资产

每股净资产也称每股账面价值，是年末股东权益总额除以年末普通股股数。其计算公式为：

$$每股净资产=\frac{年末股东权益总额}{年末普通股股数}$$

根据表7-4的有关数据，M公司200×年年末的每股净资产为：

$$每股净资产=\frac{940}{100}=9.4\ （元）$$

评价每股净资产并没有一个确定的标准，但是投资者可以通过比较分析公司历年的每股净资产的变动趋势来了解公司的发展趋势和获利能力。

11. 市盈率

市盈率也称价格盈余比率或价格与收益比率，是指普通股每股市价与每股收益的比率。其计算公式为：

$$市盈率 = \frac{每股市价}{每股收益}$$

市盈率是反映股份公司获利能力的一个重要财务比率，投资者对这个比率十分重视，是投资者作出投资决策的重要参考因素之一。一般来说，市盈率高，说明投资者对该公司的发展前景看好，愿意出较高的价格购买该公司的股票，所以一些成长性较好的高科技公司股票的市盈率通常要高一些。但是，也应注意，如果某一种股票的市盈率过高，则也意味着这种股票具有较高的投资风险。

假定M公司200×年末股票的价格为每股16元，则其市盈率为：

$$市盈率 = \frac{16}{1.5} = 10.67$$

第五节　综合财务分析

财务分析的最终目的在于全方位地了解企业经营理财的状况，并对企业经济效益的优劣作出系统的、合理的评价。单独分析任何一项财务指标，都难以全面评价企业的财务状况和经营成果，要想对企业财务状况和经营成果有一个总的评价，就必须进行相互关联的分析，采用适当的标准进行综合性的评价。所谓综合指标分析就是将运营能力、偿债能力、获利能力指标等诸方面纳入一个有机的整体之中，全面地对企业经营状况、财务状况进行揭示与披露，从而对企业经济效益的优劣作出准确的评价与判断。综合指标分析的方法很多，其中应用比较广泛的有财务比率综合评分法和杜邦财务分析法。

1. 财务比率综合评分法

财务比率综合评分法最早是在20世纪初，由亚历山大·沃尔选择七项财务比率对企业的信用水平进行评分所使用的方法，所以也称为沃尔评分法。这种方法是通过对选定的几项财务比率进行评分，然后计算出综合得分，并据此评价企业的综合财务状况。

（1）企业财务状况比较分析

企业财务状况的比较分析主要有两种：

①将企业本期的财务报表或财务比率同过去几个会计期间的财务报表或财务比率进行比较，这是纵向比较，可以分析企业的发展趋势，也就是趋势分析法。

②将本企业的财务比率与同行业平均财务比率或同行业先进的财务比率相比较，这是横向比较，可以了解到企业在同行业中所处的水平，以便综合评价企业的财务状况。

横向比较分析法尽管在企业的综合财务分析中也是经常使用的，但是它存在以下两项缺点：第一，它需要企业找到同行业的平均财务比率或同行业先进的财务比率等资料作为参考标准，但在实际工作中，这些资料有时可能难以找到；第二，这种比较分析只能定性地描述企业的财务状况，如比同行业平均水平略好、与同行业平均水平相当或略差，而不能用定量的方式来评价企业的财务状况究竟处于何种程度。因此，为了克服这两个缺点，可以采用财务比率综合评分法。

（2）财务状况综合分析程序

采用财务比率综合评分法进行企业财务状况的综合分析，一般要遵循如下程序。

①选定财务比率指标。财务比率指标要全面，反映企业的偿债能力、营运能力和获利能力的三大类财务比率都应当包括在内。财务比率指标要具有代表性，选择能够说明问题的重要的财务比率。

②确定各项财务比率的标准评分值。各项财务比率的标准评分值之和应等于100分。各项财务比率评分值的确定是财务比率综合评分法的一个重要问题，它直接影响到对企业财务状况的评分。对各项财务比率的重要程度，不同的分析者会有截然不同的态度，但一般来说，应根据企业的经营活动的性质、企业的生产经营规模、市场形象和分析者的分析目的等因素来确定。

③规定各项财务比率评分值的上限和下限，即最高评分值和最低评分值。这主要是为了避免个别财务比率的异常给总分造成影响。

④确定各项财务比率的标准值。财务比率的标准值是指各项财务比率在企业现时条件下最理想的数值，亦即最优值。财务比率的标准值通常可以参照同行业的平均水平，并经过调整后确定。

⑤计算出企业在一定时期各项财务比率的实际值。

⑥计算出各项财务比率实际值与标准值的比率，即关系比率。关系比率等于财务比率的实际值除以标准值。

⑦计算出各项财务比率的实际得分。各项财务比率的实际得分是关系比率和标准评分值的乘积，每项财务比率的得分都不得超过上限或下限，各项财务比率实际得分的合计数就是企业财务状况的综合得分。企业财务状况的综合得分反映了企业综合财务状况是否良好。如果综合得分等于或接近100分，说明企业的财务状况是良好的，达到了预先确定的标准；如果综合得分远远低于100分，就说明企业的财务状况较差，应当采取适当的措施加以改善；如果综合得分超过100分很多，就说明企业的财务状况很理想。

下面采用财务比率综合评分法对M公司200×年的财务状况进行综合评价，详见表7-6。

表7-6　M公司200×年财务比率综合评分表

财务比率	评分值（1）	上限/下限（2）	标准值（3）	实际值（4）	关系比率（5）=（4）/（3）	得分（6）=（1）×（5）
流动比率	10	20/5	2	2.33	1.17	11.70
速动比率	10	20/5	1.2	1.94	1.62	16.20
资产/负债	12	20/5	2.1	1.89	0.90	10.80
存货周转率	10	20/5	6.5	11.88	1.83	18.30
应收账款周转率	8	20/4	13	10	0.77	6.16
总资产周转率	10	20/5	2.1	1.63	0.78	7.80
资产报酬率	15	30/7	31.5%	16.8%	0.53	7.95
股权报酬率	15	30/7	58.33%	16.48%	0.28	4.20
销售净利率	10	20/5	15%	5%	0.33	3.30
合计	100					86.41

根据表7－6的财务比率综合评分，M公司财务状况的综合得分为86.41分，说明该公司的财务状况是优良的，与选定的标准基本是一致的。

2. 杜邦财务分析法

杜邦财务分析法（简称杜邦分析法）是利用各财务指标间的内在关系，对企业综合经营理财及经济效益进行系统分析评价的方法。因其最初由美国杜邦公司创立并成功运用而得名。该体系以净资产收益率为核心，将其分解为若干财务指标，通过分析各分解指标的变动对净资产收益率的影响来揭示企业获利能力及其变动原因。

杜邦体系各主要指标之间的关系如下：

股东权益报酬率＝资产净利率×权益乘数＝销售净利率×总资产周转率×权益乘数

这一等式被称为杜邦等式。

其中，

$$销售净利率=\frac{净利润}{销售收入}$$

$$总资产周转率=\frac{销售收入}{平均资产总额}$$

$$权益乘数=\frac{资产总额}{股东权益总额}=\frac{1}{1-资产负债率}$$

利用前面介绍的财务比率综合评分法，虽然可以比较全面地分析企业的综合财务状况，但是不能反映企业各方面财务状况之间的关系，无法揭示企业各种财务比率之间的相互关系。实际上，企业的财务状况是一个完整的系统，内部各种因素都是相互依存、相互作用的，任何一个因素的变动都会引起企业整体财务状况的改变，必须深入了解企业财务状况内部的各项因素及其相互之间的关系，这样才能比较全面地揭示企业财务状况的全貌。杜邦分析法正是这样的一种分析方法，一般用杜邦系统图来表示。图7－1就是M公司200×年的杜邦分析系统图。

需要说明的是，股东权益报酬率、资产净利率、销售净利率和总资产周转率都是时期指标，而权益乘数和资产负债率是时点指标，为了使这些指标具有可比性，上图中的权益乘数和资产负债率均采用200×年度期初和期末的平均值。

上述指标之间的关系如下：

（1）股东权益报酬率是一个综合性最强的财务比率，是杜邦体系的核心。其他各项指标都是围绕这一核心，通过研究彼此间的依存制约关系，揭示企业的获利能力及其前因后果。财务管理的目标是使股东财富最大化，股东权益报酬率反映股东投入资金的获利能力，反映企业筹资、投资、资产运营等活动的效率，提高股东权益报酬率是实现财务管理目标的基本保证。该指标的高低取决于销售净利率、总资产周转率与权益乘数。

（2）销售净利率反映了企业净利润与销售收入的关系。提高销售净利率是提高企业盈利的关键，主要有两个途径：一是扩大销售收入，二是降低成本费用。

（3）总资产周转率揭示企业资产总额实现销售收入的综合能力。企业应当联系销售收入分析企业资产的使用是否合理，资产总额中流动资产和非流动资产的结构安排是否适当。此外，还必须对资产的内部结构以及影响资产周转率的各具体因素进行分析。

（4）权益乘数反映股东权益与总资产的关系。权益乘数越大，说明企业负债程度较高，能给企业带来较大的财务杠杆利益，但同时也带来了较大的偿债风险。因此，

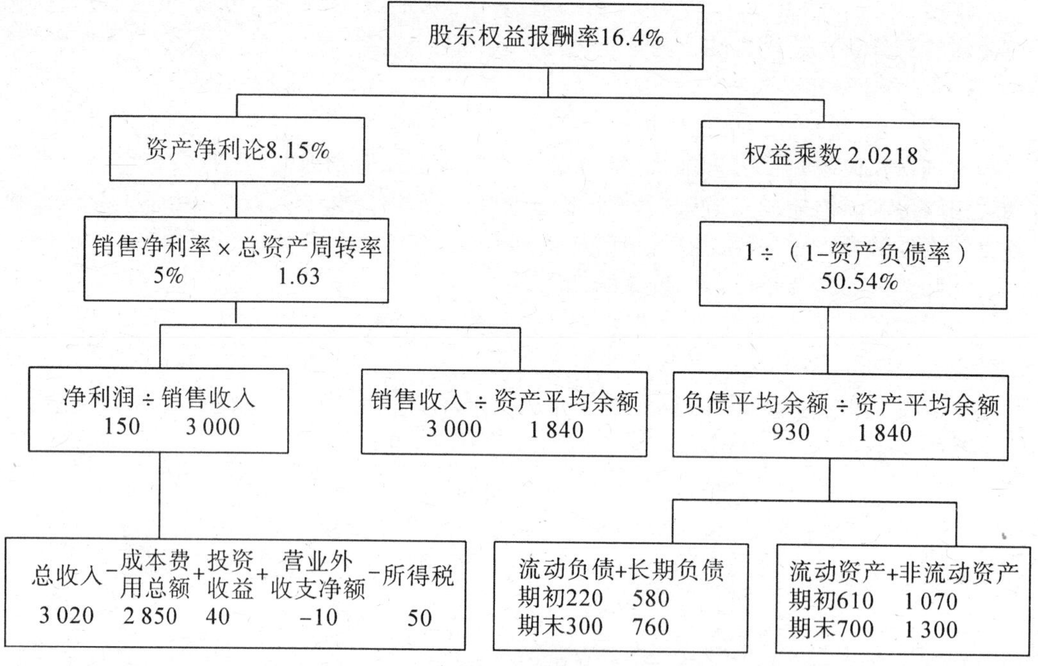

图 7－1　M 公司 200×年杜邦分析系统图

企业既要合理使用全部资产，又要妥善安排资本结构。

通过杜邦体系自上而下的分析，不仅可以揭示出企业各项财务指标间的结构关系，查明各项主要指标变动的影响因素，而且为决策者优化经营理财状况，提高企业经营效益提供了思路。提高主权资本净利率的根本在于扩大销售、节约成本、合理投资配置、加速资金周转、优化资本结构、确立风险意识等。

杜邦分析方法的指标设计也具有一定的局限性，它更偏重于企业股东的利益。从杜邦指标体系来看，在其他因素不变的情况下，资产负债率越高，净资产收益率就越高。这是由利用较多负债，从而利用财务杠杆作用的结果，但是没有考虑财务风险的因素，负债越多，财务风险越大，偿债压力越大。因此，还要结合其他指标进行综合分析。

总之，从杜邦分析系统可以看出，企业的获利能力涉及生产经营活动的方方面面。股东权益报酬率与企业的筹资结构、销售规模、成本水平、资产管理等因素密切相关，这些因素构成一个完整的系统，系统内部各因素之间相互作用。只有协调好系统内部各个因素之间的关系，才能使股东权益报酬率得到提高，从而实现股东财富最大化的理财目标。

本章小结

本章主要讲述了财务分析的基本理论和方法，包括偿债能力分析、营运能力分析、获利能力分析和综合财务分析等有关内容。

（1）财务分析是以企业财务报告等会计资料为基础，对企业的财务状况和经营成果进行分析和评价的一种方法。主要目的是评价企业的偿债能力、营运能力、获利能力和发展趋势。

（2）企业偿债能力分析主要包括短期偿债能力分析和长期偿债能力分析。反映短期偿债能力的财务比率指标有流动比率、速动比率、现金比率、现金流动负债比率；反映企业长期偿债能力的财务比率指标主要有资产负债率、股东权益比率、权益乘数、产权比率、偿债保障比率、已获利息倍数。

（3）企业营运能力反映了企业资金周转状况，通过对营运能力进行分析，可以了解企业的营运状况和经营管理水平。反映企业营运能力的财务比率指标主要有营业周期、存货周转率、应收账款周转率、流动资产周转率和总资产周转率。

（4）企业获利能力是企业获取利润的能力。反映企业获利能力的财务比率指标有总资产报酬率、资产净利率、股东权益报酬率、资本收益率、销售毛利率、销售净利率、成本费用净利率、每股收益、每股股利、股利发放率、每股净资产、市盈率等。

（5）通过企业财务状况的综合分析可以全面分析和评价企业各方面的财务状况和经营能力。财务状况综合分析的方法主要有财务比率综合评分法和杜邦分析法。

思考与练习

一、简答题

1. 企业为什么要进行财务分析？
2. 简述财务分析的主要内容。
3. 反映企业偿债能力的指标有哪些？如何计算和分析？
4. 反映企业营运能力的指标有哪些？如何计算和分析？
5. 反映企业获利能力的指标有哪些？如何计算和分析？
6. 运用杜邦财务分析体系，如何进行综合财务分析？
7. 如何运用财务比率综合评分法，进行企业财务状况的综合分析？

二、计算题

1. 某公司2006年度销售收入为3 000万元，年初收账款余额为200万元，年末应收账款余额为400万元；年初应收票据余额为12万元，年末应收票据余额为8万元。则应收账款周转率为多少？

2. 某企业2006年税后利润200万元，所得税税率为25%，利息费用为40万元，则该企业2006年已获利息倍数为多少？

3. 某企业流动资产为2 500万元，其中原材料24万元，产成品50万元，低值易耗品6万元，流动负债1 800万元，其中1年内到期的长期借款为10万元。则该企业的速动比率为多少？

4. 某公司年初存货为3万元，年初应收账款为2.54元，年末流动比率为2，速动比率为1.5，存货周转率为4次，流动资产合计为5.4万元。要求：计算公司本年销货成本。若公司本年销售净收入为40万元，除应收账款外，其他速动资产忽略不计，则应收账款周转次数是多少？

5. 某公司股东权益报酬率为40%，销售净利率为10%，平均资产为1 000万元，总资产周转率为2次，期初资产为800万元，期初资产负债率为50%，则期末资产负债率为多少？

第八章 市场营销原理

学习目的：

通常本章学习，了解什么是市场营销、市场营销的核心概念；了解和掌握顾客价值、顾客满意及顾客忠诚，知悉如何保持和吸引顾客；清楚企业的市场营销活动是在一定环境条件下进行的；了解和掌握消费者市场的需求、购买行为特点以及影响购买行为的主要因素；掌握市场细分的一般原理和方法、懂得如何在市场细分的基础上选择目标市场，运用目标营销战略和实行市场定位。

重点与难点：

掌握市场营销的核心概念及市场营销观念，顾客满意与顾客忠诚的关系，营销环境对营销的影响，消费者市场的特点，市场细分的一般原理与方法，目标市场策略的选择以及市场定位的含义与策略。

关键概念：

市场　市场营销　市场营销观念　顾客价值　顾客忠诚　营销环境　消费者市场　市场细分　目标市场　市场定位

第一节 市场营销概述

一、市场营销及核心概念

在市场经济循序发展和市场竞争日益激烈的今天，作为一门应用学科，甚或一门艺术，市场营销已经成为企业生产经营的关键，同时，也越来越多地引起商界人士的高度重视。我们在学习市场营销之前，先来了解什么是市场？

（一）市场的界定

1. 市场是买卖的场所，是商品交换的场所，是一个时间、空间的概念。

2. 市场是对某种商品或劳务的具有支付能力的需求。

3. 对某项商品或劳务具有需求的所有现实和潜在的购买者，指的是个人消费者和组织，不是场所。

综上所述，市场是由人口、购买力和购买动机（欲望）有机组成的总和。可用公式表述：现实有效的市场＝人口＋购买力＋购买欲望（市场的三要素）

（二）市场营销的界定

市场营销于20世纪初产生自美国，随着生产力的发展而不断完善。20世纪50年代，市场营销有了比较成形的理论体系。60年代末，定位理论的提出，标志着传统市场营销理论体系的完善。90 年代以来，全球性的环境恶化带来可持续发展的观念，这一观念在市场营销上的反应是社会营销观的提出，市场营销正在酝酿重大变化。

企业的生产经营活动包括采购、生产和销售三个基本环节。很显然任何一个环节出现问题都会导致企业经营活动的中断。随着买方市场的形成，多数产品处于供过于求的状态，这时，企业不得不把眼光更多地转向销售系统，希望销售系统除了将生产出来的产品销售出去以外，还能对企业的经营决策提出建议，销售系统逐步演变为营销系统。这时，企业市场活动的重点从生产后转移到生产前，市场营销不仅要把已经生产出来的产品销售出去，更要关注并决定企业应该生产什么、生产多少以及什么时候生产。从这个意义上看，销售只是市场营销的逻辑结果，推销或促销只是市场营销的后期活动，既不是核心活动，也不是主要活动，更非全部活动。从理想的角度看，市场营销不仅不是推销或促销，而且反而使推销成为多余，使顾客自觉购买本企业的产品。管理学大师彼得·德鲁克有这样一段话很好地道出了市场营销的实质，他说："营销的目的是使推销成为不必要。营销的目的在于很好地了解顾客，使产品或服务适合顾客的需要而能自行销售。"

为了实现市场营销的上述理想，市场营销必须做到以下几点：

第一，要研究人们需要什么。

第二，要研究如何比竞争对手更好地满足消费者的需要，这是顾客面临多层次、多种选择的必然结果。

第三，要告诉目标顾客，你的产品定位——即优势是什么，同时让顾客能方便、放心地买到你的产品。"酒香不怕巷子深"是产品贫乏和市场狭小时的产物，在产品丰富化、市场全球化和信息满天飞的情况下，通过合适的途径和方式与目标顾客进行沟通是非常必要的。

著名营销学家菲利普·科特勒教授的定义是：市场营销是个人和群体通过创造并同他人交换产品和价值以满足需求和欲望的一种社会和管理过程。据此，可以将市场营销概念具体归纳为下列要点：

1. 市场营销的最终目标是满足需求和欲望。

2. 交换是市场营销的核心，交换过程是一个主动、积极寻找机会、满足双方需求和欲望的社会过程和管理过程。

3. 交换过程能否顺利进行，取决于营销者创造的产品和价值满足顾客需求的程度和交换过程管理的水平。

（三）市场营销的几个核心概念

1. 需要、欲望和需求

（1）需要（Need）

构成市场营销基础的最基本的概念就是人类需要这个概念。它是指人们没有得到某些满足的感受状态，人们在生活中需要空气、食品、衣服、住所、安全、感情以及其他一些东西，这些需要都不是社会和企业所能创造的，而是人类自身本能的基本组成部分。

（2）欲望（Want）

它是指人们想得到这些基本需要的具体满足物或方式的愿望。一个人需要食品，想要得到一个面包；需要被人尊重，想要得到一份体面的工作。

（3）需求（Demand）

它是指人们有能力购买并且愿意购买某种商品或服务的欲望。人们的欲望几乎没有止境，但资源却有限。因此，人们想用有限的金钱选择那些价值和满意程度最大的商品或服务，当有购买力做后盾时，欲望就变成了需求。

企业并不创造需要，需要早就存在于营销活动出现之前，企业以及社会上的其他因素只是影响了人们的欲望，他们向消费者建议一个什么样的商品可以满足消费者哪些方面的要求，如一套豪华住宅可以满足消费者对居住与社会地位的需要。优秀的企业总是力图通过使商品富有吸引力、适应消费者的支付能力和容易得到来影响需求。

2. 产品

产品是满足顾客需求和欲望的任何东西。最终产品的价值不在于拥有它，而是衡量它给人们带来的对需求和欲望的满足程度。产品是获得需求满足的载体。这种载体可以是物，也可以是服务。

3. 效用和费用

效用是顾客对产品满足其需要的整体能力的评价。通常根据对产品价值的主观判断和需支付的费用做出评价。

4. 交换与交易

需要和欲望只是市场营销活动的序幕，只有通过交换，营销活动才真正发生。交换（Exchange）是提供某种东西作为回报而与他人换取所需东西的行为，它需要满足以下五个条件：

第一，至少要有两方。

第二，每一方都要有对方所需要的有价值的东西。

第三，每一方都要有沟通信息和传递信息的能力。

第四，每一方都可以自由地接受或拒绝对方的交换条件。

第五，每一方都认为同对方的交换是称心如意的。

如果存在上述条件，交换就有可能实现，市场营销的中心任务就是促成交换。交换的最后一个条件是非常重要的，它是现代市场营销的一种境界，即通过创造性的市场营销，交换双方达到双赢。

交易（Transaction）是交换的基本单元，是当事人双方的价值交换。或有说，如果交换成功，就有了交易。怎样达成交易是营销界长期关注的焦点，各种各样的营销课题理论实际上都可还原为对这一问题的不同看法。

二、市场营销观念

市场营销观念也称市场营销哲学，它是指营销者对市场活动的基本态度。营销观念的演变有其客观必然性。市场上商品和服务的供求状况的变化是导致企业更新营销观念的直接原因；而一定时期内社会两个文明水平的不断提高是推动企业营销观念演变的根本原因。西方企业的市场营销观念经历了一个漫长的演变过程，可分为：生产观念、产品观念、推销观念、市场营销观念和社会营销观念五种不同的观念。

（一）生产观念

生产观念也称为生产中心论，是一种最古老的经营思想。这种指导思想认为，消费者或用户欢迎的是那些买得到而且买得起的产品。因此，企业应组织自身所有资源、集中一切力量提高生产效率和分销效率，扩大生产，降低成本以拓展市场。显然，生产观念是一种重生产、轻市场营销的企业经营思想。

生产观念的产生背景是20世纪20年代以前，整个西方国家的国民收入还很低，生产落后，许多商品的供应还不能充分满足需要，生产企业在市场中占主导地位的卖方市场状态。

20 世纪初，亨利·福特（Hennery Ford）在开发汽车市场时所创立的“扩大生产、降低价格”的经营思想，就是一种生产观念。福特汽车公司从 1914 年开始生产 T 型汽车，福特将其全部精力与才华都用于改进大规模汽车生产线，使 T 型车的产量达到非常理想的规模，大幅度地降低了成本，使更多的美国人买得起 T 型汽车。他不注重汽车的外观，曾开玩笑地说，福特公司可供应消费者任何颜色的汽车，只要他要的是黑色汽车。这种只求产品价廉而不讲究花色式样的经营方式无疑是生产观念的典型表现。

中国在改革开放前，由于产品供不应求，生产观念在企业中盛行，主要表现是生产部门埋头生产，不问市场，商业企业将主要力量集中在抓货源上，工业部门生产什么，商品部门就收购什么，根本不问及消费者的需要。

生产观念是一种“以产定销”的经营指导思想，它在以下两种情况下仍显得有效：

第一，市场商品需求超过供给，卖方竞争较弱，买方争购，选择余地不大。

第二，产品成本和售价太高，只要提高效率，降低成本，从而降低售价，才能扩大销路。

正因为如此，时至今日，一些现代公司也时而奉行这种观念，如美国得州仪器公司（Texas Instruments）一个时期以来为扩大市场，就一直尽其全力扩大产量、改进技术以降低成本，然后利用它的低成本优势来降低售价，扩大市场规模。该公司以这种经营思想赢得了美国便携式计算器市场的主要份额。今天的许多日本企业也是把这种市场取向作为重要的策略。

但是，在这种经营思想指导下运作的企业也面临一大风险，即过分狭隘地注重自己的生产经营，忽视顾客真正所需要的东西，会使公司面临困境。例如，得州仪器公司在电子表市场也采用了这一战略，便遭到了失败。尽管公司的电子表定价很低，但对顾客并没有多少吸引力。在其不顾一切降低价格的冲动中，该公司忽视了顾客想要的其他一些东西，即不仅仅要价廉，而且还要物美。

（二）产品观念

产品观念认为，消费者会欢迎质量最优、性能最好、特点最多的产品，因此企业应把精力集中在创造最优良的产品上，并不断精益求精。

产品观念是在这样的背景产生的，相比于上一阶段，社会生活水平已有了较大幅度的提高，消费者已不再仅仅满足于产品的基本功能，而是开始追求产品在功能、质量和特点等方面的差异性。因此，如何比其他竞争对手在上述方面为消费者提供更优质的产品就成了企业的当务之急。在产品供给不太紧张或稍微宽裕的情况下，这种观念常常成为一些企业经营的指导思想。在20 世纪30 年代以前，不少西方企业广泛奉行这一观念。

传统上我国有不少企业奉行产品理念，“酒好不怕巷子深”、“一招鲜，吃遍天”等说法都是产品观念的反映。目前，我国还有很多企业不同程度地奉行产品观念，它们把提高产品功能与质量作为企业首要任务，提出了“企业竞争就是质量竞争”、“质量是企业的生命线”等口号，这无疑有助于推动我国企业产品的升级换代，缩短与国外同类产品的差距，一些企业也由此取得了较好的经济效益。

然而，这种观念也容易导致公司在设计产品时过分相信自己的工程师知道怎样设计和改进产品，它们很少深入市场研究，不了解顾客的需求意愿，不考察竞争者的产品情况。他们假设购买者会喜欢精心制作的产品，能够鉴别产品的质量和功能，并且愿意付出更多的钱来购买质量上乘的产品。正如科特勒所言：某些企业的管理者深深迷恋上了自己的产品，以至于没有意识到其在市场上可能并不那么迎合时尚，甚至市场正朝着不同的方向发展。企业抱怨自己的服装、洗衣机或其他高级家用电器本来是质量最好的，但奇怪的是，市场为何并不欣赏。某一办公室文件柜制造商总是认为他的产品一定好销，因为它们是世界上最好的。他说："这文件柜从四层楼扔下去仍能完好无损。"不过令人遗憾的是，没有人会在购买文件柜后，先把文件柜从四楼上扔下去再开始使用。而为了保证这种过分的产品坚固性，必然会增加产品的成本，消费者也不愿意为这些额外又无多大意义的品质付更多的钱。

案例 8－1　爱尔琴手表公司的失败

自 1864 年创立以来，爱尔琴手表公司一直享有全美国最佳手表制造商的声誉。爱尔琴公司一直把重点放在保持其优质产品的形象，并通过由首饰店和百货公司组成的巨大分销网进行推销，销售量持续上升，但是到 1958 年以后，其销售量和市场份额开始走下坡路。是什么原因使得爱尔琴公司的优势地位受到损害呢？

根本原因是，爱尔琴公司的管理局太醉心于优质而式样陈旧的手表，以至于根本没有注意到手表消费市场上所发生的重大变化。许多消费者对手表必须走时十分精确、必须是名牌、必须保用一辈子的观念正在失去兴趣。他们期望的手表是走时准确、造型优美、价格适中。越来越多的消费者追求方便性（各种自动手表）、耐用性（防水、防震手表）和经济性（刻度指针表）。从销售渠道的结构来看，大量的手表通过大众化分销点和折扣商店出售。不少美国人都想避开当地珠宝店的高利润，而且，在看见便宜表时常会发生冲动性购买。从竞争者这方面说，许多同行都在生产线中增设了低价手表，并开始通过大众化分销渠道出售手表。爱尔琴公司的"毛病"就出在它把全部注意力都集中在产品身上，而忽视了随时掌握变化着的需求并对此做出相应的反应。

这种产品观念还会引起美国营销学专家西奥多·李维特（Theodore Leavitt）教授所讲的"营销近视症"（Market Myopia）的现象。即不适当地把注意力放在产品上，而不放在需要上。铁路管理部门认为用户需要的是火车本身，而不是为了解决交通运输，于是忽略了飞机、公共汽车、货车和小汽车日益增长的竞争；计算尺制造商认为工程师需要的是计算尺本身而不是计算能力，以至忽略了袖珍计算器的挑战。

（三）推销观念

这是一种以推销为中心内容的经营指导思想。它强调企业要将主要精力用于抓推销工作，企业只要努力推销，消费者或用户就会更多地购买。这一观念认为，消费者通常表现出一种购买惰性或者抵触心理，故需用好话去劝说他们多买一些，企业可以利用一系列有效的推销和促销工具去刺激他们大量购买。在这种观念指导下，企业十分注重运用推销术和广告术，大量雇佣推销人员，向现实和潜在买主大肆兜售产品，以期压倒竞争者，提高市场占有率，取得更多的利润。

推销观念产生于从卖方市场向买方市场转变的时期。从 1920 年到 1945 年，西方国家社会从生产不足开始进入了生产过剩，企业之间的竞争日益激烈。特别是 1929 年所爆发的严重经济危机，大量商品卖不出去，许多工商企业和银行倒闭，大量工人失业，市场萧条。残酷的事实使许多企业家认为即使物美价廉的产品，也未必能卖出去，必须重视和加强商品销售工作。

自从产品供过于求，卖方市场转变为买方市场以后，推销观念就被企业普遍采用，尤其是生产能力过剩和产品大量积压时期，企业常常本能地采纳这种理念。前些年，在我国几乎被奉为成功之路的“全员推销”典型地代表了这种理念。

应当说，推销观念有其合理的地方，一般而言，消费者购买是有惰性的，尤其是在产品丰富和销售网点健全的情况下，人们已不再需要储存大量产品，也没有必要担心商品涨价。买商品只求够用就行已成为主导性的消费观念，另外，在买方市场条件下，过多的产品追逐过少的消费者也是事实。因此，加强推销工作以扩大本企业的产品信息，劝说消费者选择购买本企业产品，都是非常必要的。

然而，推销观念注重的仍然是企业的产品和利润，不注重市场需求的研究和满足，不注重消费者利益和社会利益。强行推销不仅会引起消费者的反感，而且还可能使消费者在不自愿的情况下购买了不需要的商品，严重损害了消费者利益，这样，反过来又给企业造成不良的后果。正如科特勒教授所指出，感到不满意的顾客不会再次购买该产品，更糟糕的情况是，感到满意的普通顾客仅会告诉其他三个人有关其美好的购物经历，而感到不满意的普通顾客会将其糟糕的经历告诉其他十个人。

（四）市场营销观念

20世纪50年代以后，资本主义发达国家的市场已经变得名副其实的供过于求，卖主间竞争激烈，买主处于主导地位的买方市场。同时，科学技术发展，社会生产力得到了迅速的提高，人们的收入水平和物质文化生活水平也在不断提高，消费者的需求向多样化发展并且变化频繁。在这种背景下，企业意识到传统的经营观念已不能有效地指导新的形势下的企业营销管理工作，于是市场营销观念形成了。

在这种观念的指导下，“顾客至上”、“顾客是上帝”、“顾客永远是正确的”、“爱你的顾客而非产品”，“顾客才是企业的真正主人”等说法成为企业家的口号和座右铭。营销观念的形成，不仅从形式上，更从本质上改变了企业营销活动的指导原则，使企业经营指导思想从以产定销转变为以销定产，第一次摆正了企业与顾客的位置，所以是市场观念的一次重大革命，其意义可与工业革命相提并论。

市场营销观念符合“生产是为了消费”的基本原理，既能较好地满足市场需要，同时也提高了企业的环境适应能力和生存发展能力，因而自从被提出后便引起了广泛的注意，为众多企业所追捧，并成为当代市场营销学研究的主体。

（五）社会营销观念

社会营销观念产生于20世纪70年代。进入20世纪60年代以后，市场营销理念在美国等西方国家受到质疑。

首先，不少企业为了最大限度地获取利润，迎合消费者，采用各种方式扩大生产和经营，而不顾对消费者以及社会整体利益的损害。只顾生产而忽视环境保护，致使环境恶化、资源短缺等问题变得相当突出。如清洁剂工业满足了人们洗涤衣服的需要，但同时却严重污染了江河，大量杀伤鱼类，危机生态平衡。

其次，某些标榜自己奉行市场营销理念的企业以次充好、大搞虚假广告、牟取暴利，损害了消费者的权益。

最后，某些企业只注重消费者眼前需要，而不考虑长远需要。如化妆品，虽然短期内能美容，但有害元素含量过高；汉堡、炸鸡等快餐食品虽然快捷、方便、可口，但由于脂肪与食糖含量过高而不利于顾客的长期健康。

这些质疑导致了人们从不同角度对市场营销理念进行补充，如理智消费者的营销观念、生态营销观念、人道营销观念等均属于社会营销观念之列。

社会市场营销观念要求企业在确定营销决策时要权衡三方面的利益：即企业利润、消费者需要的满足和社会利益。具体来说，社会市场营销观念希望摆正企业、顾客和社会三者之间的利益关系，使企业既发挥特长，在满足消费者需求的基础上获取经济效益，又能符合社会利益，从而使企业具有强大的生命力。许多公司通过采用和实践社会营销观念，已获得了引人注目的销售业绩，如美国的安利、强生等大公司就是其中的例子。

应当说，社会市场营销观念只是市场营销的进一步扩展，在本质上并没有多大的突破。但是，许多企业主动采纳它，主要原因是把它看做为改善企业名声、提升品牌知名度、增加顾客忠诚度、提高企业产品销售额以及增加新闻报道的一个机会。它们认为，随着环境与资源保护、健康意识的深入人心，顾客将逐渐地寻找在提供理性和情感利益上具有良好形象的企业。

案例8－2　本田方案

日本横滨本田汽车公司别出心裁地推出了一个通过销售汽车而绿化街道的本田方案，每卖一辆车，就在街道两侧分别种一棵纪念树，以减轻越来越多的汽车尾气对城市环境的污染。该方案实施后，汽车一辆辆开出厂门，街道上树木一棵棵栽上，绿化地带也就一块块铺开。绿化街道真实地记载着本田不俗的销售业绩，同时，又美化环境，减少污染，使公众倍感温馨。

案例8－3

巴西博迪商店制造和销售以自然成分为主的纯天然化妆品，从开业之初至今，一直将“有原则获利”锁定为其经营哲学，也是该品牌的灵魂。这一产品包装简单而富有吸引力，且可再回收，其主要成分都是来自于发展中国家的植物，以此来促进这些国家的经济发展，该公司每年都会向社会机构捐助一定比例的利润，例如动物保护协会、流浪者之家、雨林保护组织等。在印度，该公司赞助了一个为孤儿设立的“儿童城”工程；在新加坡，它为改善老人的生活发起了一项社区活动，为保护妇女发起了一项反暴力运动。因为该公司广泛参与这些社会活动，其价值观也与消费者高度契合，许多消费者都愿意购买它的产品。

第二节　顾客价值与顾客满意

1955年，52岁的克劳克以270万美元买下了理查兄弟经营的7家麦当劳快餐连锁店及其店名。1986年，其年销售额就已高达124亿美元，年盈利4.8亿美元。

麦当劳公司是怎样取得如此瞩目的成就的呢？这归功于公司的市场营销观念。公司知道一个好的企业国际形象将给企业市场营销带来的巨大作用。创始人克劳克在一方面努力树立起企业产品形象的同时，另一方面着重于树立起良好的企业形象，树立起“M”标志的金色形象。当时市场上可买到的汉堡包比较多，但是绝大多数的汉堡包质量较差，供应顾客的速度很慢，服务态度不好，卫生条件差，餐厅的气氛嘈杂，消费者很是不满。针对这种情况，麦当劳公司提出了著名的“Q”、“S”、“C”和“V”经管理念，Q代表产品质量“Quality”，S代表服务“Service”、C代表清洁“Cleanness”，V代表价值“Value”。他们知道向顾客提供适当的产品和服务，并不断满足不时变化的顾客需要，是树立企业良好形象的重要途径。

同时由于到麦当劳快餐店就餐的顾客来自不同的阶层，具有不同的年龄、性别和爱好，因此，汉堡包的口味及快餐的菜谱、佐料也迎合不同的口味和要求。这些措施使得公司的产品博得了人们的赞叹并经久不衰，树立了良好的企业产品形象，而良好的企业产品形象又为树立良好的企业国际形象打下了坚实的基础。

麦当劳快餐店总是在人们需要就餐的地方出现，特别是在高速公路两旁立有指示牌，上面写着：“10米远就有麦当劳快餐服务”，并标明醒目的食品名称和价格；有的地方还装有通话器，顾客只要在通话器里报上食品的名称和数量，待车开到分店时，就能一手交货，一手付钱，马上驱车赶路。由顾客带走在车上吃的食品，不但事先包装妥当，不会在车上溢出，而且还备有塑料刀、叉、匙、吸管和餐巾纸等，饮料杯盖则预先代为划十字口，以便顾客插入吸管。如此周详的服务，更为公司形象加了多彩的一笔。

企业的产品和服务能被顾客所承认、接受，这个企业才能在市场上站住脚，因此企业全部经营活动的出发点和归宿，就是千方百计使顾客对其产品和服务感到满意。想顾客之所想，急顾客之所急，而且想得要更加周全、细致。

请同学们分析一下麦当劳的成长过程，为什么一种速食品牌能成为大众文化的象征呢？其中原因很多，如方便上口的名称、清洁幽雅的就餐环境、良好的食品质量等等，每一个原因都是一条营销策略的认真贯彻、实施。

自20世纪70年代以来，营销学者和企业经理一直在不断探求顺应形势变化的市场营销新方法，从最初以产品为中心单纯注重产品质量，到以“顾客为导向”争取“顾客满意”与“顾客忠诚”，直到20世纪90年代，顾客价值概念的提出，将市场营销理念推向了一个全新的高度。

一、顾客价值

（一）顾客总价值

顾客总价值指顾客从产品或服务中所获得的利益，这种利益既可以是物质的也可以是精神的，也可以二者兼而有之。

1. 产品价值：由产品的功能、特性、品质、品种与式样所产生的价值。

2. 服务价值：伴随着产品实体的出售，企业向顾客提供的各种附加服务，包括产品介绍、送货、安装、调试、维修、技术培训、产品保证等所产生的价值。

随着现代科学技术的发展与应用，产品技术含量越来越高、越来越复杂，消费者为正确选择和使用产品所需要接受的教育越来越多。所以，企业向顾客提供的附加服务越来越完备，产品的附加价值越大，顾客从中获得的实际利益就越大。

3. 人员价值：企业员工的经营思想知识水平、业务能力、工作质量。

4. 形象价值：企业及产品在社会公众中形成的总体形象所产生的价值。形象价值与产品价值、服务价值、人员价值密切相关，在很大程度上是上述三个方面价值的综合反应和结果。

案例8-4　凯迪拉克的符号意义

毫无疑问，在轿车还远未普及的情况下，对高档豪华轿车的追捧已经一浪高过一浪，凯迪拉克、宝马、林肯、宾利、劳斯莱斯、迈巴赫都已拥有自己的市场。这与许多人急于证明自己的成功和成就的想法，及高档豪华轿车的符号意义是分不开的。

当第二次世界大战刚刚结束时，美国人回到了和平年代，胜利的光荣和对未来的憧憬激荡着美国国民。通用公司天才的设计总监哈利·厄尔从闪电式战斗机身上获得了灵感，于1948年设计出车尾带鳍状装饰的新凯迪拉克，这一装载了当时最先进技术和最豪华配置的轿车变成了表现“美国世纪”的完美道具。

第二次世界大战后，作为唯一一个本土没有遭受战争洗礼的大国，美国获得了无可争议的全球霸主地位。作为一种思想意识，“美国世纪”承载了一些模糊的倾向性的概念，比如自信、活力、享受、对财富的追求、创新的渴望以及对美国式民主生活的赞美等。

使公众理解和接受凯迪拉克所代表的“美国世纪”含义的是好莱坞影片和广告所表现的凯迪拉克生活：耀眼的明星驾驶着凯迪拉克敞篷车奔驰在一望无际的高速公路上，广袤、飘逸、信心、进取一览无遗。更不用说现实中，玛丽莲·梦露和艾森豪威尔并驾其上，而猫王则一生买过不下于100辆凯迪拉克，有一次竟一下购买了33辆送给亲朋好友，甚至其中一辆送给了在公共汽车站等车的陌生人。名人、明星的行为为这一品牌平添了奢华、富贵、成功之气，闪电式战斗机的战功和骄傲得到了商业的诠释。

以今天的中国人对照半个多世纪前的美国人，踌躇满志、志得意满也有异曲同工。也许凯迪拉克及其他高档商品的真正意义就在这里。

（二）顾客购买总成本

顾客购买总成本是为顾客购买某一产品所耗费的时间、精神、体力以及所支付的货币资源。主要包括以下几方面：

1. 货币成本：顾客购买产品或服务所耗费的货币。
2. 时间成本：购买商品所耗费的时间（有关商品信息收集购买所需要的时间）。
3. 体力成本：顾客购物时在体力方面的耗费与支出。
4. 精神成本：顾客购物时在心理方面的精神负担与耗费。

案例8-5　创造方便就是创造财富

北京的麦当劳食品有限公司曾经推出一项举措，在所属57家麦当劳餐厅内代售公交月票。麦当劳在对北京发售月票网点的调查后知晓，当时北京有600多万人使用月票乘公交车，而发售月票的网点只有88处，乘客深感不便。于是他们便“拾遗补缺”干起了“代售月票”的营生，为广大乘客创造便利条件。此举一推出就吸引了大批食客络绎而来。

其实，这种“好人好事”麦当劳做了不少并且一直在做。早在此前的高考前夕，在麦当劳宽敞明亮的餐厅里就坐着不少手拿书本只要一杯饮料就呆上好几个小时的考生，面对此景，麦当劳不但未赶他们走，反而特意为这些学子延长了营业时间。

一提起麦当劳，人们就会想到汉堡包、想到炸薯条。熟悉它的人，还会联想到遍布全球115个国家的2.5万多家连锁店，联想到地球上每天都有1%的人正在品尝着一模一样的汉堡包、炸薯条和苹果派。然而，此时此刻，有谁会想到，拥有如此高知名度和雄厚家底的餐饮业“巨无霸”却要无偿地为学子学习延长营业时间，为普通公众代售公交月票，两则案例都是麦当劳自找麻烦，如此做法，不能不让人由衷地感叹赞赏，其实这正是麦当劳与众不同的高明之处。在别人看来，拒之唯恐不及，麦当劳却将其视为己任，这就是一个跨国企业在中国“讲述”的一系列平凡而可贵的经典商业故事。

事实上，麦当劳公司这一做法给我们的启示就是：任何一个企业都可以凭借方便顾客而创造优势，这种方便，可以涉及从公众购买到使用、到售后服务的方方面面上。越是细小之处，越是容易凸显一个优秀企业的个性，也越容易打动公众的心。从而使顾客满意，增加顾客的忠诚。

(三) 顾客让渡价值

概念：顾客让渡价值是顾客总价值与顾客购买总成本之间的差额，见图8-1。

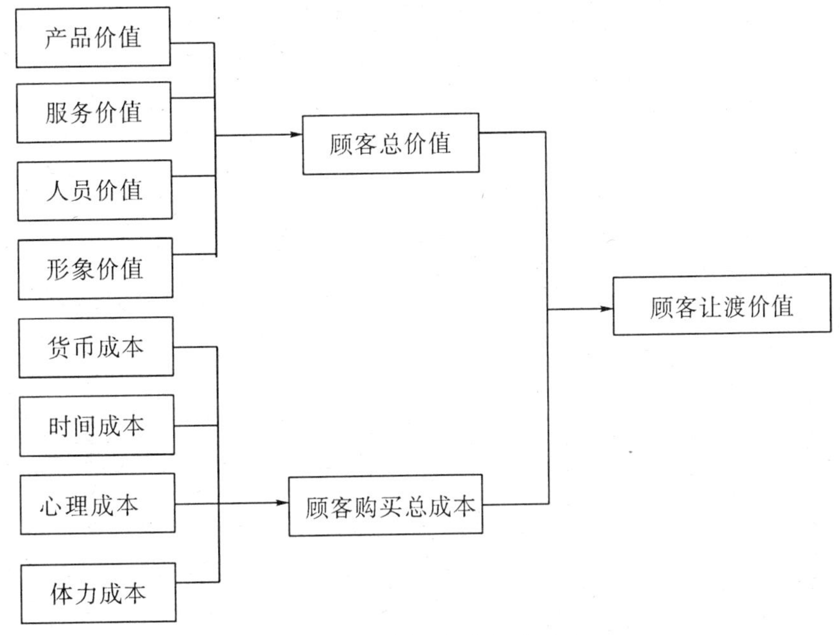

图8-1　顾客让渡价值构成图

对于顾客来说，需要所获得的价值高，而付出的成本低才好。

二、顾客满意和顾客忠诚

1. 顾客满意（CS，Customer Satisfaction）的含义

顾客满意是指顾客对其期望已被满足程度的感觉。

顾客满意与否，取决于顾客接受产品或服务后的感知同顾客在接受之前的期望相比较后的体验。通常情况下，顾客的这种比较会出现三种感受（如图8-2所示）。

(1) 当感知低于期望时，顾客会感到不满意，甚至会产生抱怨或投诉，如果对顾客的抱怨采取积极的措施妥善解决，就有可能使顾客的不满意转为满意，甚至成为忠诚的顾客。

(2) 当感知接近期望时，顾客就感到满意。

(3) 当感知远远超过期望时，顾客就会从满意产生忠诚。

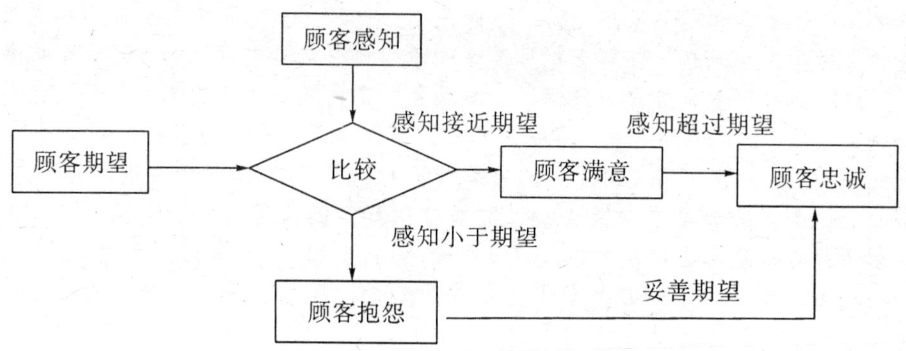

图 8－2 顾客满意期望与顾客感知比较后的感受

2. 如何使顾客满意

一般而言，顾客满意是顾客对企业和员工提供的产品和服务的直接性综合评价，是顾客对企业、产品、服务和员工的认可。顾客根据他们的价值判断来评价产品和服务质量。美国维持化学品公司总裁威廉姆·泰勒认为："我们的兴趣不仅仅在于让顾客获得满意感，我们要挖掘那些被顾客认为能增进我们之间关系的有价值的东西。"在企业与顾客建立长期的伙伴关系的过程中，企业向顾客提供超过其期望的顾客价值，使顾客在每一次的购买过程和购后体验中都能获得满意。每一次的满意都会增强顾客对企业的信任，从而使企业能够获得长期的盈利与发展。当感知质量超过顾客期望时，顾客会感到物超所值，则非常满意，很可能成为忠诚顾客或常客。所有以赢利为目的的企业和公司都应该明白满足顾客的需要和期望是保持经营的最低要求。

看看下面这个例子是如何做到让顾客满意的：

琴鸟品牌的所有产品都拥有国家有关部门的质量合格证书，达到了 ISO 9000 质量标准，对所售的任一产品将给予完全的品质保证。然而，琴鸟公司不仅仅只给予品质上的保证，更有其完美的服务。

售前服务：客户一进入琴鸟世界，就会被琴鸟人的真诚和热情所吸引。琴鸟服务人员会为客户细致地介绍产品，并提供某一系列产品均以生产成本加 8% 的工程服务费作为最后定价，免费进行工程管理，监控整个计划实施，根据不同地区的气候、温差，精心选择耐用材料，提高多项管理指标。

售中服务：琴鸟公司不仅把品质优良的产品交给客户，还附送详细的使用说明书，每一款产品均送货上门并仔细安装。

售后服务：客户只需打一个电话，所有的售后问题均可得到解决。琴鸟产品质量保证期为 5 年，在质量保证期内出现的正常使用下的任何破损，客户都可以与琴鸟销售部联系，3 小时内便可得到琴鸟专业维修人员的上门服务，一切均由琴鸟负责修理或更换。质量保证期内，如果客户发生人事调动、组织结构的变动，将会得到琴鸟免费提供的再次调试、安装服务。在产品质量保证期内，琴鸟每年进行 1 ~2 次免费上门保养回访。

从上面的例子我们可以看出让顾客满意并不是用语言就能实现的。要行动，要用实际行动来满足顾客的一切需求，这样才能成功地留住现有顾客，挖掘潜在顾客，实现企业的长远发展目标。

3. 顾客忠诚

顾客满意是感性评价指标。而顾客忠诚是顾客满意不断强化的结果，理性分析的结果。

顾客满意仅仅只是迈上了顾客忠诚的第一个台阶，不断强化的顾客满意才是顾客忠诚的基础。同时，需要明确的是，顾客满意并不一定可以发展致顾客忠诚，在从顾客满意到顾客忠诚的过程中，企业还要做许许多多的事情。只有使顾客惊喜，才能最终达成顾客忠诚。

在促进顾客忠诚的因素中，个性化的产品和及时性服务是两个决定性因素。个性化的产品能增强顾客的认知体验，从而培养顾客的认知信任；个性化的产品和及时性服务能使顾客产生依赖，进而培养情感信任；只有个性化的产品和及时性服务都能适应顾客的需求变化时，顾客才会产生信赖；顾客不可能自发地忠诚，顾客信任需要企业以实际行动来培养。

案例8-6 德士高——“俱乐部卡”赢得顾客忠诚

德士高超市连锁集团（Tesco）在1995年前实施了忠诚计划——“俱乐部卡”计划，它帮助公司将市场份额从1995年的16%上升到了2003年的27%，成为了英国最大的连锁超市集团。德士高的“俱乐部卡”计划被很多海外商业媒体评价为“最善于使用顾客数据库的忠诚计划”和“最健康、最有价值的忠诚计划”。

在英国，有35%的家庭加入了“俱乐部卡”计划，注册会员达到了1 300多万。据统计，有400万家庭每隔三个月就会查看一次他们的“俱乐部卡”积分，然后冲到超市，像过圣诞节一样疯狂采购一番。

德士高“俱乐部卡”计划的设计者之一，伦敦市场咨询公司主席克莱夫·哈姆比（Clive Humby）非常骄傲地说：“俱乐部卡的大部分会员都是在忠诚计划推出伊始就成为了我们的忠诚顾客，并且从一而终，他们已经和我们保持了9年的关系。”

哈姆比介绍说，“俱乐部卡”计划设计之初就不仅仅将自己定位为简单的积分计划，它是德士高的营销战略，是德士高整合营销策略的基础。

在设计“俱乐部卡”计划时，德士高的营销人员注意到，很多积分计划章程非常繁琐、积分规则很复杂，消费者往往是花很长时间也不明白具体积分方法。还有很多企业推出的忠诚计划奖励非常不实惠，看上去奖金数额很高，但是却很难兑换。这些情况造成了消费者根本不清楚自己的积分状态，也不热衷于累计和兑换，成为了忠诚计划的“死用户”。

因此，“俱乐部卡”计划的积分规则十分简单易懂，顾客可以从他们在德士高消费的数额中得到1%的奖励，每隔一段时间，德士高就会将顾客累积到的奖金换成消费代金券，邮寄到消费者家中。这种方便实惠的积分卡吸引了很多家庭的兴趣，据德士高自己的统计，“俱乐部卡”计划推出的头6个月，在没有任何广告宣传的情况下，就取得了17%左右的顾客自发使用率。

德士高通过顾客在付款时出示“俱乐部卡”，掌握了大量翔实的顾客购买习惯数据，了解了每个顾客每次采购的总量，主要偏爱哪类产品、产品使用的频率等。哈姆比说：“我敢说，德士高拥有英国最好、最准确的消费者数据库，我们知道有多少英国家庭每个星期花12英镑买水果，知道哪个家庭喜欢香蕉，哪个家庭爱吃菠萝。”

通过软件分析，德士高将这些顾客划分成了十多个不同的利基俱乐部（Niche-Club），比如单身男人的足球俱乐部、年轻母亲的妈妈俱乐部等。“俱乐部卡”的营销人员为这十几个分类俱乐部制作了不同版本的俱乐部卡杂志，刊登最吸引他们的促销信息和其他一些他们关注的话题。一些本地的德士高连锁店甚至还在当地为不同俱乐部的成员组织了各种活动。现在，利基俱乐部已经成为了一个个社区，大大提高了顾客的情感转换成本（其中包括个人情感和品牌情感），成为了德士高有效的竞争壁垒。

第三节　市场营销环境

1997 年的亚洲金融危机波及整个世界经济，国际货币基金组织将 1998 年世界经济增长率由原来计划的 4.25% 下调到 3% 以下。日本贸易振兴会发表的《1998 年贸易白皮书》认为，1998 年东亚地区的贸易进一步下降。在 1996 年的世界贸易分布中，欧盟占 38.5%，东亚地区占 17.8%，美国占 12.6%，日本占 7.7%，东亚地区一直是世界贸易的火车头，1985 年以后一直持续保持两位数的增幅。但 1997 年金融危机后，东亚地区贸易迅速萎缩，1997 年出口增长 6.9%，低于 1996 年。1998 年起，贸易增长速度持续放慢。

东亚地区贸易的停滞对世界贸易产生了不利影响。1998 年，世界贸易出现 15 年来的第一次负增长。

受亚洲金融危机影响，世界上许多大型商家企业均损失惨重。比如美国销售额最大的 40 家企业之一的摩托罗拉公司，仅 1998 年第二季度的损失就达 13 亿美元，1998 年上半年销售额 139 亿美元，比 1997 年同期下降 2%；1998 年第二季度销售额 70 亿美元，比 1997 年同期下降 7%。其董事长罗伯特·格朗内伊在 1998 年底指出：受亚洲有关国家经济衰退和全球市场价格压力持续扩大的影响，摩托罗拉的信息产品市场还将进一步萎缩。

由此可见，企业的市场营销活动是在一定的外界条件下进行的，为了实现营销目标，企业必须了解、分析和研究市场营销环境，并努力谋求企业外部环境与内部条件与营销策略间的动态平衡。

市场营销环境：与企业市场营销有关系的，影响企业产品的供给与需求的各种外部条件与因素的综合。

企业的市场营销环境可分为微观环境和宏观环境两大类。

市场营销环境的特点：

①客观性。

②差异性。

③相关性。

④动态性。

⑤不可控性。

一、微观环境要素

企业的微观营销环境主要由供应商、企业、营销中间商、市场、竞争对手、社会公众以及企业内部参与营销决策的各部门组成。而其中，顾客与竞争者又居于核心的地位。

（一）供应商

供应商是指向企业及其竞争对手提供生产经营所需资源的企业或个人。供应商对企业市场营销的影响主要是供应商能否及时提供低成本的原材料。提高价格和降低原材料质量是供应商向行业内相互竞争的企业施加影响力的潜在方式。企业会因为供应商提高价格的行为而使自己的利润降低或因供应商降低原材料质量的行为而使企业的信誉受损。

案例 8-7 2 999 元联想电脑的意义

2004 年 8 月 3 日，联想——中国乃至亚洲最大的个人电脑（PC，Personal Computer）厂家宣布将其旗下的家悦系列家用电脑全线大降价，最低的一款甚至降至 2 999 元，比普通的组装机的价格还便宜，开品牌电脑价格低于 3 000 元的先河。联想方面对此次降价的解释是“为了推行乡镇电脑普及计划”，占领中小城市和乡镇的潜在市场，以低价 PC 撬开电脑消费的“冻土层”。事实上，抢占乡镇市场只是联想这次行动的市场目标，背后的目标则是和供应商之间的竞合。

众所周知，中央处理器（CPU，Central Proceing Unit）既是电脑的核心部件，也是其中最昂贵的部件。在 CPU 行业中长期占据垄断地位的是英特尔公司的奔腾系列 CPU，从奔腾 1 到奔腾 5，英特尔以飞快的速度推出更快的 CPU，推动了电脑市场的一次又一次飞跃。作为下游的 PC 生产商，谁能跟上它的步伐，与其建立伙伴关系，最先获得新一代的奔腾芯片供应权，就意味着在市场上占据先机，其利益也就滚滚而来。由此，英特尔凭借其在 CPU 市场的垄断地位制定垄断价格，攫取了 PC 制造业的大部分利润，一般整机生产商根本没有与其讨价还价的话语权。

联想作为中国乃至亚洲 PC 厂商的龙头老大，自然不想处处受制于英特尔，希望享受更优惠的 CPU 供应价格。在自己后向一体化进入 CPU 生产领域不具优势的情况下，联想选择了与英特尔的竞争对手——超微半导体公司（AMD）合作。

AMD 在 CPU 技术上虽然不逊于英特尔，但始终不能形成对英特尔的有效挑战，市场份额更是远不及英特尔，它也渴望能跟联想这样的大型厂商合作，扩大自己在 CPU 市场的知名度和市场份额。

2004 年 6 月初，联想和 AMD 合作，开始试探性地在其“锋行”系列家用电脑上安装 AMD 的 CPU，以观英特尔的反应，然而英特尔对此并没有什么表示，不肯降低对联想的 CPU 的供货价格。

于是联想决定放手一搏，采用 AMD 的新的 64 位的 CPU，大幅度降低售价，希望能够大幅度扩大市场份额，利用其规模优势获得在向 AMD 采购中更大的折扣。联想希望自己的这一策略能够迫使英特尔为保住联想这个大客户不被 AMD 独占，会在未采用 AMD 的 CPU 的其他联想电脑上给予更好的政策。

（二）企业

每一个企业都有其生产经营目标，有其具体明确的生产经营任务。为了实现其目标或完成其工作任务，必须依据企业生产经营条件和市场需求开展某些业务活动。企业内部的因素包括企业生产部门、采购部门、研究与开发部门、财务部门、市场营销部门等。

（三）营销中间商

营销中间商是指协助企业促销、销售和配销其产品给最终购买者的企业或个人。主要包括以下几方面：

1. 经销中间商（批发商、零售商等，对商品有所有权）。

2. 代理中间商（经纪人、代理商，对商品没有所有权）。

3. 实体分配机构（仓储公司和运输公司）。

4. 营销服务机构和财务中间机构（提供促销服务的各类调研公司、广告公司、传媒公司；提供信贷和资金融通的各类金融中介机构，银行、保险公司、信托投资公司）。

（四）市场

市场是企业产品购买者的总称。主要包括以下几方面：

1. 消费者市场：指个人或家庭为了生活消费而购买或租用商品或劳务的市场。

2. 生产者市场：指生产者为了进行再生产而购买产品的市场。

3. 社会集团市场：指政府机关、社会团体、部队、企业事业及各种集体组织等用国家经费或集体资金购买公用消费品的市场。

4. 中间商市场：指批发商、零售商等市场。

5. 国际市场：指把产品卖给国外消费者、生产者、中间商、政府等形成的国际性市场。

（五）竞争对手

任何企业在市场上的销售量和占有率不仅取决于自身产品的适销程度，还取决于竞争企业的产品和替代产品的适销程度。因此，企业应当对主要竞争者充分了解，制定针对性的营销对策。

从对企业营销的影响力来看，企业一般面临来自不同层次的四类竞争者。

1. 愿望竞争者。指提供不同产品以满足不同需求的竞争者，这是争夺顾客“钱袋子”的竞争。

2. 一般竞争者。提供不同产品以满足同一需求的竞争者，通常取决于顾客的购买力或个人兴趣偏好。如轿车、自行车是代步工具之间的竞争，看书、看电影、看电视是休闲形式之间的竞争

3. 产品形式竞争者。提供同一产品不同规格的竞争者，通常取决于顾客的购买能力和环境。如高、中、低档轿车的竞争。

4. 品牌竞争者。提供同一产品同一规格的不同品牌的竞争者。只是产品在走向成熟后的品牌间的全面对抗，赢家是质量上乘、价格合理、服务优良者。通常，大多数同行竞争最后都会走到这一步。

显而易见，竞争的程度由上至下趋于激烈，愿望竞争者是不同行业的竞争者，是争取顾客需求的竞争，其余三者是同行竞争，是争夺顾客产品兴趣的竞争。

案例8－8　真正的竞争者

纳爱斯、奇强等清洁剂制造商对超声波洗衣机的研究惶恐不安。如果此研究成功的话，该类洗衣机洗衣服无需清洁剂。可见，对清洁剂行业而言，更大的威胁可能是来自于超声波洗衣机。

柯达公司在胶卷业务上一直担心崛起的竞争者——日本富士公司。但柯达面临的更大威胁是当前广泛使用的数码照相机。由佳能和索尼公司销售的数码照相机能在电视上展现画面，可转录入软盘。可见，对胶卷业而言，更大的威胁是来自于数码相机。

（六）社会公众

社会公众指的是对本组织实现其营销目标的能力具有实际的或潜在的兴趣或影响的任何团体。

1. 融资公众。其指影响企业融资能力的金融机构。
2. 媒介公众。主要是报纸、杂志、广播电台和电视台等大众传播媒体。
3. 政府公众。其指负责管理企业营销业务的有关政府机构。
4. 社团公众。包括保护消费者权益的组织、环境组织及其他群众团体等。
5. 社区公众。其指企业所在地邻近的居民和社区组织。
6. 一般公众。其指上述各种关系公众之外的社会公众。
7. 内部公众。其是指企业的员工，包括高层管理人员和一般职工。

二、宏观环境

宏观环境主要可分为：人口环境、经济环境、政治法律环境、自然生态环境、科学技术环境和社会文化环境这六大环境。

（一）人口环境

人口环境是市场营销的最基础因素。

1. 人口总量与自然增长状况

在收入不变的情况下，人口越多，则对食物、衣着、日用品等生活必需品的需求量也就越大；反之，需求量则小。

2. 人口结构

目前，我国人口结构变化对企业营销产生较明显影响的主要有以下三个方面：

（1）人口结构老龄化，“银色市场”成规模。

（2）儿童及少年人口比重下降，消费档次不断提高。

（3）女性消费市场巨大，将成为消费热点之一。

3. 家庭组成

家庭组成指一个以家庭为代表的家庭生活的全过程，也称家庭生命周期，按年龄、婚姻、子女等状况，可以分为七个阶段：①未婚期。年轻的单身者。②新婚期。年轻夫妻，没有孩子。③满巢期一。年轻夫妻，有六岁以下的幼童。④满巢期二。年轻夫妻，有六岁以上的幼童。⑤满巢期三。年纪大的夫妻，有已能自立的子女。⑥空巢期。身边没有孩子的老年夫妻。⑦孤独期。单身老人独居。

一个市场拥有家庭单位和家庭平均成员的多少，以及家庭组成状况等，对市场消费需求的潜量和需求的结构，都有十分重要的影响。

4. 人口的文化教育结构

一个国家或地区的教育发展水平的高低，直接影响国民素质差异，影响着人们对产品价值、功能及款式的评价与选择，从而影响着企业的营销活动。

5. 人口的地理分布状况

人口的地理分布状况对企业营销的影响主要表现在以下三个方面：

（1）不同的地理环境、地理位置，人口分布是不同的。

（2）人们往往会因其所处的地理位置、气候条件的差异而产生消费需求和购买行为的明显差异。比如在山区，由于道路崎岖，人们对自行车的需求就比较少；在我国昆明，四季如春，当地居民家中很少装空调；寒冷地区的人们爱喝酒；等等。

（3）人口分布的动态变化对企业的营销活动也会产生一定的影响。

（二）经济环境

经济环境是指企业市场营销活动所面临的经济条件，它是企业开展市场营销活动的基础。

对经济环境的研究主要包括以下几方面：

1. 经济制度和产业结构

2. 收入状况

收入状况的分析主要可以从分析统计指标入手：

（1）年人均国民收入指标，它大体反映了一个国家和地区的经济发展水平。

（2）居民的年人均收入指标，它反映了居民的平均购买力水平，年人均收入的高低，很大程度上决定了居民对生活必需品的需求质量。

（3）可任意支配收入指标，是指消费者个人收入中扣除生活必要支出、储蓄和税金的余额，这部分收入对需求弹性较大的消费有很大影响。

3. 居民储蓄状况

在收入水平一定的情况下，储蓄额越大，相对而言，现实购买力会减少，这会对企业的营销活动产生一定影响，但居民储蓄实质是居民的潜在购买力，最终还是用于消费的。

一般来说，居民储蓄额的增加，对高档耐用消费品的需求以及其他中长期消费会产生有利影响。

4. 消费结构状况

消费结构是指消费者各种消费支出的比例关系。分析消费结构变化最常用的方法是“恩格尔定律”。

（三）政治法律环境

1. 政局的稳定与否

2. 国家的有关方针政策

3. 国家的有关法规法令

4. 公众利益组织及团体

案例8－9　政治风云导致“米沙”的失败

1977年，洛杉矶的斯坦福·布鲁姆以25万美元买下西半球公司的一项专利，生产一种名叫“米沙”的小玩具熊，用做1980年莫斯科奥运会的吉祥物。此后的两年里，布鲁姆先生和他的伊美治体育用品公司致力于“米沙”的推销工作，并把“米沙”的商标使用权出让给58家公司。成千上万的“米沙”被生产出来，分销到美国各地的玩具商店和百货商店，十几家杂志上出现了这种带四种色彩的小熊形象。开始，“米沙”的销路很好，布鲁姆预计这项业务的营业收入可达0.5亿到1亿美元。不料在奥运会开幕前，由于苏联拒绝从阿富汗撤军，美国总统宣布不参加在莫斯科举行的奥运会。骤然间，“米沙”成了人们深恶痛绝的象征，布鲁姆的盈利计划成为泡影。

（四）自然生态环境

自然环境主要指营销者所需要或受营销活动所影响的自然资源因素。

在生态环境不断遭到破坏，自然资源日益枯竭，环境污染问题日趋严重的今天，自然环境已成为涉及各个国家、各个领域的重大问题，环保呼声越来越高。

从营销学的角度看，自然环境的发展变化给企业带来了一定的威胁，同时也给企业创造了机会。

目前看，自然环境有以下四个方面的发展趋势：

1. 原料的短缺或即将短缺

各种资源，特别是不可再生类资源已经出现供不应求的状况（如石油、矿藏等）对许多企业造成了较大威胁，但给致力于开发和勘探新资源、研究新材料及如何节约资源的企业又带来了巨大的市场机会。

2. 能源短缺导致的成本增加

能源的短缺给汽车及其他许多行业的发展造成了巨大困难，但无疑为开发研究如何利用风能、太阳能、原子能等新能源及研究如何节能的企业提供了有利的营销机会。

3. 污染日益严重

空气、海水及河水源污、土壤及植物中有害物质的增加，随处可见的塑料等包装废物以及污染层面日益升级的趋势，使那些制造了污染的行业、企业成为众矢之的；而那些致力于控制污染，研究开发不会造成污染的产品及其包装物的企业，能够最大限度降低环境污染程度的行业及企业，则有着大好的市场机会。

4. 政府对自然资源加大管理及干预力度

各国政府从长远利益及整体利益出发，对自然资源的管理逐步加强。许多限制性的法律法规的出台，给企业造成了巨大的威胁及压力，同时也给许多企业创造了发展良机。

作为营销者的营销活动，既受自然环境的制约与影响，也要对自然环境的变化负起责任。既要保证企业可获利发展，又要保护环境与资源，企业只有实施可持续发展战略，才能做到与社会、自然协调发展。

当前社会上流行的绿色产业，绿色消费乃至绿色营销以及生态营销的蓬勃发展，应当说就是顺应了时代要求而产生的。

案例8－10　麦当劳的绿色营销

麦当劳通过使用可回收利用材料制成的包装物，使其产生的污染物每年减少60%。

所有麦当劳快餐店中使用的餐巾及杯子、盘子的衬垫均是纸制品，甚至包括其总部使用的所有文具也是纸制品。

据报道，通过与制造商合作研究，使其饮料管减少塑料用量，减轻了其重量的20%，仅此一项，麦当劳每年便少制造几百万磅的塑料废弃物。

目前，除了在其产品上运用绿色营销外，它还开始利用可回收利用材料改造和新建它的餐厅，并敦促它的供应商们使用可回收利用的成品及材料。

成功地运用绿色营销，使麦当劳公司的“关心人类共同环境”的形象不仅得到了消费者的认同，也使其获得了额外的销售量。

（五）科学技术环境

1. 科学技术发展对企业生存与发展有着重要影响。

2. 科学技术发展对企业营销管理有着重要影响。

3. 科学技术发展对对企业营销内容、方式及手段有着重要影响。

（六）社会文化环境

社会文化环境是指人们在一定的社会环境中成长和生活，久而久之所形成的某种信仰、价值观、审美观和生活准则。它制约和影响着人们的消费动机、消费行为、消费方式以及对商品价值的理解、对企业营销活动的反馈。

社会亚文化群可分为：

1. 民族亚文化群
2. 宗教亚文化群
3. 种族亚文化群
4. 地理亚文化群

企业应注意处于以上四个不同亚文化群的顾客其需求有较大差异。

三、环境分析与企业对策

（一）环境威胁与市场机会

市场营销环境通过对企业构成威胁或提供机会而影响营销活动。

1. 环境威胁

环境威胁是指环境中不利于企业营销的因素的发展趋势，对企业形成挑战，对企业的市场地位构成威胁。这种挑战可能来自于国际经济形势的变化，也可能来自于社会文化环境的变化。

2. 市场机会

市场机会指对企业营销活动富有吸引力的领域，在这些领域，企业拥有竞争优势。环境机会对不同企业有不同的影响力，企业在每一特定的市场机会中成功的概率，取决于其业务实力是否与该行业所需要的成功条件相符合。

案例8－11　商业奇才亚默尔

美国具传奇色彩的商业人物——罐头大王亚默尔在1875年的某一天，偶然从报纸上看到一则新闻，说是墨西哥畜群中发现了病畜，有专家怀疑是某种传染性较强的瘟疫所致。

亚默尔立刻想到，毗邻墨西哥的美国加州、得州是全国肉类供应基地，如有瘟疫，政府将必然禁止该地区的牲畜进入市场，将造成全国肉类供应紧张，价格必然上涨。于是，在派专业人员进行调查核实消息后，果断决策，倾其所有，迅速从加、得两州大量采购活畜及猪、牛肉，运往美国东部地区，结果净赚900万美元。

（二）威胁与机会的分析、评价

在分析环境威胁与市场机会时，通常运用“环境威胁矩阵图”和“市场机会矩阵图”。

1. 环境威胁矩阵图

营销者对环境威胁的分析主要结合两方面来考虑：一是环境威胁对企业的影响程度；二是环境威胁出现的概率大小，如图8－3所示。

图8－3的4个象限中，象限1是企业必须高度重视的，因为其危害程度高，出现的概率大，是企业必须严密监视和预测其变化发展趋势，并及时制定措施应对的环境因素；象限2和象限3也是企业应当密切关注其发展趋势的环境因素。因为象限2上的

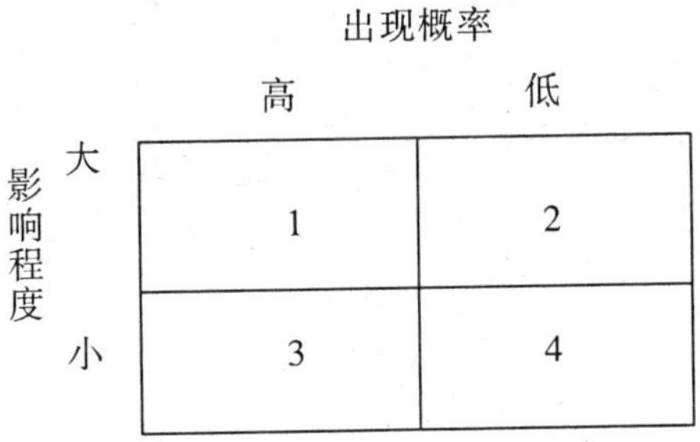

出现概率

影响程度	高	低
大	1	2
小	3	4

图 8-3 环境威胁分析矩阵图

因素虽然出现概率低，一旦出现却会给企业营销带来极大的危害，象限 3 上的因素虽然对企业影响不大，但出现的概率却很大，因此也应当给予关注，随时准备应有的应对措施；象限 4 上的因素影响程度及出现概率均低，对其只需进行必要的追踪观察以监测其是否有向其他象限因素变化发展的可能。

2. 市场机会矩阵图

有效地捕捉和利用市场机会，是企业营销成功和发展的前提。只要企业能够密切关注营销环境变化带来的市场机会，适时地做出恰当的评价，并结合企业自身的资源和能力，及时将市场机会转化为企业机会，就能够开拓市场、扩大销售，提高企业的市场占有率。

分析评价市场机会主要考虑两个方面：一是市场机会的潜在吸引力大小；二是市场机会带来的成功可能性大小，如图 8-4 所示。

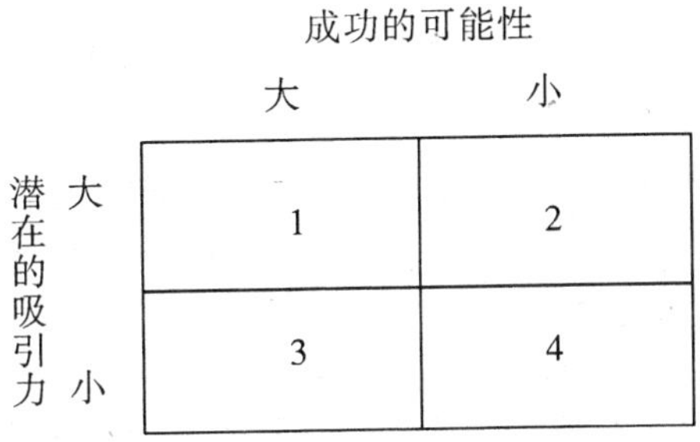

成功的可能性

潜在的吸引力	大	小
大	1	2
小	3	4

图 8-4 市场机会分析矩阵图

图 8-4 中的 4 个象限中，第 1 象限是企业特别应当重视的市场条件，因为其潜在吸引力与成功可能性都较大，是企业应当把握并全力发展的机会；第 2、第 3 象限同样也是企业不可忽视的市场条件，第 2 象限上的机会虽然成功可能性较低，一旦把握住却可以为企业带来巨大的潜在利益，第 3 象限上的机会虽然潜在利益不大，但出现的概率却很大，因此需要企业的充分关注，并制定相应的营销措施与对策；第 4 象限上的市场条件，潜在吸引力与成功可能性都较低，对企业来说，主要是密切观察其发展变化，积极改善自身条件，审慎地开展营销活动。

3. 综合环境分析

综合上述两个分析矩阵，不同水平的环境威胁、市场机会与企业共同作用，又可产生四种情况，形成图 8-5 所示的环境分析综合评价图。

		威胁水平 低	威胁水平 高
机会水平	高	（1）理想业务	（2）冒险业务
	低	（3）成熟业务	（4）困难业务

图 8－5　环境分析综合评价图

注：（1）理想业务即高机会和低威胁业务。（2）冒险业务即高机会和高威胁业务。（3）成熟业务即低机会和高威胁业务。（4）困难业务即低机会和高威胁业务。

（三）企业对策

企业对所面临的主要威胁有三种可能选择的对策：

1. 反抗即试图限制或扭转不利因素的发展。
2. 减轻即通过调整市场营销组合等来改善环境，以减轻环境威胁的严重性。
3. 转移即决定转移到其他盈利更多的行业或市场。

第四节　消费者市场

市场营销的核心是研究消费者的需求及购买行为。因此只有先了解消费者才能制定有效的营销方案。

什么是消费者市场？

消费者市场是由那些为满足自身及家庭成员的生活消费者需要而购买的顾客组成的。它是组织市场乃至整个经济活动为之服务的最终市场，也是为个人提供最后的直接消费品的市场（也称为最终产品市场）。

消费者市场是现代市场营销理论研究的主要对象。成功的市场营销者是那些能够有效地提供对消费者有价值的产品，并运用富有吸引力和说服力的方法将产品有效地呈现给消费者的企业和个人。因而，研究影响消费者购买行为的主要因素及其购买决策过程，对于开展有效的市场营销活动至关重要。

一、消费者市场的特点

（一）消费者需求的特点

1. 需求的差异性及层次性。
2. 需求的变化性及发展性。

案例 8－12　需求本质的异化

20 世纪 60 年代初，在一家大型钟表制造商的瑞士产品展示会上，一家伦敦国际广告代理商的高级董事发表了一席言论，他说："归根结底，一个人之所以买手表，是为了知道时间。"然而公司总裁却说："不完全是，对大多数人来说，手表是个很好的装饰品、一件手饰、一种美的表现物，报时的功能倒是其次。”

应该说，对于手表的需求本质是准确计时。然而社会的发展使得对许多东西的需求本质异化了。手表即使典型的一例，它的重要性和魅力已远不止计时，它还代表着最时尚的工业设计和美学创意。

（二）消费者购买行为特点

消费者购买行为是指消费者购买产品或服务以满足需求所产生的一系列活动。比如：信息收集、购买、购后反应等。其特点主要包括：

1. 购买的非营利性与利益的一致性。
2. 购买的非专家性与伸缩性。
3. 购买的小型性与重复性。

（三）消费者市场营销特点

消费者市场营销特点主要包括：

1. 重视消费者教育。
2. 重视消费者心理与情感。
3. 重视品牌效应。
4. 避免急功近利。

二、影响消费者购买行为的基本因素

影响消费者行为的文化和社会因素有：文化，亚文化，社会阶层，参照群体和角色因素。影响消费者行为的个人与心理因素是：人口统计因素，生活方式，自我概念与人格特征，知觉因素，学习与记忆，动机、个性与情绪，态度。这些因素不仅在某种程度上决定消费者的决策行为，而且它们对外部环境与营销刺激的影响起放大或抑制作用。

（一）文化因素

1. 文化

文化有广义与狭义之分。广义文化是指人类创造的一切物质财富和精神财富的总和；狭义文化是指人类精神活动所创造的成果，如哲学、宗教、科学、艺术、道德等。在消费者行为研究中，由于研究者主要关心文化对消费者行为的影响，所以我们将文化定义为一定社会经过学习获得的、用以指导消费者行为的信念、价值观和习惯的总和。文化具有习得性、动态性、群体性、社会性和无形性的特点。

文化通过对个体行为进行规范和界定进而影响家庭等社会组织。文化本身也随着价值观、环境的变化或随着重大事件的发生而变化。价值观是关于理想的最终状态和行为方式的持久信念。它代表着一个社会或群体对理想的最终状态和行为方式的某种共同看法。文化价值观为社会成员提供了关于什么是重要的、什么是正确的以及人们应追求一个什么最终状态的共同信念。它是人们用于指导其行为、态度和判断的标准，而人们对于特定事物的态度一般也是反映和支持他的价值观的。

文化价值观可分为三类：有关社会成员间关系的价值观，有关环境的价值观，以及有关自我的价值观。这些价值观对于消费者行为具有重要影响，并最终影响着企业营销策略的选择及其成败得失。

有关社会成员之间关系的价值观反映的是一个社会关于该社会中个体与群体、个体之间以及群体之间适当关系的看法，其中包括个人与集体、成人与孩子、青年与老年、男人与妇女、竞争与协作等方面。

有关环境的价值观反映的是一个社会关于该社会与其自然、经济以及技术等环境之间关系的看法，其中包括自然界、个人成就与出身、风险与安全、乐观与悲观等方面。

有关自我的价值观反映的是社会各成员的理想生活目标及其实现途径，其中包括动与静、物质与非物质主义、工作与休闲、现在与未来、欲望与节制、幽默与严肃等方面。

不同国家、地区或不同群体之间，语言上的差异是比较容易察觉的。但是易于为人们所忽视的往往是那些影响非语言沟通的文化因素，包括时间、空间、礼仪、象征、契约和友谊等。这些因素上的差异往往也是难以察觉、理解和处理的。对一定社会各种文化因素的了解将有助于营销者提高消费者对其产品的接受程度。

案例8－13　名片的意义

“名片是你的脸面。”

“名片在这里是必需的，是绝对必不可少的。”

“在日本一个没有名片的人是没有身份的。”

在一个社交礼节十分考究的国度里，名片的交换是一种最基本的社交礼节。它强化了人际之接触，而人际接触对一个人的成功至关重要。交换名片折射出很深的社会寓意。一旦完成这样一种看似细小的礼节，双方都能了解对方在公司或政府机关的位置，从而较准确地把握彼此之间的交往尺度。

两人彼此交换名片，这在美国是十分普遍、简单的活动，而在日本则是一种不可缺少的复杂社会交往。

2. 亚文化

亚文化是一个不同于文化类型的概念。所谓亚文化，是指某一文化群体所属次级群体的成员共有的独特信念、价值观和生活习惯。每一亚文化都会坚持其所在的更大社会群体中大多数主要的文化信念、价值观和行为模式。同时，每一文化都包含着能为其成员提供更为具体的认同感和社会化的较小的亚文化。目前，国内外营销学者普遍接受的是按民族、宗教、种族、地理划分亚文化的分类方法。

（1）民族亚文化。几乎每个国家都是由不同民族所构成的。不同的民族都各有其独特的风俗习惯和文化传统。我国有56个民族，民族亚文化对消费者行为的影响是巨大的。

（2）宗教亚文化。不同的宗教群体具有不同的文化倾向、习俗和禁忌。如我国有不同的宗教，这些宗教的信仰者都有各自的信仰、生活方式和消费习惯。宗教能影响人们行为，也能影响人们的价值观。

（3）种族亚文化。白种人、黄种人、黑种人都各有其独特的文化传统、文化风格和态度。即使他们生活在同一国家甚至同一城市，也会有自己特殊的需求、爱好和购买习惯。

（4）地理亚文化。地理环境上的差异也会导致人们在消费习俗和消费特点上的不同。长期形成的地域习惯一般比较稳定。自然地理环境不仅决定着一个地区的产业和贸易发展格局，而且间接影响着一个地区消费者的生活方式、生活水平、购买力的大小和消费结构，从而在不同的地域可能形成不同的商业文化。

不同的亚文化会形成不同的消费亚文化。消费亚文化是一个独特的社会群体，这个群体以产品、品牌或消费方式为基础，形成独特的模式。这些亚文化具有一些共有的内容，比如：一种确定的社会等级结构；一套共有的信仰或价值观；独特的用语、仪式和有象征意义的表达方式等。消费亚文化对营销者比较重要，因为有时一种产品就是构成亚文化的基础，是亚文化成员身份的象征，如高级轿车，同时符合某种亚文化的产品会受到其他社会成员的喜爱。

3. 社会阶层

社会阶层（Social Class）是由具有相同或类似社会地位的社会成员组成的相对持久的群体。每一个体都会在社会中占据一定的位置，使社会成员分成高低有序的层次或阶层。社会阶层是一种普遍存在的社会现象。导致社会阶层的终极原因是社会分工和财产的个人所有。

消费者行为学中讨论社会阶层，可以了解不同阶层的消费者在购买、消费、沟通、个人偏好等方面具有哪些独特性，哪些行为是各社会阶层成员所共有的。

吉尔伯特（Jilbert）和卡尔（Kahl）将决定社会阶层的因素分为3类：经济变量、社会互动变量和政治变量。经济变量包括职业、收入和教育；社会互动变量包括个人声望、社会联系和社会化；政治变量则包括权力、阶层意识和流动性。

声望（Prestige）表明群体其他成员对某人是否尊重，尊重程度如何。联系（Association）涉及个体与其他成员的日常交往，他与哪些人在一起，与哪些人相处得好。社会化（Socialization）则是个体习得技能、态度和习惯的过程。家庭、学校、朋友对个体的社会化具有决定性影响。阶层意识是指某一社会阶层的人，意识到自己属于一个具有共同的政治和经济利益的独特群体的程度。人们越具有阶层或群体意识，就越可能组织政治团体、工会来推进和维护其利益。

不同社会阶层消费者的行为在很多方面存在差异，比如：支出模式上的差异，休闲活动上的差异，信息接收和处理上的差异，购物方式上的差异，等等。对于某些产品，社会阶层提供了一种合适的细分依据或细分基础，依据社会阶层可以制定相应的市场营销战略。具体步骤如下：首先，决定企业的产品及其消费过程在哪些方面受社会阶层的影响，然后将相关的阶层变量与产品消费联系起来。为此，除了运用相关变量对社会阶层分层以外，还要搜集消费者在产品使用、购买动机、产品的社会含义等方面的数据。其次，确定应以哪一社会阶层的消费者为目标市场。这既要考虑不同社会阶层作为市场的吸引力，也要考虑企业自身的优势和特点。再次，根据目标消费者的需要与特点，为产品定位。最后，制定市场营销组合策略，以达到定位目的。

需要注意的是，不同社会阶层的消费者由于在职业、收入、教育等方面存在明显差异，因此即使购买同一产品，其趣味、偏好和动机也会不同。比如同样是买牛仔裤，劳动阶层的消费者可能看中的是它的耐用性和经济性，而上层社会的消费者可能注重的是它流行程度和自我表现力。事实上，对于市场上的现有产品和品牌，消费者会自觉或不自觉地将它们归入适合或不适合哪一阶层的人消费。例如，在中国汽车市场，消费者认为宝马和奔驰更适合上层社会消费，而捷达则更适合中下层社会的人消费。这些都表明了产品定位的重要性。

另外，处于某一社会阶层的消费者会试图模仿或追求更高层次的生活方式。因此，以中层消费者为目标市场的品牌，根据中上层生活方式定位可能更为合适。

（二）社会因素

1. 参照群体

参照群体是与消费者密切相关的社会群体，它与隶属群体相对应。社会群体是指通过一定的社会关系结合起来进行共同活动而产生相互作用的集体。与消费者密切相关的有五种基本的参照群体：①家庭；②朋友；③正式的社会群体；④购物群体；⑤工作群体。

参照群体具有规范和比较两大功能。参照群体对其成员的影响程度取决于多方面的因素，主要有以下几个方面：①产品使用时的可见性；②产品的必需程度；③产品与群体的相关性；④产品的生命周期；⑤个体对群体的忠诚程度；⑥个体在购买中的自信程度。

参照群体概念在营销中的运用如下：

（1）名人效应

对很多人来说，名人代表了一种理想化的生活模式。正因为如此，企业花巨额费用聘请名人来促销其产品。研究发现，用名人作支持的广告较不用名人的广告评价更正面和积极，这一点在青少年群体上体现得更为明显。运用名人效应的方式多种多样。如可以用名人作为产品或公司代言人；也可以用名人作证词广告，即在广告中引述广告产品或服务的优点和长处，或介绍其使用该产品或服务的体验；还可以采用将名人的名字使用于产品或包装上等作法。

（2）专家效应

专家是指在某一专业领域受过专门训练、具有专门知识、经验和特长的人。医生、律师、营养学家等均是各自领域的专家。专家所具有的丰富知识和经验，使其在介绍、推荐产品与服务时较一般人更具权威性，从而产生专家所特有的公信力和影响力。当然，在运用专家效应时，一方面应注意法律的限制，如有的国家不允许医生为药品作证词广告；另一方面，应避免公众对专家的公正性、客观性产生质疑。

（3）普通人效应

运用满意顾客的证词来宣传企业的产品，是广告中常用的方法之一。由于出现在荧屏上或画面上的代言人是和潜在顾客一样的普通消费者，使受众感到亲近，从而广告诉求更容易引起共鸣。比如北京大宝化妆品公司就曾运用过普通人证词广告。还有一些公司在电视广告中展示普通消费者或普通家庭如何用广告中的产品解决其遇到的问题，如何从产品的消费中获得乐趣等等，也是普通人效应的运用。

（4）经理型代言人

自 20 世纪 70 年代以来，越来越多的企业在广告中用公司总裁或总经理做代言人。例如，我国广西三金药业集团公司，在其生产的桂林西瓜霜上使用公司总经理和产品发明人邹节明的名字和图像，就是经理型代言人的运用。

2. 角色因素

（1）角色概述

角色是个体在特定社会或群体中占有的位置和被社会或群体所规定的行为模式。对于特定的角色，无论是由谁来承担，人们对其行为都有相同或类似的期待。

虽然承担某一具体角色的所有人都被期待展现某些行为，但每个人实现这些期待的方式却各不相同。期望角色与实践角色之间的差距被称为角色差距，适度的角色差距是允许的，但这种差距不能太大。否则意味着角色扮演的不称职，社会或群体的惩罚也就不可避免。因此，大多数人都力求使自己的行为与群体对特定角色的期待相一致。

(2) 几个重要概念

①角色关联产品集

角色关联产品集是承担某一角色所需要的一系列产品。这些产品或者有助于角色扮演，或者具有重要的象征意义。例如，靴子与牛仔角色相联系。角色关联产品集规定了哪些产品适合某一角色。营销者的主要任务就是确保其产品能满足目标角色的实用或象征需要，从而使人们认为其产品适用于该角色。计算机制造商强调笔记本电脑为商人所必需，保险公司强调人寿保险对于扮演父母角色的重要性，这些公司实际上都是力图使自己的产品进入某类角色关联产品集。

②角色超载和角色冲突

角色超载是指个体超越了时间、金钱和精力所允许的限度而承担太多的角色或承担对个体具有太多要求的角色。比如，一位教师既面临教学、科研、家务的多重压力，同时又担任很多的社会职务或在外兼职。此时，由于其角色集过于庞大，他会感到顾此失彼和出现角色超载。角色超载的直接后果是个体的紧张、压力和角色扮演的不称职。

角色冲突是指不同的角色由于在某些方面不相容，或人们对同一角色的期待和理解的不同而导致的矛盾和抵触。角色冲突有两种基本类型，一种是角色间的冲突，一种是角色内的冲突。很多现代女性所体验到的那种既要成为事业上的强者又要当贤妻良母的冲突，就是角色间的冲突。

③角色演化

角色演化是指人们对某种角色行为的期待随着时代和社会的发展而发生变化。角色演化既给营销者带来机会也提出挑战。例如，妇女在职业领域的广泛参与，改变了她们的购物方式，许多零售商也因此调整其地理位置和营业时间，以适应这种变化。研究发现，全职家庭主妇视购物为主妇角色的重要组成部分，而承担大部分家庭购物活动的职业女性对此并不认同。显然，在宣传产品和对产品定位的过程中，零售商需要认识到基于角色认同而产生的购物动机上的差别。

④角色获取与转化

在人的一生中，个人所承担的角色并不是固定不变的。随着生活的变迁和环境的变化，个体会放弃原有的一些角色、获得新的角色和学会从一种角色转换成另外的角色。在此过程中，个体的角色集相应地发生了改变，由此也会引起他对与角色相关的行为和产品需求的变化。

(三) 个人因素

1. 人口统计因素

人口统计是根据人口规模、分布和结构对人口环境进行的描述。人口规模指的是人口的数量。人口分布说明人口的地理分布，即多少人生活在农村、城市和郊区。而人口结构反映人口在年龄、收入、教育和职业方面的状况。上述每个因素都影响消费者的行为，并对不同产品和服务的总需求产生影响。

(1) 人口规模和分布

人口增长是许多行业是否盈利甚至能否生存的关键性决定因素。例如，有些快速消费品可能人均消费量随着时间的变化而呈递减趋势，但由于人口规模的增加则可以使这种消费品的总销售额保持不变。我国是人口大国，从某种程度上也促进了我国消费者市场的繁荣。

除了人口增长率，了解这些人口增长发生的地方也是很重要的。因为一个国家的不同地区代表了不同的亚文化，每一亚文化下的人有着独特的情趣、态度和偏好，了解人口快速增长出现在哪些地区以及这些地区的消费者有何种需要可以使企业更好地开拓市场。

（2）年龄

年龄对于我们购物的地点、使用产品的方式和我们对营销活动的态度有重要影响。目前包括我国在内的世界上的大多数国家都面临着人口老龄化的问题。根据预测，我国65岁以上的老年人口在总人口中的比重在2025年左右将达到14%，这必然会导致更多新的针对老年人的细分市场出现。

（3）职业

由于所从事的职业不同，人们的价值观念、消费习惯和行为方式存在着较大的差异。职业的差别使人们在衣、食、住、行等方面有着显著的不同。譬如，通常不同职业的消费者在衣着的款式、档次上会做出不同的选择，以符合自己的职业特点和社会身份。

（4）教育

受教育的程度越来越成为影响家庭收入高低的重要因素。传统上，制造业中的一些高薪职位并不要求很高的受教育程度，但现在不同了。如今，制造业和服务业的许多高薪工作需要专业技能、抽象思维能力以及快速阅读和掌握新技巧的能力。这些能力往往通过受教育才能获得。受教育的程度部分地决定了人们的收入和职业，进而影响着人们的购买行为。同时它也影响着人们的思维方式、决策方式以及与他人交往的方式，从而极大地影响着人们的消费品位和消费偏好。

（5）收入

家庭收入水平和家庭财产共同决定了家庭的购买力。很多购买行为是以分期付款的方式进行的，而人们分期付款的能力最终是由人们目前的收入和过去的收入决定的。

由以上五个方面的因素可以看到，人口统计因素既能直接地影响消费行为，同时又能通过影响人们的其他特征，如个人价值观、决策方式等间接影响消费者的行为。综合运用人口统计资料可以帮助企业界定其主要的目标市场，并规划相应的营销策略。

2. 生活方式

生活方式是个体在成长过程中，在与社会因素相互作用下表现出来的活动、兴趣和态度模式。生活方式包括个人和家庭两个方面，两者相互影响。

生活方式与个性既有联系又有区别。一方面，生活方式很大程度上受个性的影响。一个具有保守、拘谨性格的消费者，其生活方式不大可能太多地涉及诸如攀岩、跳伞、蹦极之类的活动。另一方面，生活方式关心的是人们如何生活，如何花费，如何消磨时间等外在行为，而个性则侧重从内部来描述个体，它更多地反映个体思维、情感和知觉特征。可以说，两者是从不同的层面来刻画个体。区分个性和生活方式在营销上具有重要的意义。一些研究人员认为，在市场细分过程中过早以个性区分市场，会使目标市场过于狭窄。因此，他们建议，营销者应先根据生活方式细分市场，然后再分析每一细分市场内消费者在个性上的差异。如此，可使营销者识别出具有相似生活方式的大量消费者。

研究消费者生活方式通常有两种途径。一种途径是直接研究人们的生活方式，另一种途径是通过具体的消费活动进行研究。生活方式对消费者购买决策的影响往往是隐性的。例如，在购买登山鞋、野营帐篷等产品时，很少有消费者想到这是为了保持其生活方式。然而，对于那些喜欢户外活动的人来说这种影响是客观存在的。

3. 自我概念与人格特征

（1）自我概念的含义与类型

自我概念是个体对自身一切的知觉、了解和感受的总和。自我概念回答的是“我是谁?”和“我是什么样的人?”诸如此类的问题，它是个体自身体验和外部环境综合作用的结果。一般来说，消费者将选择那些与其自我概念相一致的产品与服务，避免选择与其自我概念相抵触的产品和服务。所以，研究消费者的自我概念对企业特别重要。

消费者不只有一种自我概念，而是拥有多种类型的自我概念：①实际的自我概念；②理想的自我概念；③社会的自我概念；④期待的自我。期待的自我即消费者期待在将来如何看待自己，它是介于实际的自我与理想的自我之间的一种形式。由于期待的自我折射出个体改变“自我”的现实机会，对营销者来说它也许较理想的自我和现实的自我更有价值。

（2）自我概念与产品的象征性

在很多情况下，消费者购买产品不仅仅是为了获得产品所提供的功能效用，而是要获得产品所代表的象征价值。对于购买劳斯莱斯、宝马产品的消费者来说，显然不是购买一种单纯的交通工具。一些学者认为，某些产品对拥有者而言具有特别具体的含义，它们能够向别人传递关于自我的很重要的信息。从某种意义上，消费者是什么样的人是由其使用的产品来界定的。如果丧失了某些关键拥有物，那么，他或她就成为了不同于现在的个体。

一般来说，能够成为表现自我概念的象征品应具有 3 个方面的特征。首先，应具有使用时的易见性，即这些产品的购买、使用和处置能够很容易被人看到。其次，应具有差异性，即某些消费者有能力购买，而另一些消费者无力购买。如果每人都可拥有一辆奔驰车，那么这一产品的象征价值就所剩无几了。最后，应具有拟人化性质，即能在某种程度上体现使用者的特别形象。比如汽车、珠宝等产品均具有上述特征，因此，它们很自然地被人们作为传递自我概念的象征品。

（四）心理因素

1. 知觉因素

所谓知觉，是人脑对刺激物各种属性和各个部分的整体反映，它是对感觉信息加工和解释的过程。产品、广告等营销刺激只有被消费者知觉才会对其行为产生影响。消费者形成何种知觉，既取决于知觉对象，又与知觉时的情境和消费者先前的知识与经验密切相关。

消费者的知觉过程包括三个相互联系的阶段，即展露、注意和理解。这三个阶段也是消费者处理信息的过程。在信息处理过程中，如果一则信息不能依次在这几个阶段生存下来，它就很难贮存到消费者的记忆中，从而也无法有效地对消费者行为产生影响。

（1）刺激物的展露

展露（Exposure）或刺激物的展露是指将刺激物展现在消费者的感觉神经范围内，使其感官有机会被激活的过程。展露只需把刺激对象置于个人相关环境之内，并不一定要求个人接收到刺激信息。比如，电视里正在播放一则广告，而你正在和家人或朋友聊天而没有注意到，但广告展露在你面前则是事实。

对于消费者来说，展露并不完全是一种被动的行为，很多情况下是主动选择的结果。很多情况下，消费者往往根据刺激物所展露出来的各种物理因素而进行商品挑选。这些因素有强度、对比度、大小、颜色、运动状态、位置、隔离、格式及信息数量等。

（2）注意

注意是指个体对展露于其感觉神经系统面前的刺激物进行进一步加工和处理的行为，它实际上是对刺激物分配某种处理能力。注意具有选择性的特点，这要求企业认真分析影响注意的各种因素，并在此基础上设计出能引起消费者注意的广告、包装、品牌等营销刺激物。需要注意的是，消费者对某一节目或某一版面内容的关心程度或介入程度，会影响他对插入其中的广告的注意程度。

（3）理解

知觉的最后一个阶段，是个体对刺激物的理解，它是个体赋予刺激物以某种含义或意义的过程。理解涉及个体依据现有知识对刺激物进行组织、分类和描述，它受到个体因素、刺激物因素和情境因素的制约和影响。

（4）营销启示

通过对消费者知觉过程的认识，企业应针对自己的产品或服务展开调查，以了解消费者主要依据哪些线索做出质量判断，并据此制定营销策略。如果某些产品特征被消费者作为质量认知线索，那么，它就具有双重的重要性：一方面作为产品的一个部分具有相应的功能和效用；另一方面对消费者具有信息传递作用。后一作用在企业制定广告等促销策略时具有重要的参照作用。把不构成认知线索的产品特征或特性大加宣传，将很难收到预期的营销效果。

另外，企业还应充分重视形成质量认知的外在因素。这些因素有价格、商标知名度、出售场所等，企业应了解这些因素对消费者的相对重要程度，以及不同消费者在这些评价因素上存在的差异，并据此采取措施。比如，高品质的产品应有相应的价格、包装与之相符合，分销渠道的选择上应避免过于大众化，短期促销活动也应格外慎重。

2. 学习与记忆

（1）学习的含义

所谓学习，是指人在生活过程中，因经验而产生的行为或能力的比较持久的变化。学习是因经验而生的，同时伴有行为或能力的改变。此外，学习所引起的行为或能力的变化是相对持久的。

（2）学习的分类

根据学习材料与学习者原有知识结构的关系，学习可分为机械学习与意义学习。机械学习是指将符号所代表的新知识与消费者认知结构中已有的知识建立人为的联系。消费者对一些拗口的外国品牌的记忆，很多就属于这种类型。意义学习是将符号所代表的知识与消费者认知结构中已经存在的某些观念建立自然的和合乎逻辑的联系。比如，用“健力宝”作为饮料商标，消费者自然会产生强身健体之类的联想，这就属于意义学习的范畴。

机械学习通过两种作用表现出来：①经典性条件反射，即借助于某种刺激与某一反应之间的已有联系，经过练习建立起另一种刺激与这种反应之间的联系。经典性条件反射理论已经被广泛地运用到市场营销实践中。比如，在一则沙发广告中，一只可爱的波斯猫坐在柔软的沙发上，悠闲自得地欣赏着美妙的音乐，似乎在诉说着沙发的舒适和生活的美好。很显然，该广告试图通过营造一种美好的氛围，激发受众的遐想，使之与画面中的沙发相联系，从而增加人们对该沙发的兴趣与好感。②操作性条件反射，即通过强化作用来增强刺激与反应之间的联结。所以，企业要想与顾客保持长期的交换关系，还需采取一些经常性的强化手段。这也说明了为什么产品或品牌形象难以改变，因为品牌形象是消费者在长期的消费体验中，经过点滴的积累逐步形成的。

（3）记忆的含义

消费者的学习与记忆是紧密联系在一起的，没有记忆，学习是无法进行的。

记忆是以前的经验在人脑中的反映。记忆是一个复杂的心理过程，它包括识记、保持、回忆三个基本环节。从信息加工的观点看，记忆就是对输入信息的编码、贮存和提取的过程。虽然从理论上讲，消费者的记忆容量很大，对信息保持的时间也可以很长，但在现代市场条件下，消费者接触的信息实在太多，能够进入其记忆并被长期保持的实际上只有很小的一部分。正因为如此，企业才需要对消费者的记忆予以特别的重视。一方面，企业应了解消费者的记忆机制，即信息是如何进入消费者的长期记忆的，有哪些因素影响消费者的记忆，进入消费者记忆中的信息是如何被存储和被提取的；另一方面，企业应了解已经进入消费者长期记忆的信息为什么被遗忘和在什么条件下被遗忘，企业在防止或阻止消费者遗忘方面能否有所作为。

（4）遗忘及其影响因素

遗忘与记忆相对应，是对识记过的内容不能正确地回忆和再认识。从信息加工的角度看，遗忘就是信息提取不出来，或提取出现错误。除了时间以外，识记材料的意义、性质、数量、顺序位置、学习程度、学习情绪等均会对遗忘的程度产生影响。

3. 动机、个性与情绪

（1）消费者的动机

动机指引起、维持、促使某种活动向某一目标进行的内在作用。消费者具体的购买动机有：求值动机、求新动机、求美动机、求名动机、求廉动机、从众动机、喜好动机等。以上购买动机是相互交错、相互制约的。

（2）消费者的个性

个性是在个体生理素质的基础上，经过外界环境的作用逐步形成的行为特点。个性的形成既受遗传和生理因素的影响，又与后天的社会环境尤其是童年时的经验有直接关系。

消费者的个性对品牌的选择和新产品的接受程度有很大影响。由于个性的不同，消费者对某一品牌会自然地判断出是否适合自己。个性不仅使某一品牌与其他品牌相区别，而且使这种品牌具有激发情绪，为消费者提供潜在满足的作用。另外，有些人对几乎所有新生事物持开放和乐于接受的态度，有些人则相反；有些人是新产品的率先采用者，有些人则是落后采用者。了解率先采用者和落后采用者有哪些区别，有助于消费者市场的细分。

（3）消费者的情绪

情绪是一种相对来说难以控制且影响消费者行为的强烈情感。每个人都有一系列的情绪，所以每个人对情绪的描述和分类也千差万别。普拉契克（Plutchik）认为情绪有8种基本类型：恐惧、愤怒、喜悦、悲哀、接受、厌恶、期待和惊奇。其他任何情绪都是这些类型的组合。例如，欣喜是惊奇和喜悦的组合，轻蔑是厌恶和愤怒的组合。

很多产品把激发消费者的某种情绪作为重要的产品价值，比较常见的有电影、书籍和音乐。其他如长途电话、软饮料、汽车等也是经常被定位于激发情绪的产品。此外，许多商品被定位于防止或缓解不愉快的情绪。例如，鲜花被宣传为能够消除悲哀；减肥产品和其他有助自我完善的产品也常以缓解忧虑和消除厌恶感等来定位。

4. 态度

（1）消费者态度的含义

态度是由情感、认知和行为构成的综合体。态度有助于消费者更加有效地适应动态的购买环境，使之不必对每一新事物或新的产品、新的营销手段都以新的方式做出解释和反应。

（2）消费者态度与行为

消费者态度对购买行为有重要影响。态度影响消费者的学习兴趣与学习效果，并将影响消费者对产品、商标的判断与评价，进而影响购买行为。

态度一般通过购买意向来影响消费者购买行为。但是态度与行为之间在很多情况下并不一致。造成不一致的原因，除了主观规范、意外事件以外，还有很多其他的因素，如购买动机、购买能力、情境因素，等等。

（3）消费者态度的改变

消费者态度的改变包括两层含义：一是指态度强度的改变，二是指态度方向的改变。消费者态度的改变一般是在某一信息或意见的影响下发生的。在某种程度上，态度改变的过程也就是劝说或说服的过程。

①消费者态度改变的影响因素

消费者态度改变主要受到三个因素的影响，即信息源、传播方式与情境。信息源是指持有某种见解并力图使别人也接受这种见解的个人或组织。传播方式是指以何种方式把一种观点或见解传递给信息的接收者。情境是指对传播活动和信息接收者有相应影响的周围环境。

②信息源对消费者态度改变的影响。一般来说，影响说服效果的信息源特征主要有四个，即信息传递者的权威性、可靠性、外表的吸引力和受众对传递者的喜爱程度。

③传播方式对消费者态度改变的影响。传播方式主要包括：信息传递者发出的态度信息与消费者原有态度的差异；恐惧的唤起；一面与双面表述。多项研究发现，中等态度差异引起的态度变化量大；当差异度超过中等差异之后再进一步增大，态度改变则会越来越困难。恐惧唤起是广告宣传中常常运用的一种说服手段，如诉说头皮屑带来的烦恼，就是用恐惧诉求来劝说消费者。双面表述即同时陈述正、反两方面意见与论据。情境因素对于双面表述能否达到效果有着重要的影响。

出于趋利避害的考虑，消费者更倾向于接纳那些与其态度相一致的信息。当消费者对某种产品有好感时，与此相关的信息更容易被注意，反之则会出现相反的结果。因此，态度是进行市场细分和制定新产品开发策略的基础。

（五）情境因素

情境因素既包括环境中独立于中心刺激物的那些成分，又包括暂时的个人特征，如个体当时的身体状况等。一个十分忙碌的人较一个空闲的人可能更少注意到呈现在其面前的刺激物。处于不安或不愉快情境中的消费者，注意不到很多展露在他面前的信息，因为他可能想尽快地从目前的情境中逃脱。

一些情境因素，如饥饿、孤独、匆忙等暂时的个人特征，以及气温、在场人数、外界干扰等外部环境特征，均会影响个体如何理解信息。可口可乐公司和通用食品公司均不在新闻节目之后播放其食品广告，他们认为新闻中的“坏消息”可能会影响受众对其广告与食品的反应。可口可乐公司负责广告的副总经理夏普（Sharp）指出：“不在新闻节目中做广告是可口可乐公司的一贯政策，因为新闻中有时会有不好的消息，而可口可乐是一种助兴和娱乐饮料。”夏普所说的这段话，实际上反映了企业对“背景引发效果”的关切。背景引发效果（Contextual Priming Effects）是指与广告相伴随的物质环境对消费者理解广告内容所产生的影响。广告的前后背景通常是穿插该广告的电视节目、广播节目或报纸杂志。虽然目前有关背景引发效果的实证资料十分有限，但初步研究表明，出现在正面节目中的广告获得的评价更加正面和积极。

三、消费者购买行为模式

（一）购买者角色

在购买决策中，人们可能会扮演下列一种角色或几种角色：

1. 发起者：首先提出或有意购买某一产品或服务的人。
2. 影响者：其看法或者建议对最终购买决策具有一定影响的人。
3. 决定者：在是否购买、为何买、哪里买等方面做出部分或全部决定的人。
4. 购买者：实际购买产品或服务的人。
5. 使用者：实际消费或使用产品、服务的人。

（二）消费者购买行为类型

1. 复杂的购买行为

产品价格较昂贵，消费者不经常购买，不同品牌的产品间存在明显的差异，对产品又不甚了解，这时候购买的风险性较高。消费者需要花费大量时间与精力，收集有关产品的信息，了解其性能，经过反复探索、询问、比较，形成一定的信息和态度后，才做出购买决策。

2. 寻求心理平衡的购买行为

虽然购买的产品价格昂贵，又不经常购买，但消费者认为不同品牌间没有太大的区别，因此，只要价格能接受，购买方便，消费者很快会做出选择。但购买后，听到对其他品牌的议论或宣传，往往会感到不称心。对此，试图搜集更多的信息，以证实购买的准确性，达到心理上的平衡。

3. 习惯性的购买行为

对于价格低廉、经常购买的商品，比如日常生活用品，品牌间差别不大，消费者不愿意或不需要花费时间和精力进行比较与选择，往往到就近商店任意购买。这种购买行为较为简单，不经过搜集信息，比较品牌及购后评价的过程，消费者对品牌的选择主要是出于习惯。

4. 多变的购买行为

对于不同品牌间存在明显差异的商品，消费者为了满足自己的求新心理，喜欢经常更换品牌。在购买新产品时，未进行深入细致的选择。比如，消费者看到某种品牌饼干，想尝尝其口味，会毫不犹豫购买。这种消费行为的目的是为了寻求品牌的多样化，并非对原有的品牌不满意。

（三）消费者购买决策过程

在购买时，消费者要经过一个决策过程，包括认识需求、收集信息、选择评价、购买决策和购后感受。营销者应该了解每一个阶段中的消费者行为，以及哪些因素在起影响作用。这样就可以制定针对目标市场的行之有效的营销方案。

1. 认识需求

需求可能由内部刺激引起；也可能由外部刺激引起。这时消费者可能会察觉到他目前的实际状况与理想状况的差异，会认识到需求。

2. 收集信息

消费者最终的购买行为一般需要相关信息的支持。认识到需要的消费者，如果目标清晰、动机强烈，购买对象符合要求，购买条件允许，又能买到，消费者一般会立即采取购买行动。在许多场合，认识到的需要不能马上满足，只能留存记忆当中。随后，消费者对这种需要进一步收集信息。

消费者信息的来源

（1）个人来源：家庭、朋友、邻居、熟人等。

（2）商业来源：广告、销售人员、经销商、包装、陈列、展销会等。

（3）公共来源：大众媒介、消费者权益保护机构等。

（4）经验来源：接触、检查及使用某产品等。

3. 选择评价

消费者在获得全面信息后就会根据这些信息和一定的评价方法对同类产品的不同品牌加以评价并决定选择。一般而言，消费者根据以下几个因素评价：

（1）产品属性。

（2）重要性程度。

（3）品牌信念。

（4）效用要求。

4. 购买决策

在评价选择阶段，消费者会在选择的各种品牌之间形成一种偏好；也可能形成某种购买意图而偏向购买他们喜爱的品牌。但是，在购买意图与购买决策之间，有两种因素还会产生影响作用。第一种因素是其他人的态度，第二种因素是未预期到的情况。这两种因素若对购买意图有强化作用，则购买决策会顺利实现；反之，则购买决策受阻。

5. 购后感受

消费者购买以后，往往通过使用或消费购买所得，检验自己的购买决策：重新衡量购买是否正确；确认满意程度；作为今后购买的决策参考。

第五节　目标市场营销战略

海尔洗衣机厂依靠雄厚的技术力量，有针对性地研制开发了多品种、多规格的洗衣机产品，以满足不同的需求，使海尔洗衣机成为中国洗衣机行业跨度最大、规格最全、品种最多的企业。

海尔能同时规模生产亚洲波轮式、欧洲滚筒式、美洲搅拌式洗衣机，使中国消费者可以得到不同风格的洗衣机享受。

海尔的洗衣机，大到一家人一周所有的衣服，小到孩子的一双袜子，每隔0.2千克就有一款海尔洗衣机满足消费者的洗衣需要。

海尔的洗衣机，从双桶半自动、全自动到洗衣、脱水、烘干三合一，应有尽有。

海尔根据目前国内许多家庭居住面积小，没有足够的洗衣机空间的情况，设计了中国第一台“极限设计，全塑外壳”的“小神童”系列洗衣机。海尔了解到一部分用户在使用全自动洗衣机时，往往不是一次性将洗衣、脱水、程序完成，而是希望将不同的衣服分开洗涤，然后一起脱水的愿望，于是第一台电脑后置，仿生设计的“小神童”全自动洗衣机问世。

海尔在市场调研、分析中发现：消费者在使用洗衣机时，最烦恼的是同一台洗衣机只有一个洗涤速度（约150转/分钟）、一个甩干速度（约800转/分钟），使有的衣物因洗涤、甩干转速过高容易磨损，又费电；有些衣物则因转速过低，洗不净，甩不干。海尔开发出最少耗电、最低磨损、最佳洗涤效果的变速洗衣机。

海尔洗衣机推到农村市场后，发现洗衣机在农村不是用来洗衣服，而是用来洗蔬菜、洗红薯的，日子一长，排水管内自然淤积了大量的油污和泥沙。于是海尔开发出命名为“大地瓜”的功率更为强劲，能专门用于蔬菜洗涤的洗衣机。

请分析海尔集团为什么要开发品种齐全的洗衣机系列产品？它的洗衣机产品是根据什么来分类的？

在买方市场条件下，除了极个别的产品外，大多数产品对顾客而言，都有很多种的选择。同时，任何企业也不可能满足一种产品的所有市场需求，而只能满足其中一部分消费者的需要。企业怎样把“这一部分顾客”筛选出来，确定为自己的主攻市场即目标市场，并充分利用企业的资源，发挥企业优势，树立企业的特色，制定出有针对性的市场营销策略。这即是本节所讲的内容。即市场细分和目标市场的选择。

一、市场细分

（一）市场细分的概念和作用

1. 概念

市场细分是根据消费者对产品不同的欲望与需求，不同的购买行为与购买习惯，把整个市场划分为若干个由相似需求的消费者组成的消费群体，即小市场群。市场细分的基础和依据是消费需求的异质性理论，即同类产品的消费需求是有差异的。

同质市场：需求大致相同的市场，其竞争的焦点在于价格，如：盐。

异质市场：需求不尽相同的市场，竞争的焦点在于定位。

同质市场可以向异质市场演化，如水→纯净水、矿泉水……

2. 作用

（1）有利于发现新的市场营销机会，实现市场开拓创新。

市场细分是一个以调查研究为基础的分析判断过程。经过细分的市场，目标顾客集中，容易发现未被满足（或未被充分满足）的消费需求，从而为企业提供新的市场营销机会，开辟新的市场经营渠道。

（2）有利于中小企业开拓市场。

中小企业财力有限，在整体市场或较大的细分市场上，难以同大企业抗衡，为了求得生存和发展，中小企业可采用“见缝插针”或“钻空子”的办法，细分出几个分市场，占领为大企业所忽视的市场空隙。

（3）有利于发挥本企业的优势，提高企业竞争能力和应变能力。

在每个细分市场上，竞争者的优势与弱点能明显地暴露出来，企业只要看准时机，针对竞争对手的弱点，利用本企业的资源优势，推出更适合消费者需要的产品，就能用较少的资源把竞争对手的原有顾客和潜在顾客转变为本企业产品的购买者。

（4）有利于企业发掘隐性的市场营销机会，及时调整营销策略。

市场需求是瞬息万变的，在整体市场中各个细分市场的变化又是不同的，通过市场细分，企业就能较好地掌握每个细分市场的变化特点，及时调整市场营销策略，使企业有较强的应变能力。

（二）市场细分的要求

企业在进行市场细分时，一般来说，应把握住下面四个要求：

1. 要有明显特征

市场细分应使企业营销人员能够识别有相似需求的顾客群体，这些群体应有企业能分析的明显的特征和行为。

2. 企业可以接受

要根据企业的实力，量力而行。在进行细分时，企业应考虑划分出来的细分市场，必须是企业有足够的能力去占领的子市场，在这个子市场上，能充分发挥企业的资源优势。

3. 企业有适当的盈利

在市场细分中，被企业选中的子市场还必须有一定的规模，即有充足的需求量，能够使企业有利可图，并实现预期利润目标。如果细分市场的规模过大，企业“吃不了无法消化”，在竞争中处于弱势；如果规模过小，企业又“吃不饱”，现有的资源得不到最佳利用，利润都难于确保。因此，细分出的市场规模必须恰当，才能使企业得到合理的利润。

4. 市场要有发展潜力

市场细分应有相对的稳定性，因为如果细分市场一旦被企业选定为目标市场，它应给企业带来的利益不仅是目前的，还必须能够给企业带来较长远的利益。所以企业在进行细分时必须考虑市场未来发展是否有潜力。

（三）市场细分的标准

1. 消费者市场细分标准

消费者市场细分可以按照地理环境因素、人口因素、心理因素、行为因素等进行细分。

（1）地理环境因素

不同地理环境下的顾客，由于气候、生活习惯、经济水平等不同，对同一类产品往往会有不同的需求和偏好，以至于对企业的产品、价格、销售渠道及广告等营销措施的反应也常常存在差别。

①消费者居住的地区。如我国的茶叶市场，南方消费者喜欢红茶和绿茶，华北、华东地区消费者喜欢花茶，而少数民族地区的消费者喜欢砖茶。如食品，不同地区有不同的口味，所谓“东甜南辣西酸北咸”；南方以米饭为主食，北方以面粉为主食。

②地形气候。地形可分为山区、平原、丘陵；气温可分为热带、温带、寒带；湿

度可分为干旱地区、多雨地区。如风扇市场，热带地区一室多扇，而寒带地区则可以常年不需风扇。洗衣机市场，多雨地区湿度大，顾客喜欢有脱水、烘干的功能。

（2）人口因素

不同的年龄、性别、收入、职业、教育、宗教、种族或国籍的顾客，会有不同的价值观念、生活情趣、审美观念和消费方式，因而对同一类产品，必定会产生不同的消费需求。

①年龄。人们在不同的年龄阶段，由于生理、心理等因素的不同，对商品的需求和欲望有着很大的区别。如玩具市场，因年龄的不同，应有启蒙、智力、科技、消遣、装饰等功能不同的玩具。

②性别。男性和女性，在不少商品的使用上存在很大的区别。如服装市场、化妆品市场，一般可以按照性别的不同，分为女性市场和男性市场。

③收入。收入水平不同的顾客，在购买时对商品的要求也不同。高收入的顾客对产品比较注重质的需求，购物场所习惯到百货公司和专卖店；低收入的顾客，则侧重量的需求，通常喜欢到廉价的货仓商场、超市及普通商店。但若以收入作为细分标准，不应忽视低收入群由于“补偿”心理，也会购买高质量、高价格的产品。

④文化程度和职业。不同文化程度的人的价值观、信念、习惯等存在较大的差异；不同职业的特点也会使人们有很多购买上的差异。如工人、农民、教师、艺术家、干部、学生，对报纸、书刊的消费有明显的不同。

⑤民族。我国有 56 个民族，绝大多数民族都有自己特殊的消费习惯和爱好。

（3）心理因素

以上地理因素、人口因素相同或相近的顾客，对同一产品的爱好和态度也会截然不同，这主要是心理因素的影响。

①生活方式。生活方式是人们生活的格局和格调，表现人们对活动、兴趣和思想的见解上，人们形成的生活方式不同，消费倾向也不一样。如深圳的高级白领就很少去东门一带购物，这和他们的生活格调相关；妇女服装可根据顾客的不同生活方式，分别设计出朴素型、时髦型、新潮型、保守型、有男子气型。

②购买动机。是指顾客购买行为的直接原因。有些人为实用而购买，有些人为价格便宜而购买，有些人为追赶时髦而购买。

③性格。内向与外向；追求独特与愿意依赖；乐观与悲观。不同性格的顾客对产品的要求不同。如对产品的色彩，内向的人比较喜欢冷色调，外向的人却喜欢暖色调；对产品的款式，追求独特的人喜欢标新立异，依赖的人却爱跟随众人。

（4）行为因素

行为因素是按照顾客购买过程中对产品的认知、态度、使用来进行细分的。

①购买时机。

将顾客对产品的需要、购买、使用的时机的认知作为市场细分的标准。如旅行社可为每年的几个公众长假提供专门的旅游线路和品种，为中小学生每年的寒暑假提供专门的旅游服务。公共汽车公司根据上下班高峰期和非高峰期这一标准，把乘客市场一分为二，分别采取不同的营销策略。如在上下班高峰期加派客车，非高峰期减少客车，以降低成本，提高效益。

②追求利益

这是根据顾客对产品的购买所追求的不同利益来细分市场的一种有效的依据。如钟表市场，购买手表的消费者追求的利益大致可以分为三类：一是追求价格低廉；二是侧重耐用性和产品的质量；三是注重产品品牌的声望。因此，生产钟表的企业如果用追求的利益来细分市场，就必须了解消费者在购买某种产品时所寻求的主要利益是什么；了解寻求某种利益的消费者主要是哪些人；还要了解市场上满足这种利益的有哪些品牌；哪种利益还没有得到满足。然后确定自己的产品应突出哪种特性。最大限度吸引某一个消费者群。美国学者 Haley 曾运用利益对牙膏市场进行细分而获得成功。他把牙膏需求者寻求的利益分为经济实惠、防治牙病、洁齿美容、口味清爽四种。

③使用情况

许多产品可以按照消费者对产品的使用情况进行分类。使用情况可以分为：从未使用过、曾经使用过、准备使用、初次使用、经常使用等五种类型。对于不同的使用者情况，企业所施用的策略是不相同。一般而言，资力雄厚、市场占有率高的企业，特别注重吸引潜在购买者，通过他们的营销策略，把潜在使用者变为实际使用者。一些中、小型的企业，主要是吸引现有的使用者，提高他们对产品的使用率和对品牌的信赖和忠诚；或让使用者从竞争者的品牌转向本企业的品牌。

2. 生产者市场细分标准

生产者市场的细分标准，有些与消费者市场的细分标准相同。如追求利益、使用者情况、地理因素等，但还有一些不同的标准。

（1）最终用户。不同的最终用户对同一产品的市场营销组合往往有不同的要求。

（2）用户规模。很多企业也根据用户规模的大小来细分市场。

（3）用户的地理位置。用户的地理位置对于企业的营销工作，特别是产品的上门推销、运输、仓储等活动有非常大的影响。

（四）市场细分的程序

市场细分是企业决定目标市场和设计市场营销组合的重要前提。参照美国学者伊·杰·麦卡锡（E Jerome Mccarthy）的市场细分程序，可分为 7 个步骤：

1. 依据需求选定产品市场范围。
2. 列举潜在顾客的基本需求。
3. 分析潜在顾客的不同需求。
4. 移去潜在顾客的共同需求。
5. 为分市场暂时取名。
6. 进一步认识各分市场的特点。
7. 测量各细分市场的大小。

二、目标市场

（一）目标市场的概念

目标市场是指通过市场细分，被企业所选定的、准备以相应的产品和服务去满足现实的或潜在的消费需求的一个或几个细分市场。工商企业在市场细分的基础上，总要选择某一个或几个细分市场作为自己的目标市场。

（二）确定目标市场

确定目标市场的步骤如图 8 -6 所示。

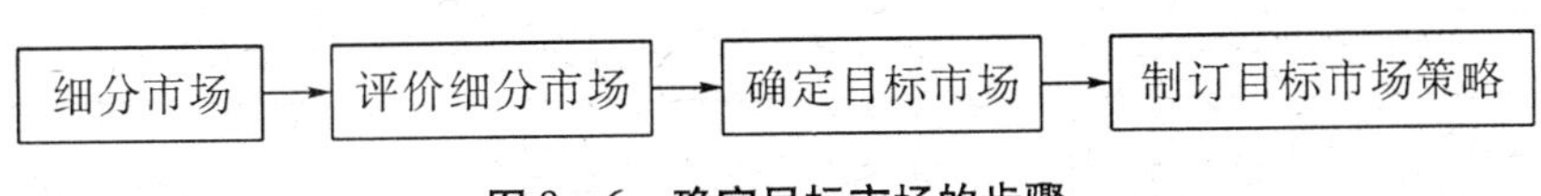

图 8－6　确定目标市场的步骤

（三）评价细分市场

评价细分市场必须确定一套具体的评价标准，评价标准主要可从细分市场本身的特性、市场结构的吸引力、企业的目标及资源优势这些方面来考虑。

1. 细分市场本身的特性

（1）市场有没有适当的规模

适当的规模是个相对的概念，大企业一般重视销售量大的细分市场，小企业却经常会选择一些小的细分市场，但总的来说，根据企业自身的条件，衡量细分市场的规模是否值得去开发，即：开发这样的市场是否会由于规模过于小而不能给企业带来所期望的销售额和利润。

（2）市场有没有预期的发展前景

一个细分市场是否值得开发，除了应具备规模这个因素外，还要考察市场有没有相应的发展前景。发展前景通常是一种期望值，因为企业总是希望销售额和利润能不断上升。但要注意，竞争对手会迅速地抢占正在发展的细分市场，从而抑制本企业的盈利水平。

2. 市场结构的吸引力

有些细分市场虽然具备了企业所期望的规模和发展前景，但可能缺乏盈利能力。迈克尔·波特提出决定某一细分市场长期利润吸引力的五种因素，见表 8－1。

表 8－1　决定某一细分市场长期利润吸引力的五种因素

◆ 该市场同行竞争者的数量和实力
◆ 该市场进入的难易程度及潜在竞争的实力
◆ 该市场有无现实或潜在的替代产品
◆ 该市场购买者的议价能力高低，如购买者有无组织支持
◆ 该市场供应商的议价能力的高低，如该市场的产品生产是否要严重依赖某种由供应商提供的零配件或原材料

3. 企业的目标和资源优势

某细分市场具有适合企业的规模、良好的发展前景和富有吸引力的结构，能否做为企业的目标市场，企业仍需结合自己的目标和资源进行考虑。

企业有时会放弃一些有吸引力的细分市场，因为它们不符合企业的长远目标。当细分市场符合企业的目标时，企业还必须考虑自己是否拥有足够的资源，能保证在细分市场上取得成功。即使具备了必要的能力，公司还需要发展自己的独特优势。只有当企业能够提供具有高价值的产品和服务时，才可以进入这个目标市场。

（四）目标市场范围选择策略

企业可采用的市场进入模式有 5 种，见图 8－7：

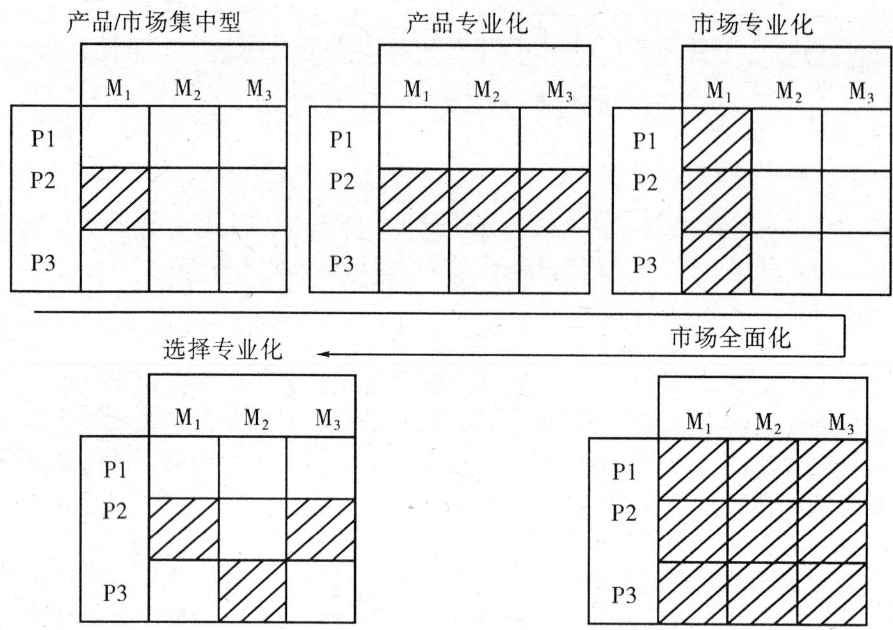

图 8-7　五种目标市场选择类型

注：M 表示市场，P 表示产品。

1. 产品/市场集中型

企业选择一个细分市场作为目标市场，企业只生产一种产品来满足这一市场消费者的需求。

这种策略的优点主要是能集中企业的有限资源，通过生产、销售和促销等专业化分工，提高经济效益。一般适应实力较弱的小企业，与其在大（多）市场里平庸无奇，倒不如在小（少）市场里有一席之地。但存在着较大的潜在风险，如消费者的爱好突然发生变化，或有强大的竞争对手进入这个细分市场，企业很容易受到损害。

2. 产品专业化

企业选择几个细分市场作为目标市场，企业只生产一种产品来分别满足不同目标市场消费者的需求。这种策略可使企业在某个产品树立起很高的声誉，扩大产品的销售，但如果这种产品被全新技术产品所取代，其销量就会大幅下降。

3. 市场专业化

企业选择一个细分市场作为目标市场，并生产多种产品来满足这一市场消费者的需求。企业提供一系列产品专门为这个目标市场服务，容易获得这些消费者的信赖，产生良好的声誉，打开产品的销路。但如果这个消费群体的购买力下降，就会减少购买产品的数量，企业就会产生滑坡的危险。

4. 选择专业化

企业选择若干个互不相关的细分市场作为目标市场，并根据每个目标市场消费者的需求，向其提供相应的产品。这种策略的前提就是每个市场必须是最有前景、最具经济效益的市场。

5. 市场全面化

企业把所有细分市场都作为目标市场，并生产不同的产品满足各种不同的目标市场消费者的需求。只有大企业才能选用这种策略。

（五）目标市场营销策略

1. 无差异性目标市场营销策略

无差异性目标市场营销策略是指将整体市场作为企业的目标市场，推出一种商品、实施一种营销组合，以满足整体市场的共同需要。在无差异性目标市场营销策略下，企业把市场作为一个整体，认为所有消费者对某种商品有共同的需求，因而不考虑他们实际存在的需求差异，所以这种营销策略只适用于少数大家都有共同需要、差异性不大的商品。

2. 差异性目标市场营销策略

差异性目标市场营销策略是指企业针对各细分市场中的需求差异，设计生产出不同目标顾客需要的多种产品，并制订相应的营销策略，去满足整个市场中不同顾客的需要。这种营销策略的立论基础是：根据消费者需求的差异性，捕捉更多的市场营销机遇。

优点：①体现了以消费者为中心的经营思想，通过满足不同消费者需要以扩大市场销售额；②企业可能在几个细分市场上占优势，提高企业声誉，树立良好形象，提高市场占有率。

缺点：①企业资源分散于各细分市场，不易赢得竞争优势；②产品生产成本和经营成本较高，促销费用提高，对争取顾客不利。

3. 集中性目标市场营销策略

集中性目标市场营销策略也称密集性市场营销策略，它与前两种策略的不同之处就是不把整个市场作为自己的服务对象，而只是以一个或少数几个细分市场或一个细分市场中的部分作为目标市场，集中企业营销力量，实行专门化生产和营销。采取这种目标市场营销策略的企业，追求的不是在较大市场上占有较少的份额，而是在较小的市场上占有较大的份额。

（六）确定目标市场策略应考虑的因素

前面所述的三种目标市场策略各有其长处和不足，企业应根据具体的情况加以选择。企业在确定采用何种目标市场策略时应考虑如下因素：

1. 企业资源

企业的资源包括企业的人力、物力、财力、信息、技术等方面。当企业资源多，实力雄厚时，可运用无差异性或差异性市场营销策略；当企业资源少，实力不足时，最好采用集中性目标市场营销策略。

2. 产品的同质性

生产同质性高的产品的企业，如大米、食盐等，由于其差异较少，企业可用无差异性市场策略；生产同质性低的产品，如衣服、照相机、化妆品、汽车等，对于这类产品，消费者认为产品各个方面的差别较大，在购买时需要挑选比较，企业适宜采用差异性市场策略去满足不同消费者的需求。

3. 产品所处的生命周期阶段

产品处于生命周期不同的阶段，由于市场的环境发生变化，企业应采用不同的市场策略。在产品的投入期和成长期前期，由于没有或很少有竞争对手，一般应采用无差异性市场策略；在成长期后期、成熟期，由于竞争对手多，企业应采取差异性市场策略，开拓新的市场。在衰退期，则可用密集性的市场策略，集中企业有限的资源。

4. 市场的同质性

如果各个细分市场的消费者对某种产品的需求和偏好基本一致，对市场营销刺激的反应也相似，则说明这市场是同质或相似的，这一产品的目标市场策略最好采用无差异性市场策略。如我国的电力，无论是北方市场或南方市场、城市市场或农村市场、沿海地区市场或是内陆地区市场，其需求是一致的，都需要220V、50Hz的照明电，电力应采用无差异市场策略。如果各个细分市场的消费者对同种产品需求的差异性大，则这种产品的市场同质性低，应采用差异性市场策略。如洗衣机市场，城市消费者与农村消费者的需求不同，南方消费者与北方消费者的需求不同，高收入层与低收入层的需求也会不同。

5. 竞争状况

首先应考虑竞争对手的数量。如果竞争对手的数目多，应采用差异性市场策略，发挥自己优势，提高竞争力，如果竞争对手少，则采用无差异性市场策略，去占领整体市场，增加产品的销售量。其次应考虑竞争对手采取的策略。如果竞争对手已积极进行市场细分，并已选用差异性市场策略时，企业应采用更有效的市场细分，并采用差异性市场策略或密集性市场策略，寻找新的市场机会。如果竞争对手采用无差异性市场策略，企业可用差异性市场策略或密集性市场策略与之抗衡，如果竞争对手较弱，企业也可以实行无差异性市场策略。

三、市场定位

企业进行市场细分，确定目标市场之后，紧接着应考虑目标市场各个方位的竞争情况。因为在企业准备进入的目标市场中往往存在一些捷足先登的竞争者，有些竞争者在市场中已占有一席之地，并树立了独特的形象。新进入的企业如何使自己的产品与现存的竞争者产品在市场形象上相区别，这就是市场定位的问题。

（一）市场定位的概念

市场定位是为了适应消费者心目中某一特定的看法而设计的企业、产品、服务及营销组合的行为。市场定位根据不同定位的对象不同，一般有企业（公司）定位、品牌定位、产品定位三个层面。

（二）市场定位的作用

（1）定位能创造差异，有利于塑造企业特有的形象

通过定位向消费者传达定位的信息，使差异性清楚呈现在消费者面前，从而引起消费者注意该品牌，并使其产生联想。若定位与消费者的需求吻合，品牌就可以留驻消费者心中。比如：在有众多品牌的洗发水市场上，海飞丝洗发水定位为去头屑的洗发水，这在当时独树一帜，因而海飞丝一推出就立即引起消费者的注意，并认定它不是普通的洗发水，而是具有去头屑功能的洗发水，当消费者需要解决头屑烦恼时，便自然第一个想到它。

案例8－14　力士的美容定位

力士是国际上风行的老品牌。70多年来它在世界79个国家用统一策略进行广告宣传，并始终维护其定位的一致性、持续性，因而确定了它国际知名品牌的形象。力士

香皂的定位不是清洁、杀菌，而是美容。相较清洁和杀菌，美容是更高层次需求和心理满足，这一定位巧妙抓住人们的爱美之心。如何表现这一定位，与消费者进行沟通？力士打的是明星牌。通过国际影星推荐，力士很快获得全球的认知。同时，用影星来表述“美容”，把握了人们偶像崇拜以及希望像心中偶像那样被人喜爱的微妙心理。

（2）适应细分市场消费者或顾客的特定要求，以更好地满足消费者的需求

每一产品不可能满足所有消费者的要求，每一个企业只有以市场上的部分特定顾客为其服务对象，才能发挥其优势，提供更有效的服务。因而明智的企业会根据消费者需求的差别将市场细分化，并从中选出有一定规模和发展前景并符合企业的目标和能力的细分市场作为目标市场。但只是确定了目标消费者是远远不够的，因为这时企业还是处于“一厢情愿”的阶段，令目标消费者也同样以你的产品作为他们的购买目标才更为关键。为此企业需要将产品定位在目标市场消费者所偏爱的位置上，并通过一系列的营销活动向目标消费者传达这一定位信息，让消费者注意到这一品牌并感觉到它就是他们所需的，这才能真正占据消费者的心，使你所选定的目标市场真正成为你的市场。

（3）定位能形成竞争优势

如“可口可乐才是真正的可乐”，这一广告在消费者心目中确立了“可口可乐是唯一真正的可乐”这一独特的地位，于是，其他可乐在消费者心目中只是可口可乐的模仿品而已，尽管在品质或价格等方面几乎不存在差异。

（三）市场定位的步骤

市场定位的关键是企业要设法在自己的产品上找到比竞争者更具竞争优势的特性。竞争优势一般有两种基本类型：一是价格竞争优势，二是偏好竞争优势。

1. 确认本企业的竞争优势是什么。

2. 准确选择相对竞争优势。所谓相对竞争优势表明企业能够胜过竞争者的能力。

3. 明确显示独特的竞争优势。在这一步骤，企业要通过一系列宣传促销活动，将其独特竞争优势准确传达给潜在顾客，并在顾客心目中留下深刻印象。

案例 8－15　香港银行如何利用定位谋取市场

香港金融业非常发达，占其产业的1/4。在这一弹丸之地，各类银行多达几千家，竞争异常激烈。如何在这个狭小的市场找到自身的生存空间？他们的做法是：利用定位策略，突出各自优势。

汇丰——定位于分行最多，全港最大的银行。这是以自我为中心实力展示式的诉求。20 世纪 90 年代以来，为拉近与顾客之间的距离，汇丰改变了定位策略。新的定位立足于“患难与共，伴同成长”。旨在与顾客建立同舟共济，共谋发展的亲密朋友关系。

恒生——定位于充满人情味的、服务态度最佳的银行。通过走感性路线赢得顾客的心。突出服务这一卖点，也使它有别于其他银行。

渣打——定位于历史悠久，安全可靠的英资银行。这一定位树立了渣打可信赖的“老大哥”形象，传达了让顾客放心的信息。

中国银行——定位于强大后盾的中资银行。直接针对有民族情结、信赖中资的目标顾客群，同时暗示它提供更多更新的服务。

廖创兴——定位于助你创业兴家的银行。以中小工商业者为目标对象，为他们排

忧解难，赢得事业的成功。香港中小工商业者有很大的潜在市场。廖创兴敏锐地洞察到这一点，并切准他们的心理：想出人头地，大展宏图。据此，廖创兴将自身定位在专为这一目标顾客群服务，给予他们在其他大银行和专业银行所不能得到的支持和帮助，从而牢牢占有了这一市场。

本章小结

本章主要讲述了是市场营销、市场营销的核心概念以及市场营销观念的一些内容；讲解了顾客价值、顾客满意及顾客忠诚的相关内容；讲述了市场营销环境包括宏观环境、微观环境，宏观环境和微观环境直接或间接对市场营销活动产生影响；对消费者市场的需求、购买行为特点以及影响购买行为的主要因素和购买决策过程也进行了探讨；探讨了市场细分的一般原理和方法，及如何在市场细分的基础上选择目标市场，运用目标营销战略和实行市场定位等知识。

思考与练习

1. 什么是市场？什么是市场营销？
2. 市场营销学的研究对象是什么？
3. 企业营销观念的演变经历了哪几个阶段？为什么说推销观念不是现代营销观念？
4. 顾客满意和顾客忠诚的关系是什么？
5. 简述宏观环境要素和微观环境要素有哪些？
6. 什么是消费者市场？影响消费者购买行为的基本因素有哪些？
7. 消费者购买行为类型有哪些？
8. 什么是市场细分？市场细分的步骤是什么？
9. 什么是目标市场？目标市场的营销策略有哪些？
10. 为什么要进行市场定位？市场定位的步骤有哪些？

第九章 产品策略

学习目的：

了解产品整体概念的含义及意义；了解产品生命周期的含义及判断；掌握产品生命周期各阶段的营销策略；掌握产品组合的分析方法；掌握 BCG 矩阵图的理解和运用；掌握产品组合策略的要点及运用。掌握良好的企业形象和品牌形象功能；了解企业形象评价指标体系及构成；了解营销创新的重要性及内容；了解企业文化的内容及作用；掌握 CIS 系统的内容及创作要点。

重点难点：

掌握产品生命周期策略、品牌决策与管理新产品开发。

关键概念：

产品生命周期 产品组合 产品线 产品项目 产品组合的宽度 产品组合的长度 产品组合的密度 产品组合策略 企业形象和品牌形象

市场营销以满足市场需要为中心，而市场需要的满足只能通过提供某种产品或服务来实现。因此，产品是市场营销的基础，其他的各种市场营销策略，如价格策略、分销策略、促销策略、权力营销、公共关系等，都是以产品策略为核心展开的。

产品的生产不仅仅是个生产过程，更是一个经营过程。在现代市场经济条件下，每一个企业都应致力于产品整体概念的开发和产品组合结构的优化，并随着产品生命周期的演化，及时开发新产品，以更好地满足市场需要，提高产品竞争力，取得更好的经济效益。

第一节 产品整体概念

菲利普·科特勒认为：“产品是指为留意、获取、使用或消费以满足某种欲望和需要而提供给市场的一切东西。”因而从营销学的意义上讲，产品的本质是一种满足消费者需求的载体，或是一种能使消费者需求得以满足的手段。由消费者需求满足方式的多样性所决定，产品由实体和服务构成，即产品 = 实体 + 服务。

一、产品整体概念的内容

在现代市场营销学中，产品概念是指提供给市场，能够满足消费者或用户某一需求和欲望的任何有形产品和无形服务。有形产品包括产品实体及其品质、特色、式样、品牌和包装等，无形服务包括可以给买主带来附加利益的心理满足感和信任感的服务、保证、形象和声誉等。

1. 核心产品（Core Product）。核心产品是向顾客提供的产品的基本效用或利益。

2. 形式产品（Basic Product）。形式产品也称为基本产品，是指核心产品借以实现的形式或目标市场对某一需求的特定满足形式。因为核心产品只是一个抽象的概念，产品设计者必须把它转化为具体形式的产品。形式产品由五个特征所构成，即品质、式样、特色、商标及包装。由于产品的基本效用必须通过特定形式才能实现，因而市场营销人员在着眼于对顾客能产生核心利益的基础上，还应努力寻求更加完善的外在形式以满足顾客的需要。

3. 期望产品（Expected Product）。指购买者在购买该产品时期望得到的与产品密切相关的一整套属性和条件。

4. 延伸产品（Augmented Product）。指顾客购买形式产品和期望产品时所提供的产品说明书、保证、安装、维修、送货、技术培训等。

5. 潜在产品（Potential Product）。指现有产品在未来的可能演变趋势和前景。

产品整体概念的五个层次，十分清晰地体现了以顾客为中心的现代营销观念。这一概念的内涵和处延都是以消费者需求为标准的，由消费者的需求来决定的。

产品整体构成见图 9-1。

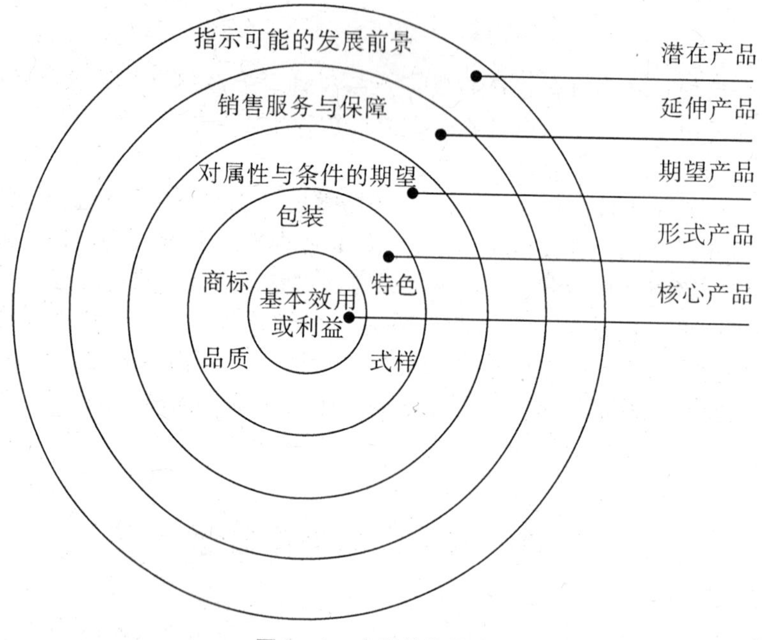

图 9-1　产品整体构成

案例 9-1　奔驰汽车公司的整体产品

奔驰汽车公司意识到提供给顾客的产品不仅是一个交通工具，还应包括汽车的质量、造型、功能与维修服务等，以整体产品来满足顾客的系统要求，不断创新，从小轿车到 255 吨的大型载重车共 160 种，3 700 多个型号，以创新求发展是公司的一句流行口号，推销网与服务站遍布全国各个大中城市。

二、产品整体概念的意义

产品整体概念是市场经营思想的重大发展，它对企业经营有着重大意义。

1. 指明了产品是有形特征和无形特征构成的综合体（见表9－1）。

表9－1　　产品的有形和无形特征

有形特征		无形特征	
物质因素	具有化学成分、物理性能	信誉因素	知名度、偏爱度
经济因素	效率、维修保养、使用效果	保证因素	“三包”和交货期
时间因素	耐用性、使用寿命	服务因素	运送、安装、维修、培训
操作因素	灵活性、安全可靠		
外观因素	体积、重量、色泽、包装、结构		

为此，一方面企业在产品设计、开发过程中，应有针对性地提供不同功能，以满足消费者的不同需要，同时还要保证产品的可靠性和经济性。另一方面，对于产品的无形特征也应充分重视，因为它也是体现产品竞争能力的重要因素。

产品的无形特征和有形特征的关系是相辅相成的，无形特征包含在有形特征之中，并以有形特征为后盾；而有形特征又需要通过无形特征来强化。

2. 产品整体概念是一个动态的概念。随着市场消费需求水平和层次的提高，市场竞争焦点不断转移，对企业产品提出更高要求。为适应这样的市场态势，产品整体概念的外延处在不断再外延的趋势之中。当产品整体概念的外延再外延一个层次时，市场竞争又将在一个新领域展开。

3. 对产品整体概念的理解必须以市场需求为中心。产品整体概念的四个层次，清晰地体现了一切以市场要求为中心的现代营销观念。一个产品的价值是由顾客决定的，而不是由生产者决定的。

4. 产品的差异性和特色是市场竞争的重要内容，而产品整体概念四个层次中的任何一个要素都可能形成与众不同的特点。企业在产品的效用、包装、款式、安装、指导、维修、品牌、形象等每一个方面都应该按照市场需要进行创新设计。

5. 把握产品的核心内容可以衍生出一系列有形产品。一般地说，有形产品是核心产品的载体，是核心产品的转化形式。这两者的关系给我们这样的启示：把握产品的核心产品层次，产品的款式、包装、特色等完全可以突破原有的框架，由此开发出一系列新产品。以旅游为例，如果说旅游产品的核心层次是“满足旅游者身心需要的短期性生活方式”，那么，旅游形式产品不能仅仅理解为组织旅游者去名山大川游玩。其实，现在旅游产品已经延伸到商务旅游、购物旅游、现代工业旅游、现代农业旅游、都市旅游、学外语旅游，等等。

三、产品分类

在市场营销中要根据不同的产品制定不同的营销策略，要制定科学有效的营销策略，就必须对产品进行分类。

1. 按产品的用途划分

可划分为消费品和工业品两大类，见图 9－2、图 9－3。

消费品是直接用于满足最终消费者生活需要的产品，工业品则由企业或组织购买后用于生产其他产品。消费品与工业品两者在购买目的、购买方式及购买数量等方面均有较大的差异。因此，对于这两类不同的产品，企业的营销策略必须进行区别对待。

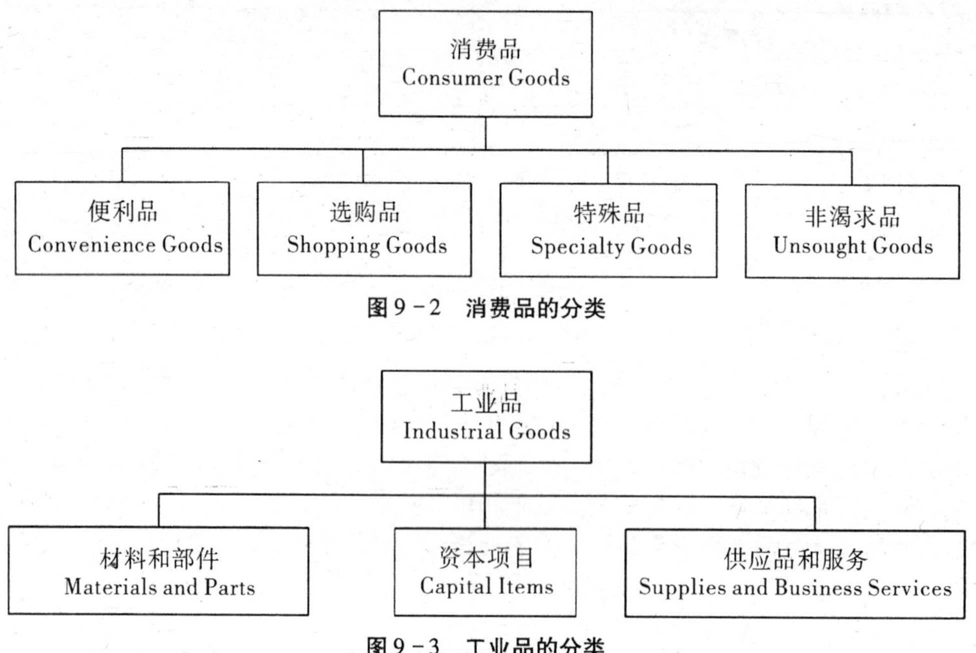

图 9－2　消费品的分类

图 9－3　工业品的分类

2. 按消费品的使用时间长短划分（见图 9－4）

（1）耐用品。该类产品的最大特点在于使用时间长，且价格比较昂贵或者体积较大。所以，消费者在购买时都很谨慎，重视产品的质量以及品牌，对产品的附加利益要求较高。企业在生产此类产品时，应注重产品的质量、销售服务和销售保证等方面，同时选择信誉较好的有名大型零售商进行产品的销售。

（2）半耐用品。如大部分纺织品、服装、鞋帽，一般家具等。这类产品的特点在于能使用一段时间，因此，消费者不需经常购买，但购买时，对产品的适用性、样式、色彩、质量、价格等基本方面会进行有针对性的比较、挑选。

（3）非耐用品。其特点是一次性消耗或使用时间很短，因此，消费者需要经常购买且希望能方便及时地购买。企业应在人群集中，交通方便的地区设置零售网点。

3. 按产品之间的销售关系划分

（1）独立产品。即产品的销售不受其他产品销售的影响。比如钢笔与手表、电视机与电冰箱等都互为独立产品。

（2）互补产品。即产品与相关产品的销售相互依存相互补充。一种产品销售的增加（或减少）就会引起相关产品销售的增加（或减少）。

（3）替代产品。即两种产品之间销售存在着竞争关系。也就是说一种产品销售量的增加会减少另外一种产品潜在的销售量。

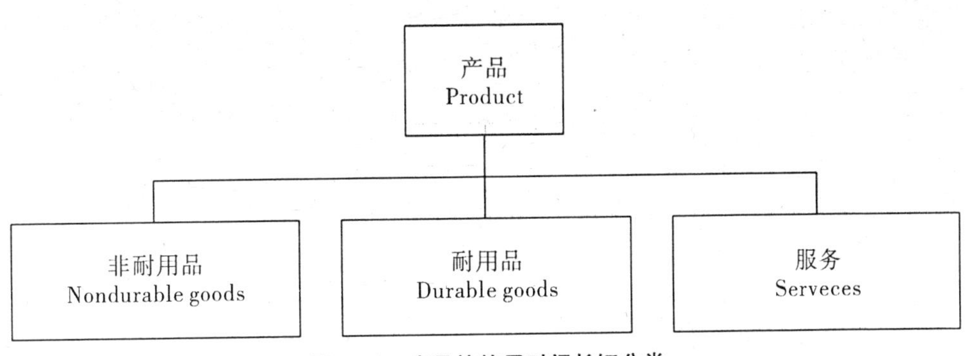

图9-4　产品按使用时间长短分类

四、产品组合

（一）相关基本概念

1. 产品组合指企业生产或销售的全部产品的大类产品项目组合。产品组合不恰当可能造成产品的滞销积压，甚至引起企业亏损。

2. 产品线指同一产品种类中具有密切关系的一组产品。他们以类似的方式起作用，或通过相同的销售网点销售，或者满足消费者相同的需要。

3. 产品项目指一类产品中品牌、规格、式样、价格所不同的每一个具体产品。

4. 产品组合的宽度指产品组合所包含产品大类的多少。

5. 产品组合的深度指每个产品所包含花色、式样、规格的多少。

6. 产品组合的长度指产品组合中所包含产品项目的总和。

7. 产品组合的关联性指一个企业的各个产品线在最终使用、生产条件、分销渠道和其他方面相互关联的程度。

一般情况下，企业增加产品组合宽度，有利于扩大经营范围，发挥企业特长，提高经济效益，分散经营风险；增加产品组合的深度，可占领更多细分市场，满足消费者广泛的需求和爱好，吸引更多的消费者；增加产品组合的长度，可以满足消费者不同的需求，增加企业经济效益；而增加产品组合关联性，则可以使企业在某一特定领域内加强竞争力和获得良好声誉。

（二）产品组合策略

产品好比人一样，都有其由成长到衰退的过程。因此，企业不能仅仅经营单一的产品，世界上很多企业经营的产品往往种类繁多，如美国光学公司生产的产品超过3万种，美国通用电气公司经营的产品多达25万种。当然，并不是经营的产品越多越好，企业应该生产和经营哪些产品才是有利的？这些产品之间应该有些什么配合关系？这就是产品组合问题。

（三）产品组合实质

所谓产品组合是指一个企业生产或经营的全部产品线、产品项目的组合方式，它包括四个变数：宽度、长度、深度和一致性。例如美国宝洁公司的众多产品线中，有一条牙膏产品线，生产格利、克雷丝、登奎尔三种品牌的牙膏，所以该产品线有三个产品项目。其中克雷丝牙膏有三种规格和两种配方，则克雷丝牙膏的深度就是6。如果我们能计算每一产品项目的品种数目，就可以计算出该产品组合的平均深度。

企业在进行产品组合时，涉及三个层次的问题需要做出抉择，即：

①是否增加、修改或剔除产品项目。

②是否扩展、填充和删除产品线。

③哪些产品线需要增设、加强、简化或淘汰——以此来确定最佳的产品组合。

三个层次问题的抉择应该遵循既有利于促进销售、又有利于增加企业的总利润这个基本原则。

产品组合的四个因素和促进销售、增加利润都有密切的关系。一般来说，拓宽、增加产品线有利于发挥企业的潜力、开拓新的市场；延长或加深产品线可以适合更多的特殊需要；加强产品线之间的一致性，可以增强企业的市场地位，发挥和提高企业在有关专业上的能力。

（四）产品组合的评价方法

三维分析图是一种分析产品组合是否健全、平衡的方法。在三维空间坐标上，以 *X*、*Y*、*Z* 三个坐标轴分别表示市场占有率、销售成长率以及利润率，每一个坐标轴又为高、低两段，这样就能得到八种可能的位置。如三维分析图 9－5 所示：

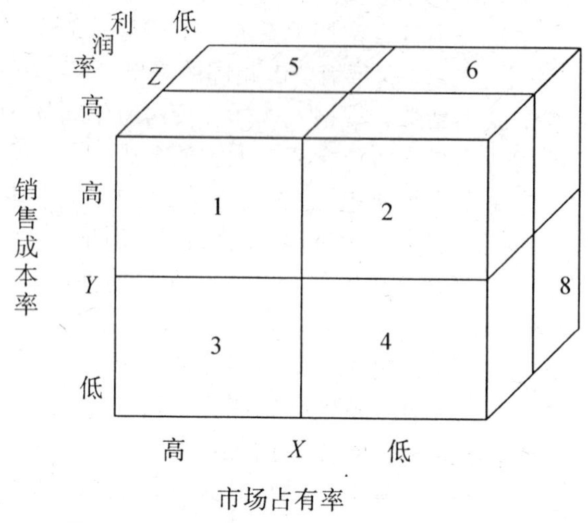

图 9－5　三维分析图

如果企业的大多数产品项目或产品线处于 1、2、3、4 号位置上，就可以认为产品组合已达到最佳状态。因为任何一个产品项目或产品线的利润率、成长率和占有率都有一个由低到高又转为低的变化过程，不能要求所有的产品项目同时达到最好的状态，即使同时达到也是不能持久的。因此企业所能要求的最佳产品组合，必然包括：目前虽不能获利但有良好发展前途、预期成为未来主要产品的新产品；目前已达到高利润率、高成长率和高占有率的主要产品；目前虽仍有较高利润率而销售成长率已趋降低的维持性产品；以及已决定淘汰、逐步收缩其投资以减少企业损失的衰退产品。

根据以上产品线分析，针对市场的变化，调整现有产品结构，从而寻求和保持产品结构最优化，这就是产品组合策略，其中包括如下策略：

①产品线扩散策略：包括向下策略、向上策略、双向策略和产品线填补策略。

②产品线削减策略。

③产品线现代化策略：在迅速变化的高技术时代，产品现代化是必不可少的。

（五）产品组合的动态平衡

由于市场需求和竞争形势的变化，产品组合中的每个项目必然会在变化的市场环境下发生分化，一部分产品获得较快的成长，一部分产品继续取得较高的利润，另有一部分产品则趋于衰落。企业如果不重视新产品的开发和衰退产品的剔除，则必将逐渐出现不健全的、不平衡的产品组合。为此，企业需要经常分析产品组合中各个产品项目或产品线的销售成长率、利润率和市场占有率，判断各产品项目或产品线销售成长上的潜力或发展趋势，以确定企业资金的运用方向，做出开发新产品和剔除衰退产品的决策，以调整其产品组合。所以，所谓产品组合的动态平衡是指企业根据市场环境和资源条件变动的前景，适时增加应开发的新产品和淘汰应退出的衰退产品，从而随着时间的推移，企业仍能维持住最大利润的产品组合。可见，及时调整产品组合是保持产品组合动态平衡的条件。动态平衡的产品组合亦称最佳产品组合。

产品组合的动态平衡实际上是产品组合动态优化的问题，只能通过不断开发新产品和淘汰衰退产品来实现。产品组合动态平衡的形成需要综合性地研究企业资源和市场环境可能发生的变化，各产品项目或产品线的成长率、利润率、市场占有率将会发生的变化，以及这些变化对企业总利润率所起的影响。对一个产品项目或产品线众多的企业来说，这是一个非常复杂的问题，目前系统分析方法和电子计算机的应用已为解决产品组合最佳化问题提供了良好的前景。

第二节 产品生命周期

一、产品生命周期的含义及各阶段特征

（一）产品生命周期的概念

产品市场生命周期是指产品从投放市场到被淘汰出市场的全过程，产品在市场上的存在时间长短受消费者需求变化，产品更新换代的速度等多种因素的影响。产品市场生命与产品的使用寿命概念不同，市场营销学所研究的是产品市场生命周期。

（二）产品生命周期阶段划分

产品市场生命由于受到市场诸多因素的影响，生命周期内其销售量和利润额并非是一条直线，不同的时期或阶段有着不同的销量和利润；因此，产品市场生命周期各个时期或阶段一般是以销售量和利润额的变化来衡量和区分的，如图9－6所示。

（三）产品生命周期特征

典型的产品市场生命周期包括四个阶段，即导入期，成长期，成熟期和衰退期。其生命周期表现为一条“S”型的曲线，对于各阶段则体现出不同的特点。

1. 导入期，又称介绍期，试销期，一般指产品从发明投产到投入市场试销的阶段。其主要特点：①生产批量小，试制费用大，制造成本高；②由于消费者对产品不熟悉，广告促销费较高；③产品售价常常偏高，这是由于生产量小、成本高、广告促销费较高所致；④销售量增长缓慢，利润少，甚至发生亏损。

2. 成长期，又称畅销期。指产品通过试销阶段以后，转入成批生产和扩大市场销

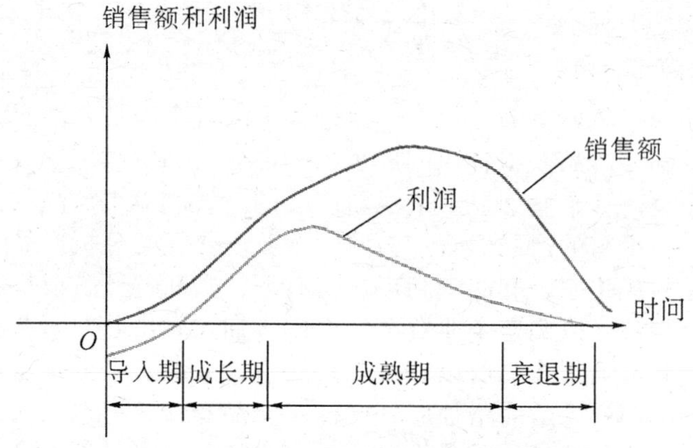

图 9－6 产品市场生命周期及其阶段划分

售的阶段。其主要特征如下：①销售额迅速增长；②生产成本大幅度下降，产品设计和工艺定型，可以大批量生产；③利润迅速增长；④由于同类产品，仿制品和代用品开始出现，使市场竞争日趋激烈。

3. 成熟期，又称饱和期，产品在市场上销售已经达到饱和状态的阶段。其主要特征如下：①销售额虽然仍在增长，但速度趋于缓慢；②市场需求趋向饱和，销售量和利润达到最高点，后期两者增长缓慢，甚至趋于零或负增长；③竞争最为激烈。

4. 衰退期，又称滞销期，产品不能适应市场需求，逐步被市场淘汰或更新换代的阶段。其主要特点体现如下：①产品需求量、销售量和利润迅速下降；②新产品进入市场，竞争突出表现为价格竞争，且价格压到极低的水平。

二、产品生命周期的常见形态

事实上，各种产品生命周期的曲线形状是有差异的。有的产品一进入市场就快速成长，迅速跳过介绍期；有的产品则可能越过成长期而直接进入成熟期；还有的产品可能经历了成熟期以后，进入第二个快速成长期，见图 9－7。

产品生命周期与产品定义的范围有直接关系。产品定义范围不同，所表现出来的生命周期曲线形状就不同。根据定义范围的大小，可分为种类、形式和品牌三种。

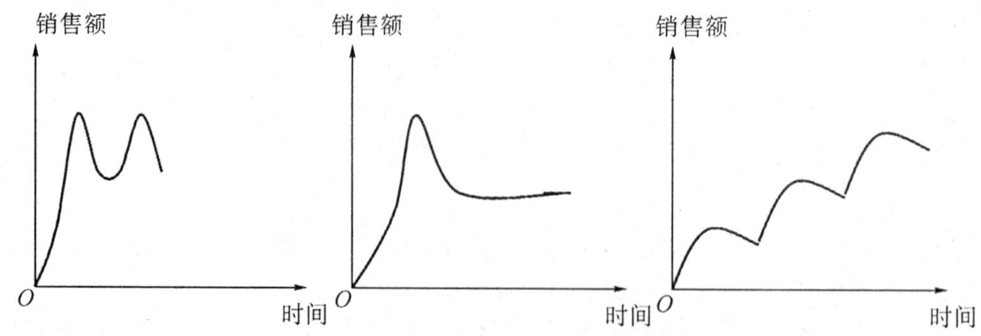

图 9－7 常见产品的生命周期形态

三、产品生命周期各阶段的判断

在产品生命周期的变化过程中，正确分析、判断出各阶段的临界点，确定产品正处在生命周期的什么阶段，是企业进行正确决策的基础，对市场营销工作意义重大。同时，这又是一件较困难的事，因为产品生命周期各阶段的划分并无一定的标准，带有较大的随意性。而要完整、准确地描绘某类产品生命周期曲线，理应到产品完全被淘汰以后，再根据资料绘制，但对这类产品的市场营销又失去了现实意义。

产品生命周期各阶段的判断，一般采取以下方法：

（一）销售趋势分析法

销售趋势分析法是用各个时期实际销售增长率的数据（$\frac{\Delta Y}{\Delta X}$）的动态分布曲线来划分各阶段。

其中：

ΔY 表示纵坐标上的销售量的增加量；

ΔX 表示横坐标上的时间的增加量。

当（$\frac{\Delta Y}{\Delta X}$）之值大于10%，该产品处在成长期；

当（$\frac{\Delta Y}{\Delta X}$）之值在0.1%～10%之间，该产品处在成熟期；

当（$\frac{\Delta Y}{\Delta X}$）之值小于0成为负数时，该产品处于衰退期。

（二）产品普及率分析法

产品普及率分析法即按人口平均普及率来分析产品市场生命周期所处的阶段。

$$人口平均普及率=\frac{社会拥有量}{人口总数}=\frac{社会拥有量}{家庭户数}$$

人口普及率15%以下为导入期，15%～50%为成长期，50%～80%为成熟期，超过80%为衰退期。

（三）同类产品类比法

同类产品类比法一般用于新产品的寿命周期判断。对于一些新产品，由于没有销售资料，很难进行分析判断。此时，可以运用类似产品的历史资料进行比照分析。

（四）因素分析法

由于产品生命周期不同阶段的有关因素呈现不同特征，因而可以从各因素的特征来判断产品处在哪一个阶段（见表9－2）。

表9－2 生命周期不同阶段各因素不同特征

因素	成长期	成熟期	衰退期
企业销售情况	递增	畅销	递减
竞争对手销售情况	稳定畅销	上升	减少
企业经营管理综合工作质量	上升	稳定	下降
比较同类产品的技术经济指标	近似或稍好	近似	落后

四、产品生命周期各阶段的营销策略

由于产品生命周期各阶段的特点不同，企业在各阶段做出的经营决策的内容也不同。

（一）导入期的市场特点与营销策略

1. 市场特点

（1）消费者对该产品不了解，大部分顾客不愿放弃或改变自己以往的消费行为，销售量小，相应地增加了单位产品成本；

（2）尚未建立理想的营销渠道和高效率的分配模式；

（3）价格决策难以确立，高价可能限制了购买，低价可能难以收回成本：

（4）广告费用和其他营销费用开支较大；

（5）产品技术、性能还不够完善；

（6）利润较少，甚至出现经营亏损，企业承担的市场风险最大。

（7）市场竞争者较少

2. 市场营销策略

这一阶段新产品刚投入市场销售，由于销售量少而且销售费用高，企业往往无利可图或者获利甚微，企业营销重点主要集中在“促销—价格”策略方面（见图9－8）。

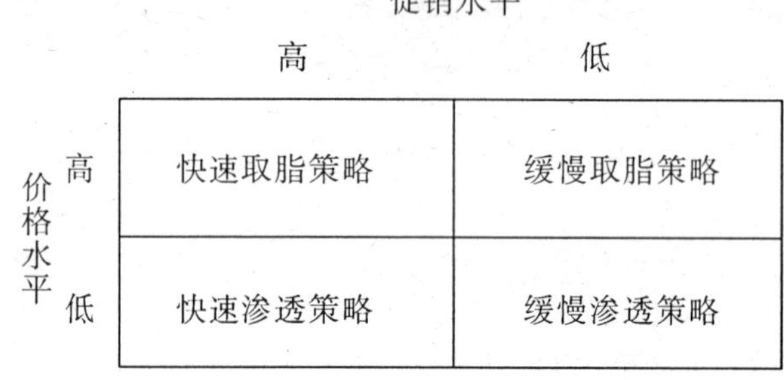

图9－8　导入期“促销—价格”策略组合

（1）快速取脂策略

即以“高价格—高促销水平”策略推出新产品，迅速扩大销售量来加速对市场的渗透，以图在竞争者还没有反应过来时，先声夺人，把本钱捞回来。“健妮健身鞋”就是采取这一策略。

采用这一策略的市场条件是：绝大部分的消费者还没有意识到该产品的潜在市场；顾客了解该产品后愿意支付高价；产品十分新颖，具有老产品所不具备的特色；企业面临着潜在竞争。

（2）缓慢取脂策略

即以“高价格—低促销费用”策略推出新产品，高价可以迅速收回成本撇取最大利润，低促销费用又是减少营销成本的保证。高档进口化妆品大都采取这样的策略。

采用这一策略的市场条件是：市场规模有限；消费者大多已知晓这种产品；购买者愿意支付高价；市场竞争威胁不大。

（3）快速渗透策略

即以“低价格—高促销费用”策略，花费大量的广告费，以低价格争取更多消费者的认可，获取最大的市场份额。

采取这一策略的市场条件是：市场规模大；消费者对该产品知晓甚少；大多数购买者对价格敏感；竞争对手多，且市场竞争激烈。

（4）缓慢渗透策略

即以“低价格—低促销费用”策略降低营销成本，并有效地阻止竞争对手介入。

采取这一策略的市场条件是：市场容量大；市场上该产品的知名度较高；市场对该产品价格相对敏感；有相当的竞争对手。

（二）成长期的市场特点与营销策略

1. 市场特点

（1）消费者对新产品已经熟悉，销售量增长很快。

（2）大规模的生产和丰厚的利润机会，吸引大批竞争者加入，市场竞争加剧。

（3）产品已定型，技术工艺比较成熟。

（4）建立了比较理想的营销渠道。

（5）市场价格趋于下降。

（6）为了适应竞争和市场扩张的需要，企业的促销费用水平基本稳定或略有提高，但占销售额的比率下降。

（7）由于促销费用分摊到更多销量上，单位生产成本的下降快于价格下降，因此，企业利润将逐步抵达最高峰。

2. 市场营销策略

成长期的主要标志是销售迅速增长。这是因为已有越来越多的消费者喜欢这种产品，大批量生产能力已形成，分销渠道也已疏通，新的竞争者开始进入，但还未形成有力的对手。在这一阶段企业营销应尽力发展销售能力，紧紧把握取得较大成就的机会。

（1）改进产品质量和增加产品的特色、款式等

在产品成长期，企业要对产品的质量、性能、式样、包装等方面努力加以改进，以对抗竞争产品。

（2）开辟新市场

通过市场细分寻找新的目标市场，以扩大销售额。在新市场要着力建立新的分销网络，扩大销售网点，并建立好经销制度。

（3）改变广告内容

随着产品市场逐步被打开，该类产品已被市场接受，同类产品的各种品牌都开始走俏。此时，企业广告的侧重点要突出品牌，力争把上升的市场需求集中到本企业的品牌上来。

（4）适当降价

在扩大生产规模、降低生产成本的基础上，选择适当时机降价，适应多数消费者的承受力，并限制竞争者加入。

（三）成熟期的市场特点与营销策略

1. 市场特点

（1）成长中的成熟期：各销售渠道基本呈饱和状态，增长率开始下降，还有少数

后续的购买者继续进入市场。

（2）稳定中的成熟期：由于市场饱和，消费水平平稳，销售增长率一般只与购买者人数成比例。

（3）衰退中的成熟期：销售水平显著下降，原有用户的兴趣已开始转向其他产品和替代品；全行业产品出现过剩，竞争加剧，销售增长率下降，一些缺乏竞争能力的企业将渐渐被淘汰；竞争者之间各有自己特定的目标顾客，市场份额变动不大，突破比较困难。

2. 市场营销策略

成熟期的主要特征："二大一长"，即在这一阶段产品生产量大、销售量大，阶段持续时间长。同时，此时市场竞争异常激烈。为此，企业总的营销策略要防止消极防御，采取积极进攻的策略，主要包括以下三方面：

（1）市场改进策略

通过扩大顾客队伍和提高单个顾客使用率来提高销售量。例如，强生婴儿润肤露是专为婴儿设计的，而如今"宝宝用好，您用也好"的宣传，使该产品的目标市场扩展到了成年人，从而扩大了目标市场范围，进入了新的细分市场。

（2）产品改进策略

通过改进现行产品的特性，以吸引新用户或增加新用户使用量。如吉列剃须刀从"安全剃须刀"、"不锈钢剃须刀"到"双层剃须刀"、"三层剃须刀"，不断改进产品，使其生命周期得以不断延长。

（3）营销组合改进策略

通过改变营销组织中各要素的先后次序和轻重缓急，来延长产品成熟期。

（四）衰退期营销策略

1. 市场特点

（1）产品销售量由缓慢下降变为迅速下降，消费者的兴趣已完全转移。

（2）价格已下降到最低水平。

（3）多数企业无利可图，被迫退出市场。

（4）留在市场上的企业，被迫逐渐减少产品附带服务，削减促销预算等，以维持最低水平的经营。

2. 市场营销策略

产品进入衰退期，销售量每况愈下；消费者已在期待新产品的出现或已转向；有些竞争者已退出市场，留下来的企业可能会减少产品的附带服务；企业经常调低价格，处理存货，不仅利润下降，而且有损于企业声誉。因此，在衰退期的营销策略有以下内容：

（1）收缩策略

把企业的资源集中使用在最有利的细分市场、最有效的销售渠道和最易销售的品种上，力争在最有利的局部市场赢得尽可能多的利润。

（2）榨取策略

大幅度降低销售费用，也降低价格，以尽可能增加眼前利润。这是由于再继续经营市场下降趋势已明确的产品，大多得不偿失；而且不下决心淘汰疲软产品，还会延误寻找替代产品的工作，使产品组合失去平衡，削弱了企业在未来的根基。

上述内容可用表 9－3 来概括：

表9-3 产品市场生命周期各阶段的特点与营销目标

	导入期	成长期	成熟期	衰退期
销售量	低	剧增	最大	衰退
销售速度	缓慢	快速	减慢	负增长
成本	高	一般	低	回升
价格	高	回落	稳定	回升
利润	亏损	提升	最大	减少
顾客	创新者	早期使用者	中间多数	落伍者
竞争	很少	增多	稳中有降	减少
营销目标	建立知名度，鼓励试用	最大限度地占有市场	保护市场，争取最大利润	压缩开支，榨取最后价值

第三节 产品组合

一、产品结构组合分析

分析一个企业的产品结构是否合理，这是进行产品结构调整的基础。分析的工具之一是市场增长率——相对市场份额矩阵图分析法（BCG，Boston Consulting Group Growth-Share Matrix）。BCG矩阵图，即“市场成长—市场份额”矩阵图，是美国波士顿咨询公司首创的决策咨询方法和工具。

（一）BCG矩阵图特征

BCG矩阵图是从二维角度来分析产品结构是否合理的，二维指标是市场增长率和相对市场占有率（见图9-9）。

图9-9中横坐标表示相对市场占有率，以对数尺度表示，指某企业各个产品的市场占有率与同行业中最大竞争对手的市场占有率之比。图中⑥号产品的相对市场占有率为4x，表明该产品是市场领先者，它的市场占有率为名列第二位产品市场占有率的4倍。凡大于1x的产品都是市场领先者，小于1x的产品则是市场占有率较小者。

纵坐标表示市场增长率，①、②、③、④、⑤产品都处在高市场增长位置，而⑥、⑦、⑧产品则处在低市场增长率区域。

BCG矩阵图有以下特征：

1. 始终把企业的产品放在一个开放的环境中去研究、去把握。判断一个企业的产品结构是否合理，关起门来研究无法抓住问题的实质。因为所谓产品结构合理就是指企业生产或经营的全部产品线、产品项目的配备和组合具有市场优势，离开市场也就无所谓优势和劣势，也失去了评价和调整的基础。

2. 科学地选择评价指标。BCG矩阵图并没有采用利润、销售额等绝对值指标来判断产品的市场竞争力，而是选用了市场增长率指标和相对市场占有率指标。前者说明的是企业产品所处市场的发展性质，即该产品正处在生命周期的哪一个阶段，是导入

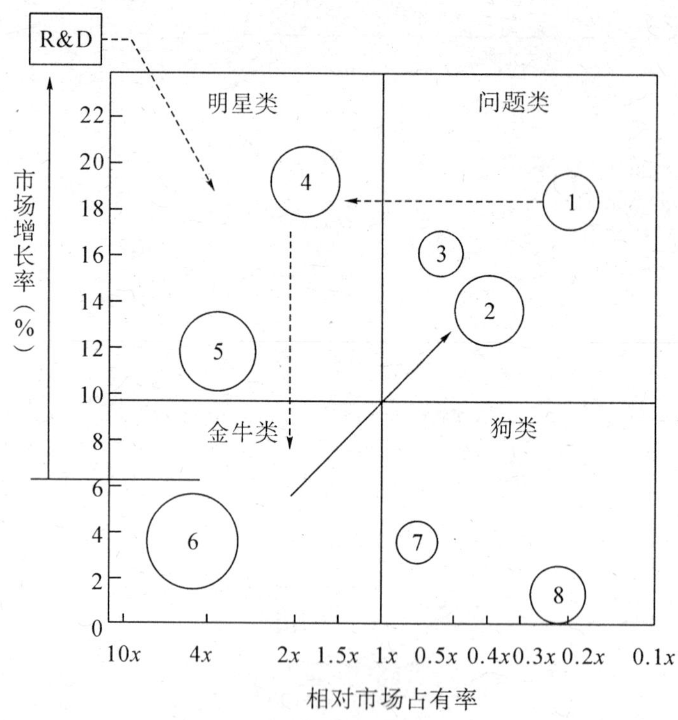

图9－9 BCG矩阵图

期、成长期、成熟期，还是衰退期。后者则表明企业产品在某一市场中的地位，是领先者、挑战者、追随者，还是补缺者。值得指出的是，利润额、销售额指标并不能准确反映企业的经营业绩和市场地位，相对市场占有率这一相对指标却能客观地反映这一点。例如，某企业一产品的利润今年比去年增加50%，但市场占有率却下降5%，这一态势表明该产品整体有较大发展，但该企业的业绩却在大幅度下滑。

3. 根据二维指标形成的四个象限，把产品分别归类研究。二维指标构成的矩阵形成了问题类、明星类、金牛类和狗类四个象限。BCG矩阵图正是根据不同象限产品的不同特点来分析某一企业产品结构是否合理的。

4. 指标简洁，可操作性强。由通用电气公司（GE）首创的GE矩阵法为了对产品线组合进行评估分析，采用了行业吸引力和产品线实力两大指标。其中，行业吸引力主要根据该行业的市场规模、市场增长率、历史毛利率、竞争强度、技术要求、通货膨胀、能源要求、环境影响以及社会、政治、法律因素等加权评分得出，分为高、中、低三档。产品线实力主要根据企业产品线的市场份额、市场增长率、产品质量、品牌信誉、分销网、促销效率、生产能力与效率、单位成本、物资供应、研究与开发实绩、管理人员等加权评分得出，分为强、中、弱三档。GE矩阵法较之BCG矩阵图综合考虑更多因素、更显全面。然而，过于繁复的评价内容反而使评估分析工作的可操作性大大降低。

（二）BCG矩阵图的运用

BCG矩阵图作为决策咨询的工具，适用于以下领域和方面：

1. 判断企业产品组合是否合理。把企业产品在矩阵图上定位以后，就可以明确地判断企业产品组合的合理与否。一般来说，不合理的产品组合就是有太多的狗类或问题类产品，以及太少的明星类和金牛类产品。由于历史等原因，一些传统企业生产的产品大都是传统产品，且市场份额都不大，几乎所有产品都挤在狗类。应该指出，上述情况在传统型国有企业中具有一定的代表性；反之，外资、合资企业却往往从市场增长率高的问题类产品做起，凭借实力和合理经营，逐步进入明星类和金牛类，当产品接近狗类时则果断淘汰之，使其产品结构始终处在优化的状态。

2. 针对不同产品确定发展目标。由于企业不同产品的市场增长率和相对市场占有率不同，因而它们对企业经济效益的贡献或是大，或是小；或是正，或是负。为此，应为每一个产品确定一个目标。结合 BCG 矩阵和 GE 矩阵，可以形成图 9－10。对此图所形成的 9 个象限，分别给予不同的发展目标定位，分别进行管理。

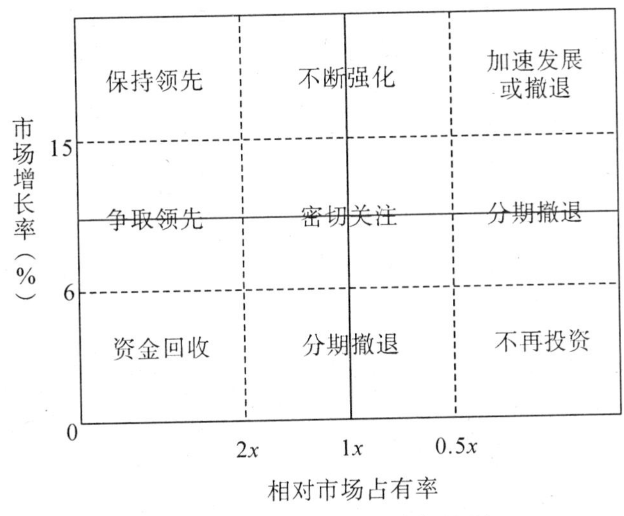

图 9－10　不同类型产品的发展目标

3. 分析企业产品的走势。由于相对市场份额指标能比较客观、准确地反映企业的经营业绩，市场增长率指标又能反映某一产品市场的发展态势，所以某一产品历年在 BCG 矩阵图中的位置变化，又能动态地反映出该产品的走势。

4. 分析加入世界贸易组织（WTO）的影响。我国加入 WTO 后，某些行业将会受到一定的冲击。其冲击程度用 BCG 矩阵图来表示更显直观。例如，某产品原来处在高相对市场占有率的位置（即明星类和金牛类），可是，当有强大的竞争对手进入目标市场，同时竞争对手成为市场领先者时，原领先者的市场位置将由明星类或金牛类右移至问题类或狗类，竞争对手实力越强，原领先者的右移程度也越大。这意味着原来盈利产品成为微利产品或者亏损产品。当然，这一研究思路也适合分析企业面临其他强大对手挑战时所受的影响。

5. 多元化经营利弊分析。当一个企业的资源分散于许多个产品，每个产品实力都很弱时，该企业产品没有一个处在明星类和金牛类，其结构呈现极不合理的格局，经济效益一般较差，这即为“多元化陷阱”。对于这类企业应相对集中资源培育核心产品，或者实现“有限相关多元化”，使企业的核心能力得以积累和壮大。

6. 追踪和分析某大类商品的结构变化和发展趋势研究。

（三）BCG 矩阵图缺陷

实践证明，BCG 矩阵图是一个很有用的分析工具。可是，这一工具存在以下问题：

1. 在选择评价指标时，BCG 矩阵图有其特色，但是，市场增长率指标不仅要取正值，而且也应包括负值，这样更符合实际。在我国，有不少商品的市场增长率处在负增长区域，如粮食、蔬菜、猪肉、牛羊肉、食糖等。这些产品虽然市场增长率下降，但仍是社会不可缺少的，其绝对量仍是一个巨大的市场，因而仍会吸引一大批企业生产和经营，而这样的产品在 BCG 矩阵图中找不到位置。为此，BCG 矩阵图拟可以扩展为7 个象限（见图9－11）。

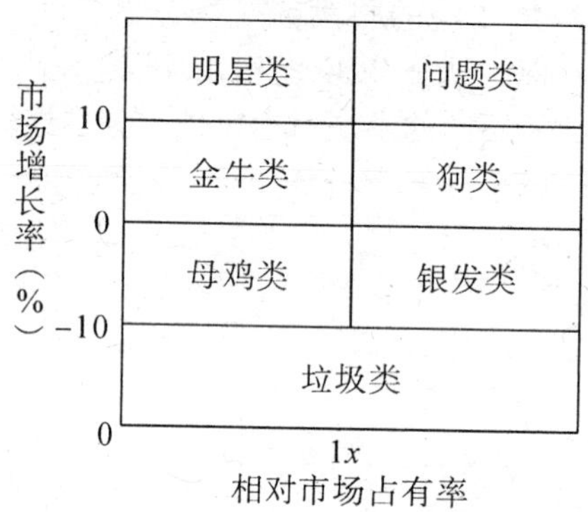

图9－11　BCG 矩阵图的扩展

凡处在市场负增长幅度较小而相对市场占有率高的产品，我们且称之为母鸡类产品。这一类产品由于市场负增长，企业不必再投入大量资金，又因为是领先者，所以能取得一定的规模效益。银发类产品市场负增长且相对市场占有率低，这类产品如果没有特色、定位不准确，其经营将很困难。垃圾类产品是指该类商品销量急剧下降，已经处在淘汰期，垃圾类产品相对份额越大，给企业造成的损失也越大。

2. 明星类产品是处在高市场增长率和高相对市场占有率的产品，它往往是市场领先者。BCG 矩阵图的理论认为，由于明星类产品必须投入大量现金来维持相对市场占有率来击退竞争对手，同时还必须维持一个高的市场增长率，所以明星类产品往往是现金消耗者而非现金生产者。

这一论断在一些企业未能得到支持，一些明星类产品并非是资金消耗者，反而是企业利润的主要供应者。造成这种有悖 BCG 理论的原因是多方面因素促成的：其一，某类产品市场增长态势相对减缓，为此，企业不用投入大量资金以应付市场增长趋势；其二，该类产品的市场领先者实力很强，其竞争对手不足以对领先者造成威胁。为此，领先者不用花费资金去防御竞争对手。此时明星类产品也可能是现金提供者。

3. UCG 矩阵图指出，成功战略业务单位有其生产周期，即它们往往从问题类转向明星类，然后是金牛类，最后成为狗类，从而走向其生命的终点。但是在实践中，由于主客观的种种原因，使某类产品的销量止跌回升，处在狗类的产品有可能重新进人问题类，金牛类产品也可能进入明星类。由于市场竞争格局的变化，狗类产品也有可能进入金牛类。

案例9－2

{正面案例}

20 世纪 80 年代初期荣事达原本是名不见传的生产普通单双缸洗衣机企业。经过十多年拼搏，90 年代初生产的“水仙牌”洗衣机畅销全国，年产量达50 万台，销售额荣登同行榜首，洗衣机生产成为荣事达（当时厂名合肥洗衣机总厂）一头巨大的“金牛”。但该厂管理者并没有躺在“金牛”身上，而是于1992年果断地用“金牛”获得的资金与香港丰事达投资公司、安徽省技术进出口公司合资组建“合肥荣事达电气有限公司”。1993年自行研制开发问号业务3.8kg全自动洗衣机，大额投资促其成为明星业务，当年公司跻身全国500家最佳经济效益和500家利税大户行列，“明星”转变为“金牛”。荣事达人并不满足于此，1994年3月又与日本三洋电机株式会社、三洋贸易株式会社、丰田通商株式会社、长城贸易株式会社组建合资公司——合肥三洋洗衣机有限公司，生产具有国际一流水准人工智能模糊控制全自动洗衣机，在国内市场独占鳌头。1995年8月荣事达管理者又从“金牛”身上取资与港台企业合资兴建“荣事达橡塑制品有限公司”、“荣事达日用电器有限公司”等，不断开发“问题”业务，培育“明星”业务，不仅实现了公司资产保值增值，而且使组织机体始终处于良性循环之中。1997年末荣事达集团产值、销售收入、利润分别比上年增长31%、13%和18.8%，集团资产增长到26.2亿元，比上年增长21.69%。诚然，荣事达成功的原因是多方面的，但成功运用BCG矩阵进行战略业务管理应该是最重要的原因之一。

{负面案例}

Y公司曾是一家生产系列电风扇的大企业，20世纪80年代末期，该公司生产的系列电风扇所占市场份额名列前茅。公司领导层决定扩大生产规模，扩建厂房、购进机械设备、再装备三倍于现规模的电风扇生产流水线。由于当时电风扇生产厂家剧增，特别是沿海一带乡镇企业生产的电风扇大举进攻内地市场，电风扇市场迅速饱和，结果未等到公司新生产流水线全部正式投产运作，公司产品囤积剧增，大量产品找不到销路。结果既没有及时地培育“明星”业务，又导致一头好端端的“金牛”过早胀死。

二、产品组合策略

（一）扩展策略

扩展策略包括扩展产品组合的宽度和长度。前者是在原产品组合中增加一条或几条产品线，扩大企业的经营范围；后者是在原有产品线内增加新的产品项目，发展系列产品。

一般当企业预测现有产品线的销售额和盈利率在未来几年要下降时，往往就会考虑这一策略。这一策略可以充分利用企业的人力等各项资源，深挖潜力，分散风险，增强竞争能力。当然，扩展策略也往往会分散经营者的精力，增加管理困难，有时会使边际成本加大，甚至由于新产品的质量、功能等问题，而影响企业原有产品的信誉。

（二）缩减策略

缩减策略是企业从产品组合中剔除那些获利小的产品线或产品项目，集中经营那些获利最多的产品线和产品项目。

缩减策略可使企业集中精力对少数产品改进品质，降低成本，删除得不偿失的产品，提高经济效益。当然，企业失去了部分市场，也会增加企业的风险。

（三）产品延伸策略

每一个企业的产品都有其特定的市场定位，如我国的轿车市场，“别克”、“奥迪”、“帕萨特”等定位于中偏高档汽车市场，“桑塔纳”定位于中档市场，“夏利”、“奥拓”等则定位于低档市场。产品延伸策略是指全部或部分地改变公司原有产品的市场定位。具体做法有向下延伸、向上延伸、双向延伸。

1. 向下延伸

向下延伸是企业原来生产高档产品，以后增加低档产品。向下延伸策略的采取主要是因为高档产品在市场上受到竞争者的威胁，本企业产品在该市场的销售增长速度趋于缓慢，企业向下延伸寻找经济新的增长点。同时，某些企业也出于填补产品线的空缺，防止新的竞争者加入的考虑，也实施这一策略。

向下延伸策略的优势是显而易见的，即可以节约新品牌的推广费用，又可使新产品搭乘原品牌的声誉便车，很快得到消费者承认。同时，企业又可以充分利用各项资源。

案例9－3

五粮液是我国著名的白酒品牌，以优良品质、卓著声誉，独特口味蜚声国内外。

五粮液集团十分注意品牌延伸工作，当五粮液牌在高档白酒市场站稳脚跟后，便采取纵横延伸策略。纵向延伸是生产“五粮春”、“五粮醇”、“尖庄”等品牌，分别进入中偏高白酒市场，中档白酒市场和低档白酒市场。横向延伸策略是五粮液集团先后和几十家地方酒厂联合开发具有地方特色的系列白酒，在这些产品中均注明“五粮液集团荣誉产品”。五粮液集团借这些延伸策略，有效地实施低成本扩张，使其市场份额不断扩大。但是必须指出，向下延伸策略并不是一方灵丹妙药，处理不好也可能弄巧成拙，陷入困境。因为推出低档产品会使企业在原高档市场的投入相对减少，使该市场相对萎缩；由于向下延伸，侵犯了低档市场竞争者的利益，可能刺激新竞争对手的种种反击；经销商可能不愿意经营低档次商品，以规避经营风险等。

案例9－4

把高档产品往下延伸是一把“双刃剑”，即可能低成本拓展业务，也可能陷入陷阱。最大的陷阱是损害原品牌的高品质形象。早年，美国派克钢笔质优价贵，是身份和体面的标志，许多社会上层人物都以带一支派克笔为荣。然而，1982年新总经理詹姆斯·彼特森上任后，盲目延伸品牌，把派克品牌用于每支售价3美元的低档笔。结果，派克在消费者心目中的高贵形象被毁坏，竞争对手则趁机侵入高档笔市场，使派克公司几乎濒临破产。派克公司欧洲主管马克利认为，派克公司犯了致命错误，没有以己之长攻人之短。鉴于此，马克利筹集巨资买下派克公司，并立即着手重塑派克形象，从一般大众化市场抽身出来，竭力弘扬其作为高社会地位象征的特点。

2. 向上延伸策略

向上延伸指企业原来生产低档产品，后来决定增加高档产品。企业采取这一策略的原因是：市场对高档产品需求增加，高档产品销路广，利润丰；欲使自己生产经营产品的档次更全、占领更多市场；抬高产品的市场形象。

向上延伸也有可能带来风险：一是可能引起原来生产高档产品的竞争者采取向下延伸策略，从而增加自己的竞争压力。二是市场可能对该企业生产高档产品的能力缺乏信任。三是原来的生产、销售等环节没有这方面足够的技能和经验。

3. 双向延伸策略

原来生产经营中档产品，现在同时向高档和低档产品延伸，一方面增加高档产品，一方面增加低档产品，扩大市场阵地。

案例 9 -5

美国得州公司进入计算器市场之中，该市场基本上被鲍玛公司低价低质计算器和惠普公司高质高价计算器所支配。得州仪器公司以中等价格和中等质量推出第一批计算器。然后，它推出价格与鲍玛公司一样，但质量较好的计算器，击败了鲍玛公司；它又设计了一种价格低于惠普公司但质量上乘的计算器，夺走了惠普公司的份额。双向延伸战略致使得州公司占据了袖珍计算器市场的领导地位。

第四节 新产品开发

一、新产品的概念

(一) 新产品的含义

市场营销意义上的新产品涵义很广，除包含因科学技术在某一领域的重大发现所产生的科技新产品外，还有在生产销售方面，只要在功能或形态上比老产品有明显改进，或者是采用新技术原理，新设计构思，从而显著提高产品性能或扩大使用功能的产品，甚至只是产品从原有市场进入新的市场，都可视为新产品。

现代市场营销观念下的新产品概念是指凡是在产品整体概念中的任何一个部分有所创新、改革和改变，是能够给消费者带来新的利益和满足的产品，都是新产品。

(二) 新产品的分类

按不同的划分标准，新产品可以分为不同的种类。

1. 按产品研究开发过程划分

(1) 全新产品。指应用新原理、新技术、新材料制造出前所未有，能满足消费者的一种新需求的产品。它占新产品的比例为10%左右。

(2) 改进型产品。指在原有产品的基础上进行改进，使产品在结构、品质、功能、款式、花色及包装上具有新的特点和新的突破的产品。改进产品有利于提高原有产品的质量或产品多样化，满足消费者对产品更高要求，或者满足不同消费者的不同需求。它占新产品的比例为26%左右。

(3) 模仿型产品。指企业对国内外市场上已有的产品进行模仿生产，形成本企业的新产品。这类产品占新产品的比例为20%左右。

(4) 形成系列产品。在现有产品大类中开发出新的品种、花色、规格等，从而与原有产品形成系列，扩大产品的目标市场。它占新产品的比例为26%左右。

(5) 降低成本型产品。批企业通过新科技手段，削减原产品的成本，但保持原有功能不变的新产品。这类产品占新产品的11%左右。

(6) 重新定位型产品。指企业的老产品进入新的市场而被该市场称为新产品。该类产品占新产品的7%左右。

2. 按地区、范围来划分

(1) 世界性新产品。指世界上第一次试制成功，并生产和销售的产品。

(2) 全国性新产品。指在国内试制生产并投入市场的产品。

(3) 地区性新产品。指在其他地区已投入生产，但本企业所在地区是首次试制成功并投入市场的产品。

（4）企业新产品。指企业采用引进或仿制的方法首次生产和销售的产品。

二、新产品的发展趋势

随着市场经济的不断发展，消费者的需求水平不断地提高，消费领域也不断地扩大，因而新产品的生产也必须注重发展趋势。

（一）新产品的科技含量不断提高

企业必须在新产品开发中投入更多的科研力量，使之转化成更多的知识经济技术成果，确保新产品更加完美，更具有市场竞争力。

（二）新产品多样化

由于消费者的需求层次不同，喜好也不同，而且复杂多变，因而新产品开发应做到多样化，适应市场的发展趋势，以满足消费者多层次的需求。

（三）产品更美观，更舒适，更适用

消费者的物质文化生活水平不断提高，使得对产品的要求朝着舒适性、艺术性、功能更齐全的方面发展。

（四）“绿色产品”的发展

随着社会公众优化环境意识的提高，“绿色”消费迅速普及，因此，开发新产品时，除严格做到无污染外，还要注意保护环境，维护生态平衡。

三、新产品的开发程序

一个新产品从独立构思到开发研制成功，其过程主要经历 8 个阶段：创意产生、创意的筛选、概念发展和试制、试验与鉴定、市场分析、产品开发、市场试销和商品化，见图 9－12。

（一）创意产生

即提出新产品的设想方案，产生一个好的新产品构思或创意是新产品成功的关键。企业通常可以从企业内部和企业外寻找新产品创意的来源。而寻求创意的主要方法有以下几种：

1. 产品属性列举法。指将现有产品的属性一一列出，寻求改良这种产品的方法。

2. 强行关系法。指列出多个不同的产品或物品，然后考虑他们彼此之间的关系，从中启发更多的创意。

3. 调查法。即向消费者调查使用某种产品时出现的问题或值得改进的地方，然后整理意见，转化为创意。

4. 头脑风暴法。即选择专长各异的人员进行座谈，集思广益，以发现新的创意。

（二）创意的筛选

采用适当的评价系统及科学的评价方法对各种创意进行分析比较，选出最佳创意的过程。在这过程中，力求做到除去亏损最大和必定亏损的新产品构思，选出潜在盈利大的新产品创意。

（三）概念发展和试制

新产品概念是企业从消费者的角度对产品创意进行的详尽描述，即创意具体化，描述出产品的性能、具体用途、形状、优点、价格、提供给消费者的利益等。同时将筛选出的创意发展成更具体、明确的产品概念，试制转变成真正的产品，而试制一般包括样品试制和小批量试制。

（四）试验与鉴定

新产品试制后，须进行全面鉴定，对新产品从技术和经济上做出评价。鉴定的内容主要包括：设计文件的完整性和样品是否符合已批准的技术文件；样品精度与外观质量是否符合设计要求，并进行有关试验；对质量、工艺、经济性评价、改进意见、编写鉴定书。新产品只有通过鉴定合格，才可进行定型，正式生产产品。

（五）市场分析

对新产品估计的销售量、成本和利润等财务情况，以及消费者满足程度，市场占有率等情况进行综合分析，判断该产品是否满足企业开发的目标。

（六）产品开发

主要解决产品构思能否转化为在技术上和商业上可行的产品。它通过对新产品的设计、试制、测试和鉴定来完成。

（七）市场试销

将正式产品投放到有代表性的小范围市场上进行试销，旨在检查该产品的市场效应，然后决定是否大批量生产。通过试销可为新产品能否全面上市提供全面、系统的决策依据，也为新产品的改进和市场营销策略的完善提供启示，有许多产品是通过试销改进后才取得成功，但并非所有的新产品都要经过试销，可根据新产品的特点及试销对新产品的利弊分析来决定。如果试销市场呈现高试用率和高再购率，表明该产品可以继续发展下去；如果市场呈现高试用率和低再购率，表明消费者不满足，必须重新设计或放弃该产品；如果市场呈现低试用率和高再购率，表明该产品很有前途；如果试用率和再购率都很低，表明该产品应当放弃。

（八）商品化

新产品试销成功后，就可以正式批量生产，全面推向市场。而企业在此阶段应在以下几方面作好决策：

1. 何时推出新产品。即在什么时候将产品推入市场最适宜，针对竞争者而言，可以做三种选择：首先进入、平行进入和后期进入。

2. 何地推出新产品。企业如何推出新产品，必须制定详细的上市计划，如营销组合策略、营销预算、营销活动组的组织和控制等。

3. 向谁推出新产品。企业把分销和促销目标面向最理想的消费者，利用他们带动其他消费者。

4. 如何推出新产品。即企业制定较为完善的营销综合方案，有计划地进行营销活动。

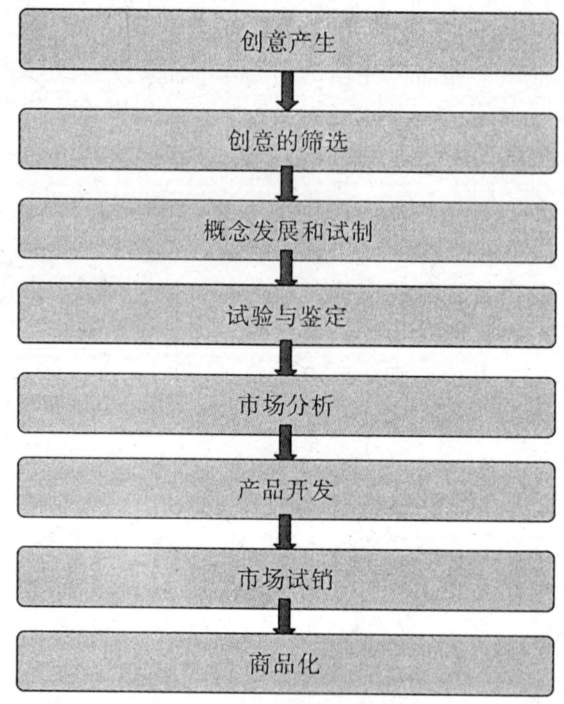

图 9－12　新产品开发的程序

四、新产品的推广

（一）新产品的推广策略

人们对新产品的接受过程，存在一定的规律性，西方学者总结归为五个阶段，即"认识→说服→决策→实施→证实"。根据这些阶段的特点，在推广新产品时可以采取以下几种策略。

1. 市场导向策略

新产品投放市场，促销活动重点应该是向消费者宣传和介绍产品的用途、性能、质量，其主要手段可采用报纸、杂志、广告、新闻媒体等，引导和说服消费者购买新产品。

2. 技术领先型策略

企业以掌握的先进技术，生产出具有科技含量较高的新产品，推入市场时着重展示产品的技术含量。

3. 竞争性模仿策略

新产品进入市场时可以采纳或模仿成功品牌经验。如外形、色彩、营销策略等。

4. 综合型策略

新产品投入市场可采用市场导向、技术导向、竞争性模仿等策略相结合起来使用。

（二）对新产品的反应差异的顾客群体

在新产品的市场扩散过程中，由于社会地位、消费心理、产品价值观、个人性格等多种因素的影响制约，不同顾客对新产品的反应具有很大的差异，可将顾客分为 5

种不同的群体：

1. 创新采用者（Innovators）。通常富有个性，受过高等教育，勇于革新冒险，性格活跃，消费行为很少听取他人意见，经济宽裕，社会地位较高。广告等促销手段对他们有很大的影响力。这类消费者是企业投放新产品时的极好目标。

2. 早期采用者（Early Adopters）。一般也接受过较高的教育，年轻富于探索，对新事物比较敏感，并且有较强的适应性，经济状况良好，他们对早期采用新产品具有自豪感。这类消费者对广告及其他渠道传播的新产品信息很少有成见，促销媒体对他们有较大的影响力。但与创新者比较，他们一般持较为谨慎的态度。这类顾客是企业推广新产品极好的目标。

3. 早期大众（Early Majority）。一般较少保守思想，接受过一定的教育，有较好的工作环境和固定的收入；对社会中有影响的人物、特别是自己所崇拜的“舆论领袖”的消费行为具有较强的模仿心理；他们不甘落后于潮流，但由于他们特定的经济地位所限，在购买高档产品时，一般持非常谨慎的态度。他们经常是在征询了早期采用者的意见之后才采纳新产品。但早期大众和晚期大众构成了产品的大部分市场。因此，研究他们的心理状态、消费习惯，对提高产品的市场份额具有很大的意义。

4. 晚期大众（Late Majority）。较晚跟上消费潮流的人，其工作岗位，受教育水平及收入状况往往比早期大众略差；他们对新事物、新环境多持怀疑态度，对周围的一切变化抱观望态度；他们的购买行为往往发生在产品成熟阶段。

5. 落伍者（Laggards）。这些人受传统思想束缚很深，思想非常保守，怀疑任何变化，对新事物、新变化多持反对态度，固守传统消费行为方式。因此，他们在产品进入成熟期后期以至衰退期才能接受。

激光唱机（CD Player）的扩散过程（罗杰斯模式）能够很好地描述各类顾客群体的分布，见图9－13。

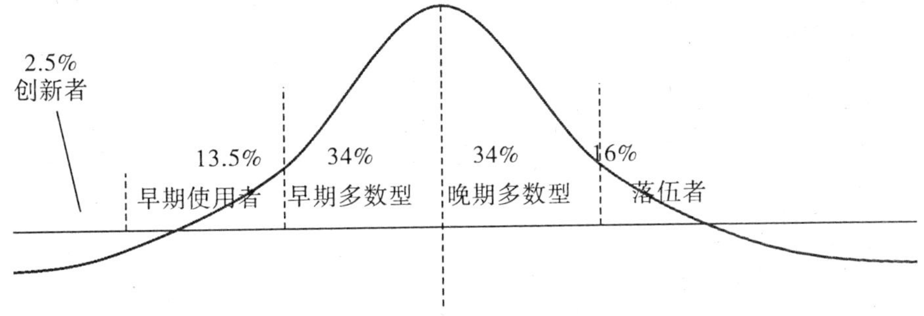

图9－13 激光唱机（CD Player）的扩散采用过程（罗杰斯模式）

本章小结

产品是指人们通过购买而获得能够满足某种需求和欲望的物品，它是核心产品、有形产品、附加产品和心理产品的总和。认识产品整体概念对于企业经营具有重要意义。

产品一般都有自己导入市场和被市场淘汰的生命周期，处在产品生命周期不同阶段要采取不同的营销策略。为此，判断产品正处在哪一阶段就变得十分重要。

判断企业产品结构是否合理，是产品策略的重要内容，BCG 矩阵图是分析产品结构的重要工具，研究市场营销应当充分掌握、运用这一工具，并对其缺陷进行必要的修正。根据产品结构现状，采取扩展策略、缩减策略、延伸策略等都是必需的。企业形象和品牌战略是当代市场营销的重要内容，是企业无法回避的课题，良好的形象可以为企业带来信誉功能、识别功能、凝聚功能、优先功能和促销功能。

思考与练习

1. 简述产品整体概念的含义。
2. 产品组合有哪几种主要策略？
3. 简述成熟期的市场特点及营销策略。
4. 简述新产品开发的主要组织形式。
5. 简述新产品开发的主要管理程序。

第十章　分销策略

学习目的：

了解分销渠道对企业市场营销的作用和意义；掌握分销渠道的含义、类型及影响渠道选择因素分析；了解分析渠道评估的标准；了解中间商的选择、渠道冲突、中间商激励、评估及调整等内容；掌握松散型模式、公司型模式、管理型模式、特许型模式的特征及评价。

重点难点：

分销渠道的模式、分销渠道的基本策略、分销渠道的选择

关键概念：

分销渠道　商流　物流　货币流　信息流　促销流

案例 10－1

当国内企业还在策划如何争得广告“标王”时，可口可乐、百事可乐、宝洁公司等外资企业却在考虑如何争取更多的货位、更大的陈列排面和更好的陈列空间。当国内企业正在为新闻炒作操心劳力时，外资企业却在悄悄地拜访中间商，出货、理货、陈列、给终端送去 POP 广告和礼品，提升客情关系。当国内企业一个个“标王”倒下时，可口可乐、百事可乐、宝洁公司产品却在终端市场牢牢占据有利的位置。

人们开始醒悟：强调广告拉动作用，不重视铺市与终端促销，结果是广告在电视上天天见，但消费者在终端市场难觅其产品踪影，这是一种资源浪费。于是：

当健力宝公司发现其产品的铺市率不足 16% 时，深感自己花大力做公关形象宣传是失策。于是“百车、千人、万家店”计划出台，配备百台送货车、数千名终端服务和促销人员，建立数万家零售终端。

TCL 总裁李东生认为营销通路是可以不计成本的，只计较是否比竞争对手更多、更快地把产品放在消费者面前。公司组建庞大的销售队伍，配人、配车、配仓库，深入城乡每一个角落，在每一个商店里都能看到 TCL 的产品。

柯达公司 1999—2000 年推出“9 万 9 当老板计划”，2001 年又推出“轻轻松松当老板”终端推广计划。这不仅迎合了下岗工人强烈要求，也实现了柯达对通道的占领和控制。这一举动是对富士公司一个强有力的打击。

销渠道是市场营销组合策略中的四个基本要素之一，如果产品是企业的立身之基，分销渠道网络则是企业的生存之本。建立一个有效的分销渠道网络，是企业在激烈的市场竞争中脱颖而出，并持续、稳定发展的关键因素之一。研究分销渠道策略的目的在于：企业如何通过销售网络建设与管理，采取有效的渠道竞争策略，把商品适时、适

地、方便、经济地提供给消费者，实现企业的经营目标。

第一节　分销渠道含义及类型

一、分销渠道含义

分销渠道是指某种货物和劳务从生产者向消费者转移时取得这种货物和劳务的所有权或帮助转移其所有权的所有企业和个人。生产企业和消费者分别处于分销渠道的两个端点，作为商品的提供者和接收者。

理解分销渠道的含义，要把握以下要点：

（一）分销渠道是一个网络

分销渠道往往不是由单一渠道所构成的，而是由若干条相互补充、配合的渠道所共同形成的系统，即企业针对多个细分市场和地域市场的不同要求和特点，根据批量、等待时间、空间的便利性、商品多样性；服务支持等需要，从点的布局、线的联结、面的广度上形成一个网络。

（二）分销渠道由一系列成员构成

案例 10－2

南京的苏宁电器股份有限公司（简称苏宁）是我国著名的家用电器分销商。近些年苏宁发展迅速，已成为中国三大家用电器分销商。苏宁在通路扩张时，按照城市人口、面积、人均国内生产总值等标准，把全国市场划分为 A、B、C、D、E 五类，不同市场采取不同的进入方式和分销渠道（见表 10－1）。

分销渠道的起点是制造商，终点是最终消费者，中间环节是与商品所有权转移有关的各种类型的机构。由于商品在转移过程中是“五流合一”的过程，即商流、物流、信息流、资金流、促销流统一的过程。因而，分销渠道四大流程见图 10－1。

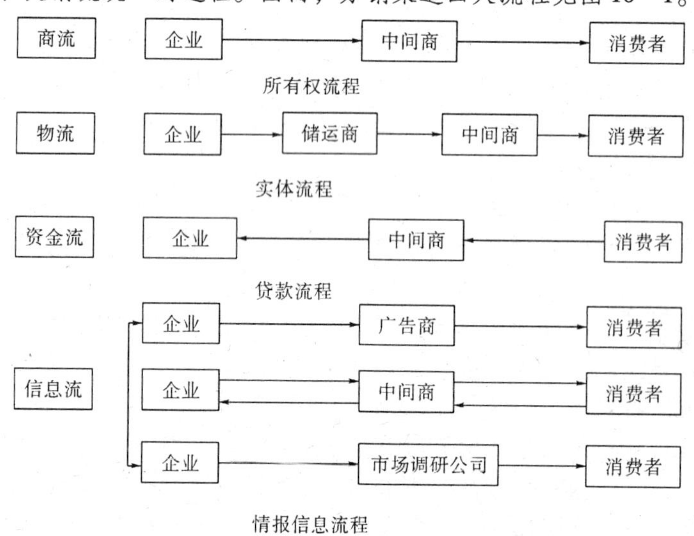

图 10－1　分销渠道的四大流程示意图

图10－1表明，制造商、中间商、消费者是分销渠道的主要成员，这是“五流”聚焦所在。物流企业、银行、广告代理商等也是分销网络不可缺少的成员，没有他们的参与，“五流”不可能顺利展开。

表10－1

分类标准	一、城市人口；二、城市面积；三、人均国内生产总值；四、电器市场容量；五、竞争状况					
分类市场进入策略	市场分类	包括城市	市场特征	进入方式	经营门类	连锁数量	单位面积
	A	北京、上海、广州	家电消费能力强，但拥有量也高；消费者购买心理成熟，强调品牌、功能、服务、价格以及产品个性；家电的消费已由初次购买逐步转向更新换代；经销商实力较强，竞争经验丰富，有着较强的品牌意识。	直营连锁	综合家电	3家左右	1 500～3 000m²
	B	11个重要省会城市及直辖市	需求增长快，消费档次多；厂商可以在一定的程度上引导消费需求；经销商竞争的能力较强，有一定的品牌意识，在多年的发展中积累了一定的经验和资本，但还难以打破地域的限制。	直营连锁或控股合资合作	综合家电	1～2家	1 500～3 000m²
	C	21个经济发达省的中心地级市及不发达省份的省会城市	虽然电器容量比不上B类市场，但发展的速度快；厂商重视与否可以明显地影响该类市场的占有情况；经销个体实力不强，相互竞争激烈，都还难以凸现。	不控股合资合作	综合家电或品类专营	—	500m²
	D	70余个地级市	数量众多，地区间发展不平衡；电器需求一般处于上升阶段；城市内的商家个体实力较弱，缺乏与厂家直接谈判的能力和引导市场消费的能力，在经营方式的选择上跟风心理较强。	特许加盟，不控股合资合作	综合家电或品类专营	—	—
	E	全国有进入价值的1 000余个县	城市规模小，人口少，经济不发达；电器需求有限；经销商规模小，资金能力弱，完全不具备引导消费的能力，大多只能跟着产品自身的品牌拉力。	特许加盟，不控股合资合作	综合家电或品类专营	—	—

（三）分销渠道正常运作需要建立一定的机制

分销渠道网络为什么能形成？生产者如何选择和构造分销渠道？中间商为什么乐于经销某一产品？为什么有的产品渠道又长又宽？有的产品渠道则又短又窄？制约这一切的根本原因在于经济利益，因而经济利益也就成为流通渠道建立、发展和调整的动力。

二、分销渠道类型

分销渠道可以按不同的标准进行划分。

（一）直接渠道和间接渠道

生产者在与消费者联系过程中，按是否有中间商参加，可将分销渠道分为直接渠道和间接渠道。

1. 直接渠道

直接渠道指制造商直接把商品销售给消费者，而不通过任何中间环节的销售渠道。

直接渠道的形式主要有：定制、销售人员上门推销、通过设立门市部销售等。

直接渠道的优点主要有：

（1）了解市场。生产者通过与用户直接接触，能及时、具体、全面地了解消费者的需求和市场变化情况，从而能及时地调整生产经营决策。

（2）减少费用。销售环节少，商品可以很快地到达消费者手中，从而缩短了商品流通时间，减少流通费用，提高了经济效益。

（3）加强推销。针对技术含量较高的商品，生产者可以对推销员进行训练，有利于扩大销售。较之中间商，消费者往往更信赖生产者直销的商品。

（4）控制价格。一般情况下，分销渠道越长，生产者对产品价格控制的能力越差；分销渠道越短，对价格控制能力也越强。

（5）提供服务。生产者能够直接给用户提供良好的服务，增强企业竞争力，促进产品销售。

直接渠道也存在缺点：

（1）生产者增设销售机构、销售设施和销售人员，选就相应增加了销售费用，同时也分散生产者的精力。

（2）生产者自有的销售机构总有限，致使产品市场覆盖面过窄，易失去部分市场。

（3）由于生产者要自备一定的商品库存，这就相应减缓了资金的周转速度，从而减少了对生产资金的投入。

（4）商品全部集中在生产者手中，一旦市场发生什么变化，生产者要承担全部损失。

案例 10－3

1977 年，北京市包装机械研究所首创 SH－1 型羊肉自动切片机，产品让北京 4 个贸易商店委托销售。该所派人去调查，发现机器虽制作精致，但与普通炊具放在一起，满是灰尘。食品所决定改变销售策略，选择北京东来顺饭店为销售点，借助饭店举行展销活动，邀请全市各饭店负责人参加。在展销会上大家目睹了机器的表演，东来顺饭店的厨师又讲解羊肉切片机的性能和特色，引起了各大饭店的强烈兴趣，当场便订购了 12 台。食品所又将展销会情况录制成广告播放，当年销量达 50 台。食品所用这种方法推广至全国，取得巨大成功。

2. 间接渠道

间接渠道指生产者通过中间商来销售商品。绝大部分生活消费品和部分生产资料都是采取这种分销渠道的。

间接渠道的优点是：

（1）中间商具有庞大的销售网络，利用这样的网络能使生产商的产品具有最大的市场覆盖面。

（2）充分利用中间商的仓储、运输、保管作用，减少了资金占用和耗费，并可以利用中间商的销售经验，进一步扩大产品销售。

（3）对生产者来说减少了花费在销售上的精力、人力、物力、财力。

间接渠道也存在一定的缺点：

（1）流通环节多，销售费用增多，也增加了流通时间。

（2）生产者获得市场信息不及时、不直接。

（3）中间商对消费者提供的售前售后服务，往往由于不掌握技术等原因而不能使消费者满意。

（二）长渠道和短渠道

分销渠道的长短一般是按通过流通环节的多少来划分，具体包括四层，见图10－2：

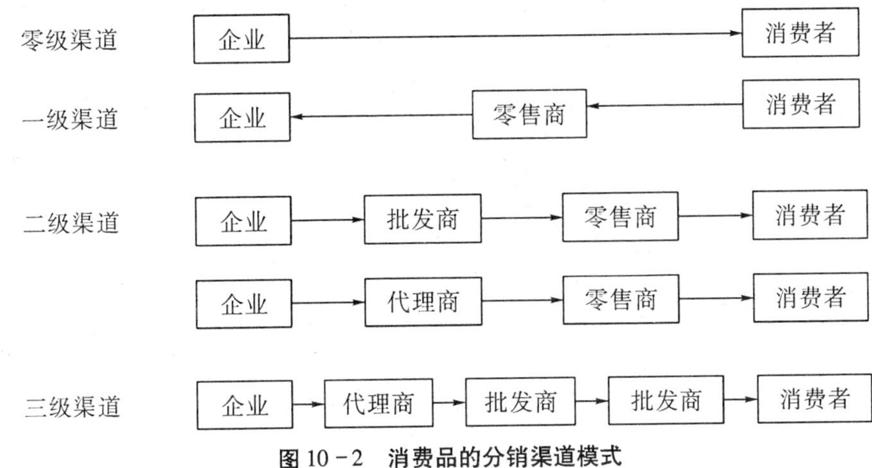

图10－2　消费品的分销渠道模式

可见，零级渠道最短，三级渠道最长。长渠道是指产品分销过程中经过两个或两个以上的中间环节；短渠道策略是指企业仅采用一个中间环节或直接销售产品。两种策略各有利弊，必须认真分析和选择。

长渠道由于渠道长、分布密，能有效覆盖市场，从而扩大商品销售范围和规模。缺点则主要表现为：销售环节多，流通费用会相应增加，使商品价格提高，价格策略选择余地变小；信息反馈慢，且失真率高，不利于企业正确决策；需要更好地协调渠道成员间的关系。

短渠道可以减少流通环节，节约流通费用，缩短流通时间；使信息反馈迅速、准确；有利于开展销售服务工作，提高企业信誉；有利于密切生产者与中间商及消费者的关系。缺点是难于向市场大范围扩张，市场覆盖面较小；渠道分担风险的能力下降，加大了生产者的风险。

（三）宽渠道和窄渠道

当企业将产品销向一个目标市场时，按使用中间商的多少，可将分销渠道划分为宽渠道和窄渠道。分销渠道的宽度是指在分销渠道的每个环节或层次中，使用相对类型的中间商的数量，同一层次或环节使用的中间商越多，渠道就越宽；反之，渠道就越窄。根据分销渠道宽窄的不同选择，可以形成以下三个策略：

1. 密集分销策略

密集分销策略指尽可能通过较多的中间商来分销商品，以扩大市场覆盖面或快速进入一个新市场，使更多的消费者可以买到这些产品。但是，这一策略生产者付出的销售成本较高，中间商积极性较低。

2. 独家分销策略

独家分销策略指企业在一定时间、一定地区只选择一家中间商分销商品。生产者采取这一策略可以得到中间商最大限度的支持，如价格控制、广告宣传、信息反馈、库存等。其不足之处是市场覆盖面有限，而且当生产者过分信赖中间商时，就会加大中间商的砍价能力。

3. 选择分销策略

选择分销策略指在一个目标市场上，依据一定的标准选择少数中间商销售其产品。选择分销策略可以兼有密集分销策略和独家分销策略的优点，避开两个策略的缺点（见表 10－2）。

表 10－2　　分销渠道宽度三策略比较

	密集分销策略	选择分销策略	独家分销策略
渠道的长度、宽度	长而宽	较短而窄	短而窄
中间商数量	尽可能多的中间商	有限中间商	一个地区一个中间商
销售成本	高	较低	较低
宣传任务承担者	生产者	生产者、中间商	生产者、中间商
商品类别	便利品、消费品	选购品、特殊品	高价品、特色商品

第二节　分销渠道的设计和管理

一、影响分销渠道设计的因素

影响分销渠道设计的因素很多，其中主要因素有以下几种：

（一）产品因素

产品的特性不同，对分销渠道的要求也不同。

1. 价值大小

一般而言，商品单价越小，分销渠道一般宽又长，以追求规模效益。反之，单价越高，路线越短，渠道越窄。

2. 体积与重量

体积庞大、重量较大的产品，如建材、大型机器设备等，要求采取运输路线最短、搬运过程中搬运次数最少的渠道，这样可以节省物流费用。

3. 变异性

易腐烂、保质期短的产品，如新鲜蔬菜、水果、肉类等，一般要求较直接的分销方式，因为时间拖延和重复搬运会造成巨大损失。同样，对式样、款式变化快的时尚商品，也应采取短而宽的渠道，避免不必要的损失。

4. 标准化程度

产品的标准化程度越高，采用中间商的可能性越大。例如，毛巾、洗衣粉等日用品，以及标准工具等，单价低、毛利低，往往通过批发商转手。而对于一些技术性较强或是一些定制产品，企业要根据顾客要求进行生产，一般由生产者自己派员直接销售。

5. 技术性

产品的技术含量越高，渠道就越短，常常是直接向工业用户销售，因为技术性产品，一般需要提供各种售前、售后服务。消费品市场上，技术性产品的分销是一个难题，因为生产者不可能直接面对众多的消费者，生产者通常直接向零售商推销，通过零售商提供各种技术服务。

（二）市场因素

市场是分销渠道设计时最重要的影响因素之一，影响渠道的市场特征主要包括如下方面：

1. 市场类型

不同类型的市场要求不同的渠道与之相适应。例如，生产消费品的最终消费者购买行为与生产资料用户的购买行为不同，所以就需要有不同的分销渠道。

2. 市场规模

一个产品的潜在顾客比较少，企业可以自己派销售人员进行推销；如果市场面大，分销渠道就应该更长、宽。

3. 顾客集中度

在顾客数量一定的条件下，如果顾客集中在某一地区，则可由企业派人直接销售；如果顾客比较分散，则必须通过中间商才能将产品转移到顾客手中。

4. 用户购买数量

如果用户每次购买的数量大，购买频率低，可采用直接分销渠道；如果用户每次购买数量小、购买频率高，则宜采用长而宽的渠道。一家食品生产企业会向一家大型超市直接销售，因为其订购数量庞大。但是，同样是这家企业会通过批发商向小型食品店供货，因为这些小商店的订购量太小，不宜采取过短的渠道。

5. 竞争者的分销渠道

在选择分销渠道时，应考虑竞争者的分销渠道。如果自己的产品比竞争者有优势，可选择同样的渠道；反之，则应尽量避开。

（三）企业自身因素

企业自身因素是分销渠道选择和设计的根本立足点。

1. 企业的规模、实力和声誉

企业规模大、实力强、往往有能力担负起部分商业职能，如仓储、运输、设立销售机构等，有条件采取短渠道。而规模小、实力弱的企业无力销售自己的产品，只能采用长渠道。声誉好的企业，希望为之推销产品的中间商就多，生产者容易找到理想的中间商进行合作；反之则不然。

2. 产品组合

企业产品组合的宽度越宽，越倾向于采用较短渠道；产品组合的深度越大，则宜采取短渠道。反之，如果生产者产品组合的宽度和深度都较小，生产者只能通过批发商、零售商来转卖商品，其渠道应长而宽。产品组合的关联性越强，则越应使用性质相同或相似的渠道。

3. 企业的营销管理能力和经验

管理能力和经验较强的企业往往可以选择较短的渠道，甚至直销；而管理能力和经验较差的企业一般将产品的分销工作交给中间商去完成，自己则专心于产品的生产。

4. 对分销渠道的控制能力

生产者为了实现其战略目标，往往要求对分销渠道实行不同程度的控制。如果这种愿望强，就会采取短渠道；反之，渠道可适当长些。

（四）环境因素

影响分销渠道设计的环境因素既繁多又复杂。如科学技术发展可能为某些产品创造新的分销渠道，食品保鲜技术的发展，使水果、蔬菜等的销售渠道有可能从短渠道变为长渠道。又如经济萧条时迫使企业缩短渠道。

（五）中间商因素

不同类型的中间商在执行分销任务时各自有其优势和劣势，分销渠道设计应充分考虑不同中间商的特征。一些技术性较强的产品，一般要选择具备相应技术能力或设备的中间商进行销售。有些产品需要一定的储备（如冷藏产品、季节性产品等），需要寻找拥有相应储备能力的中间商进行经营。零售商的实力较强，经营规模较大，企业可直接通过零售商经销产品；零售商实力较弱，规模较小，企业只能通过批发商进行分销。

二、分销渠道评估

分销渠道评估的实质是从那些看起来似乎合理但又相互排斥的方案中选择最能满足企业长期目标的方案。分销渠道方案确定后，生产厂家就要根据各种备选方案进行评价，找出最优的渠道路线，通常渠道评估的标准有三个：经济性，可控性和适应性，其中最重要的是经济性。

1. 经济性标准评估

主要是比较每个方案可能达到的销售额及费用水平。①比较由本企业推销人员直接推销与使用销售代理商哪种方式销售额水平更高。②比较由本企业设立销售网点直接销售所花费用与使用销售代理商所花费用，看哪种方式支出的费用大，企业对上述情况进行权衡，从中选择最佳分销方式。

2. 可控性标准评估

企业对分销渠道的选择不应仅考虑短期经济效益，还应考虑分销渠道的可控性。因为分销渠道稳定与否对企业能否维持并扩大其市场份额、实现长远目标关系重大。企业自销对渠道的控制能力最强，但由于人员推销费用较高，市场覆盖面较窄，因此不可能完全自销。利用中间商分销就应充分考虑渠道的可控性，一般说来，建立特约经销或特约代理关系的中间商较容易控制，但在这种情况下，中间商的销售能力对企业的影响又很大，因此应慎重决策。

3. 适应性标准评估

每一分销渠道的建立都意味着渠道成员之间的关系将持续一定时间，不能随意更改和调整，而市场却是不断发展变化的。因此，企业在选择分销渠道时就必须充分考虑其对市场的适应性。首先是地区的适应性，在某一特定的地区建立商品的分销渠道，应与该地区的市场环境、消费水平、生活习惯等相适应；其次是时间的适应性。根据不同时间商品的销售状况，应能采取不同的分销渠道与之相适应。

案例 10－4

制造商分销模式个案

个案 1　三株模式：联络处十分公司＋子公司＋工作站

三株公司在 1997 年达到鼎盛时期，业绩为 40 多亿元人民币，其主要依靠分销模式。三株公司在各中心城市成立了省级联络处，联络处管辖 200 个地市级分公司，分公司管辖 1 980 个县级子公司，子公司管辖 6 890 个乡镇一级的工作站。20 多万销售大军分布在全国各个市场，尤其是深入到农村。

除三株模式外，当年的红桃 K、莲花味精、505 腰带都是相似模式。其特点是：不依靠中间商、自己控制渠道、铺市率高、覆盖面广、采取免费户外广告和传单战，军事化管理，人称“准传销模式”。问题是管理难度大，人员成本高。

个案 2　汇仁模式：三株模式＋广告

汇仁公司这几年来的销售业绩倍增，其拳头产品汇仁肾宝和乌鸡白凤丸在全国拥有很高的市场占有率。汇仁分销模式实质上还是三株模式，它拥有 3 000 多个销售人员，是生产人员的 3 倍。为了克服原三株模式的缺陷，汇仁进行了分销渠道改进，一是加强了广告宣传，二是强化对销售人员的培训和管理，尤其是对回收款的控制。

个案 3　TCL 模式：分公司模式

TCL 的总裁李东生说；“分销渠道不计成本利润，只计较是否比竞争对手更多更快地把产品卖给消费者。”所以，TCL 就摆脱家电销售大户的控制，自己建立各地的分公司，组建自己的推销队伍、车队和周转仓库，把产品送到城乡每一个商店，牢牢控制零售终端，当乡下的农民几乎可以在每一个商店都看到 TCL 产品时，他们的首选自然是 TCL 了。

TCL 模式优点是：完全控制渠道掌握了主动权、支配权，利于多品牌、多品种的市场推进。缺点是投资大，渠道运作成本高，营销网络不是利润中心。

个案 4　美的模式：分公司销售平台＋直线经销商网络

美的公司 1997—1998 年将产品分类成立各自为利润中心的事业部制分公司，总公司以 5 亿～10 亿元的代价成立专业物流公司，在总部、销售分公司和售后服务中心之间建立广域网，依靠一批直线经销商占领市场。2000 年已形成 3 000 多营销人员、5 000 多家商场、1 000 多个服务网点的体系。

个案 5　华帝模式：代理制＋分公司＋专卖店

华帝公司几年来发展迅速，其主干产品炉具全国销量第一。它的分销模式是以代理制为主，分公司为辅，只在重点市场建立分公司，并逐渐建立自己控制的专卖店。分销工作主要是强化终端，实行专业设计，培训促销人员。

个案6　长城模式：1+1通路

河北保定长城集团公司在低档皮卡汽车市场中拥有60%的占有率。早在1997年长城集团便开始新型的1+1通路模式，即每一位经销商由厂家配备一名驻店业务员，同吃、同住、同工作。这一模式的优点是厂家对经销商提供贴身服务，从接货、入库、展场摆放、信息反馈到现场促销，驻店业务员都承担一定业务，为返回货款提供监督作用。

三、分销渠道管理

分销渠道管理的实质就是要解决分销渠道中存在的矛盾冲突，提高分销渠道成员的满意度和积极性，促进渠道的协调性，提高分销的效率。

（一）选择分销渠道成员

如果企业确定了间接分销渠道，下一步就应作出选择中间商的决策。如果选择得当，能有效地提高分销效率。选择中间商首先要广泛搜集有关中间商的业务经营、资信、市场范围、服务水平等方面的信息。其次，要确定审核和比较的标准。再次，要说服中间商接受各种条件。

1. 中间商类型

中间商是指产品从生产者转移到消费者的过程中，专门从事商品流通的企业。

（1）按中间商在流通过程中所起的作用划分，可分为批发商和零售商。批发商指将商品大批量购进，又以较小批量转售给生产者或其他商业企业的商业组织。批发商又可以按不同标准分为不同类型，按商品品性质划分，可分为生活资料批发商和生产资料批发商；按业务范围划分，可分为专业批发商和综合批发商；按其在流通领域的位置划分，可分为生产地批发商、中转地批发商和销售地批发商。

零售商指直接向最终消费者出售商品的商业组织。零售商的类型最多，有店铺零售（百货商店、专业商店、超级市场、大卖场等）；无店铺零售（邮购、自动售货、网上购物等）。

（2）按产品流通过程中有无所有权转移，中间商可以分为经销商和代理商。经销商是指自己进货，取得商品所有权后再出售的商业企业。代理商是指促成产品买卖活动得以实现的商业组织，它不取得产品的所有权，只是通过与买卖双方的商洽来完成买卖活动。

2. 选择中间商条件

生产者为自己的产品选择中间商时，常处于两种极端情况之间：一是生产者可以毫不费力找到分销商并使之加入分销系统，例如一些畅销著名品牌很容易吸引经销商销售它的产品。另一个极端是生产者必须通过种种努力才能使经销商加入到渠道系统中来。但不管是哪一种情况，选择中间商都必须考虑以下条件：

（1）中间商的市场范围。市场范围是选择中间商最关键的因素，选择中间商首先要考虑预定的中间商的经营范围与产品预定的目标市场是否一致，这是最根本的条件。

（2）中间商的产品政策。中间商承销的产品种类及其组合情况是中间商产品政策的具体体现。选择时一要看中间商的产品线，二要看各种经销产品的组合关系，是竞争产品还是促销产品。

（3）中间商的地理区位优势。区位优势即位置优势。选择零售商最理想的区位应该是顾客流量较大的地点，批发商的选择则要考虑其所处位置是否有利于产品的储存与运输。

(4) 中间商的产品知识。许多中间商被具有名牌产品的企业选中，往往是因为他们对销售某种产品有专门的经验和知识。选择对产品销售有专门经验的中间商就能很快地打开销路。

(5) 预期合作程度。中间商与生产企业合作得好会积极主动地推销企业的产品，这对生产者和中间商都很重要。有些中间商希望生产企业能参与促销，生产企业应根据具体情况确定与中间商合作的具体方式。

(6) 中间商的财务状况及管理水平。中间商能否按时结算，这对生产企业业务正常有序运作极为重要，而这一点取决于中间商的财务状况及企业管理的规范、高效。

(7) 中间商的促销政策和技术。采用何种方式推销商品及运用什么样的促销技术，这将直接影响到中间商的销售规模和销售速度。在促销方面，有些产品广告促销较合适，有些产品则适合人员销售，有些产品需要有一定的储存，有些则应快速运输。选择中间商时应该考虑中间商是否愿意承担一定的促销费用以及有没有必要的物质，技术基础和相应人才。

(8) 中间商的综合服务能力。现代商业经营服务项目甚多，选择中间商要看其综合服务能力如何，如售后服务、技术指导、财务援助、仓储等。合适的中间商所提供的服务项目与能力应与企业产品销售要求一致（见表 10－3）。

表 10－3 选择中间商条件一览表

销售和市场方面的因素	产品和服务的因素	风险和不稳定因素
·市场专业知识 ·对客户的了解 ·和客户的关系 ·市场范围 ·地理位置	·产业知识 ·综合服务能力 ·市场信息反馈 ·经营产品类别	·对工作热情 ·财务实力及管理水平 ·预期合作程度 ·工作业绩

（二）渠道冲突与管理

由于分销渠道是由不同的独立利益企业组合而成的，出于对各自物质利益的追求，相互间的冲突是经常的。渠道冲突必须正视，并采取切实措施来协调各方面关系。

1. 渠道冲突的类型

渠道冲突有两种：横向冲突和纵向冲突。

(1) 横向冲突。横向冲突是指存在于渠道同一层次的渠道成员之间的冲突。如某产品在某一市场采取密集型分销策略，其分销商有超市、便利店、大卖场等，由于各家公司的进货数量、进货环节不同引起进货成本的差异，加上各企业不同的促销政策，同一产品在不同类型零售企业中会有不同的零售价。为此，这些商业企业之间有可能发生冲突。

(2) 纵向冲突。纵向冲突指分销渠道不同层次类型成员之间的冲突，如生产者与批发商之间的冲突，生产者与零售商之间的冲突等。生产者要以高价出售，并倾向于现金交易，而中间商则愿意支付低价，并要求优惠的商业信用；生产者希望中间商只销售自己的产品，中间商只要有销路就不关心销售哪一种产品；生产者希望中间商将折扣让给买方，而中间商却宁肯将折扣让给自己；生产者希望中间商为他的产品商标做广告，中间商则要求生产者付出代价。同时，每一成员都希望对方多保持一些库存，等等。

2. 处理渠道冲突原则

网络冲突是一种营销管理的推动力量，它能迫使管理阶层不断检讨和改善管理。处理渠道冲突的原则有如下内容：

（1）促进渠道成员合作。分销渠道的管理者及其成员必须认识到网络是一个体系，一个成员的行动常常会对增进或阻碍其他成员达到目标产生很大影响。处理矛盾及促进合作的行动，要从管理者意识到网络中的潜在矛盾开始。生产者必须发现中间商与自己不同的立场，例如中间商希望经营几个生产者的各种产品，而不希望只经营一个生产者的有限品种。因为实际上中间商只有作为买方的采购代表来经营，才会获得成功。

（2）密切注视网络冲突。在分销渠道网络中经常会发生拖欠贷款、相互抱怨、推迟完成订货计划等线索，渠道管理者应关注实际问题或潜在问题所在，并及时收集真正的原因。

（3）设计解决冲突的策略。第一种是从增进渠道成员的满意程度出发，采取分享管理权的策略，接受其他成员的建议。第二种是在权力平衡的情况下，采取说服和协商的方法。第三种是使用权利，用奖励或惩罚的办法，促使渠道成员服从自己的意见。

（4）渠道管理者发挥关键作用。合作是处理冲突的根本途径，但要达到目标，渠道管理者应主动地走出第一步，并带头做出合作的努力。

（5）渠道成员调整。单纯地注意冲突和增进合作并不一定能保证完成渠道分销任务，有时有些渠道成员确实缺乏必要的条件，如规模太小、销售员不足、专业知识不足、财务状况不良等。此时，就应果断作出调整和改组的决策。

（三）激励渠道成员

中间商需要激励以尽其职，虽然使他们加入渠道网络的因素和条件已构成部分的激励，但还需生产者不断地督导和鼓励。

对中间商的激励主要有以下几点：

1. 了解中间商的特征

激励中间商并使其有良好表现，必须从了解中间商的特征开始。

（1）中间商并非受雇于生产者，而是一个独立的经营者。经过一定的实践后，他会安于某种经营方式，执行自己目标所必需的手段，自由制定经营政策。

（2）中间商经常以顾客的采购代理人为主，而以供应商的销售代理人为辅，任何有销路的产品他都有兴趣经营。

（3）中间商试图把所有商品组成产品组合出售。

（4）中间商一般不愿保留某些品牌的销售信息，以及反馈消费者对产品的使用意见。

认识中间商的这些特征，就可以认识某些生产者的“刺激—反应”的思考是多么可笑。这些生产者设计出一些激励因子，如果这些未能发生作用，他们就改用惩罚的办法。这些负面办法的根本问题是生产者没有认真研究中间商的需求和特征。而把握中间商上述特征，正是生产者设计激励措施的基础和核心。

2. 提供优质产品

为使双方合作朝着健康方向发展，生产者应不断提高产品质量，扩大生产规模，不断满足中间商的要求。唯有如此，双方之间的关系才会长久，才会取得良好的效益。企业的产品优质、畅销，是对中间商最好的激励。

3. 对重要中间商以特殊政策

重要的中间商指生产者的主要分销商，他们的分销积极性至关重要。对于这些分销商应采取必要的政策倾斜：

（1）互相投资、控股。生产者和中间商通过相互投资，成为紧密利益统一体，从经济利益机制上保证双方合作得更一致、更愉快。

（2）给予独家经销权和独家代理权。在某一时段、某一地区只选择一家重要中间商来分销商品，有利于充分调动其积极性。

（3）建立分销委员会。吸收重要中间商参加分销委员会，共同商量决定商品分销的政策，协调行动，统一思想。

4. 共同促销

生产者需要不断地进行广告宣传来增强或维持产品的知名度和美誉度，否则中间商可能拒绝经销。同时，生产者也希望中间商也承担一定的广告宣传工作。另外，生产者还应经常派人前往一些主要中间商处，协调安排商品陈列，举办产品展览等。

5. 人员培训

随着产品科学技术含量越来越大，对中间商的培训也越来越重要，生产者应经常向中间商提供这种服务，尤其对销售人员和维修人员的培训更重要。

6. 协助市场调查

任何中间商都希望得到充分的商业情报。因此，生产者应协助中间商做好市场分析和市场调查。这包括寄发业务通讯及期刊等，并保持良好的沟通状态，尤其在销售困难的情况下，中间商特别希望生产者能协助进行市场分析，以利推销。实践表明，生产厂家只有与中间商保持经常的密切联系，才能减少彼此之间的矛盾。

7. 销售竞赛

除了销售利润外，生产者还给予销售成绩优秀者一定的奖励。奖励可以是奖金，还可以是奖品，也包括免费旅游或精神奖励，如在公司的刊物或当地报纸上公布于众。

8. 物质利益保证

为进入市场，扩大市场份额和争取中间商，往往需要给中间商一个具有竞争力的销售量边际利润，这是一种最简单而直接的手段。如果中间商经销产品的利润不高，他就会缺少积极性。有的生产者为鼓励重要中间商全心全意地经销本企业产品，承诺只要认真经销本产品，保证不亏本。有的企业为了获取中间商的全面合作，建立起报酬制度。如一家企业不直接给付25%的销售佣金，而是按下列标准支付：

保持适度的存货，付5%；

满足销售配额的要求，付5%；

有效地服务顾客，付5%；

及时通报顾客的意见及建议，付5%；

正确管理应收账款，付5%。

案例 10－5

（1）杜邦公司建立了一个分销商指导委员会，定期讨论销售的有关问题。

（2）天琼公司是生产滚珠轴承的厂商，定期分派专人对中间商进行多层次的访问。

（3）施奎亚公司是生产断路器和配电盘的厂商，要求其销售代表每月用一天时间与每一分销商一起站柜台，以便了解分销商的经营情况。

（4）戴伊可公司实行每年一次为期一周的休养周制度，由20个本公司高级管理人员和20名中间商的管理人员参加，以便通过交流研讨有关问题，加强联系。

（5）派克·汉尼芬公司主要提供液压动力产品，每年一次发出邮寄调查表，要求其中间商对公司的工作进行评估。该公司还用录像带、业务通讯向中间商通报有关新产品情况，并建议中间商如何改进他们的销售。

（四）分销渠道评估

生产者除了选择和激励分销渠道成员外，还必须定期评估他们的绩效。如果某一网络成员的绩效过分低于既定标准，则须找出主要原因，并考虑可能的弥补办法。

1. 评估方法

测量中间商的绩效，主要有两种办法可供使用：

（1）将每一中间商的销售绩效与上期的绩效进行比较；并以整个群体的升降百分比作为评价标准。对低于该群体平均水平的中间商，必须加强评估与激励措施。如果对后进中间商的环境因素加以调查，可能会发现一些不可控因素，如当地经济衰退等、主力推销员退休等。对此，生产商就不应对中间商采取惩罚措施。

（2）将各中间商的绩效与该地区的销售潜量分析所设立的计划相比较，即在销售期过后，根据中间商实际销售额与其潜在销售额的比率，将各中间商按先后名次进行排列。这样，企业的调查与激励措施可以集中于那些未达到既定比率的中间商。

2. 评估的内容

对中间商的评估并不仅仅着眼于销售量的分析，一般比较全面的评估应包括以下内容：

（1）检查中间商的销售量及其变化趋势。

（2）检查中间商的销售利润及其发展趋势。

（3）检查中间商对推销本公司产品的态度是积极的、一般的，还是较差的。

（4）检查中间商同时经销有几种与本企业产品相竞争的产品，其状况如何。

（5）检查中间商能否及时发出订货单，计算中间商每个订单的平均订货单。

（6）检查中间商对用户的服务能力和态度，是否能保证满足用户的需要。

（7）检查中间商信用的好坏。

（8）检查中间商收集市场情报与提供反馈的能力。

（五）分销渠道成员的调整

对分销渠道成员调整，即对成员的加强、削弱、取舍或更换。

1. 调整的条件

对分销渠道成员的调整一般是在以下情况下进行的：

（1）合同到期。合同到期是一个重要的时刻，是续签，还是变更合同，或者中断合作？一般地说，在没有找到合适的替代者之时，生产者不应该草率终止合作，而是更尽力地指导中间商。

（2）合同变更和解除。合同的变更指合同没有履行或没有完全履行前，按照法定条件和程序，由当事人双方协商或由享有变更权的一方当事人对原合同条款进行修改或补充。合同的解除是指在合同没有履行或没有完全履行前，按照法定条件和程序，由当事人双方协商或由享有解除权的一方当事人提前终止合同效力。

（3）营销环境发生变化。生产者在市场环境发生变化时，可能会发现自己原来所建立起的分销渠道网络有缺陷，这时必须对成员进行调整。

案例 10－6

联想公司分销渠道构造经历了两个阶段。

第一阶段，联想在 20 世纪 90 年代中期实行代理制，即在全国建有几千家分销代理商，由分销商（批发性质）再到零售商。此模式广泛利用社会资源，产品铺市率也较高。但管理混乱，经常失控，尤其是随着联想产品长度和宽度发展，原有渠道达不到共享的作用。

第二阶段，1998 年 8 月，联想开始了渠道重筑，其特点是：

（1）实行“1＋1”特许专卖渠道模式。通过加盟专卖店来塑造联想形象，并强化控制。

（2）后分销模式。联想实行二级渠道模式，一级渠道是分布在全国 29 个省会城市的 70 余家授权代理商，二级渠道是 1 100 余家面向最终用户的零售商。联想后分销模式实行“一级渠道有限发展，二级渠道有效指导、支持”的策略。所有二级渠道均需与一级渠道和厂家签署三方协议，严格执行厂商的销售计划。厂家则通过一级渠道向二级渠道提供支持和培训。

（3）保留直接面向行业及集团用户的行业代理商。

2. 调整的内容

为了适应多变的市场需求，确保渠道的畅通和高效率，进行渠道必要的调整是必需的，其主要内容是：

（1）增减个别中间商。企业在考虑增加或剔除个别中间商时，既要考虑这些中间商对企业产品销量和利益的影响，还要考虑可能对企业整个销售渠道将会产生什么影响。

（2）增减某个分销渠道。在增加或剔除个别分销渠道时，首要的问题是对不同的销售渠道的运作效益和满足企业要求的程度进行评价，然后比较不同分销渠道的优劣，以剔除运行效果不佳的分销渠道，增加更有效的分销渠道。

（3）改进整个分销渠道网络系统。生产者对原有的分销体系、制度进行通盘调整。这是企业分销渠道改进中难度最大、风险最大的一项决策。因此，在采取这一策略时应进行详细的调研论证，使可能带来的风险损失降到最小。

第三节 分销渠道模式

企业营销渠道的建立，通常要受到社会、政治、文化和法律等多种因素的影响，因此，具体的分销渠道形态可能是多种多样的。但是，在多种多样分销渠道形态的背后，仍然可以抽象出不同的基本类型和基本特征，即形成几种基本模式。这些模式各具特性，但是它们最基本的区别在于渠道成员的相关关系和协作的密切程度，以及为达到这种协作程度的组织方式。

一、松散型分销模式

松散型分销模式是一种传统的市场营销模式，它在市场经济不甚发达，大量生产体制尚未形成规模时极为盛行。在当今较为发达的市场经济国家，这样的模式仍然存在。农产品由于其生产的分散性和季节性，需要通过各种销售组织使其产品进入市场；众多中小企业由于其财力和销售力量有限，也必须依靠市场和各种销售组织来推销产品；某些特定行业由于其行业产品特点和传统，仍沿袭松散型分销模式。

（一）松散型分销模式特征

1. 成员由产权和管理上的独立企业构成

在松散型分销模式里，其成员由一个个独立的生产者、批发商和零售商组成，每一个成员都作为一个独立的企业实体来追求自己利益的最大化。

2. 网络之间缺乏信任感，且有不稳定性

在这种模式中，每个成员都以自我为中心进行决策，决策中也只考虑自身的成本、规模、投资效率等。整个渠道缺乏统一目标，决策权分散在每一位成员或每一级渠道上，各成员之间并没有形成确切的分工结构。

3. 成员间靠谈判和讨价还价建立联系

在这种模式中，每一个成员关心的是商品能否进入下一个分销环节，很少考虑渠道的整体利益。为此，各成员之间联系是通过谈判和讨价还价建立的。由于成员之间缺乏信任感，渠道进出极其随意，除了交易关系外不存在其他相互联系和约束，所以网络成员之间的关系是松散的。

（二）松散型分销模式的优缺点

松散型分销模式具有一定的优点和缺点。

优点是，企业必须时刻保持对市场的关注，不断改进产品改善管理以降低价格，保持产品的竞争力和对中间商、消费者的吸引力，这种压力会督促生产者持续努力。另外，由于中间商的独立地位，他们往往更能代表顾客的利益和要求，他们对产品的挑剔和选择会在市场规律的作用下淘汰许多不合格企业，从而扩大了行业优秀企业的市场份额。

缺点是，由于中间商注重短期效应，生产者无法贯彻和执行长期市场战略，因而可能损失长远利益。由于网络成员缺乏合作，生产者无法从中间商处得到各种反馈意见。网络的不稳定性造成销售的不稳定，生产者建立和保障大规模专业化生产体系的正常运作要冒很大的市场风险。

我国改革开放以来，大量的企业由计划体制转向找市场、跑销路，很快繁荣了市场。但随着竞争局势、经济发展、新的法律颁布、技术进步等，不确定的短期的分销模式就会阻碍生产稳定运行。我国的企业应把握机遇，创造条件对分销渠道模式进行变革。

二、公司型分销模式

公司型分销模式是指一家公司拥有和控制若干生产机构、批发机构、零售机构等，控制着分销的若干渠道乃至全部渠道，综合经营和统一管理商品的生产、批发和零售业务。

（一）公司型分销模式的特征

1. 产权、管理一体化

分销渠道成员的联系是建立在产权统一基础上的相互分工协作关系，通过企业组织内部的管理组织及其管理制度和方法，各部门或机构间保持长期而稳定的层级结构，紧密连接着从生产到消费的各个环节。它们统一按照公司的计划目标和管理要求进行着内部的商品交换和转移，完成整个公司系统的生产和商品分销过程。

2. 建立途径是投资和兼并

公司型的分销模式形成途径主要是两个：一个通过企业投资设立新的分支机构来形成，如生产企业投资建立销售公司；二是通过企业间兼并、合并等形式将其他机构并入本公司系统而形成，如大型零售企业购买生产企业股权，生产企业兼并各种批发、零售机构等。

3. 基本类型分别由生产企业、商业企业控制

公司型的商品分销模式有两种基本类型：第一种是由生产企业拥有和管理，采用生产商业一体化经营方式。第二种是商业企业拥有和管理。如美国罗伯克·希尔思公司在全球拥 3 000 多家零售商店，其约 30% 的商品是由该公司拥有一定股权的生产性企业制造的。

（二）公司型分销模式的优势

1. 有利于企业统一形象和品牌的树立

由于从生产到最终消费过程中的各个环节均置于单一企业的控制之下，因而可以始终按照统一目标、计划和规范来提供服务，使顾客能够在任何时间、地点均获得相同质量、相同价格的产品和服务，从而使企业能在市场上树立统一形象，迅速提高和保持品牌的知名度、美誉度，获得竞争优势。

2. 最大限度地接近最终消费者

松散型分销模式的每个成员都只关心自身利益，只负责将产品推向下一环节而不关心市场变化。公司型分销模式改变了这一状况，由于生产机构和销售机构产权统一、荣辱与共，因此公司能够通过和顾客直接接触，全面了解市场信息。

3. 渠道效率较高，结构稳定，降低分销成本

渠道成员关系紧密，统一指挥，能够提高分工协作的程度，减少交易环节，简化分销程序，使商品能够更迅速地进入消费领域。另外，分销渠道结构稳定，减少了成员变动的成本和风险，也使交易成本大大减少。

4. 摆脱流通企业的控制

生产者的商品由于种种原因在商场上不能得到全面展示，中间商还往往会依仗其对流通渠道的控制要挟生产者，有的中间商甚至以“入场费”、“赞助费”、“广告费”、“上货架费”等名义索取“苛捐杂税”。而公司型分销模式则可以避开上述问题。

5. 保证长期战略实施

短期行为常常损害公司的长远利益，公司型分销模式可以避免短期行为和不负责任的现象发生，确保长期战略的坚决贯彻。

（三）公司型分销模式的缺陷

1. 投资成本高

不论是控股、兼并、合并、收购，还是投资建立统一产权控制下的公司型分销渠

道，都需要占用公司较多的资金，先期投资成本高，给日常经营活动带来较大的财务压力。

2. 管理成本大

当生产、经营和销售都统一在一个企业内部，就需要企业拥有健全的管理机构、高素质的管理人员、完善的管理程序和制度，用以管理、组织、协调和监督企业各项工作的完成。因此，管理成本十分高昂。

3. 灵活性差

公司型分销模式一经形成，其分销形式相对固定。当市场环境和企业经营目标发生变化时，这一形式很难立即发生变化。

三、管理型分销模式

管理型分销模式是介于松散型模式和公司型模式之间，一方面，它是由相互独立的经营实体构成的；另一方面，渠道成员之间存在着紧密的联系和共同协调。

（一）管理型分销模式的特征和优势

与松散型、公司型分销模式相比，管理型分销模式有其自身的特点和竞争优势。

1. 渠道成员的地位相差悬殊

在管理型分销模式中，通常存在一个或少数几个核心企业，这些企业由于其自身拥有强大的资产实力、生产规模、良好信誉及品牌声望，其在渠道体系中具有优越的地位，构成对其他网络成员的巨大影响力。正因为如此，使一批中间商愿意接受核心企业的指导，成为渠道成员，围绕核心企业及其产品展开分销活动。

2. 渠道成员具有相对的独立性

分销渠道各成员在产权上是相互独立的实体，他们都有自己的物质利益。为此，核心企业可以避免公司型分销模式构建渠道的巨大投资和灵活性差的问题。

3. 渠道成员间的相互关系相对稳定性

管理型模式成员的相互关系是建立在由核心企业统一管理和协调的分工协作基础上的，在遵从核心企业的管理、协调和指导的前提下，须建立较高程度的合作关系，统一的分销目标和共享的信息资源，使渠道具有相对稳定性。

4. 分销目标趋向协调

由于核心企业的影响以及各成员相互关系的稳定，成员间的利益目标将由分散、相互矛盾的个体利益最大化，转向分销渠道的长期利益最大化，各成员的利益目标服从于整体利益最大化的目标。

（二）核心企业的作用和渠道成员的利益

核心企业是管理型分销渠道的中心和灵魂。作为渠道的“管理者”，核心企业是渠道形成的始作俑者，是网络计划的制订者，是网络运行的领导者和监督员。核心企业在分销渠道中的作用主要表现在：

（1）制定统一的经营目标。经营目标中包括销售量、加价水平、利润率、销售中各种可能的减价因素与幅度。

（2）库存计划。包括各成员的库存周转率、商品分类指导、必备商品目录及库存水平。

（3）商品展示计划与指导。帮助成员企业安排与指导店面陈设、店内商品布局，提供必要的陈设器材、产品介绍材料、样品和价签。

(4) 人员销售计划。向成员企业推荐标准化的销售用语和销售展示规程，培训销售人员，设立鼓励销售人员的奖励措施。

(5) 广告计划和推销活动计划。统一安排广告宣传活动和制定财务预算，选择适当的媒体，确定各种宣传和推销的主题。

(6) 制定相关的职责并负责监督检查。如生产厂商的职责和任务、各分销商的职责与任务等。

管理型分销渠道之所以能够形成，并成为具有较高效率的分销组织形式，各种分销机构之所以能够参与其中，管理或接受管理，其根本原因在于各成员能从中获得好处。

对于核心企业和其他生产企业而言，其所获得的好处主要有：能极大地提高产品的销售量和盈利能力；避免或降低了相互间的竞争；生产和分销规模扩大，规模经济效益显著，并可持续、稳定、有计划地进行促销活动；便于控制和掌握各种分销机构的销售活动，极大地方便了生产调度和库存管理。

对于各种分销商而言，所获得的好处有：能及时、充分地获得商品的供给；能更好地安排经营资源；减少库存商品及资金占用；可获得生产厂商的质量保证和各种服务；能学到核心企业的管理经验。

四、客户关系管理

(一) 客户关系管理的含义和内容

客户关系管理是企业为赢得顾客的高度满意，建立起与客户的长期良好关系所开展的工作，主要包括以下几方面的内容：

1. 顾客分析

主要分析谁是企业的顾客，顾客的基本类型，个人购买者、中间商、制造商客户的不同需求特征和购买行为，并在此基础上分析顾客差异对企业利润的影响等问题。

2. 企业对顾客的承诺

承诺的目的在于明确企业为客户提供什么样的产品和服务。承诺的宗旨是使顾客满意。

3. 客户信息交流

这是一种双向的信息系统，其主要功能是实现双方的互相联系、互相影响。

4. 以良好的关系留住客户

首先需要良好的基础，即取得顾客的信任；同时要区别不同类型的客户关系及其特征，并经常进行客户关系情况分析，评价关系的质量，采取有效措施；还可以通过建立顾客组织等途径，保持企业与客户的长期稳定关系。

5. 客户反馈管理

反馈管理的目的在于衡量企业承诺目标实现的程度，及时发现在为顾客服务过程中的问题等。

(二) 客户关系管理功能

1. 企业的客户可通过电话、传真、网络等访问企业，进行业务往来。

2. 任何与客户打交道的员工都能全面了解客户关系，根据客户需求进行交易，了解如何对客户进行纵向和横向销售，记录自己获得的客户信息。

3. 能对市场活动进行规划、评估，对整个活动进行全方位的透视。

4. 能够对各种销售活动进行追踪。

5. 系统用户可不受地域限制，随时访问企业的业务处理系统，获得客户所需信息。

6. 拥有对市场活动、销售活动的分析能力。

7. 能够从不同角度提供成本、利润、生产率、风险率等信息，并对客户、产品、职能部门、地理区域等进行多维分析。客户关系管理系统（CRM，Coustomer Relation Management）通过管理与客户的互动，努力减少销售环节，降低销售成本，发现新市场和渠道，提高客户价值、客户满意度、客户利润贡献度、客户忠诚度，实现最终效益的提高。

要实施好客户关系管理，主要应做好以下工作：

第一，要做好客户信息的收集。为了控制资金回收，必须考核客户的信誉，对每个客户建立信用记录，规定销售限额。对新老客户、长期或临时客户的优惠条件应有所不同。因此应建立客户主文件。客户主文件一般应包括客户原始记录、统计分析资料、企业投入记录等内容。

第二，企业必须了解客户的需求。通过建立一种以实时的客户信息进行商业活动的方式，将客户信息和服务融入到企业的运行中去，从而有效地在企业内部传递客户信息，尤其是在销售部门和生产部门之间。

第三，获知客户的喜好和需要并采取适当行动，建立并保持顾客的忠诚度。如果企业与顾客保持广泛、密切的联系，价格将不再是最主要的竞争手段，竞争者也很难破坏企业与客户间的关系。通过提供超过客户期望值的服务，可将企业极力争取的客户发展为忠实客户，大家都知道，争取新客户的成本要远远超过保留老客户。

总之，客户关系管理这样一个跨知识管理、业务运作和电子商务等系统的融合概念，正在变革广大企业的营销观念，正在改善企业与客户之间的关系，提高企业的竞争力。

本章小结

分销渠道选择的正确与否直接关系到企业销售通路的顺畅及效率，企业在选择渠道时应按照一定的原则，对影响渠道选择的各种因素进行分析后，确定出适合本企业的渠道模式；然后根据产品的特性、企业的资源等具体情况来选择确定渠道的成员及数量。

思考与练习

（1）试说明批发商、零售商、代理商的区别。

（2）简述企业分销设计的过程。

（3）选择分销渠道应该考虑哪些因素？

第十一章　价格策略

学习目的：

了解影响定价的四大因素；了解成本导向定价、需求导向定价、竞争导向定价的具体表现形式及适应条件；掌握新产品定价策略的内容和运用；掌握价格变动策略、系列产品定价策略、心理定价策略的内容和运用。

重点难点：

掌握营销定价的程序方法和营销定价的基本要素。

关键概念：

需求弹性　成本导向定价法　竞争导向定价法　心理定价策略

产品定价是企业营销组合策略的一个重要内容，也是不断开拓市场的重要手段。产品价格的合理与否，很大程度决定了购买者是否接受这个产品，直接影响产品和企业的形象，影响企业在市场竞争中的地位。因此，从营销角度出发，企业在尽可能合理地制定价格，并随着环境的变化，及时对价格进行修订和调整。

案例 11－1

1990 年以来，大批境外公司以品牌为武器进入中国市场，其品牌策略对中国本土企业、政府及公众造成很大的影响和压力，激发出本土高涨的品牌意识，以创建本土品牌为中心的非价格竞争成为主流。然而，20 世纪 90 年代中期迅速兴起的价格竞争的热潮，其广度和力度表明，中国内地市场已进入价格竞争时期。

2000 年的中国市场，最热闹的事情非降价莫属。价格竞争具有以下主要特征：

1. 涉及面广

相当多企业主动或被动地将降价视为首要的竞争手段，卷入降价战的行业至少有：

·家电行业：彩电、微波炉、影音光碟（VCD）、空调、冰箱；

·服装行业：西服积压，超常降价；

·零售业：各业态之间相互冲击，商业利润下降；

·民航业：各航空公司掀起折扣机票潮，抢客源；

·国产汽车业：各品牌竞相降价。

2. 降价竞争的多样化

挑起降价的既有领导品牌，如格兰仕、长虹、桑塔纳；也有挑战品牌，如万和、高路华、爱多；既有制造商，如春兰；也有经销商，如国美电器；降价目标多样化，如扩大市场份额、短期促销、打压竞争对手等。

3. 消费者价格弹性高，对降价反应强烈

与世界上发达国家和地区相比，中国消费者的消费水平仍处于较低层次，不少消费者属于"价格敏感型"，降价常常引起普遍的关注和强烈的反应。这也是企业广泛采用降价竞争的重要原因。

4. 恶性竞价和良性竞价并存

一些行业（如电脑、汽车、移动电话）的发展历史表明，降价是推进行业进步和优胜劣汰的有效手段，为了适应中国加入WTO的国际竞争环境，一些产品的价格必须"减肥"；相反，如果单纯用价格竞争为武器，造成相互残杀，会使整个行业受损（如VCD行业、保暖内衣行业）。

5. 企业价格策略的盲点甚多

在降价问题上，见仁见智，常有争论。企业在降价竞争中概念不够清晰，思路比较狭窄，采取策略不够灵活。

第一节　影响定价的因素

一、企业定价的理论依据

价值规律的理论就是定价的依据。价值是价格的基础，产品价格是产品价值的货币表现形式。

价值决定价格，但价格并非与价值保持一致。在市场上发生的商品交换，受到多种因素的影响和制约，如供求关系及其变动、竞争状况及政府干预等因素。这些有时致使价格与价值发生背离，价格高于或低于价值。但从一个较长的时期观察，价格总是以价值为中心并围绕着价值上下波动的。这就是价值规律的表现。价值规律是反映商品经济特征的重要规律，是研究价格形成的理论指导。企业为了科学地进行产品定价，必须研究分析影响定价的基本因素，价格实际上是各因素综合影响的结果。

二、影响企业定价的因素

价格形成及运动是商品经济中最复杂的现象之一，除了价值这个形成价格的基础因素外，现实中的企业价格的制定和实现还受到多方面因素的影响和制约，因此企业应给予充分的重视和全面的考虑。

（一）竞争环境

竞争环境是影响企业定价不可忽视的因素。不同的市场环境存在着不同的竞争强度，企业应该认真分析自己所处的市场环境，并考察竞争者提供给市场的产品质量和价格，从而制定出对自己更为有利的价格。

企业所面临的竞争环境一般有以下四种情况：

1. 完全竞争市场

完全竞争市场特点在于：

（1）产品完全相同。

（2）企业进退自由。

（3）生产同一种产品的企业很多。

(4) 每个企业在市场中的份额都微不足道，任何一个企业增加或减少产量都不会影响产品的价格。

企业产品如果进入完全竞争市场，只能接受在市场竞争中形成的价格。要获取更多的利润，只能通过提高劳动生产率，节约成本开支，使本企业成本低于同行业的平均成本。

2. 不完全竞争市场

不完全竞争市场的特点在于：

(1) 同行业各企业间的产品相似但不同，存在着质量、型号、销售渠道等方面的差异，如彩电。

(2) 行业进入比较容易，但不生产完全相同的产品。

(3) 就某个特定产品而言，生产企业很少甚至只有一个，但同类产品的生产者很多。

在这类市场，价格竞争和非价格竞争都很激烈，本企业产品价格受同类产品价格的影响很大。因此，企业可以根据其提供的产品或服务的差异优势，部分地变动价格来寻求高的利润。

3. 寡头竞争市场

寡头竞争市场的特征在于：

(1) 生产的产品相同或是很近似的替代品。

(2) 市场进人非常困难。

(3) 企业数目很少，每个企业的市场份额都相当大，足以对价格的制定产生举足轻重的影响。

(4) 市场价格相对稳定，在这种市场结构中，几家企业相互竞争又相互依存，哪一家企业都不能随意改变价格，因为任何一个企业的价格变动都会导致其他企业迅速而有力地反应而难独自奏效。

企业产品进入这一市场，由于彼此价格接近，企业应十分注重成本意识。

4. 纯粹垄断市场

纯粹垄断市场的某种产品或服务只由某个企业独家提供，几乎没有竞争对手，通常有政府垄断和私人垄断之分。

形成垄断的原因有：

(1) 技术壁垒。如祖传秘方，若不外传便具有垄断性。

(2) 资源独占。如故宫只有一个，这就形成旅游业的垄断市场。

(3) 政府特许。由于垄断者控制了进入市场的种种障碍，因此它能完全控制市场价格。

(二) 产品成本

产品成本是指产品在生产过程和流通过程中所花费的物质消耗及支付的劳动报酬的总和。

一般来说，产品成本是构成价格的主体部分，且同商品价格水平成同方向运动。产品成本是企业实现再生产的起码条件，因此企业在制定价格时必须保证其生产成本能够收回。随着产量增加以及生产经验的积累，产品的成本不断发生变化，这便意味着产品价格也应随之发生变化。

产品成本有个别成本和社会成本两种基本形态。个别成本是指单个企业生产商品所耗费的实际生产费用。社会成本是指部门内部不同企业生产同种商品所耗费的平均成本，即社会必要劳动时间，又称部门平均成本。它是企业制定商品价格时的主要依据。由于各企业的资源条件和经营管理水平不同，其个别成本与社会成本必然会存在着差异，因此企业在定价时，应当根据本企业个别成本与社会成本之间的差异程度，分别牟取较高利润、平均利润、较低利润甚至不得不忍受亏损。

就单个企业而言，其个别成本即总成本由固定成本和可变成本组成。固定成本是指用于厂房、设备等固定资产投资所发生的费用，在短期内它是固定不变的，并不随产量的变化而变动。可变成本是指用于原材料、动力等可变生产要素支出的费用，它随产量的变化而变化（见图 11－1）。

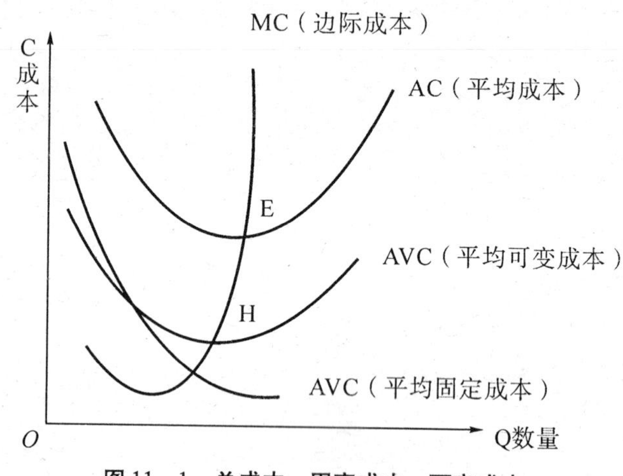

图 11－1　总成本、固定成本、可变成本

为使总成本得到补偿，要求产品的价格不能低于平均成本。平均成本包含平均固定成本和平均可变成本两部分。显然平均固定成本随着产量的增加而下降；在一定产量范围内，平均可变成本最初也是下降的，但受边际报酬递减规律的影响，平均可变成本最终会出现上升现象。受二者的共同作用，平均成本呈现先下降后上升的 U 型形状（如图 11－2）。

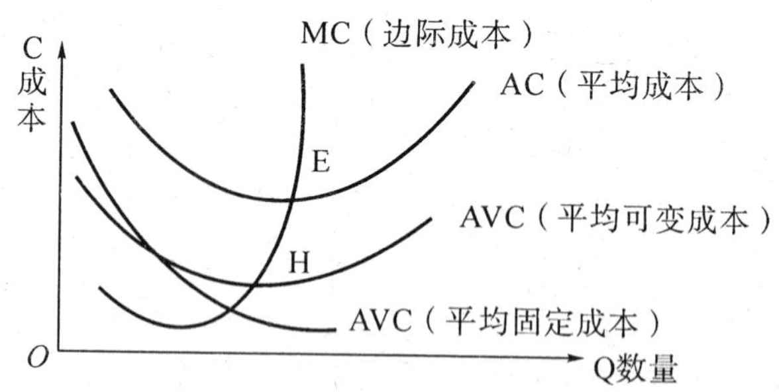

图 11－2　平均成本、平均可变成本、平均固定成本、边际成本

为便于进一步分析产品价格与平均成本间的关系，这里需要引入边际成本的概念。边际成本是指增加一单位产品所增加的总成本。当产量很低时，边际成本随产量增加而下降；当产量达到一定数量时，边际成本随产量增加而上升。

企业取得盈余的初始点只能在产品的价格补偿平均变动成本后等于平均固定成本之时，也就是图中的正点，该点称为收支相抵点。在正点，MC 曲线一定交于 AC 曲线最低点 E，即当 AC 等于 MC（MC = AC）时，产品的价格正好等于产品的平均成本（AC = TC = P），成为企业核算盈亏的临界点。当产品价格大于平均成本时企业就可能盈利；反之则会形成损 Q。

企业亏损并不意味着企业会停止生产。在图中正点和 H 点之间，企业还有可能继续进行生产，因为价格除了能够弥补全部平均可变成本外，还能抵偿一部分平均固定成本。当产品的价格低于 H 点，企业将会停止生产，故该点称为厂商停业点，因为市场价格如果低于该点，企业连变动成本也赚不回来，自然不再生产。H 点是 MC 曲线与 AVC 曲线最低点的相交点，即当产品价格等于 AVC，企业将不得不停止生产。

三、供求关系

供求规律是商品经济的内在规律，产品价格受供求关系的影响，围绕价值发生变动。

（一）价格与需求

这里说的需求，是指有购买欲望和购买能力的有效需要。影响需求的因素很多，这里只讨论价格对需求的一般影响。在其他因素不变的情况下，价格与需求量之间有一种反向变动的关系：需求量随着价格的上升而下降，随着价格的下降而上升，这就是通常所说的需求规律。需求规律通常由需求曲线来反映。根据表 11 - 1 可绘制出如图 11 - 3 所示的需求曲线图。

表 11 - 1　　某物品需求

价格（元）	数量（公斤）
5	1 000
4	2 000
3	3 000
2	4 000
1	5 000

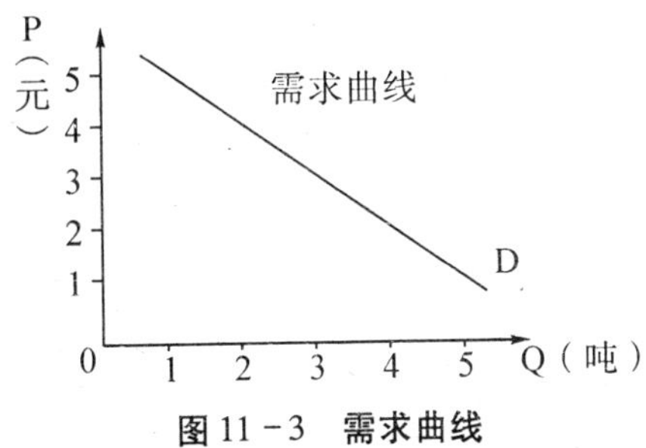

图 11 - 3　需求曲线

（二）价格与供给

供给是指在某一时间段内，生产者在一定的价格下愿意并可能出售的产品数量。有效供给必须满足两个条件：有出售愿望和供应能力。在其他因素不变的条件下，价格与供给量之间存在正相关关系：价格上升供给量增加，价格下降供给量下降。供给曲线反映了这一规律，如图 11 - 4 所示。

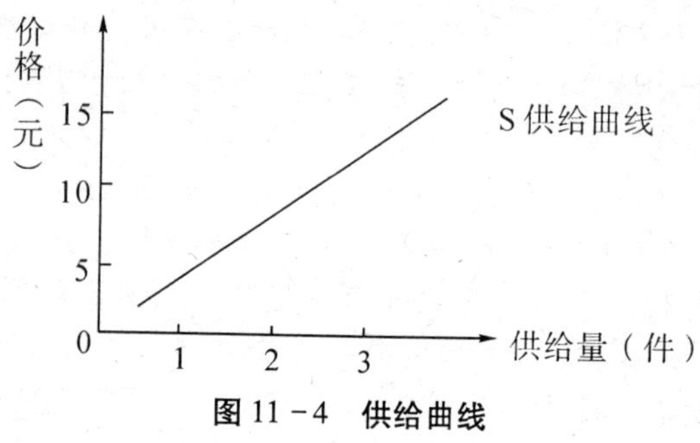

图11－4　供给曲线

（三）供求与均衡价格

受价格的影响，供给与需求的变化方向是相反的。如果在一个价格下，需求量等于供给量，那么市场将达到均衡。这个价格称为均衡价格，这个交易量称为均衡量。图11－5反映了均衡价格是如何形成的。当市场价格偏高时，购买者减少购买量使需求量下降。而生产者受高价吸引增加供应量，使市场出现供大于求的状况，产品积压必然加剧生产者之间的竞争使价格下跌。当市场价格偏低时，低价引起购买数量的增加，但生产者因价格降低减少供给量，使市场供小于求，购买者之间产生竞争导致价格上涨。

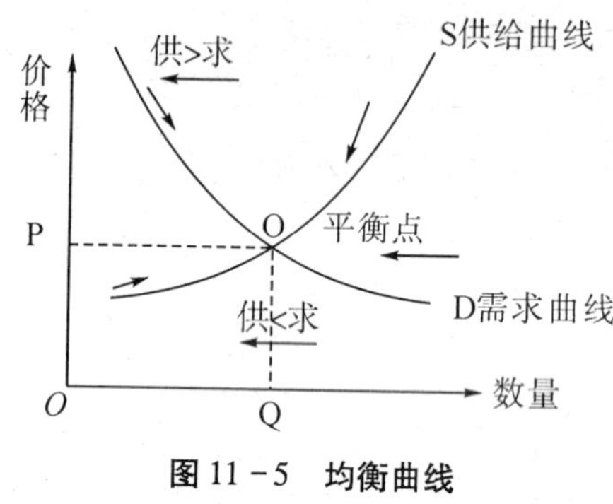

图11－5　均衡曲线

（四）价格与需求弹性

1. 需求弹性含义

需求弹性又称需求价格弹性，是指因价格变动所引起的需求呈相应的变动率，反映了需求变动对价格变动的敏感程度。需求弹性用弹性系数E表示，该系数是需求量变动百分比与价格变动百分比的比值。

$$E=\frac{\Delta Q}{Q}\div\frac{\Delta P}{Q}\ (E=(\Delta Q/Q)\ /\Delta Q/P)$$

式中：

Q——原需求量。

P——原价格。

ΔQ——需求变动量。

ΔP——价格变动量。

2. 需求弹性类型

由于价格与需求一般成呈方向变动，因此弹性系数是一个负值，采用时取其绝对值。不同的产品具有不同的需求弹性。从弹性强弱角度决定企业的价格决策，主要有以下几种类型：

（1）E =1，称为需求无弹性，反映需求量与价格等比例变化。对于这类产品，价格无论怎么变化都不会对总收入产生多大影响。因此企业定价时，可选择实现预期盈利率为价格或选择通行的市场价格，同时把其他营销策略作为提高盈利率的手段。

（2）E >I，称为需求弹性大或富有弹性，反映了价格的微小变化会引起需求量大幅度变化。定价时，应通过降低价格、薄利多销来增加盈利。反之，提价时务求谨慎以防需求量锐减、影响企业收入。这种弹性的商品如计算机、汽车、昂贵装饰品等高档产品、奢侈品等。

（3）E <1，这类产品缺乏弹性，需求量的变化小于价格自身的变动。定价时，较高水平的价格往往能增加盈利，低价对需求量的刺激不大，薄利不能多销，相反会降低企业的总收入。如粮食、盐、煤气等生活必需品便属于此类，人们不会因为价格上涨而少买许多，也不会因价格下跌而多买许多，见图 11 -5。

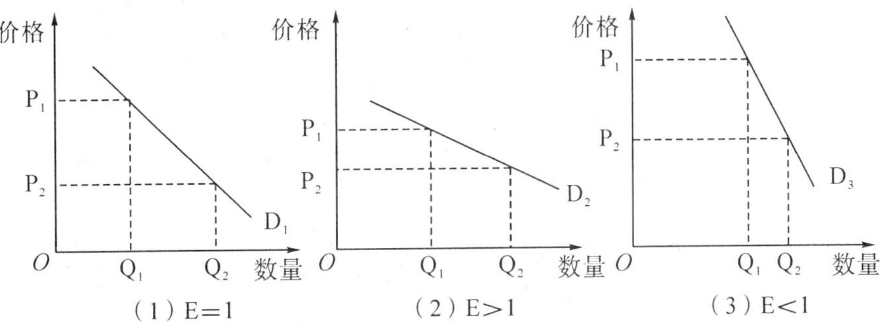

图 11 -5 不同弹性下企业收入变动

图 11 -5 分别表示不同需求价格弹性下企业收入的变动。图中 D_1、D_2、D_3 为不同弹性的需求曲线，价格从 P_1 降至 P_2，需求量从 Q_1 增至 Q_2，但增加幅度因需求弹性不同而表现不同，致使企业收入变化呈现差别。企业收入等于 P 乘 Q 所表示的矩形面积。弹性为 1 时，$P_1Q_1 = P_2Q_2$，收入不变；弹性 >1 时，$P_1Q_1 < P_2Q_2$，收入增加；弹性 < 1 时，$P_1Q_1 > P_2Q_2$，收入减少。

3. 影响价格需求弹性的因素

（1）消费品占消费者家庭预算中的分量。如果该商品在家庭预算中所占的分量小，消费者往往对价格变化的反应小，即该商品的价格需求弹性就小，反之则大。

（2）有无代用品。如果一种商品具有满足消费者特殊需求的特定功能，而没有其他商品可以代用品，那么消费者可能不管价格如何也会购买；如果一种商品有其他的商品能代替它的功能，那么该商品一提价，消费者就会转而去购买代替品。因此，有代用品的商品的价格弹性大，无代用品的商品的价格弹性小。一种商品的代用品的种类越多，代用品能代替的功能越强，其价格弹性就越大。例如洗染店里的熨衣项目和干洗项目，两者的价格弹性不祥，熨衣在一般家庭里自己能够进行，因而它的价格弹性就大，而干洗在家里就难以做到，因而它的价格弹性就小。

（3）是否是必需品。一般来说，必需品是消费者生活中的不可缺少的商品，因此它的价格弹性小，即使价格上升，消费者也必须买。奢侈品的价格弹性大，因为它对消费者来说是可有可无的，价格上升，消费者就会抑制自己的消费。

（4）时间的长短。价格弹性会随着消费者为适应价格变化而需要进行调节的时间长短而有所不同。在价格变动的最初短时间内，消费者可能对价格的变化很敏感，因而价格弹性相对大一些。随着时间的推移，消费者已经逐渐习惯了价格，这时，价格弹性就会变小。

4. 估算需求的价格弹性的方法

目前，专家已经可以用数学模型的方法来对价格弹性进行计算。但是这种方法很复杂，一般企业难以实行。在营销实践中，人们总结出一些简单易行的方法来估算商品的价格弹性。

（1）直接购买意向调查法。即对潜在购买者的购买意向进行直接调查来估算出价格变动后的需求，以此得出某种商品的价格弹性。企业先估算出自己的潜在购买者数量，然后在潜在购买者中进行抽样调查，询问他们价格降低后的实际购买意向。最后，企业可以根据实际购买人数的百分比与潜在购买者的数量计算出商品的价格弹性。

（2）统计分析法。即对企业历史上的某一商品价格与销售量之间的相关性进行分析，来得出商品的价格弹性。例如，企业可以根据商品历年来的销售统计资料，通过对商品价格变动后的实际销售数量资产，最终估算出价格弹性。

（3）市场实验法。即通过实验来估算价格弹性，因此估算比较准确，但是费用与时间的花费较大。如企业对现在市场上销售的商品进行调价，在一定时间和范围内观察该商品的销售情况，并据此计算出价格弹性。

四、企业定价目标

企业定价还受到企业定价目标的影响，不同的定价目标会导致企业不同的定价方法和策略，从而定出不同的价格。

（一）获取理想利润目标

这一目标即企业期望通过制定较高价格，迅速获取最大利润。采取这种定价目标的企业，其产品多处于绝对有利的地位。一般而言必须具备两个条件：一是企业的个别成本低于部门平均成本，二是该产品的市场需求大于供应。在这种情况下，企业可以把价格定得高于按平均利润率计算的价格。

但使用这种定价目标要注意的问题是，由于消费者的抵抗、竞争者的加入、代用品的盛行等原因，企业某种有利的地位不会持续长久，高价也最终会降至正常水平。因此，企业应该着眼于长期理想利润目标，兼顾短期利润目标，不断提高技术水平，改善经营管理，增强竞争力。

（二）适当投资利润率目标

这一目标即企业通过定价，使价格有利于实现一定投资报酬。采取这种定价目标的企业，一般是根据投资额规定的利润率，然后计算出各单位产品的利润额，把它加在产品的成本上，就成为该产品的出售价格。

采用这种定价目标，应该注意两个问题：第一，要确定合理的利润率。一般说，预期的利润率应该高于银行的存款利息率，但又不能太高，否则消费者不能接受。第二，产品必须是畅销的，否则预期的投资利润率就不能实现。

（三）维持和提高市场占有率目标

这一目标着眼于追求企业的长远利益，有时它比获取理想利益目标更重要。市场占有率的高低反映了该企业的经营状况和竞争能力，从而关系到企业的发展前景。因为从长期来看，企业的盈利状况是同其市场占有率正向运动的。为了扩大市场占有率，企业必须相对降低产品的价格水平和利润水平。但是，采用这一策略必须和大批量生产能力结合起来，因为降价后市场需求量急剧增加，如果生产能力跟不上，造成供不应求，竞争者就会乘虚而入，反而会损害本企业利益。

（四）稳定市场价格目标

这种定价目标是企业为了保护自己，避免不必要的价格竞争，从而牢固地占有市场，在产品的市场竞争和供求关系比较正常的情况下，在稳定的价格中取得合理的利润而制定商品价格。这一策略往往是行业中处于领先地位的大企业所采取的。这样做的优点在于：市场需求一时发生急剧变化，价格也不致发生大的波动，有利于大企业稳固地占领市场。

（五）应付竞争目标

这是竞争性较强的企业所采用的定价策略，为应付竞争，在定价前应注意收集同类产品的质量和价格资料，与自己的商品进行比较，然后选择应付竞争的价格：①对于力量较弱的企业，应采用与竞争者价格相同或略低于竞争者的价格；②对于力量较强又想扩大市场占有率的企业，可采用低于竞争者的价格；③对于资本雄厚，并拥有特殊技术的企业，可采用高于竞争者的价格；④有时可采取低价，从而迫使对手退出市场或阻止对手进入市场。

当然，企业所处的地理位置，政府对某些商品价格的规定等也是决定价格的因素。

第二节　定价方法

企业的定价方法很多，根据与定价有关的基本因素，可以总结出三种基本的定价方法：成本导向定价法、需求导向定价法和竞争导向定价法。不同企业所采用的定价方法是不同的，就是在同一种定价方法中，不同企业选择的价格计算方法也有所不同，企业应根据自身的具体情况灵活选择，综合运用。

一、成本导向定价法

由于产品的成本形态不同，以及在成本基础上核算利润的方法不同，成本导向定价法可分为以下几种具体形式：

（一）成本加成定价法

成本加成定价法：以成本为基础制定商品价格的方法。这种定价方法就是在单位产品成本的基础上，加上预期的利润额作为产品的销售价格。售价与成本之间的差额即利润，称为“加成”。其计算公式为：

价格 = 平均成本 + 预期利润

【例题 11 - 2 - 1】某企业生产某种产品 10 000 件，单位可变成本为 20 元，固定总成本为 200 000 元，预期利润率为 15%。则其成本、利润率及产品售价各是多少？

解析：

固定总成本 200 000（元）

单位固定成本 200 000/10 000：20（元/件）

单位可变成本 20（元/件）

单位总成本 20 +20 =40（元）

预期利润率 15%

产品售价 40 +40 ×15% =46（元/件）

这种定价方法的优点在于价格能补偿并满足利润的要求；计算简便，有利于核算；能协调交易双方的利益，保证双方基本利益的满足。缺点是定价依据是个别成本而并非社会成本，忽视市场供求状况，难以适应复杂多变的竞争情况。因而，这种方法一般适用于经营状态和成本水平正常的企业，以及供求大体平衡，市场竞争比较缓和的产品。

（二）边际贡献定价法

这种定价方法也称边际成本定价法，即仅计算可变成本，不计算固定成本，在变动成本的基础上加上预期的边际贡献。边际贡献是指企业增加一个产品的销售，所获得的收入减去边际成本的数目，即：

边际贡献 = 价格 - 单位可变成本

从上式可以推出单位产品价格的计算公式：

价格：单位可变成本 + 边际贡献

【例题 11 -2 -2】某企业的年固定成本消耗为 200 000 元，每件产品的单位可变成本为 40 元，计划总贡献为 150 000 元，当销售量预计可达 10 000 件时，其价格为多少？

解析：

价格 =150 000/10 000 +40 =55（元/件）

这种定价方法的优点：易于各产品之间合理分摊可变成本；采用这一方法定价一般低于总成本加成法，能大大提高产品的竞争力；根据各种产品边际贡献的大小安排企业的产品线，易于实现最佳产品组合。这种产品一般在卖方竞争激烈时采用。

（三）收支平衡定价法

这是以盈亏平衡即企业总成本与销售收入保持平衡为原则制定价格的一种方法。其计算公式为：

价格 = 总成本 = 固定成本 + 单位变动成本 × 预期销售量

【例题 11 -2 -3】某企业生产某产品的固定成本为 200 000 元，单位变动成本为 10 元/件，预期销售量为 10 000 件，其价格为多少？

解析：

价格 =（200 000 +10 ×10 000）/10 000 =30（元/件）

这种定价方法比较简便，单位产品的平均成本即为其价格，且能保证总成本的实现，其侧重于保本经营。在市场不景气的条件下，保本经营总比停业的损失要小得多。企业只有在实际销售量超过预期销售量时，方可盈利。这种方法的关键在于准确预测产品销售量，否则制定出的价格不能保证收支平衡。因此，当市场供求波动较大时应慎用此法。

（四）投资回收定价法

这是根据企业的总成本和预计的总销售量，加上按投资收益率制订的目标利润额，作为定价基础的方法。

计算公式是：

价格 = 总成本 + 投资总额 × 投资收益率/销售量

【例题 11 - 2 - 4】某企业生产某种产品，投资总额为 2 000 000 元，预期投资收益率为每年 15%，预计年产量为 100 000 件（假设全部售完）。假设该企业年固定成本消耗为 400 000 元，单位产品可变成本为 6 元。那么，该产品的市场价格为多少?

解析：

投资总额 2 000 000（元）

投资收益率 15%

固定成本消耗 400 000（元）

可变成本 6 × 100 000 = 600 000（元）

总成本 400 000 + 600 000 = 1 000 000（元）

预计产量（销售量）100 000（件）

根据上述公式，可得

价格 = （1 000 000 + 2 000 000 × 15%）/100 000 = 13（元/件）

这种定价法首先要估算出不同产量的总成本，估算未来阶段可能达到的最高产量，然后确定期望达到的收益率，才能制定出价格。因此，这种定价法有一个缺陷，即企业是根据销量倒过来推算价格，但是价格又是影响销量的一个因素。这一定价法适合产品有专利权或在竞争中处于主导地位的产品。

案例 11 - 2

小天鹅股份有限公司有一个独特的产品价格观："小天鹅产品定价是由消费者确定的。"

小天鹅公司开发新产品前先做市场调研，从全国各地区、各阶层消费者的实际需求、购买欲望和购买能力等方面看消费者对什么产品能接受什么样的价位，然后再研究决定开发什么样的产品。定下来以后就对设计人员提出要求，不仅包括技术设计、功能设计和工艺设计的要求，也包括成本控制的要求。

"小天鹅"认为，小天鹅产品定价由消费者确定的不是一个空洞的口号，而是一个实实在在的运作过程。

二、需求导向定价法

影响消费者需求的因素很多，如消费习惯、收入水平和产品的价格弹性等，形成了不同的需求导向方法。

（一）习惯定价法

这是企业依据长期被消费者接受和承认的并已成为习惯的价格对产品进行定价。某些产品在长期经营过程中，消费者已经接受了其属性和价格水平，符合这种标准的容易被消费者接受，反之则会引起消费者的排斥。经营此类产品的企业不能轻易改变价格，减价会引起消费者对产品质量的怀疑，涨价会影响产品的销路。

（二）可销价格倒推法

这是以消费者对商品价值的感受及理解程度为基础确定其可接受价格的定价方法。

一般在两种情况下企业可采用这种定价法：一是为了满足在价格方面与现有类似产品竞争的需要；二是对新产品推出先确定可销价格，然后反向推算出各环节的可销价格。

【例题 11－2－5】消费者对某品牌电视机可接受价格为 2 500 元，电视机零售商的经营毛利 20%，批发商的批发毛利 5%。计算零售商可接受价格、批发商可接受价格及成本各为多少？

解析：

零售商可接受价格＝消费者可接受价格×（1－20%）

＝2 500×（1－20%）

＝2 000（元）

批发商可接受价格＝零售商可接受价格×（1－5%）

＝2 000×（1－5%）

＝1 900（元）

1 900 元即为该电视机的出厂价。如果该厂家欲获取 10% 的利润，那么该电视机的成本就应该控制在 1 710 元以内，即：

1 900×（1－10%）＝1 710（元）

（三）需求差异定价法

这是根据需求的差异，对同种产品制定不同的价格的方法。它主要包括以下几种形式：

1. 对不同的顾客采取不同的价格。如同种产品对购买量大和购买量小的消费者采取不同价格；航空票价对国内、国外乘客分别定价；电影院对老年人、学生和普通观众按不同票价收费等。

2. 根据产品的式样和外观的差别制定不同的价格。对不同样式的同种产品制定不同价格，价差比例往往大于成本差的比例。例如一些名著往往有平装本和精装本之分，其内容完全相同，只是包装不同而已，但价格就有较大差别。

3. 相同的产品在不同的地区销售，其价格可以不同。例如，同样的产品在沿海和内地的价格是有差异的，甚至是迥然不同的。

4. 相同的产品在不同时间销售其价格可以不同。如需求旺季的价格要明显地高出需求淡季的价格，电视广告在黄金时段收费特别高。

需求差异定价的前提条件是：①市场可以细分，各细分市场具有不同的需求弹性；②价格歧视不会引起顾客反感；③低价格细分市场的顾客没有机会将商品转卖给高价格细分市场顾客；④竞争者没有可能在企业以较高价格销售产品的市场上以低价竞争。

（四）理解定价法

这是企业根据消费者对产品价值的感觉而不是根据卖方的成本制定价格的办法。各种商品的价值在消费者心目中都有特定的位置，当消费者选购某一产品时常会将该商品与其他同类商品进行比较，通过权衡相对价值的高低来决定是否购买。因此，企业向某一目标市场投放产品时，首先需给这种产品在目标市场上“定位”，即企业要努力拉开本产品与市场上同类产品的差异，并运用各种营销手段来影响消费者的价值观念，使消费者感到购买该产品能比购买其他产品获得更多的相对利益。然后，企业就可根据消费者所形成的价值观念大体确定产品价格。

案例 11－3

美国卡特彼拉公司销售某一型号拖拉机，成功地使用了理解定价法。他们拥有高质服务，其价格比同类产品高 4 000 美元，但销量仍很大。公司销售人员对本产品价格高的原因作如下解释：

与同类产品同价	20 000 美元
比同类产品耐用	多收 3 000 美元
比同类产品可靠、安全	多收 2 000 美元
比同类产品服务优良	多收 3 000 美元
实际价格	28 000 美元
实行价格折让	－4 000 美元
最终定价	24 000 美元

运用理解定价法的关键，是把自己的产品同竞争者的产品相比较，准确估计消费者对本产品的理解价值。为此在定价前必须做好市场调查，否则定价过高过低都会造成损失。如果定价高于买方的理解价值，顾客就会转移到其他地方，企业销售额就会受到损失；定价低于买方的理解价值，必然使销售额减少，企业也同样会受到损失。

三、竞争导向定价法

竞争导向定价法：以同类产品的市场供应竞争状态为依据，根据竞争状况确定本企业产品价格水平的方法。

（一）通行价格定价法

它也叫现行市价法，即依据本行业通行的价格水平或平均价格水平制定价格的方法。它要求企业制定的产品价格与同类产品的平均价格保持一致。在有许多同行相互竞争的情况下，当企业生产的产品大致相似时（如钢铁、粮食等），如企业产品价格高于别人，会造成产品积压；价格低于别人又会损失应得的利润，并引起同行间竞相降价，两败俱伤。因此，在产品差异很小的行业，往往采取这种定价方法。另外，对于一些难以核算成本的产品，或者打算与同行和平共处，或者企业难以准确把握竞争对手和顾客反应的，也往往采取这一种定价办法。

当然，这种定价法也有一定风险，一旦竞争者由于劳动生产率提高，成本降低，突然降低其产品价格，则往往使追随者陷入困境，长虹彩电几次大幅度降价造成许多彩电小厂倒闭便是一例。

（二）竞争价格定价法

与通行价格定价法相反，竞争价格定价法是一种主动定价方法，一般为实力雄厚或独具特色的企业所采用。定价时首先将市场上竞争产品价格与本企业估算价格进行比较，分为高于、低于和一致三个层次。其次将产品的性能、质量、成本、式样、产量与竞争企业进行比较，分析造成价格差异的原因。再次根据以上综合指标确定本企业产品的特色、优势及市场定位。在此基础上，按定价所要达到的目标确定产品价格。

（三）投标定价法

一般是指在商品和劳务的交易中，采用投标招标方式，由一个买主对多个卖主的出价择优成交的一种定价方法。在国际上，建筑包工和政府采购往往采用这种方法。

投标定价法有如下步骤：

1. 招标

招标是由招标者发出公告，征集投标者的活动。在招标阶段，招标者要完成下列工作：

（1）制定招标书。招标书也称招标文书，是招标人对招标项目成交所提出的全部约束条件。包括：招标项目名称、数量，质量要求与工期，开标方式与期限，合同条款与格式等。

（2）确定底标。底标是招标者自行测标的愿意成交的限额，它是评价是否中标的极为重要的依据。底标一般有两种：一为明标，它是招标者事先公布的底标，供投标者报价时参考；二是暗标，它是招标者在公证人监督下密封保存，开标时方可当众启封的底标。

2. 投标

由投标者根据招标书规定提出具有竞争性报价的标书送交招标者，标书一经递送就要承担中标后应尽的职责。在投标中，报价、中标、预期利润三者之间有一定的联系。一般来讲，报价高，利润大，但中标概率低；报价低，预期利润小，但中标概率高。所以，报价既要考虑企业的目标利润，也要结合竞争状况考虑中标概率。

3. 开标

招标者在规定时间内召集所有投标者，将报价信函当场启封，选择其中最有利的一家或几家中标者进行交易，并签订合同。

第三节　定价技巧与策略

制定价格不仅是一门科学，而且需要一套策略和技巧。定价方法侧重于产品的基础价格，定价技巧和策略侧重于根据市场的具体情况，从定价目标出发，运用价格手段使其适应市场的不同情况，实现企业的营销目标。

一、新产品价格策略

一种新产品初次上市，能否在市场上打开销路，并给企业带来预期的收益，价格因素起着重要的作用。常见的新产品定价技巧和策略有三种：撇脂定价策略、渗透定价策略和满意定价策略。

（一）撇脂定价策略

撇脂定价策略即在新产品上市初期，把价格定得高出成本很多，以便在短期内获得最大利润。这种策略如同把牛奶上面的那层奶油撇出一样，故称之为撇脂定价策略。

这种定价策略的优点在于：新产品上市，需求弹性小，竞争者尚未进入市场，利用高价不仅满足消费者求新、求异和求声望的心理，而且可获得丰厚利润；价格高，为今后降价留有空间，为降价策略排斥竞争者或扩大销售提供可能。其缺点是，价格过高不利于开拓市场，甚至会遭受抵制，同时高价投放形成旺销，容易造成众多竞争者涌入，从而造成价格急降。

从市场营销实践看，在以下条件下企业可以采用这种定价策略：

①市场有足够的购买者，他们的需求缺乏弹性，即使把价格定得很高，市场需求

也不会大量减少。高价使需求减少一些，因而产量减少一些，单位成本增加一些，但这不至于抵消高价所带来的利益。②在高价情况下，仍然独家经营，别无竞争者，如受专利保护的产品。③为了树立高档产品形象。

案例 11-4

1945 年美国雷诺公司从阿根廷购进圆珠笔专利，迅速制成大批成品，并趁第一颗原子弹在日本爆炸的新闻热潮，将圆珠笔取名原子笔。由于圆珠笔确实使用方便，免去使用墨水笔的诸多不便和烦恼，短期内无竞争者能模仿，该公司每支笔制造成本才 0.5 美元，却以 20 美元的零售价投放市场。半年时间，雷诺公司生产原子笔投入 2.6 万美元，竟获得 15.6 万美元的丰厚利润。以后竞争者见原子笔获利甚厚而蜂拥而至，原子笔价格不断下降，雷诺公司把每支笔价格降至 0.7 美元，给竞争者有力一击。

（二）渗透定价策略

渗透定价策略和撇脂定价策略相反，它是以低价为特征的。把新产品的价格定得较低，使新产品在短期内最大限度地渗入市场，打开销路。就像倒入泥土的水一样，很快地从缝隙里渗透到底。这一定价策略的优点在于能使产品凭价格优势顺利进入市场，并且能在一定程度上阻止竞争者进入该市场。其缺点是投资回收期较长，且价格变化余地小。

新产品采用这一渗透定价应具备相应的条件：①新产品的价格需求弹性大，目标市场对价格极敏感，一个相对低的价格能刺激更多的市场需求。②产品打开市场后，通过大量生产可以促使制造和销售成本大幅度下降，从而进一步做到薄利多销；③低价打开市场后，企业在产品和成本方面树立了优势，能有效排斥竞争者的介入，长期控制市场。

（三）满意定价策略

这是介于上面两种策略之间的一种新产品定价策略，即将产品的价格定在一种比较合理的水平，使顾客比较满意，企业又能获得适当利润。这是一种普遍使用、简便易行的定价策略，以其兼顾生产者、中间商、消费者等多方面利益而广受欢迎。但此种策略过于关注多方利益，反而缺乏开拓市场的勇气，仅适用于产销较为稳定的产品，而不适应需求多变、竞争激烈的市场环境。

案例 11-5

1989 年夏季，由美国可口可乐公司与杭州茶厂合资组建的中华食品公司开始灌装供应碳酸饮料“雪碧”，把许多国产饮料挤出了市场，甚至一些正宗进口的洋饮料也甘拜下风。是什么原因使“雪碧”获得这样的成功？

为了占领杭州饮料市场，中华食品公司采取了多种策略，包括产品策略、分销策略、广告促销策略等，其中价格策略的成功是“雪碧”成功不可忽视的重要因素。针对大众消费水平，雪碧价格确定为 0.65 元，介于国产普通汽水和进口易拉罐之间。当时，国产汽水每瓶 0.45 元，但口味不及“雪碧”；进口饮料如“粒粒橙”每罐 3.4 元，不是一般人所能问津的。价格适中，切合大众消费需求的 0.65 元一瓶就能一炮打响。

同时，中华食品公司给予各个销售点较高的销售利润，即让一部分利润给零售商。在杭州各销售点每销一瓶“雪碧”可得利 0.12 元，而普通国产汽水每瓶的销售毛利只有0.07元，故各零售点均愿销售“雪碧”。同时，尽管“粒粒橙”的销售毛利更大，但是问津者毕竟少，在销量上远不敌“雪碧”，经销它们易造成积压，阻碍流动。

二、价格变动策略

企业处在一个不断变化的环境中，为了生存和发展，有时需主动削价或者提价，有时又需要对竞争者的变价作出适当的反应。

（一）价格变动的原因

1. 企业削价的原因

在现代市场经济条件下，企业削价的主要原因有：

（1）企业生产能力过剩。当企业生产能力过剩，同时又不能通过产品改进和加强销售工作等来扩大销售时，为了扩大销售企业就必须考虑削价。

（2）保持或扩大市场份额。在强大竞争者的压力之下，企业的市场占有率有所下降，或有下降的趋势，企业不得不拿起降价的武器。

（3）企业的成本费用比竞争者低，企图通过削价来掌握市场或提高市场占有率，从而扩大生产和销售量，降低成本费用。

案例11－6

信奉“价格竞争是最高层次的竞争”理念的格兰仕在短短六年时间内，连续对竞争对手发动了7次价格竞争，见表11－2。把微波炉行业的利润降到很低点，提高了行业进入门槛，使许多欲进入该行业的企业丧失兴趣，避免了强大潜在竞争对手的出现。

表11－2　　格兰仕7次价格调整示意表

序次	时间	降价品种及调价幅度	降价成果
1	1996年8月	WP800S，WP750型等3个非烧烤型微波炉价格平均下调24.6%	总体市场占有率上升14%，达到50.2%
2	1997年7月	最小型号产品17立升微波炉降价40.6%	带动格兰仕整个产品的畅销，占有率上升12.6%，达到56.4%
3	1997年10月18日	5大机型价格下调，13个产品品种全面降价，平均降幅32.3%	市场份额再上升11.6%，达到58.7%
4	1998年7月	两个17立升型号降价，平均降幅24.3%	总体产品市场占有率上升4.8%达55.7%
5	2000年5月	“新世纪”系列产品价格大幅度下调并实施疯狂的赠送行动	在全国引起强烈反响；6月份市场占有率为73.74%
6	2000年6月初	中档改良型750“五朵金花”系列降幅达40%，高档“黑金刚”系列买1送15	
7	2000年10月20日	所有产品（包括高档产品）全部锁定在1 000元以内，市场降价平均幅度达到40%	微波炉市场价格体系受到摧毁，市场占有率最高

格兰仕降价特点及策略为：

第一，不断拉高竞争壁垒。格兰仕历次降价的目的很明显，即消灭散兵游勇、驱逐竞争对手，清除市场“杂音”。规模每上一个台阶，价格就大幅下调。当生产规模达到125万台时，就把出厂价定在规模为80万台的企业成本价以下；当规模达到300万台时，又把出厂价调到200万台规模的企业成本价以下。此时，格兰仕还有利润，而规模低于这个限度的企业，多生产一台就多亏损一台。

第二，降价幅度大。格兰仕多次的降价幅度均在30%～40%，规模小、实力弱的微波炉生产厂商是很难抵御这样的价格攻击的。

第三，进攻性价格策略。格兰仕的价格策略是“运用降价——增加销量、扩大生产规模——规模经济、成本下降——进一步降价”。

2. 企业提价的原因

（1）通货膨胀、物价上涨导致成本费用提高。在通货膨胀条件下，许多企业往往采取种种方法来调整价格，以对付通货膨胀。第一，采取推迟报价定价方法，即企业暂时不规定最后价格，等到产品制成或交货时方规定最后价格。在工业建筑和大型设备制造业等行业中一般采取这种方法。第二，在合同上规定调整条款，即企业在合同上规定在一定时期内（一般到交货时为止）可按某种价格指数来调整价格。第三，采取不包括某些商品和服务的定价方法，即企业决定产品价格不动，但是原来提供的服务要计价。第四，减少价格折扣，即企业决定削减正常的现金和数量折扣，并限制销售人员以低于价目表的价格来拉生意。第五，取消低利产品。第六，降低产品质量，减少产品特色、功能和服务。

（2）企业的产品供不应求，不能满足其所有的顾客的需要。在这种情况下企业就必须提价。提价方式包括：取消价格折扣，在产品大类中增加价格较高的项目或者提价。

（二）价格变动应考虑的因素

企业无论提价或削价，都会影响购买者、竞争者的利益，并引起他们不同程度的反应。为此，价格变动时必须考虑各方面的反应。

1. 顾客对价格变动的反应

顾客对某种产品的削价可能会这样理解：第一，这种产品的式样老了，将被新型产品所代替。第二，这种产品有某些缺点，销售不畅。第三，企业财务困难，难以继续经营下去。第四，价格还要进一步下跌。第五，这种产品的质量下降了。

企业提价通常会影响销售，但是购买者也可能会这样理解：第一这种产品很畅销，不赶快买就买不到了。第二，这种产品很有价值。第三，卖主想尽量取得更多利润。

对于提价，为防止顾客不满，企业也要注意采用一些技巧：

（1）避免全面涨价。如一个咖啡店具有代表性的商品是咖啡和红茶，其中一个涨价，另一个就要保持原价，以缓解顾客的不满，让顾客慢慢地适应。

（2）把明涨变为暗涨。如把包装里食品的分量减轻，而袋子的大小保持不变，价格也不变。顾客一般注意力集中在价格上，而对袋子里装多少东西则不大注意。这并非欺骗消费者，因为袋子上明明白白地写上东西的重量。

（3）总费用不涨。顾客虽然关心产品价格变动，但是通常更关心取得、使用和维修产品的总费用。因此，如果卖主能使顾客相信某种产品取得、使用和维修的总费用较低，那么他就可以把这种产品的价格定得比竞争者高。

（4）把握价格敏感商品。老资格的商场经理都知道，某些商品的价格是不能随意提价的，否则就会给消费者造成一种这个商店价格比别家贵的感觉，这类商品就是价格敏感商品。对于非价格敏感商品可以视情况适当提价，对价格敏感商品提价则需谨慎。所谓价格敏感商品，指消费者经常使用、高频率购买、对价格熟知度高且易比较的商品，如可乐、酱油、肥皂、餐巾纸等商品。非价格敏感商品则是指非当令商品，或是耐用消费品，如反季节家电、盒装果品等。

大卖场里出售的商品总要比外面普通商店的便宜些，这似乎是不少市民的思维定势。事实果真如此吗？其实不然。一些市民不太经常购买的商品，如奶粉、沙滩椅等，在大卖场里不但不便宜，反而要贵上不少。

曾经有记者分别抽取了品牌、规格相同的5种市民经常购买的商品和5种不常购买的商品，将它们在大卖场与食品店、百货店中的价格进行比较，结果发现：5种市民经常购买的商品在大卖场中的售价的确较低，而市民不常购买的商品，大卖场的价格则都一致地比食品店、百货店的要高，价格差幅最多的竟达30%，见表11－3。

为什么会有这种情况呢？其实，这是大卖场的经营之道。商家把握住了市民的购物心理，给商品来个双重定价标准。对于经常购买的商品，市民对价格都心中有数，所以大卖场定低价，吸引市民去购买；相反，对于那些不太经常购买的商品，市民对价格不甚清楚，即使有大幅变化也不太敏感，所以，大卖场高开高走。这样，很多消费者在买到便宜货的同时，不知不觉中也买了一些高价货。如果市民在大卖场购买的都是些可乐、酱油之类的东西，肯定有利可图，但在不少情况下，不但无利可图，反而会比在其他地方购买要“赔”上不少。

表11－3　　　　市民常购及不常购商品价格之比较

市民经常购买的商品（大卖场便宜）		
商品名称	大卖场/超市价（元）	其他商店价（元）
可乐（350毫升）	1.75	2.50
酱油（400毫升）	0.85	0.90
帮宝适（24片）	46.80	62.40
特浓鲜奶（900毫升）	6.90	7.60
透明皂	1.21	1.30

市民不常购买的商品（大卖场较贵）		
商品名称	大卖场/超市价（元）	其他商店价（元）
雀巢能恩奶粉（1 000克）	162.90	139.00
超霸镍氢5号电池（2节）	29.90	25.00
姬娜果（每500克）	6.50	5.00
沙滩椅（铁质）	89.90	72.00
大满贯精制油（5升）	35.50	29.90

2. 竞争者对价格变动的反应

估计竞争者对价格变动的反应，至少有两种方法：

（1）通过内部资料分析。一般是借助顾客、金融机构、供应商、代理商等获取竞争对手的情报，或者专门成立小组，模仿竞争者的立场、观点、方法思考问题。

（2）统计分析方法。从市场营销实践看，一般采用“推测的价格变动”的概念，即竞争者的价格变动反应对本企业上次价格变动的比率来测定。

用数学公式表示如下：

$$VA \cdot t = \frac{PB \cdot t - PB \cdot T - 1}{PA \cdot t - PA \cdot T - 1}$$

式中，VA · t 表示竞争者 B 在 t 期间的价格变动与企业 A 在 t 期间的价格变动的比值。

PB，t－PB，t－1 表示竞争者 B 在 t 期间的价格变动；PA，t－PA，t－1 表示 A 在 t 期间的价格变动。观察值可被企业 A 用来估计竞争者的可能反应。假如 VA，t＝0，表明竞争者上次没有反应；假如 VA，t＝1，表明竞争者完全跟进企业的价格变动；假如 VA，t＝1/2，表明竞争者只跟进企业价格变动的一半。

应该指出，如果仅仅对上次反应进行分析，可能会误入歧途，最好将过去若干个期间比值给予不同的权重，近几年的比重较大，计算平均值。

三、系列产品定价策略

系列产品是指企业生产的产品不是单一的，而是相关的一组产品。与单一产品销售不同，系列产品定价必须兼顾产品之间的关系，以使整个产品系列获得最大的经济利益。为此，企业在考虑制定或调整某一产品价格的时候，不仅要考虑调价对该产品本身利润和成本的影响，还要考虑这种产品价格或变化对其他相关联产品的利润和成本的可能影响。

（一）产品线定价策略

企业通常开发出来的是产品线，而不是单一产品。当企业生产的系列产品存在需求和成本的内在关联性时，为了充分发挥这种内在关联性的积极效应，企业可采取产品线定价策略。

一般来说，产品线的两个终端价格比系列中的其他产品的价格更能引起消费者注意。低端价格一般是最常被人们记住的，所以常常被用来作为打开销路的产品。高端价格意味着整个产品线质量最高，也十分引人注目，会对需求起指导、刺激作用。这两个终端价格水平能为潜在买主提供某种信息：廉价或高档，并影响整个产品系列中全部产品的价格印象，进而影响销售收入。

对产品线上介于终端价格之间的产品，企业首先要确立明显的质量差别，以突出价格上的差异。然后，用价格的差异来表现质量的差别，使这些产品在相应的市场上受到消费者的认同。

案例 11－7

日本松下公司设计出五种不同的彩色立体声摄影机。从简单摄影机到带有自动定焦距、有感光控制器和两种速度的变焦镜头的复杂摄影机，每一种后继机都比前一种多了附加新功能，为价格差异提供了质量差异的证据。松下公司详细考虑了包括计算各产品成本之间、顾客对产品不同特点的评价之间、与竞争者的价格之间的差异，制定出相应的价格等级。另外，他们发现，如果两种等级摄影机之间的价格差异较小，购买者会选择质量较高级的那种，而且此时两产品的成本差异小于价格差异，将提高企业的总利润；如果价格差异较大，购买者会选择较低档的那种产品。

与上述差异价格策略相反，统一定价是另外一种产品线定价策略。为吸引消费者、促进销售，有的企业针对顾客求廉心理，对其经营的同类商品用整齐划一的价格，实行薄利多销。对于统一定价的商品大多是大型商场所忽略的日用小商品，如“二元商品”、“均价商品”、“50元专柜”等。企业通过不同商品的有赔有赚，给顾客以便宜、便于交易、好奇等刺激，吸引不少消费者。

（二）替代产品定价策略

替代品是能使消费者实现相同消费满足的不同产品，它们在功能、用途上可以互相替代。假设 Q_1、Q_2 是一组替代产品，提高 Q_1 的价格，Q_1 的需求量就会下降，对 Q_2 的需求却会相应地上升。企业可以利用这种效应来调整产品结构。

（三）互补品定价策略

互补品是在功能上互相补充，需要配套使用的产品。互补品广泛存在于日常消费中，如照相机与胶卷、录音机与磁带、钢笔与墨水等。我们把互补品中发挥主要功效、耐用性强的产品称为基础产品或互补产品中的主件，而发挥辅助功效、易耗的产品称为辅助产品或互补产品中的次件。互补产品的价格相关性表现在它们之间需求的同向变动上。假设 Q_1 产品与 Q_2 产品存在互补关系，那么，降低价格引起对 Q_1 产品的需求上升后，Q_2 产品的需求也会相应提高。企业利用这种互补效应及主次件的关系，可以降低某种产品尤其是基础产品的价格来占领市场，再通过增加其互补产品的价格使总利润增加。柯达公司以物美价廉的照相机吸引消费者，同时生产较其他牌号昂贵得多的柯达胶卷，相配使用效果极佳。柯达相机利微，但在柯达胶卷的厚利下得到弥补。需要注意的是，互补品的需求影响是相互的，如果辅导产品价格定得过高，消费者难以承受，也会影响基础产品的销量。

四、折扣定价策略

长期以来，折扣一直被企业作为增加销售的主要方法之一，是企业常用的定价策略。一般有下列几种折扣方式：

（一）现金折扣

这是企业给那些当场付清货款的顾客的一种奖励。采用这一策略，可以促使顾客提前付款，从而加速资金周转。这种折扣的大小一般根据提前付款期间的利息和企业利用资金所能创造的效益来确定。

（二）数量折扣

这种折扣是企业给那些大量购买产品顾客的一种减价，以鼓励顾客购买更多的货物。数量折扣有两种：一种是累计数量折扣，即规定在一定时间内，购买总数超过一定数额时，按总量给予一定的折扣；另一种是非累计数量折扣，规定顾客每次购买达到一定数量或金额时给予一定的价格折扣。

（三）业务折扣

业务折扣也称中间商折扣，即生产者根据各类中间商在市场营销中所担负的不同业务职能和风险的大小，给予不同的价格折扣。其目的是促使他们愿意经营销售本企业的产品。

（四）季节折扣

这种折扣是企业给那些购买过季商品或服务的顾客的价格优惠，鼓励消费者反季节消费，使企业的生产和销售在一年四季保持相对稳定。这样有利于减轻企业储存的压力，从而加速商品销售，使淡季也能均衡生产，旺季不必加班加点，有利于充分发挥生产能力。

五、心理定价策略

心理定价策略：根据消费者购买商品时的心理来对产品进行定价。

（一）声望定价

所谓声望定价，是指企业利用消费者仰慕名牌商品或名牌商店的声望所产生的某种心理来制定商品的价格，故意把价格定成高价。

（二）尾数定价

尾数定价又称奇数定价，即根据消费者习惯上容易接受尾数为非整数的价格的心理定势，而制定尾数为非整数的价格。如某空调机的价格定为 3 999 元，而非 4 000 元。虽然只是一元的差别，但给消费者的心理感受是不同的。

（三）招徕定价

企业利用顾客求廉的心理，特意将某几种商品的价格定得较低以吸引顾客，并带动选购其他正常价格的商品。

本章小结

产品定价是企业营销组合策略的一个重要内容，这从近几年一浪又一浪的价格战中就可以看出企业、消费者对它的重视和关注。

在市场经济条件下，大部分产品的价格已经放开，但是定价并不是一项随意的工作，它必须考虑竞争环境、产品成本、供求关系和企业定价目标等因素的影响。实际上，定价是这些因素共同作用的结果。

定价有三种基本方法：成本导向定价、需求导向定价和竞争导向定价。不同企业应视具体情况确定采取哪种方法及哪种计算类型。

定价是一门科学，定价需要一定的策略和技巧，即从定价目标出发，运用价格手段实现营销目标。

思考与练习

1. 试比较完全竞争市场、不完全竞争市场、寡头竞争市场和纯粹垄断市场的特征。企业产品进入这些市场应采取怎样的价格策略？
2. 什么叫需求弹性和需求弹性系数？它对企业定价有何影响？试举例说明。
3. 成本导向定价法有几种表现形式？
4. 需求导向定价法的实质和难点是什么？
5. 举例说明新产品价格策略的实践运用。

第十二章 促销策略

学习目的：

了解促销组合的三种基本策略：推式、拉式和推拉结合策略的内容及适应条件；掌握影响促销组合的因素分析；了解人员推销管理内容；了解销售人员的条件、挑选、训练、激励和评价；掌握广告策略内容及管理要点；掌握销售促进的各种形式。

重点难点：

掌握促销组合基本策略和营业推广方法。

关键概念：

促销 促销策略 促销组合 人员推销 销售促进

现代市场营销不仅要求企业开发适销对路的产品，制订有吸引力的价格，通过合适的渠道使目标顾客易于得到他们所需要的产品，而且还要求企业树立其在市场上的形象，加强企业与社会公众的信息交流和沟通工作，即进行促销活动。现代企业促销的手段与方式日新月异，由于各种手段和方式各具不同的特点，因此需要在实际促销活动中组合运用，各种不同的促销方式编配组合即形成了不同的促销策略。

第一节 促销组合

促销是指企业以各种有效的方式向目标市场传递有关信息，以启发、推动或创造对企业产品和劳务的需求，并引起购买欲望和购买行为的一系列综合性活动。促销的本质是企业同目标市场之间的信息沟通。促销是企业市场营销活动的基本策略之一，它一般包括广告、人员推销、营业推广和公共关系等促销形式。

一、促销组合的构成要素

促销组合的构成要素可以从广义和狭义两个角度来考察。

（一）广义构成要素

就广义而言，市场营销组合的各个因素都可以纳入促销组合，诸如产品的功能、式样、包装的颜色与外观、价格、品牌、分销渠道等，因为它们都从不同角度传播产品的某些信息，推动对产品的需求。

（二）狭义构成要素

就狭义而言，促销组合只包括具有沟通性质的促销工具，主要包括各种形式的广告、展销会、商品陈列、销售辅助物（目录、说明书等）、劝诱工具（竞争、赠品券、赠送样品、彩券）以及宣传等。

企业的促销方式主要包括：广告、人员推销、销售促进。

二、促销策略组合

促销策略组合研究的是对各促销手段的选择及在组合中侧重使用某种促销手段。一般有以下三种策略：

（一）推式策略

推式策略是指利用推销人员与中间商促销，将产品推入渠道的策略。这一策略需利用大量的推销人员推销产品，它适用于生产者和中间商对产品前景看法一致的产品。推式策略风险小、推销周期短、资金回收快，但其前提条件是须有中间商的共识和配合（见图12-1）。

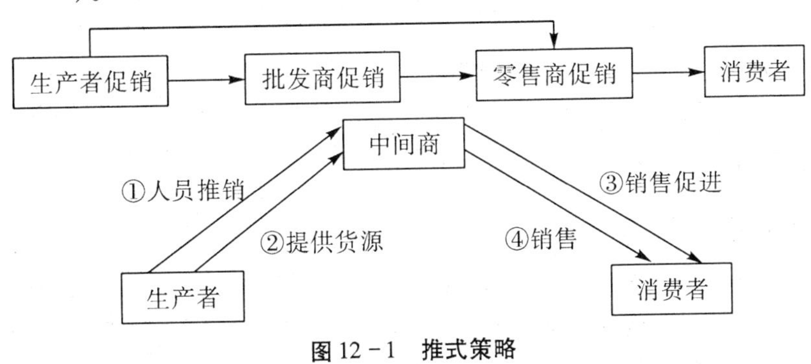

图12-1　推式策略

推式策略常用的方式有：派出推销人员上门推销产品，提供各种售前、售中、售后服务促销等。

（二）拉式策略

拉式策略是企业针对最终消费者展开广告攻势，把产品信息介绍给目标市场的消费者，使人产生强烈的购买欲望，形成急切的市场需求，然后拉引中间商纷纷要求经销这种产品（见图12-2）。

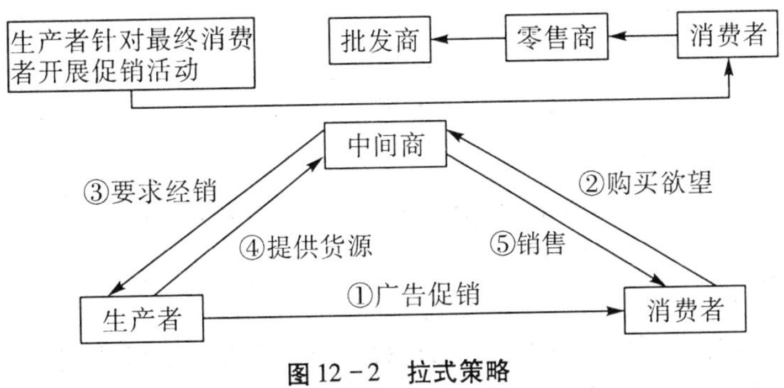

图12-2　拉式策略

在市场营销过程中，由于中间商与生产者对某些新产品的市场前景常有不同的看法，因此，很多新产品上市时，中间商往往因过高估计市场风险而不愿经销。在这种情况下，生产者只能先向消费者直接推销，然后拉引中间商经销。

拉式策略常用的方式有：价格促销、广告、展览促销、代销、试销等。

（三）推拉结合策略

在通常情况下，企业也可以把上述两种策略配合起来运用，在向中间商进行大力促销的同时，通过广告刺激市场需求。其程序如图 12－3 所示。

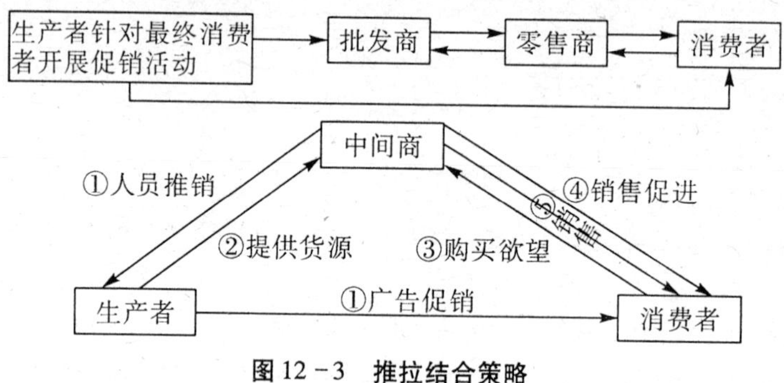

图 12－3　推拉结合策略

在“推式”促销的同时进行“拉式”促销，用双向的促销努力把商品推向市场，这比单独地利用推式策略或拉式策略更为有效。

三、影响促销组合的因素

由于不同的促销手段具有不同的特点，企业要想制定出最佳组合策略，就必须对促销组合进行选择。企业在选择最佳促销组合时，应考虑以下因素：

（一）产品类型

产品类型不同，购买差异就很大，不同类型的产品应采用相应的促销策略。一般来说，消费品主要依靠广告，然后是销售促进、人员推销和宣传；生产资料主要依靠人员推销，然后是销售促进、广告和宣传（见图 12－4）。

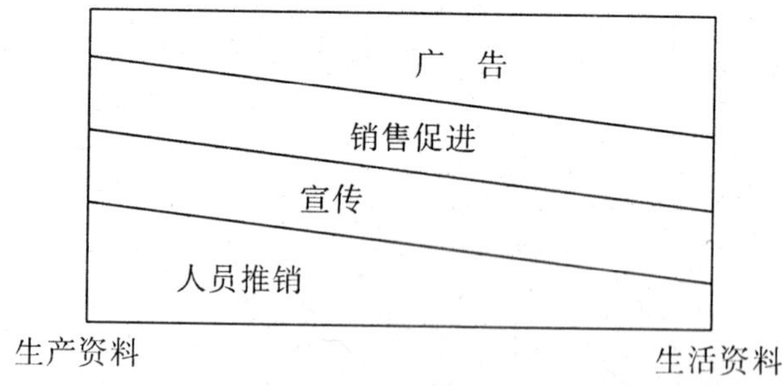

图 12－4　不同产品类型各种促销方式的相对重要程度

（二）产品生命周期

处在不同时期的产品，促销的重点目标不同，所以采用的促销方式也有所区别（见表 12－1）。

表 12－1　　产品生命周期与促销方式

产品生命周期	促销的主要目的	促销主要方法
导入期	使消费者认识商品，使中间商愿意经营	广告介绍，对中间商用人员推销
成长期和成熟期	使消费者感兴趣，扩大市场占有率，使消费者偏爱产品	扩大广告宣传，搞好营业推销和广告宣传
衰退期	保持市场占有率，保持老顾客和用户推陈出新	适当的销售促进，辅之广告，减价

从表 12－1 可以看出，在导入期、成长期和成熟期，促销活动十分重要，而在衰退期则可降低促销费用支出，缩小促销规模，以保证足够的利润收入。

（三）市场状况

市场需求情况不同，企业应采取的促销组合也不同。一般来说，市场范围小，潜在顾客较少以及产品专用程度较高的市场，应以人员推销为主；而对于无差异市场，因其用户分散，范围广，则应以广告宣传为主。

四、最佳促销组合模型

通过上述分析可以看出，企业要想收到理想的促销效果，必须根据目标市场合理安排促销组合，也就是对四种促销工具进行有机地配合、运用，以取得最好的促销效果。西方市场营销学者提出了各种促销组合模型，如布恩—布尔茨模型、麦卡锡模型、科特勒模型等。在此，我们介绍一种新式的促销组合模型：阿布莱特—韦斯惠曾模型（见图 12－5）。

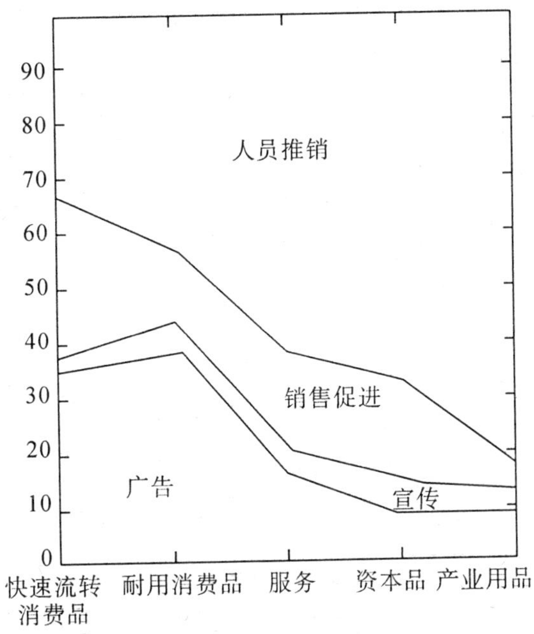

图 12－5　一种新式的促销组合最佳模型

此模型是南非共和国的两位学者罗素·阿布莱特（Russell Abratl）和布莱恩·韦斯惠曾（BrianlC Vander Westhuixen）在1987年提出的。他们在约翰内斯堡等城市选择了具有代表性的25家大公司作为战略业务单位，并将其划分为五个部门：快速流转消费品部门（如食品及其连带产品）、耐用消费品部门（如家具、电器、汽车）、服务部门（如银行、出租汽车公司）、产业用品部门（如原材料、零部件等）、资本品部门（如重型机械设备），然后对他们的促销组合及促销费用支出情况进行了调查，得出企业应采用的最佳促销组合模型。

第二节　人员推销

一、人员推销的含义与特点

人员推销是一种传统的促销方式，可在现代企业市场营销活动中仍起着十分重要的作用。国内外许多企业在人员推销方面的费用支出要远远大于在其他促销方面的费用支出。实践表明，人员销售与其他促销手段相比具有不可替代的作用。

（一）人员推销含义

人员推销：企业派出推销人员直接与顾客接触、洽谈、宣传商品，以达到促进销售目的的活动过程。人员推销不仅存在于工商企业中，而且存在于各种非营利组织及各种活动中。西方营销专家认为，今天的世界是一个需要推销的世界，大家都在以不同形式进行推销，人人都是推销人员。科研单位在推销技术，医生在推销医术，教师推销知识。可见推销无时不在，无处不在。

企业可以采取种种形式开展人员推销：

（1）可以建立自己的销售队伍，使用本企业的销售人员来推销产品。推销队伍中的成员又称推销员、销售代表、业务经理、销售工程师。他们又可分为两类：一类是内部销售人员，另一类是外勤推销人员。

（2）可以使用合同销售人员，按其销售额付给佣金。

（二）人员销售的特点

与广告、销售促进等促销方式相比，人员销售有其特有的优势：

1. 亲切感强

推销人员深深知道，满足顾客需要是保证销售达成的关键。因此，推销人员总愿意在许多方面为顾客提供服务，帮助他们解决问题。因此，推销人员通过同顾客面对面交流，消除疑惑，加强沟通。同时，双方在交流过程中可能建立起信任和友谊。

2. 说服力强

推销人员通过现场示范，介绍商品功能，回答顾客问题，可以立即获知顾客的反应，并据此适时调整自己的推销策略和方法，容易使顾客信服。

3. 针对性强

广告所面对的范围广泛，其中有相当部分根本不可能成为企业的顾客。而人员推销总是带有一定的倾向性访问顾客，目标明确，往往可以直达顾客。因而，无效劳动较少。

4. 竞争性强

各个推销人员之间很容易产生竞争，在一定物质利益机制驱动下，会促使这一工作做得更好。

尽管人员推销有上述优点，但并不意味着在所有的场合都适合采用这一方式。人员推销成本费用较高，在市场范围广泛，而买主又较分散的状态下，显然不宜采用此方法；相反，市场密集度高，买主集中（如有些生产资料市场），人员销售则可扮演重要角色。由于人员销售可以提供较详细的资料，还可以配合顾客需求情况，提供其他服务，所以它最适于推销那些技术性较强的产品或新产品；而一般标准化产品则不必利用人员销售，以免增加不必要的支出。

二、人员推销管理

根据企业外部环境和内部资源条件，对销售队伍规模和销售区域等进行设计和管理，这是人员推销管理的主要内容。

（一）销售队伍规模

销售人员是企业最重要的资产，也是花费最多的资产，销售人员的规模与销售量和成本具有密切关系。因此，确定销售队伍规模是人员推销管理中的一个重要问题。销售队伍规模的确定有以下方法：

1. 分解法

这种方法首先决定预测的销售额，然后估计每位销售员每年的销售额，销售人员规模可将预测的销售额除以销售员的销售额而得。

2. 工作量法

工作量法分为五个步骤：

（1）按年销售量的大小将顾客分类。

（2）确定每类顾客所需要的访问次数。

（3）每类顾客的数量乘以各自所需的访问次数就是整个地区的访问工作量。

（4）确定一个销售代表每年可进行的平均访问数。

（5）将总的年访问次数除以每个销售代表的平均年访问数即得出销售人员规模。

3. 销售百分比法

企业根据历史资料计算出销售队伍的各种耗费占销售额的百分比以及销售人员的平均成本，然后对未来销售额进行预测，从而确定销售人员的数量。

（二）销售队伍组织结构

销售队伍组织结构设计关系到推销工作的效率和资源最佳利用问题。销售队伍组织结构可按照区域结构、产品结构、顾客结构以及这三个因素的结合进行调整和组织。

1. 按地区结构设计

这是最简单的推销人员结构（见图 12－6）。这种组织结构的好处是：第一，结构清晰，便于整体部署。第二，销售人员的活动范围与责任边界明确，有利于管理与调整销售力量，能鼓励推销员努力工作。第三，有利于推销员与当地商界及其他公共部门建立良好关系。第四，相对节省往返旅途费用。

企业在规划地理区域时，要充分考虑地理区域的某些特征：各区域是否易于管理，各区域销售潜力是否易于估计，他们用于推销的全部时间可否缩短等。

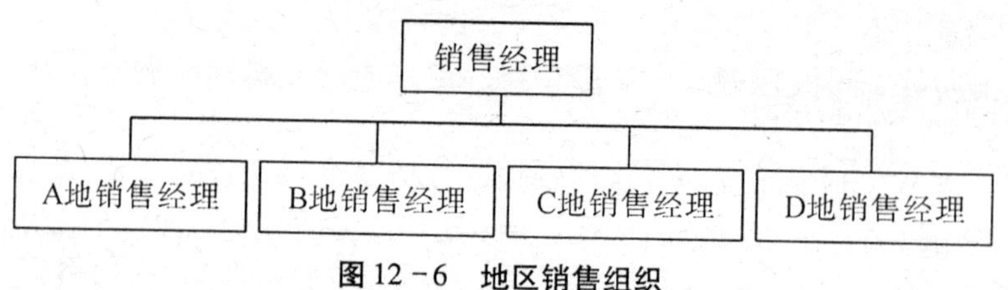

图 12－6　地区销售组织

2. 按产品结构设计

这是按产品线来设计的推销结构，推销员负责一种或一类产品的推销工作（见图 12－7）。

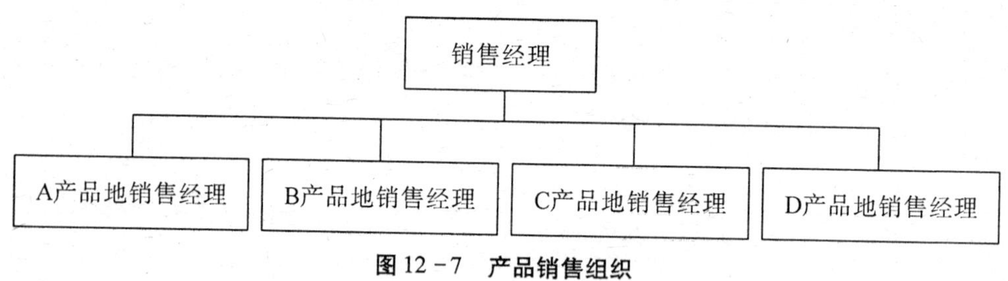

图 12－7　产品销售组织

这种设计一般适合以下情况：

（1）产品技术性强，生产工艺复杂，不同产品线的推销员应有专门知识，否则很难有效地推销。

（2）企业产品种类繁多。

这种类型的组织设计的优点主要有：

（1）产品经理能够实现产品的最佳营销组合。

（2）产品能较快地成长起来。

（3）能够对市场出现的问题及市场状况的变化迅速作出反应。

当然，这种组织也存在一些问题：第一，缺乏整体观念。在产品型组织中，各个产品经理相互独立，他们会为保持各自产品的利益而发生摩擦。第二，部门冲突。产品经理的工作未必能获得广告、生产、财务等方面的理解和支持。第三，多头领导。由于权责划分不清楚，具体推销人员可能会得到多方面的指令。

3. 按顾客结构设计

企业也常常按顾客类别来分配推销人员。如企业对不同行业安排不同的销售队伍，一般来说，分类方法有：行业类别、用户规模、分销途径等（见图 12－8）。

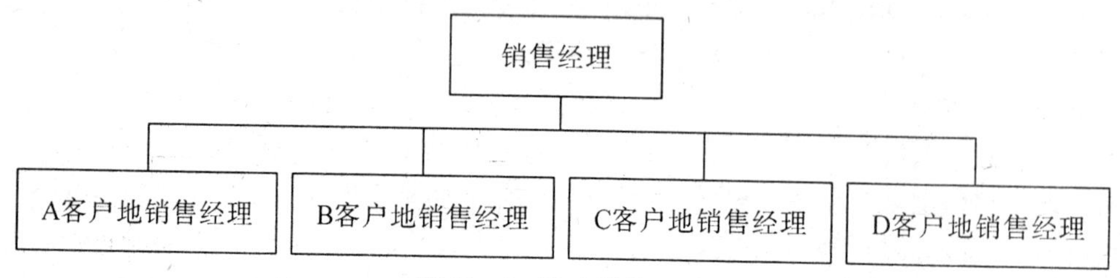

图 12－8　客户销售组织

这类设计能针对不同顾客采取不同的推销策略。但是，一个销售员可能要横跨若干省份或大区域，整个销售队伍有可能重复交叉出现在同一个地区。

三、销售人员的条件

一个理想的销售员应该具有何种特征呢？其基本条件主要有以下几点：

（一）健康的心理

世界卫生组织对“健康”的定义是“不仅仅是未患疾病，还包括心理和社交活动正常”。心理和社交活动正常对推销人员很为重要，这包括：

1. 对现实与他人的认识趋于准确、客观

心理健康者对现实世界及他人的认识是客观的、如实的，很少受主观偏见的影响，这样才能根据正确的信息采取行动。

2. 对事实持现实的态度

心理健康者是现实的，他们往往能承受各种挫折，对人也不会过分苛刻。

3. 广泛而深厚的人际关系

推销人员善于与他人接近，能和大多数人和睦相处，经常表现出友善、耐心和合作的愿望。

（二）坚强的意志

意志是人自觉地确定目的，并根据目的来支配调节自己的行动，克服各种困难，从而实现目的心理过程。意志的作用在于自觉努力地去保证意识目的的实现，使主体克服各种障碍，并服从前进的目标。

1. 明确自己的责任

在市场经济条件下，推销员工作十分重要，有人称之为“火车头”。推销员工作上去了，企业整体发展也有了保证。为此，推销员要有强烈的责任感。

2. 深知工作性质

推销人员就是和不同的顾客打交道。从了解顾客、上门、与顾客接洽，直到成交，每一关都是荆棘丛生，没有平坦大道可走。面对困难，坦然相迎。同时，推销员将公众利益、企业利益结合起来，所以应该理直气壮，为此感到自豪，不卑不亢，无惧无畏。

3. 以勤为径，百折不挠

美国推销协会的一项调查表明，48% 的推销员在第一次拜访用户后便放弃了继续推销的意志；25% 的推销员在第二次拜访用户后放弃了继续推销的意志；12% 的推销员在第三次拜访用户后放弃了继续推销的意志；5% 的推销员在第四次拜访用户后放弃了继续推销的意志。只有 10% 的推销员锲而不舍，而他们的业绩占了全部销售额的 80% 。

（三）复合的个人特性

一个理想的销售员应该具有何种特性呢？有人认为销售员应该是外向的和精力充沛的，然而有许多成功的推销员却是内向的和态度温和的。其实，销售员的个人特性是由他们的责任决定的（见表 12 – 2）。

表 12－2　　销售员责任与个人特性的关系

销售员的责任	个人特性
挖掘潜在顾客的需要	主动、机智、多谋、富有想象力、具有分析能力
宣传产品	知识丰富、热诚、富有语言天分、有个性
说服顾客	具说服力、具持久力、机智多谋
答辩	有自信心、知识丰富、机智、有远见
成交	具有持久性、有冲劲、有自信心
日常访问报告、计划和访问编排	有条不紊、诚实、留意小节
以服务建立企业信誉	友善、有礼貌、乐于助人

案例 12－1

被日本人称为“推销之神”的原一平，身高 1.45 米，可他连续 15 年推销额全国第一。当他 69 岁时应邀演讲，有人问他成功的秘诀，他脱掉袜子请人摸他的脚底板，一层厚厚的脚茧。又有人问他，在几十年推销生涯中是否受过侮辱，他回答：“我曾十几次被人从楼梯上踹下来，五十多次手被门夹痛，可我从未受过侮辱。”他每月用掉 1 000张名片，要访问几十位客户，从未间断。

四、销售人员的挑选与训练

企业要制定有效的措施和程序，加强对销售人员的挑选和训练。挑选销售人员的一般程序见图 12－9。

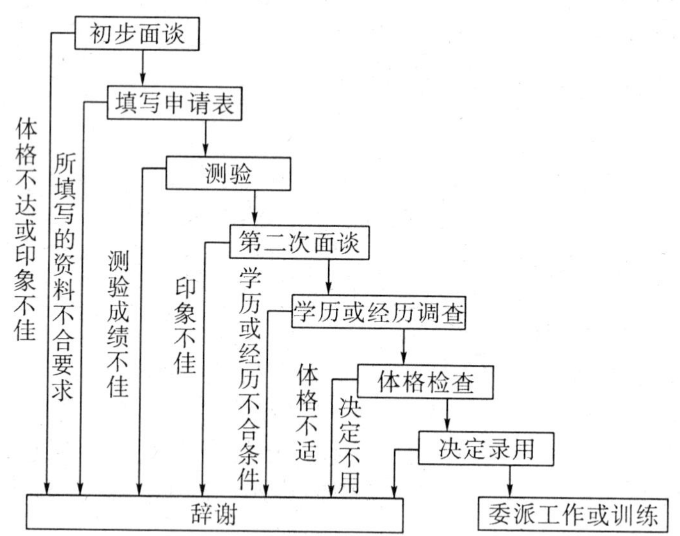

图 12－9　销售人员挑选程序

销售员的训练一般包括以下内容：

（1）了解企业情况。企业情况包括历史、经营目标、组织结构设置、主要负责人、主要产品、销售量等。

（2）了解产品情况。包括产品制造过程、技术含量、功能、用途等。

（3）了解顾客情况。顾客情况包括他们的购买动机、购买习惯、购买数量、地理分布、负责人情况、付款方式、信用状况等。

（4）了解推销程序和责任。销售员要懂得怎样在现有客户和潜在客户间分配时间，如何拟定推销路线，如何合理支配费用等。

五、销售人员的激励

激励是一种精神的和物质的力量或状态，起加强、激发和推动作用，并指导和引导行为指向目标。事实上，组织中的任何成员都需要激励，销售人员亦不例外。

（一）激励方式

销售人员的激励方法是多方面的，常见的有：

（1）销售竞赛。对有优良销售表现的人员给予特别的奖励。相对于企业内晋升职位言之，给予销售员适时而恰当的赞誉有时比奖金更有激励作用。

（2）表彰。有些企业将优秀的推销员介绍于报刊，使一般人知道他们在企业内和同行内的声誉或地位。

（二）确定销售报酬水平

对于同一类型的销售员工作，本企业销售报酬水平应与当前市场水平有某种联系。一般来说，企业若支付低于市场价格的报酬，招募的推销员素质可能就会比同行竞争者低。同时，销售员报酬水平还必须兼顾企业内部的报酬体系。

（三）销售员报酬方式

1. 纯薪金制

在这种制度下，销售员能得到固定薪金和完成各项任务所需要的费用。

这种方法的优点是：

（1）在管理层调整销售员的工作时，不会遭到销售员的强烈反对。

（2）易于理解，也易于管理。

（3）由于收入稳定，能保持其较高的积极性。

这种方法的缺点是：

（1）缺少刺激作用，不利于鼓励他们去做比平均销售水平更好的工作。

（2）给管理、评估和奖励销售员的工作带来困难。

（3）业务下降时，薪金制因缺少灵活性，会使销售费用成为沉重负担；而业务好转时，薪金又不能起到激发销售员的作用。

（4）由于工资固定等因素，企业较难吸引和留住有进取心的推销员。

2. 纯佣金制

这是按销售额或利润额的大小给予销售员的固定或按情况可调整比率的报酬。

这种方法的优点是：

（1）能鼓励销售员尽最大努力工作。

（2）使销售费用与现行收益紧密相连。

（3）管理人员可根据不同产品、不同工作给予不同的佣金，从而可以对推销员如何支配他们的时间施加影响。

这种方法的缺点是：

（1）如果管理层安排销售员做一些不能立即获得效益的工作，往往会遭到他们的拒绝。

（2）由于推销业绩与推销员利益直接有关，利益的驱动可能会使他们在推销时做出一些有损企业信誉的事情来。

（3）纯佣金制的管理费用较高，工作上缺乏安全感，特别是由于不可控因素导致销售量下降时，会导致他们的积极性下降。

3. 混合制

绝大部分企业采用薪金和佣金混合的制度，以期保留两者各自的优点而又避免其缺点。这种制度适用于销售额大小与销售员努力密切有关和管理部门希望适当控制销售员非销售职责的情况。采用混合制，在业务下降时，企业不会因销售成本固定不变的束缚而不能动弹，销售员也不会失去他们的全部收入。

销售人员是直接为企业创造效益的中坚力量，也是企业中人员流动较为频繁的群体。“底薪 + 提成”是目前被绝大多数企业广泛采用的业务人员的薪资结构。在实际操作中，“底薪 + 提成”模式应该在不同企业、不同阶段加以调整，在变幻莫测的商海中，为销售人员度身订制的周全而严密的薪资结构将有效地巩固企业的前方阵地。

（1）低底薪 + 高提成。这种薪酬策略目前被许多公司尤其是中小规模企业所采用，既给予销售人员一定的生活保障并对其进行制约管理，又给予业绩突出者丰厚回报。这种销售人员薪资结构比较适用于：

第一，市场开拓期。企业需要大量的销售人员开拓市场，采用高底薪策略无疑会大大增加企业成本支出，低底薪 + 高提成的薪资结构既可控制人工成本，又可使良莠不齐的销售员队伍拉开收入差距，并自然完成优胜劣汰。

第二，主力产品、新产品的销售阶段。薪资结构调整也是贯彻企业目标、意图的有效手段。比如，某公司同时销售 A、B 两种商品，且利润率相同，但 A 产品是该公司独家代理产品，则该公司可提高 A 产品的销售提成，明确企业的主攻方向。同样，如果两个部门分别负责推销不同商品，A 部门推销的 A 产品是企业的最新产品，而 B 部门推销的 B 产品是成熟的已经在市场上占据一定份额的产品，则 A 部门更适用低底薪 + 高提成的薪资结构。

（2）低底薪 + 提成 + 业绩奖金。销售局面一时难以打开，原因不仅仅在销售员身上，而四处奔波之后的所得还不足以支付膳食、交通、通讯等费用，肯定会挫伤销售人员工作热情，很多时候采用“低底薪 + 高提成”薪资结构的企业会面临业务人员流动过于频繁的压力。这时，企业可根据自身情况增设奖金。比如，企业计算出当期业务部门的人平均销售额，达到或超过平均数的销售员可得到一笔奖金。这样既给予销售员适当的补贴，又体现了与业绩挂钩、奖勤罚懒的原则。

（3）高底薪 + 提成。高底薪容易滋长员工惰性，但是支付高薪有时是必要的：

第一，在薪酬上采取领先策略，可以防止同行“挖角”。

第二，对需要掌握专业技术的销售人员，必须支付较高的固定薪水。

第三，当企业发展日渐成熟，产品市场份额趋于稳定时，企业对销售员个人能力的依赖大大减少，这时采用适当提高底薪而降低佣金的策略是明智的。

六、销售人员的评价

销售人员的评价是企业对销售人员工作业绩考核与评估的反馈过程。它不仅是分配报酬的依据，而且是企业调整市场营销战略、促进销售人员更好地为企业服务的基础。

（一）评估资料获取

销售员销售报告是主要的评估资料。销售报告包括工作计划和完成任务记录，其中，工作计划是销售员对他下一步工作提出的安排，包括他准备要访问和要走的路线，完成任务报告记录则提供了销售活动的成果（见图 12－10）。

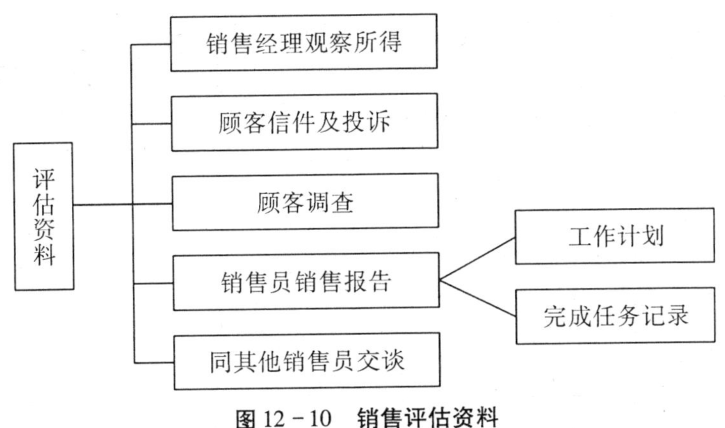

图 12－10 销售评估资料

（二）建立评估的指标

评估指标要基本上能反映销售人员的销售绩效。

为了科学、客观地进行评估，在评估时还应该注意一些客观条件，如销售区域的潜力、区域形状的差异、地理状况、交通条件等。这些条件都会不同程度地影响销售效果（见表 12－3）

表 12－3 销售员的评估标准

标准	解释
销售量	衡量销售增长状况
毛利	衡量利润的潜量
访问率（每天访问次数）	衡量推销员的努力程度，但不表示销售效果
访问成功率	衡量推销员工作效率的标准
平均订单数目	经常与每日平均订单数目一起来衡量
销售费用与费用率	衡量每次访问的成本及销售费用占营业额的比重
新客户	开发新客户的衡量标准

（三）工作绩效的正式评估

正式评估通常可以采用以下两种方法：

1. 横向比较

比较不同销售员在一定时期的销售量和销售效率。当然，这种比较必须建立在各区域市场的销售潜力、工作量、环境、企业促销组合大致相同的基础上，应该指出的是，销售量并非反映销售员全部工作成就，管理部门还应对其他指标进行全面衡量。

2. 纵向比较

比较同一销售员现在和过去工作实绩。这一比较包括销售额、毛利、销售费用、新增顾客数、丧失顾客数等。这种比较有利于全面了解每个销售员的业绩，督促和鼓励他努力改进下一步工作。

第三节 广告策略

企业的广告策略包括确定广告目标、广告预算、选择广告媒体、广告效果评价等内容。对每一个内容的管理，都必须将其置于总系统中去把握。

一、广告目标

一个企业要实施广告决策，首先要确定广告活动的具体目标。没有具体有效的广告目标，企业就不可能对广告活动进行有效的决策、指导和监督，也无法对广告活动效果进行评价。

（一）如何确定广告目标

确定广告的目标，应注意以下原则：

1. 广告的目标要易于测定

1961 年美国广告学家罗素·赫·科利撰写了《制定广告目标以测定广告效果》的论文，提出了一条切实可行的广告目标确定方法，即从可以衡量的广告效果出发，拟定某个特定时间序列的广告目标，然后将广告效果测定结果同广告目标加以对比。

科利理论的最重要的主题是，有效的广告目标是既明确又能测定的。测定广告效果的关键在于如何界定明确的广告目标。一般来讲，抽象的目标只能反映出目标的性质和方向，但缺乏操作性，难以实施。为此，目标要尽可能具体。

2. 广告目标要服从企业营销总目标

广告作为企业营销工作的一部分，必须有助于企业营销目标的实现，而不能脱离营销工作的方向，甚至在进度、步骤等方面也必须服从整体工作的进程。

3. 广告目标的确定要获得有关部门同意

为了减少企业内部不必要的干扰，更为了协调计划、财务、营销等部门关系，争取各方面的理解和支持，企业营销部门在制定广告目标时应征求多方面意见，获得他们的同意。

（二）广告目标类型

1. 产品销售额目标

在某些情况下，企业可以根据产品的销售情况来确定广告目标。但这种方式的采用必须建立在广告是促进产品销售增加的唯一因素或者至少是最主要因素的基础上。因此，以产品销售额作为广告目标往往只适合少数产品，对于大多数以普通方式销售的商品，这种方式并不适用。

2. 创造品牌目标

这类广告目标在于开发新产品和开拓新市场，它通过对产品的性能、特点和用途的宣传介绍，提高消费者对产品的认识程度。这类广告目标的具体内容有：向市场告知有关新产品情况；通知市场有关价格的变化情况；说明新产品如何使用；描述所提供的各种服务；纠正错误的印象；树立公司形象。

3. 保牌广告目标

其目的在于巩固已有的产品市场，深入开发潜在市场和刺激购买需求，提高产品的市场占有率。主要方式是通过连续广告，加深消费者对已有商品的认识和印象，使显在消费者养成消费习惯，使潜在消费者发生兴趣，并促成其购买行为。广告的诉求重点是保持消费者对广告产品的好感、偏爱，增强其信心。这类广告的具体内容有：建立品牌偏好；改变顾客对产品属性的知觉；保持最高的知名度。

4. 竞争性广告目标

其目的在于加强产品的宣传竞争，提高产品的市场竞争能力。广告的诉求重点是宣传本产品比之其他品牌产品的优异之处，使消费者认识到本产品的好处，以增强他们对广告的偏爱，指名购买，并争取使偏好其他产品的消费者转变偏好，转而购买本企业产品。

二、广告预算

企业确定广告预算的主要方法有以下几种：

1. 销售百分比法

这是以一定期限内的销售额的一定比率计算出广告费总额。由于执行的标准不一，又可细分为计划销售额百分比法、上年销售额百分比法、两者的综合折中百分比法以及计划销售增加额百分比法四种。

这种方法的优点是：

（1）暗示广告费用将随着企业所能提供的资金量的大小而变化，促使管理人员认识到费用支出的真正来源。

（2）可以促使企业管理人员根据单位广告成本、产品售价和销售利润之间的关系去考虑企业的经营管理问题。

（3）计算方法简单。

这种方法的缺点是：

（1）把销售收入当成了广告支出的“因”而不是“果”，造成了因果倒置。

（2）由于广告预算随每年的销售波动而增减，从而与广告长期方案相抵触。

（3）这一办法取决于可用资金的多少，而不是市场机会的发现和利用，因而可能会失去一些有利的市场机会。

（4）不是根据不同的产品或不同的地区确定不同的广告预算，而是所有的广告均按同一比率分配预算，造成不合理的平均主义。

2. 利润百分比法

这种方法在计算上较简便，同时使广告费和利润直接挂钩，适合于不同产品间的广告费分配。但是，这一方法对新上市产品显然不适合，新产品上市需要做大量广告，广告开支比例自然就大。

3. 目标任务法

这是根据企业的战略目标确定广告目标，决定为达到这种目标而必须执行的工作任务，然后估算完成这些任务所需要的广告预算。这一方法较科学，尤其对新产品发动强力推销是很有益处的；这一方法可以灵活地根据市场营销的变化（如广告阶段不同、环境变化等）来调整费用。同时，也较易于检查广告效果。

目标任务法的缺点是没有从成本的观点出发来考虑某一广告目标是否值得追求。

因此，如果企业能够先按成本来估计各目标的贡献额，然后再选择最有利的目标付诸实现，则效果更佳。

4. 量力而行法

这种方法为不少企业所采用。即企业确定广告预算的依据是他们所能拿得出的资金数额，企业根据其财力情况来决定广告开支。当然，这一方法也有一定的片面性，因为广告是企业的一种促销手段，其目的是为了促进销售；当广告费投入不到位时，有可能影响目标的实现。

5. 竞争对抗法

这一方法是根据竞争对手的广告费开支来确定本企业的广告预算。在这里，广告主明确把广告当作了进行市场竞争的工具。其具体的计算方法又有两种：一是市场占有率法，二是增减百分比法。

市场占有率法的计算公式如下：

广告预算 = 对手广告费额/对手市场占有率 × 企业预期市场占有率

增减百分比法的计算公式如下：

广告预算 = （1 + 竞争者广告费增减率） × 上年广告费

采用这种方法的前提条件：

（1）企业必须能获悉竞争者确定广告预算的可靠信息。

（2）各企业的广告信誉、资源、机会与目标大致相同。

（3）企业采取这种方法能代表集体的智慧，是科学的。

显然，上述条件都具备是有一定难度的。

三、选择广告媒体

广告媒体的作用在于把产品的信息有效地传递到目标市场上去。广告的效用不仅与广告信息有关，也与广告主所选用的广告媒体有关。事实上，要使人们对某项产品产生好感，这样的职责是由广告信息、广告信息的表现方式（广告作品）和适当的广告媒体共同承担的。同时，在广告宣传中，所运用的广告媒介不同，广告费用、广告设计、广告策略、广告效果等内容都是不同的。因此，在广告活动中要认真选择广告媒体。

（一）媒体调查

媒体调查是为了掌握各个广告媒体单位的经营状况和工作效能，以便根据广告目标来选择媒体。

1. 报刊媒体调查

报刊媒体调查的内容包括：

（1）发行量。报刊的发行量越大，广告的接触传播面越广，同时，广告费用也相对降低。

（2）发行区域分布。主要调查报刊发行区内各细分区域内的报刊发行比例，其目的在于了解报刊在各地区的接触传播效果。

（3）读者层构成。包括年龄、性别、职业、收入和文化程度等的不同构成情况。

（4）发行周期。发行周期指报刊发行日期的间隔期，如日报、双日报、周刊、旬刊、月刊等。

（5）信誉。主要指该报刊在当地所享有的权威性以及社会大众对其信任程度等。

2. 广播电视媒体调查

广播电视媒体调查的内容有：

（1）传播区域。广播电视播送所达到的地区范围以及其覆盖范围。

（2）视听率。在覆盖范围内收听收视的人数或户数，一般用社会所拥有的电视机和收音机量来匡算。

（3）视听者层。主要是根据人口统计情况和电视机、收音机拥有情况，匡算出有关视听者层的分布和构成。

3. 其他媒介调查

其他广告媒介调查包括交通广告、路牌、霓虹灯广告等，主要通过调查交通人流量、乘客人员来匡算测定，邮寄广告则通过发信名单进行抽查即可。

（二）媒体选择

企业在选择媒体时要考虑如下因素：

1. 目标顾客的媒体习惯

人们在接受信息时，一般是根据自己的需要和喜好来选择媒体。比如，教育程度高的人，接受信息的来源往往偏重于因特网和印刷媒体；老年人则有更多的闲暇时间用于看电视和听广播；在校大学生偏爱上网和听广播。分析目标顾客的媒体习惯，能够更有针对性地选择广告媒体，提高广告效果。

2. 媒体特点

不同媒体的市场覆盖面、市场反应程度、可信性等均有不同的特点，具体见表12-4。

表12-4　**不同媒体的不同特点**

媒体种类	覆盖面	反应程度	可信性	寿命	保存价值	信息量	制作费用	吸引力
报纸	广	好、快	好	较短	较好	大而全	较低	一般
杂志	较窄	差、慢	好	长	好	大而全	较低	好
广播	广	好、快	较好	很短	差	较小	低廉	较差
电视	广	好、快	好	很短	差	较小	很高	好
邮政	很窄	较慢	较差	较长	较好	大而全	高	一般
户外	较窄	较快	较差	较长	较好	较小	低	较好
因特网	广	较快	较好	短	差	一般	高	一般

4. 产品特性

不同产品在展示形象时对媒体有不同要求，如性能较为复杂的技术产品需要一定的文字说明，较适合印刷媒体；服装之类产品最好通过有色彩的媒体做广告，如电视、杂志等。

5. 媒体费用

不同媒体所需成本也是媒体选择所必须考虑的因素之一。考虑媒体费用不能仅仅分析绝对费用，如电视媒体的费用大，报纸媒体的费用低等，更要研究相对费用，即沟通对象的人数构成与费用之间的相对关系。

四、广告效果评价

广告效果评价是运用科学的方法来鉴定广告的效益。广告效果主要包括三个方面，即传播效果、促销效果和心理效果。传播效果是广告被认知和被接受的情况，如广告的覆盖面、接触率、注意度、记忆度和理解度等，这是广告效果的第一层次。促销效果是广告所引起的产品销售情况，这既是广告最为明显的实际效果，也是广告效果的第二层次。心理效果是广告所引起的广告受众的心理反应，使消费者对企业好感的增强，建立起品牌忠实度，这是广告的第三层次效果，也是最高的效果层次。

（一）广告效果评价方法

广告效果评价方法分为事先和事后两个方面：

1. 事先评价方法

事先评价是在广告设计完成之后和投入传播之前，在小范围内进行的传播效果测试。事先评价主要是采用德尔菲法和残像测试法。

（1）德尔菲法。即组织消费者小组或广告专家小组观看各种广告，然后请他们对广告作出评定。表 12 －5 是广告效果评分表，与会者对每一广告的吸引性、可读性、认知力、影响力和行为力予以评分（每项最高为 20 分）。总分 0 ~20 分为劣等广告，20 ~40 分为次等广告，40 ~60 分为中等广告，60 ~80 分为好广告，80 ~100 分为最佳广告。

表 12 －5　　广告效果评分表

指标	内容	打分
吸引力 可读性 认知力 影响力 行为力	此广告吸引读者的注意力如何？ 此广告促使读者进一步细读的可能性如何？ 此广告的中心内容是否交代清楚？ 此广告诉求点的有效性如何？ 此广告引起的行为可能性如何？	
总分		

（2）残像测试法。即将已设计好的广告向选定的受众进行短暂的展示，作品撤走后，立即询问受众对该广告的残留印象。如果受众的残留印象正是广告所突出的主题，说明广告是成功的，否则是失败的。

2. 事后评价法

（1）记录法。选择一些固定的调查对象，发给他们事先设计好的调查表，让其逐日将接触过的媒体类型、节目类型、接受时间填人调查表，定期收回统计分析，掌握受众对媒体的接收情况，了解广告的视听率。

（2）回忆法。用随机抽样的方法访问被调查者，让其凭自己的记忆讲述在指定时间内所接受的节目，并可让其回忆是否注意某一广告，以及他对广告的残留印象。

（3）即时监测法。在广告播发的同时，利用一些先进技术设备对广告接受情况进行监测。如用摄像机跟踪受众者视线移动、脸部表情、目光停留时间等用以分析。

（4）比较法。在广告实施之前和之后，分别对同类指标在同样范围内进行调查，根据前后情况对比来了解广告实施的效果。

（二）广告效果的评价

根据广告效果的三个层次，评价也分为三个方面：

1. 广告传播效果评价

衡量广告传播效果主要利用以下指标：

（1）接收率。接收率指接收某种媒体广告信息的人数占接触该媒体总人数的比率。

接收率 = 接收广告信息的人数/接触该媒体的总人数 ×100%

当然，接收率往往只是指接收信息的广度，为了全面评价广告传播效果，还应使用深度指标。

（2）认知率。认知率是指接收到广告信息的人数中，真正理解广告内容的人所占的比率，这一指标真正反映广告传播效果的深度。

认知率 = 理解广告内容的人数/注意到此广告的人数 ×100%

2. 广告促销效果评价

广告的促销效果比传播效果更难测量，因为除了广告因素外，销售还受到许多其他因素的影响，如产品特色、价格等。这些因素越少，或者越是能被控制，广告对于销售的影响也就越容易测量。所以采用邮寄广告方式时广告销售效果最容易测量，而品牌广告或企业形象广告的销售效果最难测量。人们一般利用以下办法来衡量广告的促销效果：

（1）广告增销率。广告增销率是一定时期内广告费的增长幅度与相应期销售额的增长幅度之比较。其公式为：

广告增销率 = 销售增长率/广告费增长率 ×100%

【例题 12－3－1】某企业第一季度广告费投入为 6 500 元，第二季度为 8 000 元，第三季度为 10 000 元。与之相对应，该企业第二季度的销售额为 900 000 元，第三季度为 1 000 000 元，第四季度为 1 200 000 元。计算第三、四季度广告增长率。

解析：

第三季度广告增长率 = （1 000 000 － 900 000）/900 000/［（8 000 － 6 500）/6 500］×100% = 48. 3%

第四季度广告增长率 = （1 200 000 －1 000 000）/1 000 000/［（10 000 －8 000）/8 000］×100% = 80%

相比之下，第四季度的广告增销率较高，说明第三季度的广告费投入是比较有效的。

（2）广告费占销率。广告费占销率指一定时期内企业广告费的支出占该企业同期销售额的比例。这也是一种通过广告费和销售额的比较来反映广告促销效果的方法。

广告费占销率 = 广告费支出/同期销售额 ×100%

【例题 12－3－2】某企业 1987 年和 1988 年的广告费都是 30 万元，而 1987 年的销售额为 1 500 万元，1988 年的销售额为 1 800 万元，那么该企业这两年的广告费占销率分别为多少？

解析：

$$1987\text{ 年的广告费占销率} = \frac{30\text{ 万}}{1\ 500\text{ 万}} \times 100\% = 2\%$$

$$1988\text{ 年的广告费占销率} = \frac{30\text{ 万}}{1\ 800\text{ 万}} \times 100\% = 1.7\%$$

显然，1988 年的广告效果好于 1987 年。

应该指出的是，以上评价方法都有一个共同的前提，即测试期内销售额其他影响因素无明显变化，否则会影响测试的精确性。如一些常规因素影响不可避免（如销售淡季、旺季变化），可根据变化规律设置某些调整系数，当然也可以将具有周期性变化规律的时期作为一个测试期（如一年）来进行测试和比较。

3. 广告形象效果评价

广告形象效果评价是对广告所引起的企业或产品知名度和美誉度的变化情况所进行的检测和评价。广告效果并不仅仅反映在对产品销售的促进方面，因为尽管有些消费者接触了广告后并不马上会产生对产品的购买欲望，但毕竟会给他们留下一定的印象，这种印象可能导致将来产生购买欲望。

企业形象一般用知名度和美誉度两项指标来衡量，通过广告前后的对固定对象的调查，了解企业形象的变化。

案例 12 -2　“活力 28”广告策划（广东市场）

一、市场分析

1. 竞争对手分析

在广东地区“活力 28”主要竞争对手是广州浪奇的“高富力”洗衣粉。“高富力”的优势为：产品质量较好，本地产品、长期经营，广告活动经过整体、细致的策划，许多企业常年把它作为劳保品奉送。

“高富力”缺陷是：“高富力”超浓缩洗衣粉比普通洗衣粉的浓度高三倍，而活力 28 高四倍。未做到真正速溶；包装略逊于“活力 28”。

“高富力”广告效果调查：消费者中，看过其广告的占 71.8%；喜欢其广告的占 50%，一般占 48%，不喜欢占 2%；信息来源 67% 通过珠江电视台，53% 的人在报纸上见过“高富力”广告。“高富力”产品使用情况调查：使用过该产品的占 56.6%。

2. 消费者分析

一般由家庭主妇在住家附近购买，购买随意性强，价格对其选择的影响不大；广东地区消费者一般认为洗衣粉泡愈多洗得愈干净，对无泡产品存在冲突。

3. 市场潜量分析

广东地区人均收入高、消费能力强；广东高温期持续时间长、洗涤用品消耗量特别大；高富力虽为一方之主，但仍有很大的市场空缺。

二、广告定位

1. 市场定位

以广州市为中心，向珠江三角洲辐射。

2，商品定位

高品质、高价位的新一代洗涤用品。

3. 广告对象定位

年轻的、未婚的上班族，24 ~45 岁的家庭主妇。

三、广告策略

1. 广告目的

经过一年的广告攻势，在珠江三角洲消费者心目中，树立起“活力 28”的知名度和好感度，在广东市场站稳脚跟，与“高富力”分割市场。

2. 广告诉求点

高品质，超浓缩，超强去污，无泡去污，静态去污，柔顺作用，省时、省力、省水、省电，一比四。

3. 广告分期

（1）扩销期（XXXX年4~6月）。主要任务是吸引消费者对“活力28”的注意；培养零售店主的推荐率，初步树立产品形象。

（2）强销期（7~10月）。深度引导消费者，塑造对产品的信赖感与好感。

（3）补充期（11月~春节）。以各种软性活动，在淡季维持产品的热销。

4. 策略建议

（1）系列报纸广告，常年登载。

（2）设计POP广告，在店头悬挂、招贴和摆设。

（3）重视广告歌曲，在各电台播放。

（4）重新拍摄电视广告，强化“超浓缩”概念。

具体做法：

（1）选择一些重点地区派发，附“生活小窍门”手册，介绍产品优势。

（2）举办“活力28联谊会”，邀请零售商参加，协调关系。

（3）规定一些对零售商的奖励制度。

第四节　销售促进策略

随着市场竞争的日益激烈，销售促进的使用越来越受到企业的重视。

十年前，美国广告和销售促进的比例是60∶40，今天在许多美国日用消费品公司里，销售促进已占促销总预算的60%~70%。和广告每年7.6%的增长率相比，销售促进费用每年增长12%。

一、销售促进含义

销售促进：企业在某一段时期内采用特殊的手段，对消费者和中间商实行强烈刺激，以促进企业销售迅速增长的非常规、非经常性使用的促销行为。

（1）销售促进是非常规、非经常性的行为。与人员推销、广告等经常性促销手段相比，销售促进不能经常使用，只是用于解决一些短期的、具体的促销任务。

（2）适合销售促进的品种有限。在大多数情况下，品牌声誉不高的产品采用销售促进的较多，而名牌产品则主要依靠品牌形象取胜，过多地使用销售促进可能降低其品牌声誉。同时，销售促进实质上表现为经济利益的让渡，所以对于价格弹性较大的产品比较适用，而价格弹性小，品质要求高的产品不宜过多使用销售促进手段。

（3）销售促进手段多样。销售促进依据对象不同，可以分为三种类型：面向消费者销售促进、面向中间商销售促进、面向本企业推销员销售促进。这三种类型的销售促进都有一系列方式（见表12-6）。

表 12-6　常用的销售促进方式

销售促进对象	销售促进方式
消费者	赠送样品、有奖销售、现场示范、廉价包装、免费品尝、折价券、展销会
中间商	销售津贴、列名广告、赠品、销售竞赛、招待会、培训、展销
企业内推销员	奖金、推销会议、推销竞赛、旅游

面向本企业推销员销售促进的面较窄，同时它又可以看作企业内部管理的范畴，所以销售促进主要指前两种类型。

（4）短期效应明显。人员推销和广告一般需要一个较长周期才能显示出效应，而销售促进只要选择得当，其效益才能很快地体现出来。

二、销售促进形式

经过国内外企业的多年营销实践，以下一些销售促进的形式是富有实效的：

（一）对中间商的销售促进

对中间商的销售促进，目的是吸引他们经营本企业产品，维持较高水平的存货，抵制竞争对手的促销影响，获得他们更多的合作和支持。

其主要销售促进方式有：

1. 销售津贴

销售津贴也称销售回扣，这是最具代表性的销售促进方式。这是为了感谢中间商而给予的一种津贴，如广告津贴、展销津贴、陈列津贴、宣传津贴等。

2. 名列广告

企业在广告中列出经销商的名称和地址，告知消费者前去购买，提高经销商的知名度。

3. 赠送赠品

包括赠送有关设备和广告赠品。前者是向中间商赠送陈列商品、销售商品、储存商品或计量商品所需要的设备，如货柜、冰柜、容器、电子秤等。后者是一些日常办公用品和日常生活用品，上面都印有企业的品牌或标志。

4. 销售竞赛

这是为了推动中间商努力完成推销任务的一种促销方式，获胜者可以获得现金或实物奖励。销售竞赛应事先向所有参加者公布获奖条件、获奖内容。这一方式可以极大地提高中间商的推销热情。像获胜者的海外旅游奖励等已被越来越多的企业所采用。

5. 业务会议和展销会

企业一年举行几次业务会议或展销会，邀请中间商参加，在会上，一方面介绍商品知识，另一方面现场演示操作。

（二）对消费者销售促进

对消费者的销售促进，是为了鼓励消费者更多地使用产品，促使其大量购买。其主要方式有：

1. 赠送样品

企业免费向消费者赠送商品的样品，促使消费者了解商品的性能与特点。样品赠送的方式可以派人上门赠送，也可以通过邮局寄送，可以在购物场所散发，也可以附在其他商品上赠送等。这一方法多用于新产品促销。

2. 有奖销售

这是通过给予购买者一定奖项的办法来促进购买。奖项可以是实物，也可以是现金。常见的有幸运抽奖，顾客只要购买一定量的产品，即可得到一个抽奖机会，多买多奖。或当场抽奖，或规定日期开奖。也可以采取附赠方式，即对每位购买者另赠纪念品。

3. 现场示范

利用销售现场进行商品的操作表演，突出商品的优点，显示和证实产品的性能和质量，刺激消费者的购买欲望。这是属于动态展示，效果往往优于静态展示。现场示范特别适合新产品推出，也适用于使用起来比较复杂的商品。

4. 廉价包装

在产品质量不变的前提下，使用简单、廉价的包装，而售价则有一定削减，这是很受长期使用本产品的消费者欢迎的。

5. 折价券

这是可以以低于商品标价购买商品的一种凭证，也可以称为优惠券、折扣券。消费者凭此券可以获得购买商品的价格优惠。折价券可以邮寄、附在其他商品中，或在广告中附送。

本章小结

促销组合有三种基本策略：推式、拉式和推拉结合策略。

人员推销是一种传统的促销方式，可在现代企业市场营销活动中仍起着十分重要的作用。

企业的广告策略包括确定广告目标、广告预算、选择广告媒体、广告效果评价等内容。

销售促进是企业在某一段时期内采用特殊的手段，对消费者和中间商实行强烈刺激，以促进企业销售迅速增长的非常规、非经常性使用的促销行为。

思考与练习

1. 如何理解“从广义而言，市场营销各因素都可以纳入促销范畴”这句话？
2. 比较推式策略和拉式策略。
3. 试评价阿布莱特—韦斯惠曾促销组合模式。
4. 人员推销有何特有的优势？
5. 销售队伍组织结构三模式的比较。
6. 如何理解“推销就是和拒绝的人打交道”？
7. 如何确定广告目标？
8. 如何选择媒体？
9. 如何评价广告效果？
10. 如何准确把握销售促进的含义？

附　录

附表 1　　　　复利终值系数表（FVIF 表）

	1%	2%	3%	4%	5%	6%	7%	8%	9%	10%	11%	12%	13%	14%	15%	16%	17%	18%	19%	20%	25%	30%
1	1.01	1.02	1.03	1.04	1.05	1.06	1.07	1.08	1.09	1.1	1.11	1.12	1.13	1.14	1.15	1.16	1.17	1.18	1.19	1.2	1.25	1.3
2	1.02	1.04	1.061	1.082	1.103	1.124	1.145	1.166	1.188	1.21	1.232	1.254	1.277	1.3	1.323	1.346	1.369	1.392	1.416	1.44	1.563	1.69
3	1.03	1.061	1.093	1.125	1.158	1.191	1.225	1.26	1.295	1.331	1.368	1.405	1.443	1.482	1.521	1.561	1.602	1.643	1.685	1.728	1.953	2.197
4	1.041	1.082	1.126	1.17	1.216	1.262	1.311	1.36	1.412	1.464	1.518	1.574	1.63	1.689	1.749	1.811	1.874	1.939	2.005	2.074	2.441	2.856
5	1.051	1.104	1.159	1.217	1.276	1.338	1.403	1.469	1.539	1.611	1.685	1.762	1.842	1.925	2.011	2.1	2.192	2.288	2.386	2.488	3.052	3.713
6	1.062	1.126	1.194	1.265	1.34	1.419	1.501	1.587	1.677	1.772	1.87	1.974	2.082	2.195	2.313	2.436	2.565	2.7	2.84	2.986	3.815	4.827
7	1.072	1.149	1.23	1.316	1.407	1.504	1.606	1.714	1.828	1.949	2.076	2.211	2.353	2.502	2.66	2.826	3.001	3.185	3.379	3.583	4.768	6.275
8	1.083	1.172	1.267	1.369	1.477	1.594	1.718	1.851	1.993	2.144	2.305	2.476	2.658	2.853	3.059	3.278	3.511	3.759	4.021	4.3	5.96	8.157
9	1.094	1.195	1.305	1.423	1.551	1.689	1.838	1.999	2.172	2.358	2.558	2.773	3.004	3.252	3.518	3.803	4.108	4.435	4.785	5.16	7.451	10.604
10	1.105	1.219	1.344	1.48	1.629	1.791	1.967	2.159	2.367	2.594	2.839	3.106	3.395	3.707	4.046	4.411	4.807	5.234	5.695	6.192	9.313	13.786
11	1.116	1.243	1.384	1.539	1.71	1.898	2.105	2.332	2.58	2.853	3.152	3.479	3.836	4.226	4.652	5.117	5.624	6.176	6.777	7.43	11.642	17.922
12	1.127	1.268	1.426	1.601	1.796	2.012	2.252	2.518	2.813	3.138	3.498	3.896	4.335	4.818	5.35	5.936	6.58	7.288	8.064	8.916	14.552	23.298
13	1.138	1.294	1.469	1.665	1.886	2.133	2.41	2.72	3.066	3.452	3.883	4.363	4.898	5.492	6.153	6.886	7.699	8.599	9.596	10.699	18.19	30.288
14	1.149	1.319	1.513	1.732	1.98	2.261	2.579	2.937	3.342	3.797	4.31	4.887	5.535	6.261	7.076	7.988	9.007	10.147	11.42	12.839	22.737	39.374
15	1.161	1.346	1.558	1.801	2.079	2.397	2.759	3.172	3.642	4.177	4.785	5.474	6.254	7.138	8.137	9.266	10.54	11.974	13.59	15.407	28.422	51.186
16	1.173	1.373	1.605	1.873	2.183	2.54	2.952	3.426	3.97	4.595	5.311	6.13	7.067	8.137	9.358	10.75	12.33	14.129	16.172	18.488	35.527	66.542
17	1.184	1.4	1.653	1.948	2.292	2.693	3.159	3.7	4.328	5.054	5.895	6.866	7.986	9.276	10.761	12.47	14.43	16.672	19.244	22.186	44.409	86.504
18	1.196	1.428	1.702	2.026	2.407	2.854	3.38	3.996	4.717	5.56	6.544	7.69	9.024	10.575	12.375	14.46	16.88	19.673	22.901	26.623	55.511	112.46
19	1.208	1.457	1.754	2.107	2.527	3.026	3.617	4.316	5.142	6.116	7.263	8.613	10.197	12.056	14.232	16.78	19.75	23.214	27.252	31.948	69.389	146.19
20	1.22	1.486	1.806	2.191	2.653	3.207	3.87	4.661	5.604	6.727	8.062	9.646	11.523	13.743	16.367	19.46	23.11	27.393	32.429	38.338	86.736	190.05
21	1.232	1.516	1.86	2.279	2.786	3.4	4.141	5.034	6.109	7.4	8.949	10.804	13.021	15.668	18.822	22.57	27.03	32.324	38.591	46.005	108.42	247.07
22	1.245	1.546	1.916	2.37	2.925	3.604	4.43	5.437	6.659	8.14	9.934	12.1	14.714	17.861	21.645	26.19	31.63	38.142	45.923	55.206	135.53	321.18
23	1.257	1.577	1.974	2.465	3.072	3.82	4.741	5.871	7.258	8.954	11.03	13.552	16.627	20.362	24.891	30.38	37.01	45.008	54.649	66.247	169.41	417.54
24	1.27	1.608	2.033	2.563	3.225	4.049	5.072	6.341	7.911	9.85	12.24	15.179	18.788	23.212	28.625	35.24	43.3	53.109	65.032	79.497	211.76	542.8
25	1.282	1.641	2.094	2.666	3.386	4.292	5.427	6.848	8.623	10.835	13.59	17	21.231	26.462	32.919	40.87	50.66	62.669	77.388	95.396	264.7	705.64
26	1.295	1.673	2.157	2.772	3.556	4.549	5.807	7.396	9.399	11.918	15.08	19.04	23.991	30.167	37.857	47.41	59.27	73.949	92.092	114.48	330.87	917.33
27	1.308	1.707	2.221	2.883	3.733	4.822	6.214	7.988	10.245	13.11	16.74	21.325	27.109	34.39	43.535	55	69.35	87.26	109.59	137.37	413.59	1 192.5
28	1.321	1.741	2.288	2.999	3.92	5.112	6.649	8.627	11.167	14.421	18.58	23.884	30.633	39.204	50.066	63.8	81.13	102.97	130.41	164.85	516.99	1 550.3
29	1.335	1.776	2.357	3.119	4.116	5.418	7.114	9.317	12.172	15.863	20.62	26.75	34.616	44.693	57.575	74.01	94.93	121.5	155.19	197.81	646.24	2 015.4
30	1.348	1.811	2.427	3.243	4.322	5.743	7.612	10.063	13.268	17.449	22.89	29.96	39.116	50.95	66.212	85.85	111.1	143.37	184.68	237.38	807.79	2 620
40	1.489	2.208	3.262	4.801	7.04	10.286	14.974	21.725	31.409	45.259	65	93.051	132.78	188.88	267.86	378.7	533.9	750.38	1 051.7	1 469.8	7 523.2	36 119
50	1.654	2.692	4.384	7.107	11.467	18.42	29.457	46.902	74.358	117.39	184.6	289	450.74	700.23	1 083.7	1 671	2 566	3 927.4	5 988.9	9 100.4	70 065	497 929

附表 2 复利现值系数表（PVIF 表）

n	1%	2%	3%	4%	5%	6%	8%	10%	12%	14%	15%	16%	18%	20%	25%	30%	35%	40%	50%
1	0.99	0.98	0.97	0.961	0.952	0.943	0.925	0.909	0.892	0.877	0.869	0.862	0.847	0.833	0.8	0.769	0.74	0.714	0.666
2	0.98	0.961	0.942	0.924	0.907	0.889	0.857	0.826	0.797	0.769	0.756	0.743	0.718	0.694	0.64	0.591	0.548	0.51	0.444
3	0.97	0.942	0.915	0.888	0.863	0.839	0.793	0.751	0.711	0.674	0.657	0.64	0.608	0.578	0.512	0.455	0.406	0.364	0.296
4	0.96	0.923	0.888	0.854	0.822	0.792	0.735	0.683	0.635	0.592	0.571	0.552	0.515	0.482	0.409	0.35	0.301	0.26	0.197
5	0.951	0.905	0.862	0.821	0.783	0.747	0.68	0.62	0.567	0.519	0.497	0.476	0.437	0.401	0.327	0.269	0.223	0.185	0.131
6	0.942	0.887	0.837	0.79	0.746	0.704	0.63	0.564	0.506	0.455	0.432	0.41	0.37	0.334	0.262	0.207	0.165	0.132	0.087
7	0.932	0.87	0.813	0.759	0.71	0.665	0.583	0.513	0.452	0.399	0.375	0.353	0.313	0.279	0.209	0.159	0.122	0.094	0.058
8	0.923	0.853	0.789	0.73	0.676	0.627	0.54	0.466	0.403	0.35	0.326	0.305	0.266	0.232	0.167	0.122	0.09	0.067	0.039
9	0.914	0.836	0.766	0.702	0.644	0.591	0.5	0.424	0.36	0.307	0.284	0.262	0.225	0.193	0.134	0.094	0.067	0.048	0.026
10	0.905	0.82	0.744	0.675	0.613	0.558	0.463	0.385	0.321	0.269	0.247	0.226	0.191	0.161	0.107	0.072	0.049	0.034	0.017
11	0.896	0.804	0.722	0.649	0.584	0.526	0.428	0.35	0.287	0.236	0.214	0.195	0.161	0.134	0.085	0.055	0.036	0.024	0.011
12	0.887	0.788	0.701	0.624	0.556	0.496	0.397	0.318	0.256	0.207	0.186	0.168	0.137	0.112	0.068	0.042	0.027	0.017	0.007
13	0.878	0.773	0.68	0.6	0.53	0.468	0.367	0.289	0.229	0.182	0.162	0.145	0.116	0.093	0.054	0.033	0.02	0.012	0.005
14	0.869	0.757	0.661	0.577	0.505	0.442	0.34	0.263	0.204	0.159	0.141	0.125	0.098	0.077	0.043	0.025	0.014	0.008	0.003
15	0.861	0.743	0.641	0.555	0.481	0.417	0.315	0.239	0.182	0.14	0.122	0.107	0.083	0.064	0.035	0.019	0.011	0.006	0.002
16	0.852	0.728	0.623	0.533	0.458	0.393	0.291	0.217	0.163	0.122	0.106	0.093	0.07	0.054	0.028	0.015	0.008	0.004	0.001
17	0.844	0.714	0.605	0.513	0.436	0.371	0.27	0.197	0.145	0.107	0.092	0.08	0.059	0.045	0.022	0.011	0.006	0.003	0.001
18	0.836	0.7	0.587	0.493	0.415	0.35	0.25	0.179	0.13	0.094	0.08	0.069	0.05	0.037	0.018	0.008	0.004	0.002	0
19	0.827	0.686	0.57	0.474	0.395	0.33	0.231	0.163	0.116	0.082	0.07	0.059	0.043	0.031	0.014	0.006	0.003	0.001	0
20	0.819	0.672	0.553	0.456	0.376	0.311	0.214	0.148	0.103	0.072	0.061	0.051	0.036	0.026	0.011	0.005	0.002	0.001	0
21	0.811	0.659	0.537	0.438	0.358	0.294	0.198	0.135	0.092	0.063	0.053	0.044	0.03	0.021	0.009	0.004	0.001	0	0
22	0.803	0.646	0.521	0.421	0.341	0.277	0.183	0.122	0.082	0.055	0.046	0.038	0.026	0.018	0.007	0.003	0.001	0	0
23	0.795	0.634	0.506	0.405	0.325	0.261	0.17	0.111	0.073	0.049	0.04	0.032	0.022	0.015	0.005	0.002	0.001	0	0
24	0.787	0.621	0.491	0.39	0.31	0.246	0.157	0.101	0.065	0.043	0.034	0.028	0.018	0.012	0.004	0.001	0	0	0
25	0.779	0.609	0.477	0.375	0.295	0.232	0.146	0.092	0.058	0.037	0.03	0.024	0.015	0.01	0.003	0.001	0	0	0
26	0.772	0.597	0.463	0.36	0.281	0.219	0.135	0.083	0.052	0.033	0.026	0.021	0.013	0.008	0.003	0.001	0	0	0
27	0.764	0.585	0.45	0.346	0.267	0.207	0.125	0.076	0.046	0.029	0.022	0.018	0.011	0.007	0.002	0	0	0	0
28	0.756	0.574	0.437	0.333	0.255	0.195	0.115	0.069	0.041	0.025	0.019	0.015	0.009	0.006	0.001	0	0	0	0
29	0.749	0.563	0.424	0.32	0.242	0.184	0.107	0.063	0.037	0.022	0.017	0.013	0.008	0.005	0.001	0	0	0	0
30	0.741	0.552	0.411	0.308	0.231	0.174	0.099	0.057	0.033	0.019	0.015	0.011	0.006	0.004	0.001	0	0	0	0
31	0.734	0.541	0.399	0.296	0.22	0.164	0.092	0.052	0.029	0.017	0.013	0.01	0.005	0.003	0	0	0	0	0
32	0.727	0.53	0.388	0.285	0.209	0.154	0.085	0.047	0.026	0.015	0.011	0.008	0.005	0.002	0	0	0	0	0
33	0.72	0.52	0.377	0.274	0.199	0.146	0.078	0.043	0.023	0.013	0.009	0.007	0.004	0.002	0	0	0	0	0
34	0.712	0.51	0.366	0.263	0.19	0.137	0.073	0.039	0.021	0.011	0.008	0.006	0.003	0.002	0	0	0	0	0
35	0.705	0.5	0.355	0.253	0.181	0.13	0.067	0.035	0.018	0.01	0.007	0.005	0.003	0.001	0	0	0	0	0
36	0.698	0.49	0.345	0.243	0.172	0.122	0.062	0.032	0.016	0.008	0.006	0.004	0.002	0.001	0	0	0	0	0
37	0.692	0.48	0.334	0.234	0.164	0.115	0.057	0.029	0.015	0.007	0.005	0.004	0.002	0.001	0	0	0	0	0
38	0.685	0.471	0.325	0.225	0.156	0.109	0.053	0.026	0.013	0.006	0.004	0.003	0.001	0	0	0	0	0	0
39	0.678	0.461	0.315	0.216	0.149	0.103	0.049	0.024	0.012	0.006	0.004	0.003	0.001	0	0	0	0	0	0
40	0.671	0.452	0.306	0.208	0.142	0.097	0.046	0.022	0.01	0.005	0.003	0.002	0.001	0	0	0	0	0	0
41	0.665	0.444	0.297	0.2	0.135	0.091	0.042	0.02	0.009	0.004	0.003	0.002	0.001	0	0	0	0	0	0
42	0.658	0.435	0.288	0.192	0.128	0.086	0.039	0.018	0.008	0.004	0.002	0.001	0	0	0	0	0	0	0
43	0.651	0.426	0.28	0.185	0.122	0.081	0.036	0.016	0.007	0.003	0.002	0.001	0	0	0	0	0	0	0
44	0.645	0.418	0.272	0.178	0.116	0.077	0.033	0.015	0.006	0.003	0.002	0.001	0	0	0	0	0	0	0
45	0.639	0.41	0.264	0.171	0.111	0.072	0.031	0.013	0.006	0.002	0.001	0.001	0	0	0	0	0	0	0
46	0.632	0.402	0.256	0.164	0.105	0.068	0.029	0.012	0.005	0.002	0.001	0.001	0	0	0	0	0	0	0
47	0.626	0.394	0.249	0.158	0.1	0.064	0.026	0.011	0.004	0.002	0.001	0	0	0	0	0	0	0	0
48	0.62	0.386	0.241	0.152	0.096	0.06	0.024	0.01	0.004	0.001	0.001	0	0	0	0	0	0	0	0
49	0.614	0.378	0.234	0.146	0.091	0.057	0.023	0.009	0.003	0.001	0.001	0	0	0	0	0	0	0	0
50	0.608	0.371	0.228	0.14	0.087	0.054	0.021	0.008	0.003	0.001	0	0	0	0	0	0	0	0	0

附表 3

年金终值系数表（FVIFA 表）

n	1%	2%	3%	4%	5%	6%	7%	8%	9%	10%	11%	12%	13%	14%	15%	16%	17%	18%	19%	20%	25%	30%
1	1	1	1	1	1	1	1	1	1	1	1	1	1	1	1	1	1	1	1	1	1	1
2	2.01	2.02	2.03	2.04	2.05	2.06	2.07	2.08	2.09	2.1	2.11	2.12	2.13	2.14	2.15	2.16	2.17	2.18	2.19	2.2	2.25	2.3
3	3.03	3.06	3.091	3.122	3.153	3.184	3.215	3.246	3.278	3.31	3.342	3.374	3.407	3.44	3.473	3.506	3.539	3.572	3.606	3.64	3.813	3.99
4	4.06	4.122	4.184	4.246	4.31	4.375	4.44	4.506	4.573	4.641	4.71	4.779	4.85	4.921	4.993	5.066	5.141	5.215	5.291	5.368	5.766	6.187
5	5.101	5.204	5.309	5.416	5.526	5.637	5.751	5.867	5.985	6.105	6.228	6.353	6.48	6.61	6.742	6.877	7.014	7.154	7.297	7.442	8.207	9.043
6	6.152	6.308	6.468	6.633	6.802	6.975	7.153	7.336	7.523	7.716	7.913	8.115	8.323	8.536	8.754	8.977	9.207	9.442	9.683	9.93	11.259	12.756
7	7.214	7.434	7.662	7.898	8.142	8.394	8.654	8.923	9.2	9.487	9.783	10.089	10.405	10.73	11.067	11.414	11.772	12.142	12.523	12.916	15.073	17.583
8	8.286	8.583	8.892	9.214	9.549	9.879	10.26	10.637	11.028	11.436	11.859	12.3	12.757	13.233	13.727	14.24	14.773	15.327	15.902	16.499	19.842	23.858
9	9.369	9.755	10.159	10.583	11.027	11.491	11.978	12.488	13.021	13.579	14.164	14.776	15.416	16.085	16.786	17.519	18.285	19.086	19.923	20.799	25.802	32.015
10	10.462	10.95	11.464	12.006	12.578	13.181	13.816	14.487	15.913	15.937	16.722	17.549	18.42	19.337	20.304	21.321	22.393	23.521	24.701	25.959	33.253	42.619
11	11.567	12.169	12.808	13.486	14.207	14.972	15.784	16.645	17.56	18.531	19.561	20.655	21.814	23.045	24.349	25.733	27.2	28.755	30.404	32.15	42.566	56.405
12	12.683	13.412	14.192	15.026	16.917	16.87	17.888	18.977	20.141	21.384	22.713	24.133	25.65	27.271	29.002	30.85	32.824	34.931	37.18	39.581	54.208	74.327
13	13.809	14.68	15.618	16.627	17.713	18.882	20.141	21.495	22.953	24.523	26.212	28.029	29.985	32.089	34.352	36.786	39.404	42.219	45.244	48.497	68.76	97.625
14	14.947	15.974	17.086	18.292	19.599	21.015	22.55	24.215	26.019	27.975	30.095	32.393	34.883	37.581	40.505	43.672	47.103	50.818	54.841	54.196	86.949	127.91
15	16.097	17.293	18.599	20.024	21.579	23.276	25.129	27.152	29.361	31.772	34.405	37.28	40.417	43.842	47.58	51.66	56.11	6.965	66.261	72.035	109.69	167.29
16	17.258	18.639	20.157	21.825	23.657	25.673	27.888	30.324	33.003	35.95	39.19	42.753	46.672	50.98	55.717	60.925	66.649	72.939	79.85	87.442	138.11	218.47
17	18.43	20.012	21.762	23.698	25.84	28.213	30.84	33.75	36.974	40.545	44.501	48.884	53.739	59.118	65.075	71.673	78.979	87.068	96.022	105.93	173.64	285.01
18	19.615	21.412	23.414	25.645	28.132	30.906	33.999	37.45	41.301	45.599	50.396	55.75	61.725	68.394	75.836	84.141	93.406	103.74	115.27	128.12	218.05	371.52
19	20.811	22.841	25.117	27.671	30.539	33.76	37.379	41.446	46.018	51.159	56.939	63.44	70.749	79.969	88.212	98.603	110.29	123.41	138.17	154.74	273.56	483.97
20	22.019	24.297	26.87	29.778	33.066	36.786	40.995	45.762	51.16	57.275	64.203	72.052	80.947	91.025	120.44	115.38	130.03	146.63	165.42	186.69	342.95	630.17
25	28.243	32.03	36.459	41.646	47.727	54.865	63.249	73.106	84.701	98.347	114.41	133.33	155.62	181.87	212.79	249.21	292.11	342.6	402.04	471.98	1 054.8	2 348.8
30	34.785	40.588	47.575	56.085	66.439	79.058	94.461	113.28	136.31	164.49	199.02	241.33	293.2	356.79	434.75	530.31	647.44	790.95	966.7	1 181.9	3 227.2	8 730
40	48.886	60.402	75.401	95.026	120.8	154.76	199.64	259.06	337.89	442.59	581.83	767.09	1 013.7	1 342	1 779.1	2 360.8	3 134.5	4 163.2	5 519.8	7 343.9	30 089	120 393
50	64.463	84.579	112.8	152.67	209.35	290.34	406.53	573.77	815.08	1 163.9	1 668.8	24 000	3 459.5	4 991.5	7 217.7	10 436	15 090	21 813	31 515	45 497	280 256	165 976

附表 4

年金现值表

n	1%	2%	3%	4%	5%	6%	8%	10%	12%	14%	15%	16%	18%	20%	22%	24%	25%	30%	35%	40%	45%	50%
1	0.99	0.98	0.97	0.961	0.952	0,943	0.925	0.909	0.892	0.877	0.869	0.862	0.847	0.833	0.819	0.806	0.799	0.769	0.74	0.714	0.689	0.666
2	1.97	1.941	1.913	1.886	1.859	1.833	1.783	1.735	1.69	1.646	1.625	1.605	1.565	1.527	1.491	1.456	1.44	1.36	1.289	1.224	1.165	1.111
3	2.94	2.883	2.828	2.775	2.723	2.673	2.577	2.486	2.401	2.321	2.283	2.245	2.174	2.106	2.042	1.981	1.952	1.816	1.695	1.588	1.493	1.407
4	3.901	3.807	3.717	3.629	3.545	3.465	3.312	3.169	3.037	2.913	2.854	2.798	2.69	2.588	2.493	2.404	2.361	2.166	1.996	1.849	1.719	1.604
5	4.853	4.713	4.579	4.451	4.329	4.212	3.992	3.79	3.604	3.433	3.352	3.274	3.127	2.99	2.863	2.745	2.689	2.435	2.219	2.035	1.875	1.736
6	5.795	5.601	5.417	5.242	5.075	4.917	4.622	4.355	4.111	3.888	3.784	3.684	3.497	3.325	3.166	3.02	2.951	2.642	2.385	2.167	1.983	1.824
7	6.728	6.471	6.23	6.002	5.786	5.582	5.206	4.868	4.563	4.288	4.16	4.038	3.811	3.604	3.415	3.242	3.161	2.802	2.507	2.262	2.057	1.882
8	7.651	7.325	7.019	6.732	6.463	6.209	5.746	5.334	4.967	4.638	4.487	4.343	4.077	3.837	3.619	3.421	3.328	2.924	2.598	2.33	2.108	1.921
9	8.566	8.162	7.786	7.435	7.107	6.801	6.246	5.759	5.328	4.946	4.771	4.606	4.303	4.03	3.786	3.565	3.463	3.019	2.665	2.378	2.143	1.947
10	9.471	8.982	8.53	8.11	7.721	7.36	6.71	6.144	5.65	5.216	5.018	4.833	4.494	4.192	3.923	3.681	3.57	3.091	2.715	2.413	2.168	1.965
11	10.37	9.786	9.252	8.76	8.306	7.886	7.138	6.495	5.937	5.452	5.233	5.028	4.656	4.327	4.035	3.775	3.656	3.147	2.751	2.438	2.184	1.976
12	11.26	10.575	9.954	9.385	8.863	8.383	7.536	6.813	6.194	5.66	5.42	5.197	4.793	4.439	4.127	3.851	3.725	3.19	2.779	2.455	2.196	1.984
13	12.13	11.348	10.634	9.985	9.393	8.852	7.903	7.103	6.423	5.842	5.583	5.342	4.909	4.532	4.202	3.912	3.78	3.223	2.799	2.468	2.204	1.989
14	13	12.106	11.296	10.563	9.898	9.294	8.244	7.366	6.628	6.002	5.724	5.467	5.008	4.61	4.264	3.961	3.824	3.248	2.814	2.477	2.209	1.993
15	13.87	12.849	11.937	11.118	10.379	9.712	8.559	7.606	6.81	6.142	5.847	5.575	5.091	4.675	4.315	4.001	3.859	3.268	2.825	2.483	2.213	1.995
16	14.72	13.577	12.561	11.652	10.837	10.105	8.851	7.823	6.973	6.265	5.954	5.668	5.162	4.729	4.356	4.033	3.887	3.283	2.833	2.488	2.216	1.996
17	15.56	14.291	13.166	12.165	11.274	10.477	9.121	8.021	7.119	6.372	6.047	5.748	5.222	4.774	4.39	4.059	3.909	3.294	2.839	2.491	2.218	1.997
18	16.4	14.992	13.753	12.659	11.689	10.827	9.371	8.201	7.249	6.467	6.127	5.817	5.273	4.812	4.418	4.079	3.927	3.303	2.844	2.494	2.219	1.998
19	17.23	15.678	14.323	13.133	12.085	11.158	9.603	8.364	7.365	6.55	6.198	5.877	5.316	4.843	4.441	4.096	3.942	3.31	2.847	2.495	2.22	1.999
20	18.05	16.351	14.877	13.59	12.462	11.469	9.818	8.513	7.469	6.623	6.259	5.928	5.352	4.869	4.46	4.11	3.953	3.315	2.85	2.497	2.22	1.999
21	18.86	17.011	15.415	14.029	12.821	11.764	10.016	8.648	7.562	6.686	6.312	5.973	5.383	4.891	4.475	4.121	3.963	3.319	2.851	2.497	2.221	1.999
22	19.66	17.658	15.936	14.451	13.163	12.041	10.2	8.771	7.644	6.742	6.358	6.011	5.409	4.909	4.488	4.129	3.97	3.322	2.853	2.498	2.221	1.999
23	20.46	18.292	16.443	14.856	13.488	12.303	10.371	8.883	7.718	6.792	6.398	6.044	5.432	4.924	4.498	4.137	3.976	3.325	2.854	2.498	2.221	1.999
24	21.24	18.913	16.935	15.246	13.798	12.55	10.528	8.984	7.784	6.835	6.433	6.072	5.45	4.937	4.507	4.142	3.981	3.327	2.855	2.499	2.221	1.999
25	22.02	19.523	17.413	15.622	14.093	12.783	10.674	9.077	7.843	6.872	6.464	6.097	5.466	4.947	4.513	4.147	3.984	3.328	2.855	2.499	2.221	1.999
26	22.8	20.121	17.876	15.982	14.375	13.003	10.809	9.16	7.895	6.906	6.49	6.118	5.48	4.956	4.519	4.151	3.987	3.329	2.855	2.499	2.222	1.999
27	23.56	20.706	18.327	16.329	14.643	13.21	10.935	9.237	7.942	6.935	6.513	6.136	5.491	4.963	4.524	4.154	3.99	3.33	2.855	2.499	2.222	1.999
28	24.32	21.281	18.764	16.663	14.898	13.406	11.051	9.306	7.984	6.96	6.533	6.152	5.501	4.969	4.528	4.156	3.992	3.331	2.856	2.499	2.222	1.999
29	25.07	21.844	19.188	16.983	15.141	13.59	11.158	9.369	8.021	6.983	6.55	6.165	5.509	4.974	4.531	4.158	3.993	3.331	2.856	2.499	2.222	1.999
30	25.81	22.396	19.6	17.292	15.372	13.764	11.257	9.426	8.055	7.002	6.565	6.177	5.516	4.978	4.533	4.16	3.995	3.332	2.856	2.499	2.222	1.999
40	32.83	27.355	23.114	19.792	17.159	15.046	11.924	9.779	8.243	7.105	6.641	6.233	5.548	4.996	4.543	4.165	3.999	3.333	2.857	2.499	2.222	1.999
50	39.2	31.423	25.729	21.482	18.255	15.761	12.233	9.914	8.304	7.132	6.66	6.246	5.554	4.999	4.545	4.166	3.999	3.333	2.857	2.499	2.222	1.999

参考文献

[1] 周健临．管理学教程［M］．上海：上海财经大学出版社，2002.

[2] 周秀淦，宋亚非．现代企业管理原理［M］.3 版．北京：中国财政经济出版社，1998.

[3] 黄津孚．现代企业管理原理［M］.4 版．北京：首都经济贸易大学出版社，2002.

[4] 单凤儒．管理学基础［M］．北京：高等教育出版社，2003.

[5] 杨杜．现代管理理论［M］．北京：中国人民大学出版社，2001.

[6] 陈忠卫，王晶晶．企业战略管理［M］．北京：中国统计出版社，2001.

[7] 王世良．生产与运作管理教程——理论、方法、案例［M］．杭州：浙江大学出版社，2002.

[8] 郭克沙．人力资源 MBA 课程新读本［M］．北京：商务印书馆，2003.

[9] 陈荣秋．生产与运作管理［M］．北京：高等教育出版社，1999 年．

[10] 斯蒂芬·罗宾斯．管理学［M］．北京：中国人民大学出版社，1997.

[11] 哈罗德·孔茨，海因茨·韦里克．管理学［M］．北京：经济科学出版社，1993.

[12] 贝尔，等．企业管理学［M］.7 版．上海：复旦大学出版社，1998.

[13] 布雷利．公司理财［M］．防暑红，译．北京：机械工业出版社，2004.

[14] 尤金·布里格姆．财务管理基础［M］．张志强，王春香，译．北京：中信出版社，2004.

[15] 国务院法制办公室．中华人民共和国公司法［M］．北京：中国法制出版社，2010.

[16] 财政部注册会计师考试委员会办公室．财务成本管理［M］．北京：经济科学出版社，2005.

[17] 曹凤岐，刘力．证券投资学［M］.2 版．北京：北京大学出版社，2000.

[18] 谷祺，刘淑莲．财务管理［M］．大连：东北财经大学出版社，2005.

[19] 郭复初．财务管理［M］．北京：首都经济贸易大学出版社，2003.

[20] 荆新，王化成．财务管理学［M］．北京：中国人民大学出版社，2006.

[21] 秦永和．财务管理［M］．北京：首都经济贸易大学出版社，2002.

[22] 宋献中，吴思明．中级财务管理［M］．大连：东北财经大学出版社，2002.

[23] 汤谷良．企业财务学［M］．北京：中国商业出版社，1993.

[24] 吴晓求．证券投资学［M］.2 版．北京：中国人民大学出版社，2004.

[25] 吴建安．市场营销学［M］．北京：高等教育出版社，2009.

[26] 李伟文．现代市场营销［M］．武汉：武汉大学出版社，2007.

[27] 黄金火．市场营销学［M］．上海：上海财经大学出版社，2006.

[28] 王勇．市场营销学［M］．合肥：合肥工业大学出版社，2006.
[29] 陈阳．市场营销学［M］．北京：北京大学出版社，2008.
[30] 郭国庆．市场营销学通论［M］．北京：中国人民大学出版社，2006.
[31] 吴涛．市场营销学教程［M］．北京：中国发展出版社，2009.
[32] 赫连志巍，等．市场营销学［M］．北京：机械工业出版社，2009.
[33] 郭国庆．市场营销学概论［M］．北京：高等教育出版社，2008.
[34] 纪宝成．市场营销学教程［M］．北京：中国人民大学出版社，1999.
[35] 万后芬，汤定娜，杨智．市场营销教程［M］．第2版．北京：高等教育出版社，2007.
[36] 吴宪和．市场营销学［M］．2版．大连：东北财经大学出版社，2011.